商丘蓝皮书

2021年
商丘经济社会
发展报告

ANNUAL REPORT ON ECONOMIC AND SOCIAL
DEVELOPMENT OF SHANGQIU （2021）

中共商丘市委党校　编

郑州大学出版社

图书在版编目(CIP)数据

2021年商丘经济社会发展报告：蓝皮书／中共商丘市委党校编. — 郑州：郑州大学出版社，2022. 7

ISBN 978-7-5645-8858-8

Ⅰ．①2… Ⅱ．①中… Ⅲ．①区域经济发展 - 研究报告 - 商丘 - 2021 Ⅳ．①F127.613

中国版本图书馆 CIP 数据核字(2022)第110877号

2021 年商丘经济社会发展报告：蓝皮书

2021NIAN SHANGQIU JINGJI SHEHUI FAZHAN BAOGAO LANPISHU

策划编辑	王卫疆	封面设计	苏永生
责任编辑	胥丽光	版式设计	陈 青
责任校对	孙理达	责任监制	凌 青　李瑞卿

出版发行	郑州大学出版社	地　　址	郑州市大学路40号(450052)
出 版 人	孙保营	网　　址	http://www.zzup.cn
经　　销	全国新华书店	发行电话	0371-66966070
印　　刷	河南龙华印务有限公司		
开　　本	787 mm×1 092 mm　1／16		
印　　张	31.5	字　　数	561 千字
版　　次	2022 年 7 月第 1 版	印　　次	2022 年 7 月第 1 次印刷

书　　号	ISBN 978-7-5645-8858-8	定　　价	128.00 元

2021年商丘经济社会发展报告:蓝皮书
编委会

摘　要

2022年是党的二十大召开之年,是实施"十四五"规划的关键之年,也是全面落实商丘市第六次党代会部署的开局之年,编辑出版《2021年商丘经济社会发展报告(蓝皮书)》,全方位展示2021年商丘经济社会发展取得的重大成就,科学分析研判未来商丘的发展形势,对于锚定"两个确保",落实"十大战略",奋力开启全面建设社会主义现代化商丘新征程,实现新时代再出发具有重要意义。

本书包括总报告、经济发展篇、改革开放篇、文化旅游篇、生态文明篇、乡村振兴篇、民生保障篇等7个部分。总报告分析了在面对复杂严峻的发展环境和超出预期的风险挑战下,商丘经济社会发展的总体状况,并对2022年发展形势做出了分析预判,提出了可供参考的对策建议。经济发展篇对2021年商丘经济形势进行了总体分析与展望,并从工业经济、收入消费、服务业、产业集群、枢纽经济、交通发展、区域中心城市建设等诸多方面进行了多角度的分析和研判。改革开放篇着重分析了商丘营商环境的总体态势与提升路径,对全市全面深化改革、外向型经济、周边区域合作等方面进行了深入分析和探讨。文化旅游篇反映了商丘文旅产业发展的总体情况,总结了商丘文化品牌打造的经验,并对未来发展和推广提出了积极建议。生态文明篇从总体上对商丘"十三五"生态环境保护进行了回顾并对"十四五"进行了展望,突出了自然资源保护开发利用、大气污染防治攻坚、黄河故道生态保护等方面的研究。乡村振兴篇主要围绕巩固拓展脱贫攻坚成果、农业产业化重点龙头企业、农村人居环境整治、移风易俗、乡村旅游等方面展开分析。民生保障篇重点关注了就业、市政公用事业、水利、"红色物业"、人口结构、民政事业等领域,分析了建设发展现状,并对发展形势进行了前瞻性思考。

本书由中共商丘市委党校组织编写,汇集了党政部门、党校、高校等专家学者和一线实务工作者的研究成果。综合运用数据与文字、定量与定性分析相结合,全方位反映2021 年商丘经济社会发展情况,分析研判商丘市经济社会文化生态等领域发展的总体情况,分析存在的问题及成因,总结经验得失、揭示对未来发展的启示,准确判断商丘发展的机遇与挑战,科学预判 2022 年发展走势。力求为市委市政府科学决策提供高质量的智力支持,同时为关心商丘经济社会发展的社会各界人士提供资讯参考。

目 录

总报告

2021—2022年商丘市经济社会发展形势分析及展望

苗　宏[①]

摘　要:2021年是商丘发展历程中极不容易、极为艰难的一年,面对复杂严峻的发展环境和超出预期的风险挑战,全市统筹推进疫情防控和经济社会发展,坚定不移地推进高质量发展,坚持稳中求进工作总基调,主要指标增速持续好转,经济运行稳步向好,实现了"见底回升、稳中有增"的预期目标。人民群众的获得感、幸福感、安全感不断增强,全市经济社会发展始终保持总体平稳运行和持续健康发展,社会大局始终保持安全稳定。2022年是党的二十大召开之年,是省委实施"十大战略"的开局之年,也是"十四五"规划实施的关键之年。全球新冠疫情的冲击尚未结束,发展形势依然严峻复杂,许多不确定性风险依然存在,面对经济持续向好的态势还不稳固,产业结构调整仍有较大空间,创新驱动不强,消费动能不足等经济运行存在的短板,需要在科技强市、枢纽经济、乡村振兴、放管服效改革、招商引资、人才强市、风险防控等战略方面持续加力、巩固提升。

关键词:经济社会发展　稳步向好　健康发展　转型升级

2021年是商丘发展历程中极不容易、极为艰难的一年,面对复杂严峻的发展环境和

---

① 　中共商丘市委党校副校长、副教授。

超出预期的风险挑战,商丘市以习近平新时代中国特色社会主义思想为指导,坚决贯彻落实中央及省委各项工作部署,统筹推进疫情防控和经济社会发展,坚定不移地推进高质量发展,坚持"项目为王",致力产业倍增,开展"三个一批"、实施"万人助万企",扎实做好"六稳""六保"工作,主要指标增速持续好转,经济运行稳步向好,实现了"见底回升、稳中有增"的预期目标。人民群众的获得感、幸福感、安全感不断增强,全市经济社会发展始终保持总体平稳运行和持续健康发展,社会大局始终保持安全稳定。

一、2021年商丘市经济社会发展总体形势

2021年面对全球疫情持续蔓延,国内外环境日趋复杂多变,多重发展掣肘,国内经济恢复仍不稳定、不均衡,经济运行依旧面临许多体制机制障碍和结构性矛盾的困难局面,商丘市以习近平总书记视察河南重要讲话和指示批示为总纲领、总遵循、总指引,坚持稳中求进的工作总基调,主要经济指标平稳向好,累计增速虽低于河南全省平均水平但整体差距明显收窄,经济结构调整进一步得到优化,质量效益稳步提升,部分指标增速超过全省,全市经济发展总体呈现出韧性较强、空间巨大和态势良好,长期向好的基本面没有改变,开启了商丘从"区域城市"向"区域中心城市"的蜕变。

(一)2021年商丘市经济社会发展持续恢复,稳中向好

据统计,商丘市2021年全市实现生产总值3 083.3亿元,按可比价格计算,同比增长4.0%;比上年回升4.8个百分点。从三次产业层面看,第一产业实现增加值577.2亿元,增速6.8%;第二产业实现增加值1 152.2亿元,增速1.5%;第三产业实现增加值1 353.9亿元,增速4.9%;三次产业结构比为18.7∶37.4∶43.9。

从2021年各季度发展情况来看,由于年内疫情的影响,复工复产受到较大影响,经济发展指标出现起伏波动,也出现了历史上少有的负增长,随着疫情得到有效控制,复工复产范围不断扩大,经济发展形势不断好转,全年呈现"见底回升、稳中有增"的良好态势。

2021年商丘市全年固定资产投资2 267.5亿元,增长8.3%,高于全省平均水平3.8个百分点;一般公共预算收入完成190.1亿元,同比增长8.6%,高于全省平均水平4.3个百分点;全体居民人均可支配收入22 848.7元,同比增长8.2%,经济社会发展稳中有

进、持续向好,为"十四五"开好局、起好步打下坚实的基础。全年经济增速受 2020 年基数"前低后高"的影响,主要经济指标增速明显逐季回落,但经济发展走势与全国总体形势基本保持一致(表1)。

表1　2021 年全国、河南省、商丘市经济发展总体情况

主要指标名称	全国		河南省		商丘市	
	数值	增速 (%)	数值	增速 (%)	数值	增速 (%)
国内生产总值(亿元)	1 143 670	8.1	58 887.41	6.3	3 083.3	4.0
第一产业	83 086	7.1	5 620.82	6.4	577.2	6.8
第二产业	450 904	8.2	24 331.65	4.1	1 152.2	1.5
第三产业	609 680	8.2	28 934.93	8.1	1 353.9	4.9
三次产业结构	7.3∶39.4∶53.3		9.5∶41.3∶49.1		18.7∶37.4∶43.9	
规模以上工业增加值(亿元)	—	9.6		6.3	—	3.7
固定资产投资(亿元)	552 884	4.9		4.5		8.3
社会消费品零售总额(亿元)	440 823	12.5	24 381.7	8.3	1 489.5	5.6
进出口总额(亿元)	391 009	21.4	8 208.07	22.9	54.3	27.5
实际利用外资(亿美元)	110 000	14.9	210.73	5.0	4.67	3.1
一般公共预算收入(亿元)	202 539	10.7	4 347.38	4.3	190.1	8.6
居民人均可支配收入(元)	35 128	8.1	26 811	8.1	22 848.7	8.2
居民消费价格指数(上年=100)	—	0.9	100.9	0.9	100.7	0.7

(二)2021 年商丘市经济社会发展运行的主要特点

1.投资结构持续优化

坚持"项目为王"的发展理念,把项目建设作为经济工作的总抓手,实施产业倍增计划,以"三个一批"扩量增容,以"万人助万企"激活存量,以积极有效的投资为经济高质量发展提供强有力的支撑,形成了集中精力抓项目、全力以赴促投资、排除干扰增动能的浓厚氛围,受新冠疫情和基数效应的双重叠加影响,全市经济发展增速放缓,但筑牢夯实了经济稳中向好的根基。全年安排重点项目 510 个,累计完成投资 2 267.5 亿元,带动全市固定资产投资增长 8.3%,比前三个季度提高 2.6 个百分点,完成年度目标的113.37%。62 个省管重点项目全年完成投资 504.63 亿元,年度计划完成率 138.18%。

全年完成开工项目 271 个,竣工项目 113 个,项目开工、竣工目标完成率 100%。深入推进"三个一批"活动,实行双周调度机制,"三个一批"活动履约率 100%,开工率 95.5%,达效率 90.9%。开工项目、投产项目转化率均进入全省第一方阵,为全市经济社发展提供了强大动力。2021 年全市安排中央和省各类政策性投资项目 73 个,积极争取政策性资金支持,累计争取中央和省政策性补助资金 12.79 亿元,实施政府专项债项目 116 个,累计争取专项债券资金到位 152.3 亿元。新建 5G 基站 2 912 个,基本实现了乡镇以上 5G 信号全覆盖,有效投资持续扩大。

2021 年全省固定资产投资同比增长 4.5%,全市固定资产投资增长 8.3%,高于全省平均水平 3.8 个百分点。受疫情和新开工项目支撑等因素的影响,房地产开发投资持续回落,国家房地产调控政策效果日益增强。特别是受土地供给和"三条红线"政策约束的双重影响,房地产企业到位资金明显下降,商品房销售面积、销售额明显回落。

2. 产业转型步伐加快

2021 年深入落实"藏粮于地、藏粮于技"战略,坚决扛牢扛稳粮食安全责任,立足打造全国重要的粮食生产主产核心功能区,严守耕地红线,统筹推进新一轮高标准农田与重大水利设施、农田水利工程规划建设,全年完成高标准农田建设 92 万亩,累计建成高标准农田 787 万亩,全年粮食总产量保持 141.14 亿斤,连续六年稳定在 140 亿斤以上。生猪存栏 316.7 万头,出栏 445.3 万头。坚持产业链、价值链、供应链"三链同构",持续深化农业供给侧结构性改革,加快推进农业高质量发展。发展优质花生 180 万亩、优质辣椒 100 万亩、优质林果 100 万亩,新增名优特新农产品 9 个,绿色食品 5 个,新增农民合作社 739 家、家庭农场 1 493 家。确立为全国主要农作物生产全过程机械化示范市。累计获得农业农村部认证品牌农产品 181 个,大力发展了优势特色产业集群,推进了绿色食品转型升级,推动了优质农产品进军高端市场。成功创建国家级现代农业产业园 1 个、省级现代农业园 6 个。市级以上农业产业化重点龙头企业 219 家,其中国家级 9 家、省级 68 家。与中国农业科学院共建中原研究中心商丘特色农业产业基地,在现代智慧农业、种子培育等方面开展合作。全年竣工扶贫产业项目 279 个、投入资金 13.53 亿元。新增发放精准扶贫企业贷款 14.03 亿元,小额贷款新增 5.09 万户,居全省第一位。

2021 年全市规模以上工业增加值同比增长 3.7%,比前三个季度提高 1.1 个百分点,工业生产回升向好。工业用电量累计完成79.74亿千瓦时,同比增长12.16%,居全省第5位。准确把握科技创新所带来的重大机遇,实施科技创新"十大工程",着力培育3个2000亿级产业集群、4个1000亿元以上的新兴产业集群和一批500亿级县域特色产业集群,着力推进了产业体系现代化。深入实施"三大改造"项目378个,完成投资118亿元,传统产业加快转型发展。全市94个智能化改造项目、204个技术化改造项目、59个绿色化改造项目全部完工,完成投资108.6亿元,装备制造、纺织服装制鞋、食品制造三大优势传统产业能级进一步提升,力量钻石成功在深交所上市。新兴产业进一步发展壮大,福田智蓝新能源商用汽车、新吉奥智能房车和高端城市微卡项目建成投产,福田智蓝二期、汽车零部件产业园等项目顺利进展,初步形成了新能源商用车、高端城市微卡、汽车零部件、动力电池等新能源汽车产业链。实施未来产业培育计划,围绕氢能与储能、未来网络、量子信息等前沿科技和产业变革领域,谋划布局绿色制氢、煤基医药中间体等未来产业。一批重点项目龙泰新型绿色材料、绿草地新能源产业园、雪人冷链制造基地等相继在商丘落地。

3. 创新驱动提质增速

创新是引领发展的第一动力,坚持把创新摆在发展的逻辑起点、现代化建设的核心位置,强化科技、人才、教育支撑,坚定走好创新推动高质量发展这个"华山一条道"。制定实施科技创新"金火炬"计划,建设完善了各类科技创新平台,有力推进了商丘国家高新区建设,积极创建国家级、省级各类研发创新平台,实现了研发平台在骨干企业全覆盖。截至2021年底,全市建成国家级高新技术特色产业化基地7家,数量居全省第一位,省级高新区6家、省级可持续发展试验区5家,国家级科技企业孵化器5家。与省科技厅签署会商议定书,商定合作重点任务,实施创新龙头企业培育计划,持续强化企业创新主体地位,全市入库国家科技型中小企业280家,新晋高新技术企业74家、省级工程技术研究中心26家,新增省级创新龙头企业2家、认定省级"瞪羚"企业5家、认定省级"专精特新"企业27家。加快发展数字经济,推进5G网络部署,构建新型数字基础设施,壮大智能终端设备、高端集成电路等产业,打造全省5G智能终端配套协作区。2021年全市高新技术产业占规模以上工业增加值的比重达38.3%,同比提高了1.3个百分点。战略性新兴产业投资占工业投资的比重达16.2%。以创新驱动有力推进了经济高质量发展(表2)。

表2　2021 年创新驱动情况

指标名称	计算单位	2021 年实际		2022 年计划	
		绝对值	增长(%)	绝对值	增长(%)
研究与实验发展经费强度	%	1	0.1	1.3	0.3
高技术产业增加值占规模以上工业增加值比重	%	38.3	1.3	40	1.7

4.枢纽经济优势凸显

为有效落实国家战略,加快区域经济协调发展,高质量编制商丘沿黄生态保护和高质量发展规划,《商丘市黄河故道湿地保护条例》正式实施。引江济淮、赵口引黄灌区二期、周商永运河修复、南水北调中线等项目顺利开展。深入贯彻新时代推动中部地区高质量发展战略,淮河生态经济带、淮海经济区等区域战略取得积极进展。综合交通体系持续完善,阳新高速公路顺利进展,京港台高铁商丘段设计方案完成,民权通用机场实现首飞,商丘机场前置要件批复,快递物流业发展势头强劲,全年快递业务量 5.2 亿件,同比增长 44.1%,快递业务收入 23.7 亿元,同比增长 25.8%。独特的区位交通优势,使得枢纽经济优势日益凸显。同步编制市县乡国土空间规划,科学划定"三条控制线",优化生产、生活、生态空间布局。制定实施中心城区崛起计划,大力发展枢纽经济,成功入选"十四五"首批商贸服务型国家物流枢纽建设名单,成为国家骨干冷链物流基地承载城市和商贸服务业国家物流枢纽城市。

5.营商环境明显改善

2021 年坚持服务企业就是服务全市大局的理念,全市成立优化营商环境攻坚领导小组,下设 25 个专项攻坚组,制定了《商丘市优化营商环境攻坚行动总方案》,创建"万人助万企"线上服务平台,确定每月 12 日为常态化长效性的"企业服务日",组织千余名党员干部深入企业收集问题、解决难题,常态化地现场排查协调解决问题 2471 条,紧紧围绕营商环境核心指标开展合力攻坚。全年共收集企业反映问题 2 456 个,已解决 2 339 个,解决率 95.2%,使得营商环境大大改善。并充分发挥商丘华商学院暨商丘企业家学院的作用,组织开展企业家和助企纾困干部培训,受众达 1 500 人。同时,2021 年围绕经济、政治、文化、社会(民生)、生态、党建等领域,完成重点改革事项 156 项,深化推进"放管服"改革,持续压缩行政审批事项,加强县区赋能放权,扎实推进"一网通办"前提下的"最多跑一次"改革,在全省率先完成"豫事办"分厅建设,率先实现"受审分离""不见面审批"。推行企业登记全程电子化,实现企业开办"一日办结"。全市登记市场主体63.79万户,网上登记注册率达97.5%,同比增长17%,数量居全省第3位,增速及增量均居全省第2位。

6.改革开放动能十足

改革开放只有进行时,没有完成时,必须坚定不移用好改革开放"关键一招",以全面深化改革为高质量发展开新路,以制度型开放赋予新动能。全市上下围绕深度融入共建"一带一路",持续完善开放政策体系,积极推进商丘保税物流中心申建运营商丘综合保税区,做大做强商丘保税物流中心和民权保税物流中心,打造内陆高水平开放平台,形成了全方位、宽领域、多层次开放新格局。商丘保税物流中心进出口完成65.73亿元,同比增长45.4%,位列全国保税物流中心第10位,出口总额在全国同类监管区排名第5位。扎实推进"跨境电商进出口零售试点城市"建设,商郑欧班列提速运营。高质量抓好招商引资,制定完善招商图谱,建立京津冀、长三角、珠三角工作专班驻地招商,先后举办与长三角、京津冀地区经贸合作交流会等活动,签约项目227个,总投资1 585亿元。

7.民生保障坚强有力

着力保障和改善民生,以高质量发展实现共同富裕必须坚持站稳人民立场,突出抓好"一老一小一青壮"民生工作,办好民生实事,促进共同富裕,增进民生福祉,让发展的实绩更有"温度",让群众的幸福更有"质感"。2021年全年财政民生支出443.6亿元,群众"急难愁盼"问题得到切实解决。坚持就业优先战略,城乡就业保持稳定。出台支持多渠道灵活就业、稳岗就业等政策,扎实做好高校毕业生等重点群体就业工作,建成返乡创业园29个,吸纳入驻企业1 069家。全年城镇新增就业8.7万人,新增农村劳动力转移就业6.74万人。城镇登记失业率3.82%。低于控制目标0.68个百分点。全年居民人均可支配收入增长8.2%(表3)。

表3 2021年民生福祉指标

	商丘市	
	绝对值	增长（%）
一般公共预算支出（亿元）	556.1	−1
民生支出（亿元）	443.6	
城镇新增就业人数（万人）	8.7	
城镇调查失业率（%）	3.8	
全市居民人均可支配收入（元）	22848.7	8.2
年末常住人口（万人）	786.37	0.6
每千人医疗卫生机构床位数（张）	6.63	22.6
高中阶段教育毛入学率（%）	94.4	0.4
参加城乡居民基本养老保险人数（万人）	366.8	0.3
参加城乡居民基本医疗保险人数（万人）	689	0.44

教育医疗均衡发展，加快健康商丘建设。新建改扩建城乡公办幼儿园40所、农村学校36所，中心城区14所中小学建成投入使用，推进义务教育优质均衡发展，义务教育集团化办学改革取得积极进展。深化县管校聘等教育领域综合改革，加快推进区域教育中心建设。加大对高校支持力度，提升办学层次，推动教育高质量发展。继续深化医药卫生体制改革，加快构建完善公共卫生体系。扩充城区三级甲等医疗资源，市中医院顺利通过三甲中医院评审，市立医院成功创建三级医院，全市县级人民医院均已通过二甲评审。围绕基层百姓"大病不出县、小病不出乡"，加快了基层医疗卫生基础设施建设步伐，15家县域紧密型医共体正式挂牌组建成立，90%以上的医保费用沉淀在县域。市第一人民医院省级区域医疗中心、市中医院新院区等重点医疗项目加快推进。继续深入开展爱国卫生运动，争创全国全民运动健身模范市。

开展全民参保计划，持续扩大社会保险覆盖面，提高城乡低保标准，提升社会保障水平，社会保障更加牢固。2021年全市城乡居民基本养老保险人数突破360万人，参保覆盖率超过99%。出台《关于改革完善社会救助制度的实施意见》，累计发放社会救助资金8.8亿元，32.78万困难群众基本生活得到较好保障。养老服务体系建设全面推进，建成社区日间照料中心203个。持续实施特困供养服务设施改造提升工程，建成县级供养服务设施4家，完成敬老院提质改造163家，建成街道综合养老服务中心19家，发放高龄津贴 1.5 亿元,惠及 21.6 万老年人,被确定为全省居家和社会基本养老服务提升行动试点城市(表4)。积极推进保障性安居工程建设,完成 159 个老旧小区改造任务。重点民生商品供需总体稳定,全年居民消费价格同比上涨 0.7%,整体处于温和上涨区间。

表4　2021 年医疗、养老、残疾人设施情况

指标名称	计算单位	2021 年实际		2022 年计划	
		绝对数	增长(%)	绝对数	增长(%)
年末常住人口	万人	786.37	0.6	791.09	0.6
每千人口医疗卫生机构床位数	张	6.63	22.6	7.2	8.6
养老服务床位数	万张	44	10	50	13.6
为残疾人服务设施数	个	14	40	20	42.9

8. 疫情灾情应对有力

面对疫情防控、安全生产和防汛救灾的严峻形势,全市上下坚决贯彻习近平总书记重要指示和党中央、国务院决策部署,坚决落实省委、省政府工作要求,把维护人民群众生命财产安全放在第一位,压实责任,守牢底线,最大限度减少灾情疫情影响。

坚持"严字当头、科学精准、落实落细、坚持不懈"全力抓好常态化疫情防控工作。8 月初出现郑州六院关联病例局部疫情后,果断调整全市疫情防控指挥体系,完善指挥部办公室、医疗救治组、核酸检测等"一办八组"组织架构,迅速启动应急机制、进入战时状态,先后召开 17 次疫情防控专题会议,及时研判形势,做出周密安排,织密扎牢疫情防控网络,按照"四早"要求,压实"四个责任",扎紧"四个口袋",牢牢掌握疫情防控主动权,持续提高流调、隔离、检测、治疗、保障和应急能力,坚决打好疫情防控硬仗。同时,强化党委领导,发挥基层党组织的战斗堡垒作用,在全市集中隔离点成立临时党支部,让党旗在防疫抗疫一线高高飘扬。8 月 31 日,全市中高风险地区"清零",总体实现了省委提出的在 8 月底前"圈住封死捞干扑灭"疫情的防控目标。截至 12 月底,全市累计接种新冠疫苗 1 652 万剂次,稳妥有序推进新冠疫苗接种,加快构筑免疫屏障,疫情防控成果得到有效巩固。

深刻汲取柘城"6.25"重大火灾事故教训,扎实开展安全生产百日攻坚行动。落实最严格的安全生产责任制,扎实推进安全生产双重预防体系建设,把安全生产责任制落到

每个岗位、每个环节。全面推进安全生产专项整治三年行动，开展了"九小"场所、高层建筑等重点领域隐患排查和专项整治，全市检查排查场所191万余处，排除问题隐患93万余项。全面夯实了基层消防工作基础，创新设立了县级消防安全检查指导中心，组建160支乡镇专职消防队，基层消防力量不断加强，初步形成了"县乡村三级联动、防灭宣三位一体"的基层消防治理格局，全省加强基层消防力量建设现场会在柘城举行。同时，不断深化应急体制改革，扎实推进基层应急管理体系和能力建设，在全省率先出台市县应急管理综合行政执法改革相关政策，健全完善基层应急组织、责任、预防、救援和保障体系，打通了应急管理工作的"最后一公里"。

坚持防汛"金标准"，积极应对、精心组织，切实做好防汛救灾工作。面对7月底台风"烟花"过境影响，及时采取应急应对举措，先后召开31次调度会、防汛专题会、工作部署会3次启动防汛二级应急响应、4次启动防汛四级应急响应，严防人员伤亡、城市内涝、农田大面积被淹。切实加强灾后重建恢复生产和救助帮扶工作，出台《支持企业加快发展的若干措施》，使企业灾后重建复工达产加快推进。2021年上报灾后恢复重建和防灾减灾项目259个，第一批纳入全省灾后重建基础设施项目76个，总投资569亿元，占全省总投资的9.61%。

9. 生态环境大为改观

深入开展低碳行动，生态环境不断改善。特别是聚焦农村人居环境整治，有效解决了乱堆乱放、乱倒乱扔、乱搭乱建长期困扰农村人居环境的"六乱"问题，切实改善了农村生产生活生态环境。统筹推进农村厕所革命、污水处理、垃圾治理工作，新建厕所8.3万户，整改厕所6.2万户，98%的行政村生活垃圾得到有效处理，使村容村貌大为改观，有力地推动村庄从1.0版的干净整洁向2.0版的美丽宜居转型升级，形成了一批生态环境优美、文化底蕴深厚、服务配套完善的生态宜居美丽乡村，被河南省评为农村人居环境整治三年行动先进市。

深入贯彻落实黄河流域生态保护和高质量发展战略，制定实施黄河流域生态保护和高质量发展规划，出台《黄河故道湿地保护条例》，开展国土绿化提速行动，扎实推进森林商丘生态建设，完成新造林6.27万亩、森林抚育8.4万亩，超额完成省定目标任务。14个国、省控出境断面水质全部达到四类水以上标准，地表饮用水源地水质达标率100%，全市土壤环境质量总体稳定。强力推进蓝天、碧水、净土保卫战,全市生态环境进一步改善,PM10平均浓度71微克/立方米,PM2.5浓度44微克/立方米,空气质量综合指数居全省第4名,优良天数269天,同比增加27天,居全省第5名。商丘已经形成天更蓝、水更绿、空气更清新的生态宜居环境。深入研究碳达峰碳中和各项政策,制订完善碳达峰碳中和实施方案,全面深入推进"双碳"工作。调整优化产业结构,严格控制"两高"项目发展,完成3家重污染企业退城入园工作。绿色建筑、绿色出行、绿色消费、低碳生活方式正在形成(表5)。

表5　2021年绿色生态指标完成情况

绿色生态指标名称	计算单位	绝对值	增长
资源节约利用			
单位GDP能耗降低	%	5.2	上升1左右
万元生产总值用水量	立方米	38.9	下降12左右
生态环境保护			
空气质量优良天数	天	269	增加7天
PM10平均浓度	微克/立方米	71	同比下降9
PM2.5平均浓度	微克/立方米	44	同比下降15.4

10.社会大局和谐稳定

面对错综复杂高度不确定性的外部环境,及时研判安全形势,积极防范政治社会风险,创新实施维稳工作新机制,坚决维护政治安全。坚决守住不发生系统性、区域性风险底线,持续完善金融领域风险线索排查、搜集上报、风险应急处置等机制,制定《商丘市地方金融领域风险防范和应急处置一方案五专案》,确保早发现、早处置,有效遏制各类金融风险发生,积极稳妥化解政府存量债务,严禁新增政府隐性债务,全市政府债务风险总体可控。坚决维护社会稳定,持续深化社会治理,推动市县乡三级"党建+一中心四平台"联网有效运行,社会治理综合服务中心建设有力推进,新型社会治理服务体系得以不断完善。创新新时代"枫桥经验",具有商丘特色的"一村(格)一警一法律顾问"工作模式实现全覆盖,"三零"平安创建深入开展,扎实开展"进百姓门、知百姓情、结百姓亲、办百姓事、解百姓忧、暖百姓心""六百"活动,组织万名政法干警走村入户,宣讲政策法律,化解信访矛盾,解决基层问题。化解排查重大矛盾纠纷 1 000 余个,解决信访问题 122 个,帮助企业解决法律问题近 100 个,信访总量下降幅度位居全省前列。常态化开展扫黑除恶专项斗争,在全省率先成立常设性机构,扎实开展"平安守护""云剑行动""雷霆行动"等专项活动取得显著成效,保持打击各类犯罪高压态势,人民群众安全感不断提升。积极化解处置问题楼盘,持续开展涉非案件攻坚,社会大局长期稳定。

总的来看,2021 年商丘经济社会发展遇到了前所未有的严峻挑战,但经济发展持续向好的基本面没有改变,主要经济指标反映出经济发展仍具有较强韧性和较大发展活力。虽然新冠疫情的冲击带给我们许多发展的不确定性,产生了不可预计的不利影响,但是总体还是可控的,这些不利影响仍是短期的、外在的、可控的,经济内在发展持续向好的势头没有改变,经济运行必将重回健康发展轨道。2022 年必须高度关注几个问题:一是经济下行压力较大。新冠疫情持续多点散发,复工复产断断续续,自然灾害多发常发必然对经济复苏带来影响,全市经济发展指标也必然会呈现明显下降趋势,因此,保就业稳增长压力增大。二是消费市场复苏迟缓。新冠疫情的多点散发影响了复工复产的有效进度,严重影响了产业工人、城市居民对未来收入的预期,必将严重冲击家庭消费支出的风险偏好,谨慎消费必将在未来很长一段时期形成常态,也必将带来消费市场的持续疲软,对刺激消费、提振消费市场提出更高要求,带来更大挑战。三是重点领域风险隐患加剧。在宏观杠杆居高不下的现实情况下,地方政府债务风险,企业信用违约风险、房地产按揭贷款风险依然较大,需要提高警惕、高度关注、审慎应对、妥善化解。

二、2022 年商丘市经济社会发展形势展望与对策建议

2022 年是党的二十大召开之年,是省委实施"十大战略"的开局之年,也是"十四五"规划实施的关键之年。全球新冠疫情的冲击尚未结束,发展形势依然严峻复杂,许多不确定性风险依然存在,面对经济持续向好的态势还不稳固,产业结构调整仍有较大空间,创新驱动不强,消费动能不足短板明显等经济运行存在的突出问题,要充分认清当前经济社会发展进程中的社会主要矛盾,分析研究社会主要矛盾变化带来的新特征新要求,充分认识错综复杂外部环境带来的新挑战,统筹发展与安全,办好我们自己的事,锚定"两个确保",落实"十大战略"聚焦聚力"十项任务",坚持"项目为王",致力产业倍增,做

好"六稳六保",实施"九大攻坚",实现"十大跨越",努力在全省"两个确保"大局中奋勇争先、更加出彩,创造出更多"商丘奇迹"。

(一)继续实施科技强市战略,全面打造科技创新高地

2022年商丘市要以科技强市为发展目标,以科技创新为手段,以科技主体为对象,聚焦平台、企业、人才、生态等关键环节,实施科技强市战略,吸引集聚、高效配置更多的创新资源,致力打造科技创新新高地,让创新创造成为新时代商丘最鲜明的特色。

(1)继续完善创新平台建设。尽快组建商丘科学院并启动运行,继续深化商丘(上海)创新发展研究院改革,发挥东南沿海科技创新引领作用。加快建设商丘"智慧岛"和6个省级高新区"双创"综合体,打造科技创新新高地。继续整合农业科技资源,做好燧皇种业实验室组建工作,发挥商丘种业创新粮食主产区的作用。加强对接沟通协调尽早实现省级工程技术研究中心、重点实验区、院士工作站、中原学者工作站、星创天地等创新平台在商丘落地、生根发芽结果,继续打造市级创新平台,增强科技创新动能。

(2)继续加快培育创新主体。开展创新性企业培育提升专项行动,建立和完善"微成长、小升高、高变强"梯次培育机制,形成更多的专精新特"小巨人"。加大知识产权支持保护力度,重奖"揭榜挂帅"高价值专利项目,力争规模以上工业企业研发活动覆盖面达50%以上,引导企业成为创新主体。大力实施质量强市战略,加强知识产权保护,创造更多的"商丘标准"。

(3)继续加大招才引智力度。突出"高精尖缺"导向,引育创新人才。加强与国家、省高等学校、科研机构战略合作,落实人才奖励和支持政策,加大高层次人才引进力度和本土人才培养,组建商丘产业研究院创新联盟,打造创新驱动人才高地。

(二)继续加快产业转型升级,全面推进先进制造业建设

2022年要在现有工业产业基础上,加快实施工业"发动机"计划,加速推动产业链、创新链、供应链、要素链、政策链"五链"深度耦合,尽力打造全生命周期的创新生态,从而促进传统产业提质发展、新兴产业重点培育、未来产业前瞻布局。重点以先进制造业为引领,巩固提升制造业基础能力和产业链现代化水平。

(1)持续做优做强传统产业。食品、装备制造、纺织服装是引领商丘经济社会发展的三大传统产业,目前已初具规模,形成了三大千亿级产业集群,2022年要继续做优做强做大这些传统产业,不断在提质增效上迈出新步伐,取得新成果。食品产业要着力发展功能食品、营养食品、保健食品等绿色食品,重点抓好睢阳饮之健食品项目,培育壮大高附加值食品产业。重振酒业雄风,重树张弓、皇沟名酒品牌形象。尽快完成科迪奶业帮扶纾困,协助解决科迪奶业发展问题,加快科迪奶业产业结构调整和产品品质升级,打造奶业航母带动全市奶业振兴。装备制造业要以提升核心竞争力为根本要求,加快5G技术等现代科技元素融入,有针对性开展重点装备制造业项目升级改造,提升装备制造业现代化、自动化水平,重点推进民权雪人压缩机、永城闵源钢铁超薄带钢、虞城生态环保电镀等项目建设,带动装备制造业整体提质增速。对于纺织服装制鞋产业来说,关系到民生福祉,能不能可持续发展,关键还在于产业结构调整能否不断创新,产品结构能否满足庞大市场消费需求,产业链是否完善健全,品牌品质能否有根本保证等,2022年要在巩固纺织服装制鞋已有成果的基础上,加快推进睢县制鞋产业从品牌代工向鞋材全产业链拓展,打造黄河流域最大最全的鞋材基地和鞋材集散物流中心。同时,加速推进夏邑纺织印染产业园建设,促进纺织印染业向终端消费市场拓展,提升产品品质向高端市场迈进,形成品牌竞争力。

(2)持续培育战略性新兴产业。2022年要依托现有新兴产业基础,重点发展四大新兴产业,实施新能源汽车、新材料、生物医药、电子信息等四大行产业延链强链工程,加快培育4个千亿级新兴产业集群。新能源汽车要在提升产业支撑力上做文章下功夫,重点推进新能源汽车、新能源汽车零部件产业园项目建设,创新新能源汽车销售模式,带动新能源商用车快速发展。新材料产业要在打造新材料基地上做文章下功夫,重点推进神火铝基储能、睢阳光电、柘城超硬材料等产业园区项目建设,促进新材料产业向高精尖延伸转型。生物医药产业要在致力药业振兴上做文章下功夫,重点推进医药原料、新型制剂、现代中药、高端医疗器械及卫生材料等产业发展,加快梁园中医药健康、虞城豫健康、华原干细胞等园区项目建设,促进生命健康制造和医疗服务业健康快速发展。

(3)持续谋划布局未来产业。2022年紧盯现代科技发展前沿,优化科技创新环境,引进科技前沿智库,谋篇布局未来产业发展,力争实现弯道超车,赶上科技发展新时代步伐。重点应围绕商丘现有产业发展基础,超前谋划未来产业布局,大力推进氢能与储能、碳基新材料、煤基医药中间体等产业发展,积极发展清洁能源,坚持氢能、风能、光能全市"一盘棋",厚植绿色产业根基。充分利用5G技术大力发展数字经济,统筹布局物联网、云计算、人工智能等与现代企业和未来产业加速融合,利用5G+、云企业,培育打造建设一批具有行业先进水平的智能车间、智能工厂,开创数字经济高质量发展的新优势。

(三)继续实施枢纽经济战略,推进国家区域中心城市建设

2022年在推进落实"金钥匙"计划的同时,尽快构建"通道+枢纽+网络"现代物流运行体系,依托商贸服务型国家物流枢纽城市、国家骨干冷链物流基地承载城市和全国综合交通枢纽城市建设,在全国枢纽经济竞争中持续壮大,不断实现新突破。

(1)继续发挥服务业的支撑作用。实施服务业"金钥匙计划",培育发展服务业新业态,壮大新型商贸、现代金融、信息咨询、中介服务等生产性服务业,提升文化旅游、家政服务、养老育幼等生活性服务业,扩大会计审计、工业设计、软件开发等高端服务业产业规模,着力构建优质高效、充满活力、竞争力强的现代服务业新体系,建设省级区域消费中心。2022年全市服务业增加值有望突破1500亿元,新增规模(限额)以上服务业数量有望实现新突破。

(2)继续大力发展枢纽经济产业。2022年要把握入选"十四五"规划的首批商贸服务型国家物流枢纽建设名单机遇,大力发展现代物流业,以国际物流、冷链物流、电商物流和产业物流为重点,实施枢纽偏好型产业集群培育行动,加快推进邮政邮件处理中心、韵达智能物流园、中储棉国家储备库、铁路二级场站等项目建设,打造区域快递物流分拨中心和配送中心,争创国家物流枢纽经济示范区。实施物流提质发展行动,加快推进商丘国际陆港建设,对接郑州物流产业,拓展"一带一路"商丘基地中心功能,形成双城物流联动发展、互为支撑的良性格局。

(3)继续实施中心城市崛起计划。2022年统筹"一核两翼三区四维"组团发展,推动中心城市"起高峰"、县域经济"成高点",加快枢纽发展优势转为经济发展优势,不断开创国家区域中心城市建设新局面。全面提升中心城区首位度,打造高端商务中心区、生活服务中心区、产业服务中心区。按照"东进、西连、南优、北聚"四个发展维度,继续优化城市功能布局,发挥承接产业转移示范市作用,深度融入长三角一体化发展,利用好区位优势,加快承接东部产业转移。继续加强与西部中原城市群的对接联系,建设临空经济区。依托南部新城日月湖现代服务业集聚区、历史文化创意创新区,提升城市品质,打造城市发展新空间。聚焦高铁商务区以北,聚集产业、人流、物流、资金,打造物流产业园区、铁路物流园区、先进装备制造集散地。

(四)继续实施乡村振兴战略,全面引领城乡融合发展

乡村振兴是"三农"工作的重中之重,加快农村农业高质量发展,必须以乡村振兴为引领,实施农业"金土地"计划,完善现代农业产业体系、生产体系、经营体系、流通体系,促进农业高质高效、乡村宜居宜业、农民富裕富足,打造乡村振兴商丘样板。以"治理六乱、开展六清"集中整治为抓手,深入实施农村人居环境整治提升五年行动,建成1个美丽乡村示范县、10个美丽小镇、100个"四美乡村"、15万户"五美庭院",打造一户一幅画、一村一风景、一乡一特色、一县一品牌,真正实现"乡村让生活更美好"。

(1)持续做好脱贫攻坚与乡村振兴的有效衔接。巩固拓展脱贫攻坚成果,落实好"四个不摘"要求,健全防返贫动态监测和帮扶机制,确保不发生规模性返贫。扎实开展"万企兴万村"行动,突出抓好产业振兴,围绕新型农业经营主体、现代农业园区、农村基础设施等重点领域,加快推进补短板重大工程项目,深入实施团员增收、乡村旅游等产业发展行动,加快农村基础设施提档升级,促进教育、医疗、文化等资源向农村配置。全面落实就业创业、金融扶持、公益性岗位安置等政策,持续推进各类产业、各类项目、各类人才在乡村振兴中大显身手发挥作用。积极开展消费帮扶活动,利用农村合作社和电商平台,拓展农产品销售渠道,帮助群众稳定增收,让脱贫成果更加稳固。继续深耕农村人均环境整治提升,建立完善污水和垃圾收集、清运、处理体系,从根本上解决乡村的污染源问题,加快推进美丽乡村建设。

(2)坚决扛稳扛牢粮食安全重任。粮食安全国之大者。落实粮食安全责任制和最严格的耕地保护制度,坚持藏粮于地、藏粮于技。加快推进农业生产基础设施建设,加大农田水利基本建设项目的支持力度,为现代农业产业发展创造硬件设施。继续落实高标准农田的建设要求,大力推进高标准农田建设,在高标准规模上实现新突破,力争建成高标准农田800万亩以上,再上新台阶,确保粮食产量持续稳定在140亿斤以上。在落实最严格的耕地保护制度方面,坚决遏制耕地"非农化"、防止"非粮化",严守耕地红线,统筹推进新一轮高标准农田与重大水利设施、农田水利工程规划建设。继续提升商丘农科院育苗育种和科技服务农业发展能力,加大良种工程推进力度,深入实施农业科技成果转化过程,围绕商丘农业优势特色资源,推广一批优质、高产、专用的优良新品种,把更多的

"望天田"变成"高产田",立足打造成为全国重要的粮食生产主产核心功能区。

(3)加快县域经济高质量发展。按照习近平总书记视察河南时的重要讲话精神和重要指示,坚持把县域治理"三结合""三起来"作为根本遵循,高标准、高质量推进放权赋能改革,对已经明确赋予县市区的经济社会管理权限,确保县市各部门"用得好、见实效"。着力打破城乡二元结构,加快城乡融合发展,促进城乡要素双向流动,以中心城区崛起为引领,加速推进东西两翼永城、民权发展。按照生产、生态、生活融合的原则,依托资源禀赋和产业基础,培育一批500亿级县域特色产业集群。加快升级改造县城基础设施和公共服务设施建设,补齐发展短板,不断增强县域综合承载能力,把县城打造成为县域经济高质量发展的龙头、城乡要素融合的枢纽、农村人口转移就业的载体。抓住财政管理体制"县财省管"改革机遇,激发县域经济高质量发展。推动县域治理"三起来"示范县建设,建设一批县域副中心城镇,促进城镇化率再跃新台阶。

(五)继续实施"放管服效"改革,全面形成一流营商环境

坚持以改革为动力,以开放添活力,推进更高层次的改革和更高水平的开放,优化营商环境指挥体系,构建高水平开放性经济新体制,营造国内一流营商环境,全力打造内陆地区改革开放新高地。

(1)继续深化重点领域改革。加快完成国企改革三年行动任务,优化资本布局,做强做优国有企业,壮大国有资本实力。2022年按照政事分开、事企分开、管办分离的原则要求,扎实推进事业单位重塑性改革,全面落实放权赋能各种举措,做到应赋尽赋、能放尽放。围绕经济、政治、文化、社会、生态、党建等领域,完成重点改革事项,以更加开放的姿态,更加灵活的新发展格局,推进更高水平的改革开放。

(2)持续实施"放管服效"改革。要牢固树立人人、事事、时时、处处都是营商环境的理念,深入推进"放管服效"改革,持续压缩行政审批事项,减少审批环节,完善"一次办妥""一网通办""最多跑一次"改革,提高审批效率,让群众办事更省心、企业办事更便捷。2022年在完成"豫事办"商丘厅建设的基础上,积极做好"商事通"应用推广,为实现"受审分离"、"不见面审批",涉企证照电子化"一日办结"这一软环境目标创造基础条件。加大纾困政策支持力度,设立中小企业发展基金,解决中小企业融资难的问题。加强政府协调"政企银"对接合作,提升金融服务质量和效率,继续优化企业服务平台建设,开展"万人助万企"和"企业服务日"活动,建立完善企业家定期茶叙会商机制和重点项目"早餐会"推动机制,畅通企业诉求解决渠道,更好地为实体经济服务,全力打造市场化、法治化、国际化的一流营商环境。

(六)继续实施招商引资战略,全面加快培育发展新动能

把加快培育发展新动能作为新时代招商引资的第一要务,把抓招商、上项目作为扩大有效投资的重要抓手,把"项目为王"作为稳增长的重中之重,强化招商引资力度,不断为高质量发展蓄势赋能,2022年全年固定资产投资总额力争突破3 000亿元。

(1)持续加大招商引资力度。抓住新一轮产业转移机遇,紧紧围绕长三角、珠三角等重点区域,精心编制主导产业招商"四张图谱",切实做好"四个拜访",创新基金、股权、"拎包入住"等招商模式,完善招商政策举措,持续深化与苏浙沪等先进发达地区的产业合作,推动更多重点产业项目早洽谈、早签约、早落地、早开工,发挥好承接产业转移"桥头堡"和"示范市"作用。充分把握北京央企总部外迁机会,紧盯京津冀地区,力争通过努力引进一批央企、行业协会、头部企业,特别是突出引进整园区、整产业链项目,以此来拉动高端产业发展。2022年每个县市区引进1~2个50亿元以上的重大项目或产业园、产业链,利用举办第九届中国商丘国际华商节和冷博会、食博会、面博会等节会平台,吸引更多客商来商丘投资兴业。

(2)持续发展外向型经济。坚持"项目为王"抓实"三个一批",抓好重大基础设施建设。积极对接融入长三角一体化发展进程,建成豫东承接产业转移示范区,打造中原——长三角经济走廊先导城市。2022年全市安排重点项目不少于700个,年度投资不少于2 000亿元,力争全年签约、开工、投产项目均达到200个以上,滚动储备亿元以上重大项目不少于300个。抓住国家适度超前开展基础设施投资的有利时机,靠前实施"十四五"规划,靠前建设重大项目,靠前争取中央资金支持。2022年充分利用参与进博会、夏交会、广交会、东盟博览会等外向型经济平台机会,鼓励更多本地企业走出去,全方位多层次宽领域开展国际经贸合作。用好国家跨境电商零售试点政策,加强与国内知名电商企业平台展开合作,申建商丘综合保税区,建成跨境电商综合实验区,拓展国际市场扩大跨境电商业务,提升外向型经济水平。

(七)继续实施人才强市战略,全面厚植高质量发展智力支撑

实现高质量发展人才是关键,坚持"四个面向"聚焦平台、企业、人才等关键环节,对接国家战略、集聚创新资源必须坚定不移推进人才强市战略,大力发展教育事业,吸引和培养更多优秀人才。

(1)全力打造人才高地。2022年在全面落实《关于打造科技强市的实施意见》,构建更加开放的人才引进体系,大力实施"引才入商"工程,培养造就更多的"中原英才",发挥本地高等学校人才聚集优势,培养更多的专业技术拔尖人才,形成集聚人才创新的高地。筹建商丘籍博士团平台建设,利用商丘籍在外博士及高端人才的智力、研究项目、科研成果、专利技术,为商丘地方经济社会发展服务,全力厚植高质量发展的智力支撑。

(2)引育"高、精、尖、缺"人才。利用现已摸底收集到的2 000多位商丘籍在域外人才的信息资源,建立联系,科学分类,形成常态化对接联系制度,通过制定人才引进政策,加大人才激励机制,创造科研条件,吸引更多高精尖缺人才,特别是前沿科技、现代金融、高端制造业等专业人才回家乡服务。同时,要加强与省内外高校、科研机构深度合作,培养和引进更多优秀人才,形成高质量发展的人才聚集高地。

(3)提升教育高质量发展。加快与省教育厅签署加快教育高质量发展合作协议,深化教育体制机制改革,继续落实与中科院大学联盟协议,加快建设河南教育科技事业融合发展创新研究院,推动教育科技事业融合发展。大力推进商丘科技大学城建设,尽快引进中科院、浙江大学、同济大学等国内顶尖科研机构、知名大学在商丘设立研发机构和网络学院,加强与中国人民大学合作共建黄河流域高质量发展研究中心,落实与河南中医药大学合作协议推进建设河南伊尹中医药研究院和河南中医药大学商丘校区建设。大力推动现代职业教育高质量发展,建设省级职业教育创新发展高地示范区,支持商丘师范学院申报硕士学位授权单位,推进商丘医学专科学校、商丘职业技术学院升本工作,筹建商丘幼教职业技术学院,做强做大职业技术教育。

(八)继续实施风险防控战略,全面加强平安商丘建设

(1)继续做好常态化疫情防控。2022年新冠疫情进入常态化防控管理,必须继续坚持"外防输入、内防反弹"原则,实行社会面"动态清零"和应急处置相结合,强化重点人群、重点时段、重点区域人物同防,严格落实前置管控措施,科学精准做好疫情防控,加强扫码登记、流调溯源、集中隔离、核酸检测、大数据信息服务等基础和应急处突能力建设,做好与新冠疫情长期斗争的准备。全面落实90%以上常住人口接种疫苗,构筑全民免疫屏障,针对新冠疫情最大的不确定性,切实避免社区传播和大面积传播,构筑闭环管控体制机制,确保商丘长周期不发生疫情的最大确定性。

(2)防范化解重大风险。坚持把安全发展贯穿工作全过程,强化安全意识,坚守底线思维,确保不发生系统性区域性风险。2022 年完成自然灾害综合风险普查,建设"一张图""一张网"应急处突指挥平台,构建抵御各种灾害风险的防范体系。持续做到金融领域风险排查工作,堵塞风险漏洞,掐断风险链条,遏制金融风险发生。继续化解政府债务,化解存量不增新量,完善风险防控机制,稳妥有序推进化解,保证政府债务风险总体可控。2022 年在总结柘城火灾事故教训的基础上,继续做好安全生产专项整治和消防安全专项整治工作,压实安全生产和消防主体责任,加强生产生活领域的安全监管,确保人民财产和生命安全不受损失。继续围绕保交楼、保民生。促稳定,积极稳妥化解问题楼盘,维护群众合法权益。

(3)创新社会治理维护社会稳定。坚持创新践行新时代"枫桥经验",推动市县乡三级"党建+一中心+四平台"联网运行,不断完善新型社会治理服务体系。深化完善具有商丘特色的"一村(格)一警一法律顾问"工作模式,丰富内涵擦亮品牌。深入开展"三零"平安创建工作,加快雪亮工程建设,提高社会治理综合服务中心规范化水平。继续扎实开展"进百姓门、知百姓情、结百家亲、办百家事、解百家忧、暖百家心"活动,组织政法干警走村入户,做实做细法律宣传、信访排查、矛盾化解、服务企业大走访等工作,健全矛盾纠纷排查化解机制,加强和改进人民信访工作。继续整合政务服务热线,实现 12345 热线"一号对外"。继续巩固扫黑除恶斗争成果,常态化开展扫黑除恶斗争,充分发挥常设性机构作用,扎实推进"平安守护""云剑行动""雷霆行动",保持高压态势打击各类犯罪,切实维护社会安定有序,使人民群众的安全感不断提升。

经济发展篇

2021—2022 年商丘市经济形势分析与展望

窦乃学①　代克斌②

摘　要:2021 年是商丘发展历程中极不平凡的一年。面对复杂严峻发展环境和疫情汛情等多重风险挑战,全市上下坚持稳中求进工作总基调,保持定力,顶压奋进,统筹推进疫情防控和经济社会发展,扎实做好"六稳"工作、全面落实"六保"任务,全市经济持续恢复、稳步向好,高质量发展取得新成效。展望 2022 年,全市经济发展机遇与挑战并存。商丘经济持续恢复,重大战略叠加效应增强,综合竞争优势扩大,经济运行有望保持在合理区间;同时,全市经济恢复进程中新老问题交织,结构性矛盾凸显,供需两端乏力,经济下行压力较大,推动经济高质量发展仍面临不少挑战。要把稳增长放在更加突出位置,着力加快产业转型升级,着力扩大有效投资,着力保市场主体,着力优化营商环境,抓好重点任务落实,推动经济平稳恢复、向好发展,以优异成绩迎接党的二十大胜利召开。

关键词:经济形势　稳步向好　下行压力　稳增长

2021 年是商丘发展历程中极不平凡的一年。面对复杂严峻发展环境和疫情汛情等多重风险挑战,全市上下坚持以习近平新时代中国特色社会主义思想为指导,坚持稳中求进工作总基调,保持定力,顶压奋进,统筹推进疫情防控和经济社会发展,扎实做好"六

---

① 商丘市统计局局长。
② 商丘市统计局综合科科长。

稳"工作、全面落实"六保"任务,全市经济持续恢复、稳步向好,高质量发展取得新成效。展望 2022 年,全市经济发展机遇与挑战并存,要把稳增长放在更加突出位置,锚定"两个确保"、落实"十大战略",围绕打造"七个强市"、聚力"十项任务",聚焦"十大新跨越"抓好重点任务落实,推动经济平稳恢复、向好发展,以优异成绩迎接党的二十大胜利召开。

一、2021 年商丘市经济运行基本情况及主要特点

初步核算,2021 年全市生产总值 3 083.32 亿元,按可比价格计算,同比增长 4.0%,比前三季度提高 2 个百分点。其中,第一产业增加值 577.20 亿元,增长 6.8%;第二产业增加值 1 152.20 亿元,增长 1.5%;第三产业增加值 1 353.93 亿元,增长 4.9%。

(一)产业发展恢复向好

(1)农业生产总体平稳。粮食产量虽有减产但仍处于高位。2021 年,全市粮食生产受极端天气及病虫害影响虽有所减产,但总产量居全省第 4 位,达 141.14 亿斤,已连续六年稳定在 140 亿斤以上。全年全市猪牛羊禽肉产量 56.26 万吨,增长 16.9%。其中,猪肉产量 32.66 万吨,增长 32.2%。2021 年末,全市生猪存栏 316.74 万头,增长 17.2%;全年生猪出栏 445.3 万头,增长 35.6%。

(2)工业生产回升向好。商丘市扎实开展"万人助万企""企业服务日"活动,着力稳定工业经济运行,工业经济企稳向好。2021 年,全市规模以上工业增加值同比增长 3.7%,比前三季度提高 1.1 个百分点。近七成行业实现增长。全市 35 个工业行业大类中,实现增长的行业有 24 个,增长面为 68.5%,17 个行业增加值增速高于全市平均水平。重点行业支撑作用明显。汽车制造业、化学原料和化学制品制造业、农副食品加工业、非金属矿物制品业、金属制品业、电力热力生产和供应业 6 个行业增加值增长 15.3%,高于全市平均水平 11.6 个百分点,拉动全市规上工业增长 5.3 个百分点。

(3)服务业持续恢复。2021 年,全市服务业增加值同比增长 4.9%,比前三季度提高 1.6 个百分点,增速分别高于 GDP 和第二产业 0.9 个、3.4 个百分点。其中,交通运输、仓储和邮政业增加值增长 10.9%,批发和零售业增加值增长 3.9%,住宿和餐饮业增加值增长 5.7%,金融业增加值增长 1.7%;信息传输、软件和信息技术服务业增长较快,实现增加值增长 9.6%,比前三季度提高 11.2 个百分点。全年邮政、电信业务总量分别增长

32.2%、35.7%。12月末,全市金融机构本外币存、贷款余额分别增长10.2%、7.1%。

(二)市场需求稳步改善

(1)固定资产投资稳步恢复。商丘市强化"项目为王"的鲜明导向,滚动开展"三个一批"活动,固定资产投资稳步恢复。2021年,全市固定资产投资同比增长8.3%,比前三季度提高2.6个百分点。分产业看,第一产业投资增长49.1%,第二产业投资增长9.6%,第三产业投资增长6.8%。工业投资增长9.3%,其中五大主导产业投资增长10.4%。投资增长动能增强。全年全市新开工项目完成投资增长17.9%,其中亿元及以上项目完成投资增长20.3%。

(2)消费市场持续复苏。商丘全力做好市场供应,开展系列促消费活动,着力搞活流通,消费市场稳健恢复。2021年,全市社会消费品零售总额1 489.50亿元,同比增长5.6%。按经营单位所在地分,城镇市场消费品零售额同比增长6.0%,乡村市场消费品零售额增长4.3%。消费升级类商品销售快速增长。限额以上单位商品零售额中,智能手机增长10.6%,电子出版物及音像制品类增长10.9%,石油及制品类增长10.7%。

2021年,面对疫情汛情等因素对全市经济发展带来的不利影响,市委、市政府带领全市人民攻坚克难、顶压前行,推动经济保持逐步恢复、向好发展态势。概括来看,全年经济运行形势呈现"突破""回升""收窄""超过"等特征。一是经济总量突破3 000亿元。自2009年全市生产总值迈上1 000亿元台阶后,用七年迈上2 000亿元台阶,2016年达到2 104亿元,再用五年迈上3 000亿元新台阶,2021年达到3 083亿元。二是主要指标企稳回升。全市规模以上工业增加值10月份同比增长0.7%,12月份回升至5.2%,居全省第6位;社会消费品零售总额10月份增长0.5%,12月份提升到6.1%,居全省第3位;固定资产投资1~10月增长4.5%,全年提升至8.3%。三是累计增速虽仍低于全省但整体差距收窄。全年全市生产总值、规模以上工业增加值增速与全省的差距较一季度分别缩小3.2个、6.6个百分点。四是部分指标增速超过全省。全年固定资产投资、规模以上工业利润总额、进出口总额增速分别高于全省3.8个、7.1个、4.6个百分点。

二、2021年商丘市经济高质量发展取得的成效

2021年,商丘市坚定不移地贯彻新发展理念和推动高质量发展,以增强创新驱动为

抓手,持续推动改革开放,不断培育壮大新动能,经济增长的质量和效益稳步提升。

(一)创新发展动能增强

全年全市工业战略性新兴产业增加值同比增长 4.2%,高于规上工业增速 0.5 个百分点。科技投入力度加大,全年一般公共预算支出中科学技术支出同比增长 20.3%。截至 2021 年底,全市高新技术企业 184 家,同比增长 17.2%;拥有国家级高新技术特色产业基地 7 家,居全省第 1 位。

(二)协调发展特点凸显

产业结构转型持续推进。全年全市高新技术产业增加值增长 4.7%,高于全市规上工业增速 1 个百分点。投资结构调整优化。全年全市五大主导产业投资、高技术制造业投资分别增长 10.4%、56.8%,分别高于全市固定资产投资增速 2.1、48.5 个百分点。城乡发展差距继续缩小。全年全市农村居民人均可支配收入增长 8.7%,增速高于城镇居民 2.9 个百分点,城乡居民收入比为 2.35,比上年缩小 0.06;常住人口城镇化率为 47.21%,比上年提升 1.02 个百分点。

(三)绿色发展稳步推进

节能降耗扎实推进。全年全市规模以上工业单位增加值能耗同比下降 0.64%。清洁能源快速发展。全年全市规上工业风能、生物质能等清洁能源发电量分别增长 164.6%、30.3%。

(四)开放发展势头较好

全年全市进出口总额 54.3 亿元,同比增长 27.5%,高于全省平均水平 4.6 个百分点。其中,出口 41.8 亿元,增长 27.9%;进口 12.5 亿元,增长 26.2%;增速分别高于全省平均水平 4.6、3.9 个百分点。全年实际使用外商直接投资 46 730 万美元,增长 3.1%;实际利用省外资金 807.9 亿元,增长 3.1%。

(五)共享发展成效明显

就业形势总体稳定。全年城镇新增就业人员 8.68 万人,城镇失业人员再就业 2.62 万人,就业困难人员再就业 0.85 万人。居民收入持续增长。全年全市居民人均可支配收入 22 699 元,增长 7.5%。按常住地分,城镇居民人均可支配收入 34 758 元,增长

5.8%;农村居民人均可支配收入 14 789 元,增长 8.7%。

三、2022 年全市经济发展面临的机遇与挑战

展望 2022 年,全市发展依然是机遇与挑战并存。一方面,商丘经济持续恢复,重大战略叠加效应增强,综合竞争优势扩大,经济运行有望保持在合理区间;另一方面,全市经济恢复进程中新老问题交织,结构性矛盾凸显,供需两端乏力,经济下行压力较大,推动经济高质量发展仍面临不少挑战。

(一)多重因素支撑,经济有望保持恢复向好态势

(1)从外部看。全球经济总体保持复苏态势,特别是部分资源出口型新兴经济体和发展中经济体复苏步伐有所加快。

(2)从全国看。我国发展仍处于重要战略机遇期,经济运行总体平稳,结构持续优化,创新驱动态势良好,民生大局总体稳定,经济长期向好的基本面没有改变。2022 年我国继续实施积极的财政政策和稳健的货币政策,经济工作稳字当头、稳中求进,着力稳定宏观经济大盘,保持经济运行在合理区间。

(3)从自身看。支撑经济发展的积极因素和有利条件依然较多。一是具有干事创业的良好氛围。市第六次党代会提出打造"七个强市"、聚焦聚力"十项任务",市委六届二次全会暨市委经济工作会议明确了"实现十大新跨越"的工作部署,推动商丘经济社会发展提质提速。特别是 2021 年以来开展的"三个一批""万人助万企""企业服务日"等活动,在全市营造了抓产业、抓投资、抓转型、抓企业发展的良好氛围,凝聚起加压奋进推动经济社会发展的磅礴力量。二是具备较强的发展潜力。从工业看,近年来全市战略性新兴产业、高新技术产业增加值占规上工业的比重逐年提高,对今后经济的平稳较快增长将持续发挥作用。从投资看,"三个一批"重点项目将陆续纳入 2022 年投资项目统计名录库中,从而拉动全市投资增长。从消费看,全市常住人口居全省第 4 位,消费主体多,市场空间广阔。从城镇化看,2021 年全市城镇化率低于全省 9.2 个百分点,仍有较大的提升空间,将带动基建、房地产、公共服务等诸多行业的发展。三是拥有多重重大战略叠加支撑。随着中央七大政策取向和省"十大战略"等各项宏观调控措施的落地实施,黄河流域生态保护和高质量发展、中部地区崛起等重大国家战略扎实推进,商丘在枢纽经济、

开发区建设等方面将迎来新的机遇。特别是省第十一次党代会报告明确提出支持商丘建设豫东承接产业转移示范区后，商丘又被列入"十四五"首批国家物流枢纽和国家骨干冷链物流基地承载城市，省委省政府支持商丘机场开工、京港合高铁雄安至商丘段建设等，为商丘高质量发展带来重大利好，商丘面临多重重大战略叠加的机遇，综合竞争优势将不断扩大。

（二）风险挑战交织叠加，经济下行压力较大

（1）从外部看。当前新冠病毒仍在全球肆虐，我国外防输入压力不减，全球供应链瓶颈仍未消退，国内产业链供应链保持顺畅运转难度仍然较大，外部环境不稳定性不确定性增多。

（2）从自身看。结构性问题、供需两端乏力使经济下行压力加大。一是产业发展后劲不足。工业投资增速较低，对工业增长难以形成有力拉动。2021 年，全市工业投资同比增长 9.3%，低于全省平均水平 2.4 个百分点。但工业在建项目形成产能尚需时间，对工业增长的拉动作用尚未明显显现。工业结构不尽合理，缺乏现实增长点。全市五大传统支柱产业工业增加值占规模以上工业的比重高达 45.5%。受"能耗"双控、环保管控、安全生产监管等因素影响，2021 年完成增加值同比下降 1.7%。六大高载能行业增加值同比下降 1.2%，低于全市规上工业平均增速 4.9 个百分点。二是内需恢复动力偏弱。在投资领域，2021 年全市在建施工项目 844 个，比上年同期少 93 个，投资规模同比下降 0.1%。本年新开工项目 397 个，比上年同期少 47 个，其中亿元及以上项目 231 个，比上年同期少 25 个。基础设施投资下降。2021 年，全市基础设施投资同比下降 7.4%，下拉全市投资增速 1.1 个百分点。在消费领域，2021 年全市限额以上贸易名录库累计退库企业 172 家，入库企业 50 家，入不抵出，市场消费缺乏后续活力。疫情发生后，生鲜配送、直播带货、社群营销等新的销售模式以经济、方便、快捷等优势对传统消费形成较大冲击，实体经济利润空间进一步压缩。部分企业虽然恢复经营，但仍面临经营成本上升、资金周转不畅等压力。

四、推动 2022 年商丘经济高质量发展的对策建议

2022 年，要坚持稳字当头、稳中求进，着力稳住经济大盘，聚焦抓好重点任务落实，保

持经济平稳恢复、向好发展,推动全市经济发展行稳致远。

(一)着力加快产业转型升级

实施产业倍增计划,加快构建具有商丘特色的现代产业体系。提升农业产业现代化水平。以创建现代农业产业园、农产品精深加工园为载体,推动农产品做特做强,持续提升精深加工能力。大力发展先进制造业。把制造业作为高质量发展的重中之重,把产业规模做大、特色做优、优势做强。培育战略性新兴产业,重点发展新能源汽车、新材料、智能零部件、生命健康四大新兴产业。推动特色产业转型升级,做大做强食品加工、装备制造、纺织服装及制鞋等三大传统主导产业集群。加快发展现代服务业。加快推进日月湖现代服务业集聚区、商丘古城历史文化传承创新区、高铁商务区建设。大力发展数字经济,不断壮大5G、物联网、新一代人工智能等数字经济产业规模。抓好未来产业的前瞻布局。选取具有一定基础、能够抢抓机遇率先布局的前沿科技,谋划布局一批未来先导产业。

(二)着力扩大有效投资

坚持项目为王,快干是王道,聚焦招商引资,对外招引行业龙头谋求产业增量,重点招引一批行业产业带动强、转型升级快的重大项目。加强"十四五"规划项目的前期、审批、落地各项工作,积极梳理重点在建项目、新开工项目等,动态调整项目库,重点加强新型基础设施、产业转型等领域,加快实施一批关键性重大项目,增强发展后劲。

(三)着力保市场主体

加大对小微企业的扶持力度。商丘市小微工业企业占全部规上工业单位数的81.6%,抓好小微企业将对全市经济形成有力支撑。因此,要在实施"万人助万企""企业服务日"活动中加大对小微企业的扶持力度。加强调查单位管理。企业不升规入库就无法纳统,就反映不了经济发展成果。加强对规上单位的跟踪监测,做好已达规企业"保苗"工作。建立规上企业退库预警监测机制,重点监测生产经营异常波动企业和停歇业企业情况,对企业分类指导、因企施策、精准帮扶,帮助其渡过难关。

(四)着力优化营商环境

目前商丘营商环境虽有明显提升,但仍存在统筹推进力度不够、对标先进主动性不高等问题,要推动营商环境持续改善、争先晋位,助力全市经济社会高质量发展。要持续抓好《商丘市优化营商环境条例》的宣传贯彻,保障《条例》有效实施。通过开展重点领域专项整治,提升政务服务能力和效率。层层落实责任,推动各项惠企政策落地落实,构建"奖优惩劣"的长效机制,打造更加公平竞争的市场环境。持续深化"放管服效"改革,加大对营商环境违法案件查处力度,规范政府权力运行。

(五)着力加强经济运行监测调度

要建立健全相关职能部门联合调研、信息共享、会商分析等机制,紧紧围绕工业、投资、市场等重点领域,持续加强对重点行业、重点企业、重点指标的监测预警,科学分析研判经济运行走势,通过调度及时解决经济运行过程中存在的突出困难和问题,力促全市经济加快恢复。

2021—2022 年商丘市工业经济运行态势与展望

杨文升① 严小兵② 高媛媛③

摘 要:2021 年是"十四五"规划开局之年。面对错综复杂的国内外形势,以及新冠肺炎疫情等不确定因素对工业经济的冲击,全市上下坚持新发展理念,坚持稳中求进工作总基调,持续优化产业结构,深入开展"万人助万企"活动,推进落实一系列助企纾困政策措施,全市工业经济保持稳定恢复态势。但由于疫情恢复仍然存在较高的不确定性,世界经济复苏放缓,通胀压力上升,宏观经济形势依然复杂严峻,阻碍商丘工业经济稳定增长的因素依然存在。2022 年全市要以推动工业经济高质量发展为主题,以深化供给侧结构性改革为主线,坚持稳字当头、稳中求进、稳中提质,深化"万人助万企"活动,出台更有针对性的政策措施,巩固和扩大全市工业经济稳定恢复增长态势,实现工业经济平稳向好发展。

关键词:工业经济 运行态势 稳中趋缓 平稳向好

2021 年是"十四五"规划开局之年。面对错综复杂的国内外形势,以及新冠肺炎疫情等不确定因素对工业经济的强烈冲击,全市上下以习近平新时代中国特色社会主义思想为指导,深入贯彻落实省委省政府、市委市政府各项决策部署,坚持新发展理念,坚持

---

① 商丘市统计局二级调研员。
② 商丘市统计局工业科科长。
③ 商丘市统计局工业科副主任科员。

稳中求进工作总基调,持续优化产业结构,深入开展"万人助万企"活动,推进落实一系列助企纾困政策措施,全市工业经济保持稳定恢复态势。但由于疫情恢复仍然存在较高的不确定性,世界经济复苏放缓,通胀压力上升,宏观经济形势依然复杂严峻,阻碍商丘工业经济稳定增长的因素依然存在。

一、2021 年商丘工业经济运行态势分析

(一)商丘工业经济持续稳定恢复

1. 工业增长稳中趋缓

2021 年,在同期基数偏低以及春节期间"就地过年",企业开工时间明显延长等因素共同作用下,第一季度全市规模以上工业实现较快增长,一季度增长 7.1%。第二季度,随着基数效应逐步减退,原材料价格高企不落,企业安全排查等影响,工业增速逐步回落,上半年规模以上工业增长 5.9%。进入第三季度,疫情冲击影响加大,能耗"双控"日趋严格,"限电"措施影响,诸多因素造成工业企业正常生产受到严重影响,全市工业增速进一步放缓,前三季度规模以上工业增长 2.6%。进入第四季度,各种不利因素逐渐减弱,工业增速逐渐回升,全年规模以上工业增长 3.7%,全市工业经济保持稳定恢复态势。

2. 近七成工业行业增加值实现增长

2021 年,商丘 35 个工业行业大类中,24 个行业增加值实现增长,增长面为 69.0%。其中,农副食品加工业、汽车制造业、金属制品业、有色金属冶炼和压延加工业等 10 个行业实现两位数增长;非金属矿物制品业、农副食品加工业、电力热力生产和供应业等 17 个行业增速高于全市规模以上工业平均增速。汽车制造业、化学原料和化学制品制造业、农副食品加工业、非金属矿物制品业等 10 个行业对全市工业增加值增长的支撑作用明显,拉动全市规模以上工业增长 6.8 个百分点。增加值占比前 10 位的重点行业中,除煤炭开采和洗选业受安全生产监管、仪器仪表制造业受出口制约因素影响同比下降外,其他 8 个行业均实现不同程度增长,其中非金属矿物制品业、农副食品加工业、电力热力生产和供应业 3 个行业增速高于全市规模以上工业平均增速。

3. 主要产品产量超半数以上增长

2021 年,全市统计的 115 种工业大类产品中,有 63 种产品产量实现增长,增长面为

54.8%。其中,全市重点监测的产品中小麦粉增长 15.6%、鲜、冷藏肉增长 92.8%、速冻食品增长 16.9%、纱增长 35%、纸制品增长 9.8%、平板玻璃增长 8.1%、铝材增长 13.2%、改装汽车增长 25.1%、电动自行车增长 13.1%、家用冷柜增长 21.1%。受新冠疫情、安全生产监管、环保管控、粗钢产能压减等因素影响部分产品同比出现下降,其中,服装下降 6.5%、鞋下降 20.1%、钢材下降 3.3%、水泥下降 8.6%。

(二)工业高质量发展取得积极成效

2021 年,商丘在工业经济稳增长的目标引领下,坚持将制造业高质量发展作为主攻方向,积极构建先进制造业体系,持续提升产业链现代化水平和竞争力,深化推进传统产业"三大改造",工业稳增长和调结构的协同性不断提升,创新引领作用明显增强,产业结构升级取得积极成效。2021 年,全市高成长产业、战略性新兴产业、高新技术产业增加值同比分别增长 6.8%、4.2%、4.7%,分别高于规模以上工业增加值平均增速 3.1 个百分点、0.5 个百分点、1.0 个百分点。战略性新兴产业、高新技术产业增加值占规模以上工业增加值的比重较上年同期分别提高 3.9 个百分点、1.3 个百分点;高载能行业增加值同比下降 1.2%,低于规模以上工业增加值平均增速 4.9 个百分点。

1. 规模以上制造业支撑作用显著

2021 年,全市制造业占规模以上工业的比重达 86.9%,制造业增加值增长 4.8%,高于规模以上工业平均增速 1.1 个百分点,对规模以上工业增长的贡献率高达 111.5%。其中,食品制造业、电子信息制造业增加值分别同比增长 7.6%、6.8%,分别高于规模以上工业平均增速 3.9 个百分点、3.1 个百分点,对工业增长的贡献率分别达 30.3%、5.5%。制造业发展加快,对经济增长的带动力不断增强,将有利于巩固实体经济基本盘。

2. 高新技术制造业增势强劲

2021 年,全市高新技术制造业增加值占规模以上工业增加值的比重为 38.3%,较上年提高 1.3 个百分点,高新技术制造业增加值同比增长 4.7%,高于规模以上工业平均增速 1 个百分点,对规模以上工业增长的贡献率达到 58.7%,对工业增长的带动力进一步提升。从细类行业看,除新能源及节能技术同比下降外,其他行业均有不同程度的增长,其中新材料技术、高新技术改造传统产业、电子信息技术拉动作用最为显著,三大产业全年工业增加值同比增长分别为 5.0%、13.9%、9.5%,对全市规模以上工业增加值的贡献率分别为 37.7%、27.5%、6.0%。

3. 工业战略性新兴产业较快发展

2021 年,全市工业战略性新兴产业占规模以上工业的比重为 25.4%,较上年提高 3.9 个百分点,工业战略性新兴产业增加值同比增长 4.2%,高于规模以上工业平均增速 0.5 个百分点,其对规模以上工业增长的贡献率达到 33.2%。工业战略性新兴产业八大领域中,高端装备制造业、新材料产业、节能环保产业三大产业增加值分别增长 46.4%、8.6%、5.4%,占规模以上工业增加值的比重 1.3%、14.5%、3.8%,对战略性新兴产业拉动作用明显。

(三)工业企业经济效益有所改善

随着全市"万人助万企"活动的深入开展,疫情冲击影响的逐步减弱,以及保供稳价、助企纾困政策效果持续显现,全市主要效益指标持续改善,商丘工业经济发展的韧性增强,活力逐步激活。2021 年,全市规模以上工业企业实现营业收入 3 381.7 亿元,同比增长 4.2%,增速较 2020 年提高 8.3 个百分点;实现利润总额 219.2 亿元,增速由 2020 年的同比下降转为同比增长 8.7%。

1. 工业企业利润水平持续增长

从利润总额分行业情况看,全市 34 个工业大类行业中,21 个行业利润总额实现同比增长,亏损企业个数较 2020 年下降 6.4%。受 2021 年以来大宗商品价格总体高位运行推动,煤炭开采和洗选业利润增长 110.4%,黑色金属冶炼和压延加工业利润增长 9.9%,计算机、通信和其他电子设备制造业利润增长 20.3%;"新冠"疫情、生猪价格持续走低、水泥价格下跌等因素,对部分重点行业利润有不同程度的影响,食品制造业、皮革制品及制鞋业、纺织服装服饰业、非金属矿物制品业、农副食品加工业利润增速分别为 -32%、-9.4%、-8%、3.3%、5.4%。

2. 企业资金使用效率有所提升

2021 年,全市规模以上工业企业每百元营业收入中的成本 87.65 元,较 2020 年下降 0.31 元,每百元营业收入中的费用为 5.23 元,同比降低 0.07 元。12 月末,规模以上工业企业每百元资产实现的营业收入为 183.7 元,同比增加 1 元;人均营业收入为 92.1 万元,同比增加 8.9 万元;资产利润率 11.9%,同比增长 0.56%。

二、商丘工业经济发展中存在的突出问题

(一)传统支柱产业、高载能行业生产形势不佳

受"能耗"双控、"限电"措施、环保管控、安全生产监管等诸多因素影响,全市传统支柱产业、高载能行业生产受限。2021 年,全市五大传统支柱产业工业增加值同比下降 1.7%,低于规模以上工业平均增速 5.4 个百分点,占规模以上工业的比重达 45.5%。其中冶金、化学、轻纺、能源产业增速均低于全市工业平均增速。六大高载能行业增加值同比下降 1.2%,低于全市工业平均增速 4.9 个百分点,影响规模以上工业增速 0.1 个百分点,其中煤炭开采和洗选业下降 16.7%,黑色金属冶炼和压延加工业下降 52.3%,化学原料和化学制品制造业增长 2.4%,三个行业增速也均低于规模以上工业平均增速。

(二)工业科技创新能力有待提升

商丘市工业企业研发费用支出明显偏低,与全省平均水平差距依然较大。2020 年,全市"工业企业 R&D 经费投入强度"达到 0.83%,低于全省平均水平 0.64 个百分点。R&D 经费投入强度不够,难以为企业开展技术创新提供充足的资金保障,使企业的技术创新能力、水平和竞争力一直处于较低的层次和水平。2020 全市具有研发费用的工业企业 202 家,占规模以上工业企业的比重为 12.9%,低于全省平均水平 11.9 个百分点,我市部分产业长期处于产业链的低端和价值链的低端,创新能力不足已成为工业发展的"软肋"。

(三)规模以上小微工业企业经营状况堪忧

2021 年以来,国内外疫情反复,上游原材料价格上涨,叠加环保限产、限电措施影响,且小微企业长期处于产业中弱势地位,人力财力有限,多数惠企政策门槛较高,小微企业不具备政策享受资格,企业面临巨大的生产经营压力。2021 年,全市规模以上小微企业单位数占全部规模以上工业单位数的 81.6%,实现利润总额仅占全部规模以上利润总额的 33.5%.实现营业收入仅占全部规模以上营业收入的 34.7%,小微企业利润和营业收入比重偏低,且有进一步萎缩的趋势。全市小微企业利润总额同比增长 7.5%,营业收入同比增长 13.9%,分别低于全部规模以上工业企业 1.2 个百分点、1.0 个百分点,小微企

业利润和营业收入增长低于全市工业平均水平。

(四)工业企业规模有待提高

2021 年,全市共有规模以上工业企业 1 822 家,中小微工业企业 1 786 家,占全部规模以上工业企业个数比重为 98%,其中大型企业 36 家,占比为 2%。年营业收入超百亿的企业仅 1 家,占全市规模以上工业的比重为 0.05%,营业收入 50 亿～100 亿的企业 3 家,占比为 0.15%,营业收入 10 亿～50 亿的企业 42 家,占比为 2.3%,目前工业企业规模小,研发能力低,抵御各种风险能力弱,特别在目前的环境下,融资难度加大,缺乏管理和技术人才,很大程度上制约了工业经济发展。

(五)工业经济增长后劲仍待提振

2020 年以来,商丘工业投资力度较弱、增速偏低,意味着后期工业增长缺乏新的增长点,对工业经济可持续发展产生不利影响。2020 年,全市工业投资仅增长 4.3%,低于固定资产投资增速 1.7 个百分点;2021 年全市工业投资在多项惠企政策效应下呈现增长趋势,2021 年工业投资增长 9.3%,但仍低于全省平均水平 2.4 个百分点,并且工业在建项目形成产能,成为拉动工业经济增长的有效动力尚需时间,对工业增长的拉动作用尚未显现。

三、2022 年商丘工业经济形势判断及建议

2022 年,国内外宏观经济形势依然复杂严峻,疫情冲击、大宗商品价格上涨等各种衍生风险将持续影响宏观经济。商丘工业经济加快增长的有利因素。一是商丘将在 2022 年经济工作中,锚定"两个确保",落实"十大战略",紧扣"七个强市"奋斗目标,抓好产业"倍增计划",大力实施传统产业提质发展行动、新兴产业培育壮大行动,未来产业前瞻布局行动。二是在全球疫情情况下,世界经济整体上逐步复苏,国际大宗商品价格的上涨以及国内部分能源原材料产品的供给偏紧等对工业经济的短期冲击在 2022 年将逐步减弱或改善,并带动工业产品生产需求扩大,国内工业经济将继续呈现恢复增长态势。三是政府前期出台的税收优惠政策等推动工业经济恢复发展的一系列措施的积极效应逐步呈现。

同时,制约工业经济增长的因素仍然存在。一是由于疫情的影响依然存在,国际不

稳定不确定因素仍然较多,企业进出口贸易仍然运行不畅,依然偏紧的宏既经济形势不会有根本性缓解。二是工业品价格短期内仍处高位,企业成本上升压力较大,私营和中小微工业企业稳定恢复生产不确定性较大,企业生产经营依然十分困难。三是从工业投资项目看,虽然2021年全市工业投资在多项惠企政策效应带动下增速逐步加快,但工业在建项目形成产能,成为拉动工业经济增长的有效动力尚需时日。四是我市高新技术、战略性新兴产业等企业占比较低,上市公司等知名品牌的龙头企业少,高附加值、高科技含量、核心竞争力强的企业不多,抵御疫情等不确定风险的能力较弱。

据此判断,2022年商丘工业经济将持续恢复,总体呈现平稳增长、稳中有进的运行态势。

面对依然复杂严峻的宏观经济形势,商丘将按照市委经济工作会议确定的各项发展目标任务,坚决贯彻落实市委、市政府决策部署,以推动工业经济高质量发展为主题,以深化供给侧结构性改革为主线,坚持稳字当头、稳中求进、稳中提质,深化"万人助万企"活动,出台更有针对性的政策措施,巩固和扩大全市工业经济稳定恢复增长态势,实现工业经济平稳向好发展。

(一)提前谋划安排,持续稳定工业经济运行

一是结合当前疫情防控工作实际,梳理出台的政策措施,聚焦产业、企业、项目等,将政策措施落实和投放的节点前移,把起步当冲刺、开局当决战,推动疫情防控和工业生产"两不误"。

二是企业主管部门建立完善的工业企业调度分析机制,提高运行监测预测水平,充分利用工业互联网、大数据分析等手段,实时监测分析企业生产、销售、原材料供需及发展趋势,及时有效解决工业经济运行中的困难和问题,为全市工业高质量发展提供支撑。

(二)落实"倍增计划",加快构建现代产业体系

以建设豫东承接产业转移示范区为契机,大力实施工业"发动机"计划,制订落实关于加快建设先进制造业强市的若干意见和传统产业提质发展、新兴产业重点培育、未来产业谋篇布局等工业经济"1+3"产业发展行动方案,重点围绕高端化、智能化、绿色化、服务化发展方向,大力实施"六新""六高"工程,积极实施"换道领跑"战略、数字化转型战略。推动食品、装备制造、纺织服装制鞋等传统产业高位嫁接形成"新制造",焕发新活力、再造新优势；加快新能源汽车、新材料、生物医药、电子信息等新兴产业培土奠基，强化延链补链强链，打造全市经济发展的战略新引擎、新支柱、新主导；坚持"五链"深度耦合，以"现有产业未来化"和"未来技术产业化"为重点，积极发展生命健康、碳基新材料、煤基医药中间体等产业发展新赛道，注重在重点领域构建"研发+产业+应用"全链条推进格局。

（三）扩大工业投资，促进制造业高质量发展

一是大力开展招商引资。抢抓新一轮产业转移和央企总部外迁机遇，围绕产业发展的方向、脉络和规律，大力开展整产业链、整园区招商，紧盯京津冀和长三角、珠三角、粤港澳大湾区等区域，发挥驻地招商专班作用，突破地域限制，实现整体承接转移。

二是开展企业技术改造提升行动。制订出台制造业高质量发展相关的文件，强化政策扶持和要素保障，为改造提升传统产业、培育壮大新兴产业、谋篇布局未来产业，建设先进制造业强市培育新动能、提供强支撑。

（四）深化"万人助万企"活动，激发企业运行活力

一是强化惠企政策贯彻落实，制订实施《中小企业纾困帮扶意见》等政策措施，按照"一企一单"帮助企业享受减税降费和财政、金融等方面政策，进一步提升企业对惠企政策的"获得感"。

二是进一步拓展活动广度深度。以创新为引领，梯次实施"头雁"企业、"专精特新"企业培育工程和民营企业对标提升行动，深入推进"小升规、规改股、股上市"，不断壮大各类市场主体，激发创新活力。

三是精准推动问题诉求解决。坚持问题导向，完善问题收集交办机制，加强对企业反映强烈问题的动态研判、分类指导、跟踪督办，围绕用资难、用地难、创新难等突出问题分别开展专项攻坚行动。对重点问题坚持"点办理、批处理"，按照"13710"工作法，限期销号。

2021年商丘市城乡居民收入与消费状况分析

徐文① 秦文中②

摘 要:2021年,商丘市居民收入平稳增长,开局良好,城乡收入比微弱下降,城乡差距进一步缩小,但疫情当下居民收入增长形势严峻,下行压力凸显。随着居民收入不断增长,带动消费观念提档升级,收入为消费不断蓄能,消费结构呈现多元化趋势,文化和精神需求消费比重逐步上升,居民对教育文化娱乐的消费需求大大提高,反映出商丘市居民消费质量水平的提高和生活品质的改善。同时,全市居民面临着增收政策空间有限,居民持续增收承压,农民增收制约因素犹存,收入增速放缓和城乡消费结构差异制约居民消费增长等问题,需要进一步完善多渠道灵活就业的社会保障制度,多举措营造良好融资环境,夯实居民消费基础,宣传正确的消费观念等。

关键词:城乡居民收入 消费状况 平稳增长 消费引导

2021年作为"十四五"规划开局之年,"提高人民收入水平,改善人民生活品质"是"十四五"规划的重要目标之一。2021年,商丘市居民收入平稳增长,开局良好,但疫情当下居民收入增长形势严峻,下行压力凸显。

---

① 国家统计局商丘调查队党组书记、队长。
② 国家统计局商丘调查队住户科科长。

一、居民收入增长的主要特点

(一)全体居民收入

2021 年商丘市城乡居民人均可支配收入为 22 698.8 元,同比增长 7.5%,与 2019 年相比两年平均增长 6.1%。2021 年商丘市农村居民人均可支配收入同比增长 8.7%,高于城镇增速 2.9 个百分点,城乡收入比由去年同期的 2.41 降低到今年的 2.35,城乡差距进一步缩小。

(1)工资性收入仍是居民收入增长的主要来源。2021 年全市居民人均工资性收入为 11301 元,同比增长 9%,增速较上年高 6.6 个百分点,工资性收入占可支配收入的比重为 49.8%。工资性收入仍是居民收入增长的主要来源。工资性收入增长的主要原因一是大力稳定就业形势,出台一系列稳就业政策。同时,随着经济稳中有进、稳中向好,直接拉动了居民工资性收入的增长。二是鼓励支持本地就业,本地就业形势继续保持相对稳定。三是越来越多的年轻人认识到工作的重要性,积极参与社会劳动。

(2)经营净收入与上年基本持平。2021 年全市居民人均经营净收入为 5 703.8 元,占可支配收入的比重为 25.1%。其主要原因:一是疫情防控常态化下中小微企业投资更谨慎。虽然政府出台了各种政策帮助企业渡过难关,但疫情带来的后续影响也不容忽视。尤其是中小微企业抗风险能力较弱,资金普遍紧张,大宗原材料价格上涨快,企业投资态度更加谨慎。二是市场需求不足阻碍经营户发展。相较疫情之前,消费者消费愿望降低且大多出现"不敢花钱"的心理,消费也更理性更关注"功能与实用"。三是秋粮受灾,粮食产量略有下降。受 2021 年 7·20 暴雨洪涝灾害的影响,秋粮产量下降。虽然粮食价格略有上涨但仍然给秋粮生产带来了一定的损失。同时灾情也给蔬菜瓜果等农副产品生产带来一定影响。

(3)财产净收入快速增长,开启增收新格局。2021 年全市居民人均财产净收入897.6元,同比增长 47%,占可支配收入的比重为 4%。财产净收入增长快速的主要原因是现阶段疫情尚未过去,居民消费意愿降低储蓄意愿增强。同时也得益于近年以来我国资本市场的制度改革以及居民理财渠道的日益多样。

(4)转移净收入稳定增长,成为居民增收的重要保障。2021 年全市居民人均转移净收入 4 796.3 元,同比增长 7.9%,占可支配收入的比重为 21.1%。转移净收入稳定增长其主要原因是城乡社会保障体系进一步完善。养老金、离退休金水平逐步提升,医保报销比例进一步提高,城乡居民最低生活保障标准、档次均有提高,特别是在脱贫攻坚民生工程的推动下,普惠性进一步提高,受益人群逐渐增加,带动转移性收入持续增长。

(二)城镇居民收入

2021 年全市城镇居民人均可支配收入 34 758 元,较上年同期增长 5.8%。

(1)工资性收入方面。2021 年商丘市城镇居民人均工资性收入达到 19 136 元,较上年同期同比增长 5.5%,占人均可支配收入比重为 55%。

(2)经营净收入方面。2021 年商丘市城镇居民人均经营净收入为 7 997 元,同比增长 0.6%,占城镇居民人均可支配收入总量的 23%。

(3)财产净收入方面。2021 年商丘市城镇居民人均财产净收入达到 1 886 元,较上年同期增长 21.7%,增速最快。

(4)转移净收入方面。2021 年商丘市城镇居民人均转移净收入为 5 740 元,较上年同期增长 8.5%,占可支配收入比重 17%。

城镇居民四大类收入占比见图 1:

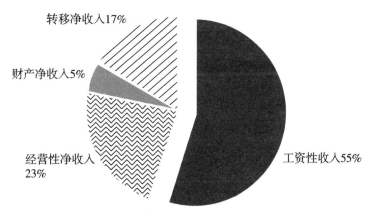

图 1　城镇居民收入构成图

(三)农村居民收入

2021 年,商丘市农村居民人均可支配收入达到 14 789 元,同比增长 8.7%,增速较城镇居民快 2.9 个百分点。农村居民收入在保持稳步增长的同时,农民收入来源也日趋多元化,农村居民人均可支配收入来源包括工资性收入、经营净收入、财产净收入、转移净收入四大部分。农村居民四大类收入两年对比见图2:

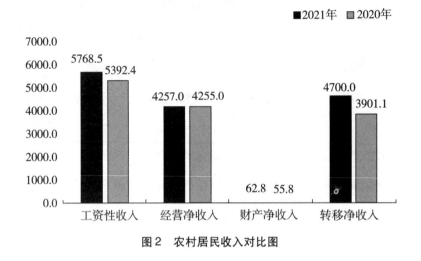

图2 农村居民收入对比图

（1）工资性收入方面。2021年商丘市农村居民人均工资性收入为5 769元,同比增长7%,工资性收入占可支配收入的比重为39%。工资性收入仍是居民收入增长的主要来源。工资性收入增长的主要原因。一是各级政府继续加大项目建设和招商引资力度,为本地农民创造了良好的务工条件,提供了更多的就业机会,吸纳了大量农村剩余劳动力,加之工资报酬不断提高,使农民在本乡地域内劳动得到的收入增加;二是第三产业快速发展,给农民进城务工提供了更多的就业岗位,创造了可观的收入;三是近年来最低工资水平的不断上调,农民务工工资标准进一步提高,农民务工工价上涨,给农民务工带来更多收入。

（2）经营净收入方面。2021年,商丘市农村居民人均经营净收入达到4 257元,与去年基本持平,占可支配收入比重为28.8%。受疫情影响,第二、三产业经营不景气,全年经营收入实现基本持平难能可贵。

（3）转移净收入较上年同期较快增长。2021年,商丘市农村居民转移净收入由上年3 901元增加至4 700元,较上年同期增长20.5%,转移净收入占可支配收入比重为31.8%。转移净收入增长的主要原因:一是社会救济和补助成效显著,2021年商丘市继续提高基本医疗保险的保障水平,落实80岁以上老人高龄津贴、城乡低保、特困供养、孤儿养育、残疾人"两项补贴"等政策。二是得益于养老金和离退休金标准提高,退休工人养老金标准不断提升,加之政府提升了60岁以上农民养老金发放标准,月养老金享受标准相较上年同期有所增加;三是由于农村外出务工人员增加,外出人员寄带回收入的大幅增加也在一定程度上促进农村居民转移净收入的增加。

二、居民消费总体情况及特点

(一)全体居民消费

2021年,商丘市全体居民人均生活消费支出16 540元,同比增长14%,实现较快增长。

(1)基本民生保障有力,基础生活消费平稳增长。面对新冠疫情冲击,商丘市委市政府坚持以人民为中心的发展思想,始终将保民生置于重要位置,居民基础生活消费支出较快增长。居民在吃、穿、住、用基本生活人均消费支出为10 971元,增长12.6%,占居民消费支出的66.3%,是居民生活消费支出的主要组成部分。其中食品烟酒、衣着、居住、生活用品和服务人均消费支出分别同比增长20.9%、11.9%、3.3%、10.1%。

(2)交通通信消费快速增长,升级类商品需求增多。全年居民人均交通通信消费支出为1 939元,同比增长8.5%。疫情防控常态化以来,居民防控意识增强,私家车成为多数居民出行的首选交通工具,汽车等升级类商品消费需求集中爆发;疫情推动居民生活信息化程度提升,网上购物、在线教育等通信消费支出快速增长。

(3)医疗保健消费支出稳定增长,居民健康意识增强。居民人均医疗保健支出为1 731元,同比增长17.9%。随着城乡居民五重保障体系的建立和完善、医疗报销比例逐步提高、医保覆盖范围不断扩大,就医环境不断得到改善,患者的费用负担持续减轻,医疗保健支出平稳增长。

全体居民八大类消费支出变动情况见图3:

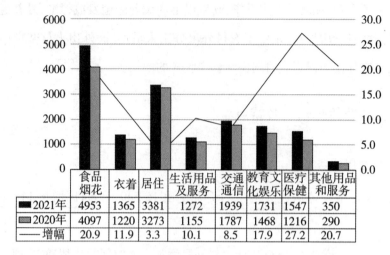

	食品烟花	衣着	居住	生活用品及服务	交通通信	教育文化娱乐	医疗保健	其他用品和服务
■ 2021年	4953	1365	3381	1272	1939	1731	1547	350
▨ 2020年	4097	1220	3273	1155	1787	1468	1216	290
— 增幅	20.9	11.9	3.3	10.1	8.5	17.9	27.2	20.7

图 3 2020—2021 年商丘城乡居民人均八大类消费支出

(二)城镇居民消费

2021 年全市城镇居民人均生活消费支出 21 721 元,同比增长 12.1%。2021 年商丘市城镇居民生活消费支出八大项较上年同期呈现全面上升的态势。

由 2021 年商丘市城镇居民消费支出数据来看,我市城镇居民消费结构呈现多元化特点,表现为从食品烟酒、衣着、居住等基础性消费逐步向教育、文化、娱乐和服务等发展型和享受型结构转变。消费结构的多元化结构反映出商丘市城镇居民消费质量水平的提高和生活品质的改善。

(1)食品烟酒消费。随着生活水平的提高,居民饮食结构朝着更加营养化、健康化方向发展致使我市城镇居民食品烟酒消费总量较上年呈现增加的趋势。2021 年商丘市城镇居民食品烟酒消费支出为 6 054 元,同比增长 18.3%,占居民消费支出的比重为 27.9%。

(2)衣着消费。随着收入水平和消费观念的不断提升,人们对衣着的认知由简单的蔽体御寒向更高层次的追求美观舒适转变,衣着种类也由简单向多元化发展,质量好、富有时尚感、彰显个性化的服装逐渐成为消费主流。2021 年商丘市城镇居民衣着消费支出为 2 038 元,同比增长 8.0%,占城镇居民消费总支出的比重为 9.4%。

(3)居住消费。居住条件是衡量地区人们生活水平的重要标志,同时也是小康监测标准的一个重要指标。随着生活水平的提高,人们对居住环境的要求也逐渐提高。2021

年商丘市城镇居民在居住方面消费达 4 085 元,同比增长 5.1%,占消费支出的比重为 18.8%。

(4)生活用品及服务消费。居民日常生活用品和服务多样化、品质化追求倾向明显,2021 年城镇居民生活用品及服务消费 1 934 元,同比增长 4.4%,占消费支出的比重为 8.9%。

(5)交通通信消费。随着生活节奏的加快,居民工作和生活方式的改变使人们的出行次数增加,家用汽车作为现代交通工具已成为多数家庭的主要交通工具,使其消费支出呈现稳定增长趋势。加之计算机与通信技术飞速发展,人工智能、"互联网+"使得城镇居民的通信工具与沟通方式随之发生翻天覆地的变化。2021 年商丘市城镇居民交通通信消费支出达 2 570 元,同比增长 3.6%,占消费支出比重 11.8%。

(6)教育文化娱乐消费。2020 年受疫情影响,商丘市各类娱乐场所关闭半年有余,同期居民教育文化和娱乐支出基数较低。随着疫情的缓解,2021 年商丘市城镇居民教育文化娱乐方面消费支出增长较快,达到 2 643 元,同比增长 12.7%。

(7)医疗保健消费:居民医疗保健意识增强,加上 2020 年同期基数较低,2021 年商丘市城镇居民医疗保健方面消费支出达 1 769 元,同比增长 41.1%。

(8)其他用品和服务。受去年基期数据较低影响,2021 年城镇居民首饰、洗浴、美容等其他用品和服务消费达到 627 元,同比增长 13.4%。

(三)农村居民消费

随着收入水平的稳步提升,农村居民的消费观念随之发生转变,农村居民消费结构逐渐合理化,消费呈现增长趋势。2021 年,商丘市农村居民人均生活消费支出增长速度较上年同期相比稳定增长,2021 年商丘市农村居民人均生活消费支出由上年同期的 11 388 元增加至 13 142 元,较上年同期增加 1 753 元,增长 15.4%。

八大类消费支出中,居民人均食品烟酒消费支出 4 231 元,增长 22.8%,占人均消费支出的比重为 32.2%;人均衣着消费支出 924 元,增长 16.6%,占人均消费支出的比重为 7.0%;人均居住消费支出 2 920 元,增长 1.4%,占人均消费支出的比重为 22.2%;人均生活用品及服务消费支出 838 元,增长 18.3%,占人均消费支出的比重为 6.4%;人均交通通信消费支出 1 525 元,增长 17.6%,占人均消费支出的比重为 11.6%;人均教育文化娱乐消费支出 1 133 元,增长 25.2%,占人均消费支出的比重为 8.6%;人均医疗保健消费支出 1 402 元,增长 17.6%,占人均消费支出的比重为 10.7%。

(1)收入增长提升消费支出。随着居民收入不断增长,带动消费观念提档升级,收入为消费不断蓄能,不再局限于吃住方面,衣着和不断增强的健康意识带来的医疗保健支出成为新的消费热点。

(2)食品烟酒保持持续增长。食品是生存的必需品,是满足家庭和个人日常生活所需的消费品。即使经济条件受限,最多是调整自身消费的价位,也不会放弃的消费品。因此,即使疫情下各行各业经济形势不乐观,也丝毫不影响此类产品的消费需求。

(3)教育文化娱乐消费支出增长较快。随着居民消费水平不断提高,社会需求结构和消费结构也逐渐发生变化。居民消费正在从以物质消费为主向非物质消费为主转变。文化和精神需求消费比重逐步上升,居民对教育文化娱乐的消费需求大大提高。

三、居民持续增收面临的问题

(一)增收政策空间有限

从外部经济环境看,宏观经济不确定犹存,增收政策空间继续收窄,随着各项惠民政策补贴标准、补贴范围趋于稳定,增资政策拉动居民收入增长的政策效应逐渐释放,短期内惠民政策难有较大幅度提升,对居民收入增长的支撑力会逐步趋弱。

(二)居民持续增收承压

当前,经济发展面临需求收缩、供给冲击、预期转弱三重压力,外部环境更趋复杂严峻和不确定,散发疫情也会对居民生产生活带来影响。部分中小微企业生产运营仍面临困难,小微企业发挥吸纳居民就业的"蓄水池"作用面临挑战,一定程度影响我市居民收入持续增长。

(三)农民增收制约因素犹存

(1)农资价格上涨压缩农牧业经营增收空间。随着农资原材料价格和企业生产成本上涨,化肥、柴油、种子、饲料等农资价格持续上涨,推动农牧业生产成本加大,一定程度上或弱化惠农政策效果,压缩农村经营收入的增收空间。

(2)理财意识欠缺和资产匮乏制约财产性收入增长。居民财产性收入增长主要得益于利息收入和红利收入的增长,但受理财意识欠缺、自有资产较少等因素影响,商丘市农村居民财产净收入在可支配收入中的比重偏低,还存在较大发展空间。

(四)收入增速放缓和城乡消费结构差异制约居民消费增长

2021 年商丘市城乡居民人均可支配收入为 22 698.8 元,同比增长 7.5%,与 2019 年相比两年平均增长 6.1%,但与 2019 年居民人均可支配收入增速(9.7%)相比,还是呈现放缓趋势。居民收入增速放缓,以及对未来收入的不确定性预期增强,制约当前消费意愿。同时,农村基础设施和社会保障力度不及城镇,农村消费品产品档次和质量普遍较低,也在一定程度上制约了农村购买力的有效释放。

四、稳增收促消费的几点对策建议

(一)完善多渠道灵活就业的社会保障制度

统筹协调就业和社会保障政策,开发就业岗位,完善社会保险,加强就业保障。做好重点群体就业专项援助工作,健全完善帮扶长效机制。帮助其做好职业技能培训提高就业创业能力。完善就业援助公共服务,加强对就业困难群众权益的法律保障,完善面向困难群体的就业援助制度。

(二)多举措营造良好融资环境

一是继续引导金融机构加大对小微企业的信贷支持。完善小微企业融资担保体系建设,降低对小微企业担保收费标准。二是金融机构应加强金融服务和信贷产品创新。降低小微企业贷款门槛、利率水平,不断改进和完善信贷审批流程。三是小微企业应强化自身管理,增强融资和抗风险的能力。

(三)拓宽居民投资渠道

充分发挥主导作用,引导居民利用闲散资金进行投资,拓宽投资渠道,丰富居民理财方式。鼓励金融创新,规范金融运行,创造更多收益稳定、风险适度的理财产品,逐步开发更多的适合大众需求的投资产品,满足居民日益增长的理财需求。

(四)夯实居民消费基础

提高居民消费水平,为居民消费打上一针"强心剂",吃上一颗"定心丸"。夯实居民消费基础,稳定居民消费信心,让群众能消费、敢消费。适时出台各项刺激消费政策,加强消费引导,增加居民消费意愿。

(五)宣传正确的消费观念

面对经济下行和疫情交织影响下,积极引导城乡居民树立正确的消费观念,不跟风、不浪费。引导居民拓展消费领域,培养新的消费热点。特别是扩大服务性消费支出,鼓励居民将更多的购买力投入到新型消费上去,如信息消费、文化娱乐消费等方面。

2021 年商丘现代服务业发展形势与展望

陈传锋①　王荣鑫②

摘　要:2021 年,商丘努力克服新冠肺炎疫情带来的不利影响,认真落实中央和省委、省政府决策部署,坚定不移贯彻新发展理念,扎实推进服务业高质量发展,商丘大力发展现代物流、电子商务、文化旅游、金融等产业,服务业总体规模迅速扩大,服务业市场主体继续保持稳定增长,服务业投资和重点项目建设保持稳步推进,对全市经济增长的贡献度持续提高。2022 年,受新冠肺炎疫情、开发区管理体制改革等因素的影响,服务业发展面临诸多困难,商丘应统筹推进重点产业发展、重大工程建设和重要领域改革,促进生产性服务业向专业化和价值链高端延伸、生活性服务业向高品质和多样化升级、先进制造业和现代服务业深度融合,服务业"稳"的基础和"进"的动能进一步显现,为"十四五"开好局起好步提供坚实支撑。

关键词:商丘　商丘服务业　服务业高质量发展

2021 年,商丘市努力克服新冠肺炎疫情带来的不利影响,认真落实中央和省委、省政府决策部署,坚定不移贯彻新发展理念,扎实推进服务业高质量发展,统筹推进重点产业发展、重大工程建设和重要领域改革,促进生产性服务业向专业化和价值链高端延伸、生活性服务业向高品质和多样化升级、先进制造业和现代服务业深度融合,服务业"稳"的

① 商丘市发展和改革委员会党组成员、副主任。
② 商丘市发展和改革委员会服务业办科长。

基础和"进"的动能进一步显现，为"十四五"开好局起好步提供坚实支撑。

一、2021 年服务业发展回顾

（一）服务业整体发展情况

1. 服务业继续保持增长较快态势

近年来，商丘紧抓枢纽经济发展机遇，大力发展现代物流、电子商务、文化旅游、金融等产业，服务业总体规模迅速扩大，对全市经济增长的贡献度持续提高。2021 年，商丘市生产总值完成 3 083.3 亿元，同比增长 4%，其中第三产业增加值完成 1 353.93 亿元，同比增长 4.9%，增速高于生产总值增速 0.9 个百分点，高于第二产业增加值增速 3.4 个百分点。受疫情汛情影响，第三产业占生产总值的比重为 43.9%，较 2020 年下降 0.6 个百分点，仍高于第二产业增加值占比（37.4%）6.5 个百分点。

2. 服务业市场主体继续保持稳定增长

受疫情影响，服务业市场主体增长速度趋缓，但是受基数扩大以及营商环境利好影响，仍然保持较高的增长水平。截至 2021 年底，商丘限上批零住餐企业 1 140 家、房地产企业 539 家、规上服务企业 615 家，合计 2 294 家，占全市全部"四上"企业及 5 000 万元以上项目法人单位总数（4 947 家）的 46.4%。其中 2021 年，全市新增限上批零住餐企业 272 家、房地产企业 64 家、规上服务企业 94 家。从行业类别来看，市场主体以传统服务行业为主，科技研发、信息服务、中介等新兴行业市场主体相对较少。

3. 服务业投资和重点项目建设保持稳步推进

截至 2021 年底，商丘"两区"服务业实施亿元以上项目共 186 个，年度计划投资 657 亿元，实际完成投资 646 亿元。梁园区凯泰国际汽配城（三期）、红星美凯龙爱琴海城市综合体、信华城天街商铺、虞城县跨境电商产业园一期、夏邑县电商物流园、建业总部港等一大项目已经建成，商丘金融中心、高铁核心区绿轴广场等项目正在积极推进。在重点项目的推动下，2021 年商丘全市服务业固定资产投资实现增长 6.8%，带动商丘全市固定资产投资增长 8.3%。

4. 服务业资金争取和试点示范取得积极进展

支持益达保税物中心升级及续建项目、商丘市智慧物流示范项目——商丘市环城高速智慧物流园区体系建设项目一期以及一批县域项目使用地方政府专项债券资金。争取河南省服务业引导资金项目 2 个,分别是商丘商东现代仓储物流中心项目、福润食品年产 5 万吨清真速冻食品冷链物流设施扩建项目。争取河南省信达报废汽车回收有限公司获批开展省级废旧家电回收体系建设试点,柘城中牛集团、虞城懂菜科技获批开展省级服务业和制造业融合发展试点。

5. 服务业发展载体调整优化工作加快建设

目前商丘市规划建设了 4 个商务中心区、6 个特色商业区、5 个省级服务业专业园区以及 1 个按照产业集聚区模式管理的豫东综合物流产业集聚区。从 2020 年底开始,按照河南省统一部署,开始推进服务业"两区"调整优化、开发区体制改革工作。按照商丘全市开发区改革方案,豫东综合物流产业集聚区调整为商丘市现代服务业开发区,其他商务中心区、特色商业区、专业园区都不再保留,逐步整合到各县先进制造业开发区。

6. 服务业集约集聚发展效应进一步显现

中心城区服务业快速崛起,形成了物流集聚区、日月湖、商丘古城、高铁商贸区、科技研发片区等核心板块,商务服务、科技研发、总部经济等业态加速集聚,对商丘全市服务业的带动引领作用日益增强。县域各具特色的现代服务业产业集群进一步扩张,虞城、民权、柘城的物流业,夏邑、睢县的电子商务,宁陵的科技服务等都获得了快速发展,为县域经济发展增添了动力活力。

(二)服务业重点行业发展态势

1. 现代物流业

2021 年,商丘现代物流业完成增加值 324.69 亿元,同比增长 7.1%,占商丘全市第三产业增加值比重为 24.9%,占商丘全市生产总值比重为 10.5%。商丘全市快递服务企业业务量累计完成 5.18 亿件,同比增长 44.12%;业务收入累计完成 23.69 亿元,同比增长 25.8%,其中韵达集团在所有的快递公司中业务量居第一位。商丘市 2018 年被国家发改委、交通运输部联合确立为商贸服务型国家物流枢纽承载城市。按照《国家物流枢纽布局和建设规划》要求,商丘市编制了《商丘商贸服务型国家物流枢纽建设方案》,以商丘豫东综合物流产业集聚区为核心区,打造物流业发展高地,2021 年 11 月,商丘商贸服务型国家物流枢纽正式纳入"十四五"首批国家物流枢纽建设名单。商丘市冷链物流业综合实力较强，全市开展冷链物流业务的企业近 150 家，规模以上企业冷链库容达 50 多万立方米，拥有各类冷藏车辆 400 余台。民权县形成了以冰熊冷藏车、澳柯玛冷藏车、松川汽车等为代表的冷链物流设备生产企业集群，冷藏保温车年产量超万辆。2021 年 12 月份，商丘被列为国家骨干冷链物流基地承载城市，并据此编制了建设方案，现已经呈报到国家发改委。商丘保税物流中心为省级示范物流园。2021 年，共完成保税贸易 65.73 亿元，同比增长 45.4%；共申报进出口报关单 6 174 单，同比增长 19.51%；货物吞吐量 11.8 万吨，同比增长 7.82%；缴纳进口关税、增值税、消费税 5 110.48 万元。监管货物种类涵盖机械设备、工业原材料、保健品、家具、五金工具、服装鞋帽等 50 余种，业务规模和辐射服务能力在全国同类保税物流中心位居前列。民权保税物流中心 2021 年获得国家四部委批复并通过验收，全力开展保税仓储、仓储物流、报关、口岸等核心业务。目前，河南省 4 家保税物流中心商丘占 2 家。

2. 文化旅游业

2021 年，全年共接待旅游总人次 1 958.1 万人次，国内旅游总收入 95.68 亿元。商丘全市上下认真贯彻落实习近平总书记视察河南重要讲话和关于文化旅游融合发展重要论述，把发展文化和旅游产业作为提升全市经济发展新的经济增长点和支柱产业来培育。目前，商丘文化及相关产业法人单位个数超过 7 000 个，文化及相关产业法人单位收入（支出）超百亿，现有省级文化产业基地 6 家，省级文化产业特色乡村 7 个，现有国家 A 级景区 17 家，文化旅游产业直接从业人员逾 5 万人，旅游产业对商丘社会经济贡献率逐年增强。深入挖掘殷商文化、火文化、黄河文化等一系列历史文化资源，找准文化和旅游工作的最大公约数、最佳连接点，推动文化和旅游产业深度融合，实现资源共享、优势互补，使这些历史文化资源转化为产业资源，从而提高产业发展的核心竞争力。设立政府专项引导资金，市财政拿出引导资金 500 万元，鼓励市内各金融机构与文化旅游企业或投资公司合作，为文化产业发展提供强大资金支持。整合黄河故道及沿岸自然生态、历史文化资源，打造"黄河故道生态文化旅游长廊"，推出了示范区华强方特项目、虞城利民古城、烟云古寨、夏邑龙港湾田园综合体、民权白云禅寺白云龙山农耕民俗文化产业园、芒砀山夫子山儒学碑林等一批优质文化旅游项目进行重点招商，利民古城、烟云古寨、夏邑龙港湾田园综合体等项目签订了投资协议，正在积极向前推进。

3. 金融业

2021年底,商丘金融机构各项贷款余额2 433.92亿元,同比增长7.1%;各项存款余额4 009.56亿元,同比增长10.2%。商丘重点领域金融支持力度持续增强,切实落实"万人助万企"工作部署,以"百名行长走访千家万户"活动为载体,着力加大信贷投放力度,中小微企业贷款同比增长30%以上,实现了"扩面、增量、降价、提质"目标。认真做好应对灾情疫情金融支持企业复工复产工作,根据河南省、商丘市灾后重建和应对疫情工作要求,成立市金融服务工作专班,积极为企业融资开辟绿色通道、提供优质服务,已办结172个企业涉金融类需帮扶问题。落实各项惠企便民金融政策,商丘全市已纳入特别帮扶名录库市场主体3.33万家,累计对2.52万家市场主体发放贷款398亿元,其中1.79万家市场主体获得首贷111.12亿元,首贷率71.21%,为5 613家市场主体的63.08亿元贷款实施延期还本付息、为9 737家市场主体的141.77亿元贷款降低贷款利率。持续推进政府增信,用好还贷周转金纾困机制,为困难的民营和中小微企业提供垫资服务,市县两级还贷周转金累计支持企业近200家、周转次数突破300次、金额近10亿元。利用多层次资本市场发展步伐加快,2021年力量钻石在深交所创业板成功首发上市、鼎丰木业上市申报材料被北交所受理、惠丰钻石在河南证监局进行上市辅导。截至12月末,共有上市企业3家和1家香港主板上市企业,新三板挂牌企业6家,省定重点上市后备企业14家,中原股权交易中心挂牌企业270家。

4. 电子商务及跨境电商

商丘针对疫情对产品销售造成的不良影响,组织各类电商企业开展多层次线上线下展销活动90余场次,组织了45家本地农优质电商企业到郑州、济南等地参展布展,达成线上线下签约金额1.18亿,实现农村产品网络零售58.44亿元,提升了商丘全市优质农产品在省内外的影响力和知名度,拓宽了农产品上行的渠道。持续引导苏宁"农村电商""乐村淘"、邮乐网等一大批省内外电子商务交易平台,对中原老家禽畜产品,三樱椒、花生和时令蔬菜水果等优质农产品进行整体品牌包装、营销推广和交易服务等,打造了特色农产品网上集散地,提升了商丘农产品线上销售活力。免费为各县乡村培训各层次电商从业管理等方面的人员达1.1万余人次;培育电商致富带头人1 187人,带动就业创业2 184人。以商丘跨境电商零售进口试点城市建设为契机,两个保税物流中心完善了中心的仓储、分拨、配送和信息处理等物流业务、通道功能,实现跨境电商交易额达 10 亿美元,年增幅 12%。

二、当前服务业发展存在突出问题

(一)受新冠肺炎疫情和汛情影响,服务业发展面临诸多困难

服务业具有人员集聚性较强、人员流动性较大的特点,每逢新冠肺炎疫情暴发,餐饮、零售、旅游、运输等重点服务业行业都会受到较大冲击,其影响较第一、第二产业更大。2021 年,商丘第三产业增加值同比增长 4.9%,较第一季度回落 8.2 个百分点,在三次产业中回落幅度最大;社会消费品零售总额同比增长 5.6%,增速居河南省最后一位;公路货运量同比降低 26.2%,增速低于河南省 42.4 个百分点。

(二)受开发区管理体制改革影响,推动服务业发展的抓手严重不足

近年来,商丘市服务业“两区”建设连续五年走在河南省前列,10 个服务业“两区”全部晋星,4 个服务业“两区”综合排名位居河南省前 20,四星级服务业“两区”达到 3 个,服务业“两区”已经成为推动商丘全市服务业发展的重要力量。但是,经过服务业“两区”调整优化和开发区体制改革,各县区都选择保留先进制造业开发区,原有的服务业“两区”仅保留一个。服务业“两区”原有管理体系面临较大调整压力,对服务业的推进存在动力不足的现象。

(三)受客观因素影响,部分重大服务业项目推进较为缓慢

由于商丘市国土空间规划尚未获得批复,商丘市重点推进的铁路物流基地、高铁货运物流基地、国际陆港等项目土地性质变更问题尚未得到解决,影响了项目前期工作的推进,也影响项目后续争取地方政府专项债券支持。

三、商丘市服务业发展形势展望

(一)当前服务业发展面临复杂形势

“十四五”时期,是商丘确保在高质量建设现代化河南中“奋勇争先”、在高水平实现现代化河南中“更加出彩”的关键时期,也是推动商丘服务业优势再造、高质量发展的转

型攻坚期。从国际上看,在新冠肺炎世纪疫情的作用下,世界百年未有之大变局加速演进,世界加快进入动荡变革期。从国内看,我国加快构建以国内大循环为主体、国内国际双循环相互促进的新发展格局,以更短的负面清单、更优的营商环境、更大力度推动深层次制度型开放。从省内来看,河南省实施"两个确保""十大战略",加快推动交通区位优势向枢纽经济优势转变。从自身情况看,商丘市已经进入工业化中后期、城镇化加速发展期和市场化的深度改革期,面临着打造"七个强市"推进"十项任务"等重要课题。这些都要求我们紧跟世界科技和产业变革浪潮,推动服务业领域扩大开放,主动融入国际国内双循环格局,不断放大枢纽、产业、资源、人文和作风等优势,推动服务业高端生产要素和骨干企业集聚,奋力实现服务业规模倍增和质量提升。

(二)新时期服务业发展总体要求

"十四五"时期,商丘市现代服务业发展要以习近平新时代中国特色社会主义思想为指导,贯彻落实十九届六中全会、省第十一次党代会和市第六次党代会精神,锚定"两个确保"、实施"十大战略",聚焦服务业高质量发展主攻方向,建设现代服务业强市,围绕服务业重点优势产业,推动生产性服务业向专业化和价值链高端延伸,推动生活性服务业向高品质和多样化升级,促进现代服务业与先进制造业、现代农业、城市建设等融合发展,努力探索服务业对内对外开放发展的新业态、新模式、新路径,逐步形成公平、合理、高效、透明的制度创新和要素供给体系。到2025年,服务业增加值达到2 600亿元,占商丘生产总值的比重超过50%,规模(限额)以上企业达到3 500家,在贸易、物流、科技、商务服务等领域培育形成服务业领军企业。

四、商丘市服务业发展政策建议

(一)加快构建专业化的生产性服务业体系

充分发挥生产性服务业高度创新性、广泛渗透性、深度关联性和效率倍增性的优势,围绕新兴工业城市建设,大力发展现代物流、现代金融、信息服务、商务服务、节能环保服务等产业,推动生产性服务业向专业化和价值链高端延伸。到2025年,生产性服务业占全部服务业增加值的比重超过50%。加快推进商贸服务型国家物流枢纽、国家骨干冷链物流基地、全国性综合交通枢纽建设,实施商丘铁路物流基地、高铁货运物流基地、智慧冷链物流园、益达保税物流升级等重大项目,进一步提高商丘市现代服务业开发区、商丘保税物流中心、民权保税物流中心等载体平台发展水平。持续实施"引金入商"工程,做大做强银行业、证券业、保险业、基金业,重点发展普惠金融、科技金融、绿色金融和供应链金融,支持企业多渠道上市融资,增强金融服务实体经济力度。支持科技研发、信息服务等产业发展壮大,大力发展移动互联网应用软件和服务,推动服务业数字化转型,加快数字技术与服务业融合发展。加快电子商务与实体经济深度融合,深入推进电商进农村、进社区,培育一批有影响力的本土电商企业,提升商丘跨境电商发展水平。加快推进制造业服务化创新发展,大力发展商务咨询、人力资源服务、专业会展以及会计评估类、法律服务类、金融中介类、知识产权服务类、广告类等产业,提升城市服务功能。

(二)努力提升生活性服务业供给水平

坚持以增进人民福祉、满足人民群众美好生活需要为主线,大力发展文化旅游、新型商贸、养老育幼、家政服务、教育培训等产业,推动居民消费向高品质和多样化升级,使企业投资、政府支出和出口的乘数效应更为明显。努力打造文化发展强市,加大殷商文化之源、黄河文化、大运河文化、根亲文化、火文化、庄子文化等商丘历史文化挖掘传承和保护利用力度,积极推进文旅文创融合发展,构建以古都、古城为主体的全域文旅发展格局。努力打造区域性商贸流通中心,实施传统商贸设施改造提升工程,推动城乡新型商贸设施布局优化,加快特色商业街区建设和改造,促进公共服务设施向乡镇和农村市场延伸。积极培育健康及养老育幼服务,推动居家、社区、机构等养老育幼模式协同互促,构建功能完善的"一老一小"服务体系,构建覆盖全生命周期、满足多元化需求的康养服务体系,建设全国重要的特色健康养老目的地。促进家政服务业提质扩容,推动家政服务业与养老育幼、社区照料、病患陪护、物业服务、快递服务等融合发展。

(三)大力提升中心城区服务业发展能级

持续增强中心城区产业支撑能力,围绕国家区域中心城市建设,加强各个板块产业布局的调整优化,强化服务业高端资源要素和企业项目的集聚,增强服务业新模式新业态创新策源能力,推动产业链现代化、供应链高效化、价值链高端化和创新链系统化发展,全力打造区域经济中心、商贸物流中心、科技研发中心、金融服务中心,不断增强中心城区集聚、裂变、辐射、带动能力。实施"五极联动",打造中心城区服务业核心增长极。

商丘市现代服务业开发区"增长极",依托豫东综合物流开发区,重点发展现代物流、商贸服务等产业,打造服务商丘、辐射豫鲁苏皖现代物流中心。创新研发片区"增长极",推动中心城区优质教育资源、科研资源向创新研发片区集聚联动,打造科技创新示范区和"双创"示范基地。日月湖现代服务业集聚区"增长极",依托商丘市商务中心片区,重点发展商务办公、商贸会展、金融服务、总部经济、文化休闲等,打造综合性区域服务中心。商丘古城历史文化创意创新区"增长极",突出"华商之源""归德古城"的历史文化特色,塑造具有商丘鲜明特色的文化符号。高铁商务中心区"增长极",围绕商丘高铁站打造以高端商贸为特色的商业区,依托原梁园特色商业区,打造科技服务策源地和技术成果转化集散地。

(四)全方位提高服务业对外开放水平

进一步推进服务业改革开放发展水平,聚焦重点优势产业,努力探索服务业对内对外开放发展的新业态、新模式、新路径,市场化、法治化、国际化营商环境进一步优化。落实国家和省负面清单制度,全面实施市场准入负面清单制度,加快取消充分竞争性服务业领域准入限制,有序放开自然垄断领域竞争性业务准入限制。深化服务业领域"放管服"改革,推进行政审批标准化,推行行政审批集成服务,加快跨部门跨地区跨层级政务信息共享。健全公平竞争审查规则和工作机制,推行第三方评估,强化竞争政策实施,清理行业准入、资质标准、政府采购等方面歧视性规定,确保各类市场主体享有公平竞争环境。加快构建服务业发展高效协同监管体系,落实高质量标准和检验认证体系,加大知识产权保护和执法力度,加强服务业信用体系建设,充分发挥行业组织和社会监督作用,营造有利于服务业发展的政策环境、市场环境和舆论氛围。

(五)支持服务业困难行业恢复发展

服务业是吸纳就业和保住市场主体的关键。受疫情影响,餐饮、零售、旅游、公路水路铁路运输等聚集性接触性服务业行业运行艰难,普遍面临消费市场萎缩、经营成本上升、人工租金上涨、防疫开支增加、平台佣金高企、融资难融资贵等突出问题。要认真落实国家和省出台的各项扶持政策,帮助服务业困难行业渡过难关、恢复发展。国家发展改革委等14个部门联合出台了《关于促进服务业领域困难行业恢复发展的若干政策》,提出了3个方面43项政策措施,财政部、商务部后续政策正在陆续出台,我们要密切关注,加强衔接,抓好落实,及时将具体优惠政策纳入《商丘市"万人助万企"活动惠企政策解读》,帮助企业享受到应得的实惠,切实减轻企业各项负担。

(六)抓好服务业领域重点项目的引进和建设工作

坚持"项目为王",聚焦服务业重点领域,引进并实施一大批服务业重点项目,多渠道解决项目建设难题,扩大物流、商贸、文旅、科创、节能环保等领域有效投资。要强化服务业重大项目要素保障水平,在用地、用能、资金、人才、环境容量等方面给予项目有力支持。支持符合条件的政府投资类仓储物流、文化旅游、卫生健康、教育、养老等基础设施项目申报专项债券资金。支持符合条件的现代服务业项目申报中央预算内服务业引导资金、河南省服务业引导资金。对企业开展科技信息服务、上市融资等按照有关规定给予奖励。2022 年,商丘重点实施服务业市级重点项目98 个,总投资1 059 亿元,争取完成年度投资356 亿元左右。

2021年商丘千亿级产业集群发展状况与展望

魏志亚①

摘　要:2021年,面对错综复杂的国际国内环境,特别是新冠肺炎疫情冲击,商丘市强力推进重点项目建设,深入开展"万人助万企"活动,积极推进产业结构优化升级,产业集群持续快速发展,形成了纺织服装、制鞋、食品、装备制造3大千亿级产业集群,但发展不平衡不充分的问题依然存在,主要表现在结构、创新、协同、要素等方面。"十四五"期间,商丘市需要积极高位嫁接三大优势传统产业,加快转型升级步伐,向高新技术产业变革,向高附加值产业链环节延伸。同时抢滩占先新兴产业,前瞻布局未来产业,新材料、电子信息、新能源汽车、生物医药产业将持续壮大,形成一批优势互补、结构合理的战略性新兴产业增长引擎。

关键词:产业集群　纺织服装　制鞋　食品　装备制造

近年来,面对错综复杂的国际国内环境,特别是新冠肺炎疫情冲击,商丘市强力推进重点项目建设,深入开展"万人助万企"活动,高位嫁接传统产业,抢滩占先新兴产业,前瞻布局未来产业,以聚力提升产业基础高级化和产业链现代化水平为主攻方向,积极推进产业结构优化升级,产业集群持续快速发展,在河南省优势集群中的发展地位日益凸显,形成了纺织服装、制鞋、食品、装备制造3大千亿级产业集群。

---

①　商丘市工业和信息化局规划科科长。

一、商丘千亿级产业集群基本情况

(一)纺织服装制鞋产业

形成了纺纱—织布—印染—服装加工较为完整的产业链,产业覆盖化纤生产、棉纺、毛纺、织布、休闲服装、家纺、箱包等多个领域。其中,纺织产业链,落户有世界第一缝纫线的大洋纱线,江北最大织布企业华鹏纺织,河南纺织标杆企业恒天永安、汇丰棉业等骨干龙头企业,拥有纱锭规模 500 万锭、绒布 3 260 万米、高中档牛仔面料 1 000 万米、纱布 500 万米的生产能力,产能和装备智能化水平均位居省内前列;服装产业链,培育引进了乔治白服饰、赛琪体育、杰瑞服饰、若男佳人服饰、小燕子服饰等骨干龙头企业,年产各类服装 6 亿件;制鞋产业链,围绕"一双鞋"做文章,倾力打造"中国鞋都",抢抓东南沿海、雄安新区制鞋产业转移机遇,积极承接产业链转移,实现了制鞋产业从无到有、由散到聚、由小到大的重大转变。入驻有足力健鞋业、河南嘉鸿鞋业、河南特步(鸿溢)体育用品、鸿星尔克鞋业等制鞋及鞋材企业 400 余家,产能达到 3 亿双,配套能力达 90%,制鞋从业人员达到 5 万余人,已成为除福建晋江以外全国最大、最具竞争力的休闲运动鞋基地。

(二)食品产业

立足农副产品资源优势,形成了以粮油食品、肉制品、乳制品、酿酒、饮料、休闲食品等为主导的食品工业体系。其中,面及面制品产业链,面粉、淀粉加工企业近 200 家,方便食品制造企业 120 余家,年加工小麦 900 多万吨,淀粉及淀粉制品 2.5 万吨,方便面 20 万吨,焙烤食品 1.3 万吨,速冻米面食品 50 万吨;冷链食品产业链,全市畜禽屠宰及肉制品加工企业 140 余家,年生产冷鲜肉 30 多万吨,熟肉 1.5 万吨,速冻肉制品 5.8 万吨;乳制品产业链,全市乳制品加工企业 20 家,年产乳制品 80 多万吨;酒水饮料产业链,全市酒水饮料(果蔬)加工企业 80 余家,年产白酒 1 万吨,葡萄酒 1 万吨,饮料 27.8 万吨,果蔬罐头 8 万吨。

(三)装备制造产业

在制冷、五金工量具、汽车零部件、机械装备等领域发展良好。其中,制冷装备产业链现有制冷整机装备企业 50 多家,制冷配件企业 70 家,制冷产品所需的 160 多个零部件基本实现全配套。拥有万宝、香雪海、澳柯玛、华美、冰熊、松川等 20 多个国内知名品牌,建有国家冷冻冷藏设备质量检测中心,省级工程技术研究中心 14 家,博士后工作站 5 个。冰箱冷柜年产能 2 200 万台,占全国 10%。制冷压缩机年产能 350 万台。冷藏车年产能 2.5 万辆,企业数量、产能和产量均占国内同行业的 60% 以上。五金工量具产业链现有企业 2 000 多家,建有国家级钢卷尺质量检测中心、国家级生态电镀中心,拥有江华、邦特、世纪华联等 20 多个知名品牌。钢卷尺产量突破 20 亿只,五金工具产量近 4 亿只,其他五金制件产量达到 1 亿多只,产销总量占全国的 80% 以上,出口总额占全国 60% 以上,产品畅销全国并远销欧美、中东、东南亚等 70 多个国家和地区。精密铸造产业链现有铸造企业 7 家,铸造年产能 33 万吨,主要产品为汽车铸造件、高铁电机机壳、民用铸件等,主要为长安、福特、上汽、中车集团等配套,部分产品远销欧美 30 多个国家。新能源汽车产业链现有新能源汽车整车企业 3 家,配套零部件企业 10 家,整车年产能 10 万辆。低速电动车产业链现有整车及零部件生产企业 20 家,年产能 100 万辆,小鸟、爱玛、步步先、杰工等企业获得了工信部电动三轮摩托车生产企业准入及产品公告。环保设备产业链现有环保设备企业 10 家,拥有年产 2 万台(套)大型环保设备的生产能力,主要产品为有机固废热裂解设备和综合处理设备。

二、商丘千亿级产业集群的经验与实践

(一)工业综合实力迈上新台阶

在宏观经济下行压力加大、新冠肺炎疫情影响加剧、生产保障要素趋紧等形势下,坚持稳中求进工作总基调,统筹推进传统产业升级和新兴产业培育,全力打好抗疫物资保障和工业企业复工复产"两场硬仗",商丘工业经济呈现出总体平稳、稳中有进的运行态势。2017—2019 年,商丘规模以上工业增加值增速均保持在 8.3% 以上。其中,2018 年、2019 年连续两年增速居全省第 1 位。2020 年,全年高新技术产业增加值占规模以上工业增加值的比重为 37.0%,较 2016 年提高了 4.5 个百分点。2021 年 12 月当月,同比增长 5.2%,居全省第 6 位。

(二)承接产业转移取得新突破

突出精准化、高端化、链条化,通过参加河南省政府"郑州产业转移系列对接活动"、豫沪产业对接活动、商丘市政府举办的专题推介会、主动登门招商等方式,成功引进中国

恒天纺织、北汽福田新能源商用车、足力健鞋业、华晶金刚石等一批重大工业项目。实行工业项目拉单子、建台账和月督查服务机制，一批产业项目建成见效，形成了中国制冷产业基地、制鞋产业基地、超硬材料基地等 10 个百亿级产业集群。工业发展后劲持续增强，特色鲜明、集聚集约的发展格局进一步凸显。

（三）工业"三大改造"展现新作为

紧紧牵住智能制造的牛鼻子，通过完善"五项机制"，强化"五项保障"，以智能化改造为引领推进工业"三大改造"，有力推进了商丘工业转型升级。商丘规模以上工业企业累计实施技术改造企业 785 家，累计认定市级智能车间、智能工厂 103 家，创建省级智能车间、智能工厂 27 家，推动上云企业 7 165 家、开展两化融合管理体系对标企业 683 家。在 2018 年、2019 年全省智能制造观摩点评活动中，商丘连续两次获得小组第一名的好成绩。华商制药、华星粉业被评为国家级绿色工厂。

（四）企业服务质效取得新提升

深入开展银企、产销、产学研、产业与人才"四项对接"，千方百计帮助企业拓市场、破瓶颈、解难题。指导有关行业协会成功举办商丘电动车展览会、食品博览会、民权制冷装备博览会，有力拓宽了企业销售渠道，极大地提升了商丘特色产业集群的知名度和品牌影响力。创新建设的阿里巴巴（商丘）产业带累计入驻企业超过 3 400 家，上线产品共 9 大类 19 000 多款，在全国 200 多个产业带中排名第 10 位、河南省内排名第 1 位。联合有关部门多次举办银企对接会，实现了银企网上直接对接洽谈，提高了融资服务效率。深入贯彻省委、省政府"万人助万企"活动部署精神，坚持在"八个深化"上下功夫，加快构建一流创新生态、产业生态。创新设立"企业服务日"，每月 12 日，市、县、乡三级 1 000 余名领导干部深入包联企业，急企业之急、纾企业之困、解企业之难、心贴心沟通、零距离服务，线下线上相结合，当好"金牌服务员"，助力企业进一步增强发展信心，持续打牢高质量发展基础支撑。建立商丘华商学院（商丘企业家学院），每月 15 日举办"企业家大讲堂"，着力培育具有创新思维、国际视野和开拓精神的企业家队伍，企业家的战略思维、创新意识、开拓精神持续提升。在全省率先建成运行"万人助万企"线上服务平台，为企业提供 24 小时"不打烊"服务，入驻企业 1 万余家，一、二、三产业全覆盖。

三、商丘千亿级产业集群发展中存在的问题

商丘千亿级产业集群在取得巨大成就的同时,发展不平衡不充分的问题依然存在,主要表现在结构、创新、协同、要素等方面,这些问题制约了产业集群发展提升,也是下步要攻坚解决的关键问题。一是集群结构不优。三大传统产业集群结构总体偏重偏粗偏低,供需匹配度不高,产业支撑后劲不足。二是创新能力不强。发展质量效益不高,新兴产业核心技术仍然受制于人,产学研融合水平不高,科研成果本地转化率较低、转化缓慢;支撑我市产业集群发展的高端人才、专业化人才缺乏。三是网状协同不够。产业链条仍偏短,处于产业链的中低端、产品附加值低,同质化竞争严重、盈利能力不足;产业链、创新链、资金链、人才链等耦合不紧密,产业集群发展不充分。四是要素空间不足。传统产业发展对资源依赖性依然较强。

四、商丘千亿级产业集群的发展措施

(一)着力推动产业结构优化升级

(1)实施"工业发动机计划"。统筹提质发展传统产业、培育壮大新兴产业、前瞻布局未来产业。积极发展纺织服装、制鞋、食品、装备制造等3个传统产业集群和培育新材料、电子信息、新能源汽车、生物医药等4个级新兴产业集群。推进实施创新强链、数字融链、转型延链、协同固链、招商引链、生态畅链"六大行动",形成优势互补、重点突出的现代工业发展格局,提升现代工业发展能级,持续推进我市经济高质量发展,奋力建设高端、智能、绿色、高效的"产业强市",全面建成现代新兴工业城市。

(2)实施中心城区崛起计划。定期对中心城区的招商在谈项目、拟落地开工项目、在建项目收集汇总,对存在的问题梳理分类建立台账。对情况复杂、跨区域、跨部门的问题形成专报,提请中心城区指挥部周调度会议研究,统筹推进中心城区光电材料、新能源汽车、再生铝、生物医药等产业发展,着力提升中心城区的首位度和竞争力。

(二)着力提升产业基础高级化水平

(1)夯实产业可持续发展基础,完善"工业四基"工程。向核心零部件、关键材料、关键设备、关键软件等产业链上游的中间产品延伸。实施产业基础再造工程,加强基础研

究和共性技术研发，努力在高端装备制造等领域突破一批核心技术零部件，在复合材料等领域突破一批关键基础材料，在高效增材制造等领域突破一批先进基础工艺，在智能制造等领域突破一批关键共性技术，形成整机牵引与基础支撑协调发展的产业格局。

（2）推进产业基础能力高级化、产业基础结构合理化和产业基础质量巩固化。推动互联网、大数据、人工智能与实体经济深度融合，推动科技创新中心和综合性国家实验室建设，提升原始创新能力和水平，推进科研院所、高校、企业的科研力量优化配置和资源共享。加强区域协调联动发展，依托商丘师院，建设新能源、电子信息、数字经济等产业研究院。促进"产学研"有效衔接，加快突破一批关键核心技术，强化关键环节、关键领域、关键产品的保障能力。深化与河南工业大学等高校合作，共建商丘产业技术研究院，加大关键核心技术攻坚力度，重点围绕食品、新材料、新能源汽车、生物医药等领域，凝练重大产业技术创新专题和重点研发专项。

（3）坚持锻长板与补短板相结合，建立产业链"链长制"。坚持链式集群化发展，锻造产业链供应链长板，补齐产业链供应链短板，推动全产业链优化升级。推进技术研发、要素供给、供需衔接、标准制定，加大传统产业技术改造力度，提升智能制造水平。推动传统产业向高端化、高附加值方向发展，使主导产业迈上更高水平、更高层次、更高质量。食品产业，实现定制化、精细化生产，增强产业韧性，积极对接和引进国际国内名企、名牌和高端配套项目，提升食品制造业整体水平，建立"产、购、储、加、销"一体化发展的食品产业生态圈；纺织服装制鞋产业，打造以高端制造为基础、以创意设计为核心、以自主品牌为标志的产业体系；装备制造产业，打造全制冷装备产业链，推动五金工量具产品向精密工量具、数字工量具、智能工量具等方向换代，做大做强环保装备产业。按照"一群多链、聚链成群"的原则，提升新兴产业链现代化水平，锻造更多产业链长板。支持睢县、民权县建设电子信息产业集群，锻长智能终端、电子元器件等产业链长板；支持柘城县、梁园区建设生物医药产业集群，锻长生物医药、高端医疗器械等产业链长板；支持永城市、示范区、睢阳区建设新材料产业集群，锻长碳基新材料、光电新材料等产业链长板；大力发展示范区新能源汽车产业集群，进一步提升新能源整车、关键零部件等产业链竞争力。强化产业链短板弱项招商，着力引进头部企业和关键链，补全产业链缺失环节。梳理产业链核心企业，加大对拥有技术优势、发展潜力的优质中小企业的扶持力度，帮助企业做大做强，培育一批产业链"链主"企业。建立产业链"链长制"，分级分类做好"链式服务",强化要素支撑。围绕新材料、电子信息、新能源汽车、生物医药等新兴产业重点产业链,在资金、用工、用能、运输、原材料供应、产品销售等方面,着力补链、稳链、强链,提升稳定性和竞争力。

(三)着力实施创新驱动战略

以自主创新强引领,以开放创新聚资源,以协同创新增能力,搭建创新发展优质载体平台,推进创新政策先行先试,带动商丘创新发展。

(1)推进高水平创新平台建设。积极创建国家级、省级技术创新中心、工程技术研究中心等研发创新平台,加快开发区"双创"综合体建设。推进商丘技术成果转移转化中心建设,支持国内外有条件的科研院所和高校建立技术转移转化平台、分支机构和基地。强化产业创新平台建设,加快开发区创业创新孵化,打造科技企业孵化器、大学科技园、众创空间,促进孵化载体标准化、市场化、专业化发展。力争到2025年,培育10家以上国家级孵化器、众创空间、星创天地等国家级研发平台;建成5个省级重点实验室、6家以上省级可持续发展实验区;备案省级新型研发机构达到10家;省级工程技术研究中心达到170家。

(2)加快培育企业创新主体地位。促进各类创新要素向以高端龙头企业为核心的创新链条集聚,培育众多科技型中小微企业,支持其在高精尖方面创新,提升商丘创新活力。

(3)培育发展高新技术企业。围绕纺织服装、制鞋、食品、装备制造等优势产业和新材料、电子信息、新能源汽车、生物医药等新兴产业,筛选一批具有一定基础和发展潜力的企业,开展有针对性的培养和支持。积极落实鼓励企业创新的优惠政策,调动企业申报高新技术企业的积极性,壮大高新技术企业队伍。力争到2025年,高新技术企业实现倍增,总数达到300家以上。

(4)支持企业提升技术创新能力。聚焦产业发展的关键环节,支持领军企业牵头组建创新联合体。鼓励支持企业以实施重大科技任务为牵引,推动产学研用共同参与、共同投入、共享成果。健全产学研合作机制,支持企业建立开放式创新体系及创新联盟,加快建设产业技术协同创新中心,高效配置创新资源。

(5)完善企业创新服务体系。加强知识产权创造、运用、保护工作,增强企业创新能力,推动企业提质增效。完善金融支持创新体系,鼓励金融机构发展知识产权质押融资、科技保险等科技金融产品,助力科技创新企业解决融资难问题。

（四）着力提高龙头企业带动能力

支持龙头骨干企业带动中小企业良性发展,培育大中小企业梯次发展的企业群体,促进产业规模和发展水平稳步提升。

（1）强化专业化协作和配套能力。鼓励龙头骨干企业将配套中小企业纳入共同的供应链管理、质量管理、标准管理、合作研发管理等,提升专业化协作和配套能力。鼓励和引导中小企业与龙头骨干企业开展多种形式的经济技术合作,建立稳定的供应、生产、销售等协作、配套关系,提高专业化协作水平,完善产业链,打造创新链,提升价值链。重点推进与光明集团合作,加快养殖基地、食品产业园、油品加工等项目落地。

（2）实施"专精特新"中小企业培育计划。建立"专精特新"中小企业培育库,构建企业从创新型到"专精特新",再到"小巨人"的成长培育机制。从创新水平更高、质量效益更优、带动能力更强3个培育目标出发,引进一批新材料、电子信息、生物医药、新能源汽车等战略性新兴产业领域项目,培育一批拥有核心关键技术、具有较强创新能力和竞争力的"瞪羚"企业、"独角兽"企业。力争到2025年,培育省级"专精特新"中小企业100家。

（3）实施"头雁"企业培育计划。围绕食品产业,培育五得利集团商丘面粉、河南金豆子蔬菜食品、河南省诚实人集团等一批龙头企业;围绕装备制造产业,培育河南松川专用汽车等一批龙头企业;围绕电子信息产业,培育星林电子、商丘金振源电子科技等一批龙头企业;围绕纺织服装制鞋产业,培育足力健鞋业、恒天永安新织造等一批龙头企业。重点围绕主导产业和行业龙头企业集聚创新发展,提升重点产业和产业链配套能力。

（4）完善"小升规、规改股、股上市"梯次培育机制。推动改制企业扩大直接融资,为企业提供精准化金融服务,针对改制企业发展需求,创新个性化定制化金融产品服务。推进建立风险补偿与政府性融资担保体系协同发力的政府增信机制,支持银行加大对高成长企业的信贷支持。到2025年,"小升规"企业新增1 500家、"规改股"企业新增100家。加快神隆宝鼎、惠丰钻石、中分仪器、福田智蓝新能源车、民权福田雷萨、利盈环保科技、美兰生物等企业上市步伐,争取每县（市、区）都有1家企业在上海、深圳或北京证券交易所上市。

(五)着力推进数字化转型战略

(1)建设新型数字基础设施。大力发展"新基建",建设数字感知基础设施,加强工业大数据应用,加快构建以通信网络为基础、数据和计算设施为核心,融合基础设施为突破的新型数字基础设施体系。力争到2025年,基本建成高速泛在、集成互联、智能绿色、安全可靠的新型数字基础设施。加快5G、工业互联网、物联网等新一代网络基础设施建设,推动5G商用部署和网络、基站升级改造。5G基站达到1.2万个,满足应用场景需求。筹建城市大数据中心、时空大数据云平台等基础工程,统筹物联感知体系建设,规划布局城市和重要行业、领域的感知基础设施。全面推进IPV6(互联网协议第六版)规模部署,加强窄带物联网(NB-IoT)等一批功能性基础设施建设。建立嵌入式数据库、关系型数据库、各种工业数据应用软件、数据集成平台,提升对工业大数据基础的运算能力。

(2)推动现有工业体系信息化和智能化改造升级。提升工业信息化水平,推动工业改革持续深化,鼓励制造业企业从全局高度把握企业信息化改造的方向及目标,促进工业制造由3.0的自动化逐步迈向4.0的智能化。快速推动两化深度融合,以信息化带动工业化、以工业化促进信息化。努力实现现代信息技术全面渗透传统制造过程。积极提供政策支持,促进信息产业发展壮大,扶持云计算、物联网、大数据等新一代信息技术产业快速发展,实现制造业传统制造方式、营销模式、核心技术、创新链条的改造和升级。以智能制造设备、工业机器人、各类传感器、智能仪器仪表为核心,构建广泛的物联网生产系统,汇聚物料、加工、流程等多维度数据,实现生产过程的全面优化。加快工业互联网建设,深化5G与物联网、人工智能的融合。加快推进制冷、装备、食品等行业广泛应用5G,打造一批5G工业应用场景示范企业。支持中联玻璃、啤匠科技、金振源电子等智能车间、智能工厂建设,加快推进神隆宝鼎铝箔、足力健鞋业等新上项目智能化生产线建设。推动中小企业数字化赋能,每年滚动推动2 000家中小企业上云,加快中小企业数字化转型。

(3)发展数字核心产业。以数字产业化、产业数字化为主线,推动新兴数字产业快速发展。深度挖掘工业大数据,推动工业数据资源产业化发展。对产品设计、制造、物流、销售、售后服务等全生命周期的工业生产数字应用进行标准规划,从技术、安全和管理等多个维度梳理数字应用标准,健全完善工业大数据标准体系。以梁园区北航星空创新园建设为引领,加大优势企业引进培育力度,加快发展大数据、云计算、人工智能、物联网、卫星应用、量子信息等重点产业,打造一批在全省具有影响力的数字产业集群。深化与华为集团、中国信通院、中国电子信息科技集团公司、清华紫光集团、联想集团等企业的合作,打造工业强市大数据平台、工业互联网标识解析二级节点城市。围绕 5G 信息安全,在安全模组、安全服务、安防监控等领域引进一批知名企业,落地一批重大项目。

（六）着力承接产业转移

贯彻落实河南省第十一次党代会精神,加快推进豫东承接产业转移示范区建设。聚焦珠三角、长三角、环渤海三大经济圈,紧盯央企和世界 500 强企业、中国 500 强企业,加大开放招商力度,重点引进落地具有良好产业发展前景的高科技项目、朝阳产业项目和绿色环保项目。强化靶向招引,建立产业链补链延链项目库。鼓励创新以商招商、整产业链招商、整产业园招商、技术招商、人才招商、专业招商等模式,实施定向定点精准招商。有序引导各县（市、区）承接产业转移,针对产业链缺失的关键项目、技术、平台和人才,鼓励各县（市、区）探索试行招商引资"揭榜挂帅"制度,对引进的重大补短板项目,按照"一事一议"方式给予重点支持。

（七）着力增强产业绿色化水平

以推动实现碳达峰碳中和为目标,以能源供应清洁化、能源消费电气化、能源配置智慧化为手段,提高生产制造过程绿色化水平,促进绿色可持续发展,最大限度减少污染物产生和排放。

（1）支持工业低碳转型。围绕完成"双碳"目标,支持绿电制氢、碳基新材料等未来产业发展,开发清洁能源,着力提高利用效能,实施可再生能源替代行动,倒逼钢铁、化工等高碳排放行业改造装备、提升技术水平。推动电池、风电、光电、氢能、智能电网、储能等能源技术的开发与应用,形成绿色经济增长新引擎,推动产业低碳化、绿色化发展。

（2）建设绿色制造体系。提高园区节能环保水平,推广生产全过程的清洁改造,深入推进二氧化碳和污染物协同减排,不断构建园区与园区之间、园区与企业之间、企业与企业之间的循环经济链条,实现废物的减量化、资源化和无害化。推进绿色工厂建设,按照厂房集约化、原料无害化、生产洁净化、废物资源化、能源低碳化原则,全领域全面培育绿色制造标杆,充分发挥示范引领作用,提升行业整体绿色化水平。预计到2025年,创建省级以上绿色工厂20个。

(3)推动生产方式绿色化。实施清洁生产水平提升工程,开展清洁生产审核,实施污染物削减提标改造,实现有组织排放全面达标、无组织排放有效管控。以数字化、智能化、绿色化融合发展,带动能源资源效率提升,推动关键工艺装备智能感知、控制系统、制造流程的多目标优化、经营决策优化,实现生产过程中物质流、能量流等信息采集监控、智能分析和精细管理。

五、商丘千亿级产业集群的发展预测

(一)传统产业转型升级

"十四五"期间,纺织服装制鞋、食品、装备制造三大优势传统产业,将加快转型升级步伐,向高新技术产业变革,向高附加值产业链环节延伸。

(1)纺织服装制鞋产业。纺织产业链重点发展精梳、色纺等高附加值品种,推进新型纤维、产业用纺织品、高档面料等开发应用,提高印染行业绿色化发展水平。服装服饰产业链重点发展智能化定制生产方式,提升创意设计整体水平。制鞋产业链围绕拓展鞋类产品品类,完善本地鞋材配套能力,打造全品类鞋业基地。预计到2025年,将建成中部地区重要的2 000亿级纺织服装制鞋产业集群。

(2)食品产业。面及面制品产业链重点提升精深加工水平,积极拓展优质面粉、高档专用粉、方便主食品、功能性食品等特色面制品空间。冷链食品产业链重点发展速冻肉制品、休闲熟食制品、餐厨肉制品等产品,开展冷链加工、小包装部位加工和半成品加工。乳制品产业链重点提高冷链运输储备能力,研发高端配方系列乳制品、干酪制品和功能性乳制品等,形成从奶牛养殖繁育到乳品加工、销售较为完整的产业链。酒水饮料产业链重点研制一批新型果蔬饮料、高端葡萄酒、优质酿造白酒等现代饮品和营养品,寻找发展新空间,提升品牌知名度。预计到2025年,将建成具有全国影响力的2 000亿级现代食品集群。

(3)装备制造产业。新型制冷装备产业链加快二氧化碳制冷、氢制冷等技术应用,通过高新制冷技术、新材料技术、现代控制技术、物联网技术和环保技术的引进与嫁接,由家用冷柜向商用异形冷柜、医用冷柜、工业用冷柜等转变,打造以创新、循环为特征,以价值链为纽带的全制冷产业链。智能工量具产业链推动产品向精密工量具、智能工量具等方向换代,提升产业竞争力。专用汽车产业链重点发展轻量化、智能化、定制化专用车、改装车等。智能装备产业链引进培育系统解决方案供应商和软件开发商,推进关键技术装备、工业软件、工业互联网的集成创新和应用示范,加快开发一批适应市场需求的智能制造成套装备。低速电动车产业链加快转型发展四轮小型清扫车、巡逻车、游览观光车、邮政物流车、农用车等。预计到 2025 年,将建成具有全国影响力的 2 000 亿级装备制造产业集群。

(二)新兴产业抢占先机

"十四五"期间,新材料、电子信息、新能源汽车、生物医药产业将持续壮大,形成一批优势互补、结构合理的战略性新兴产业增长引擎。

(1)新材料产业。超硬材料产业链重点提升企业创新研发能力,进一步完善"金刚石微粉、单晶合成—聚晶金刚石—金刚石制品—金刚石饰品"产业链,推进金刚石制品由中低端磨料磨具向高铁轨道研磨、航空航天材料、石油钻头等高端产品转型发展。先进铝材料产业链重点延伸"电子铝箔—腐蚀箔—化成箔—铝电解电容器"和"铝板带箔—民用箔"产业链,提高产品附加值。光电新材料产业链重点完善"玻璃—光伏组件—发电—制氢—储能—光电材料"产业链,推动由玻璃材料向电子级玻璃材料转变。功能性新材料产业链加快建设万吨级碳纤维产业园,延伸"聚丙烯腈—碳纤维—碳纤维制品—碳纤维复合材料"产业链。预计到 2025 年,将建成具有全国影响力的 1 000 亿级新材料集群。

(2)电子信息产业。新型显示和智能终端产业链,重点发展精密显示用电路板、关键模组、智能穿戴、智能影像等产业链核心产品。智能传感器和智能耦合器产业链,重点发展智能制冷家电、电力监测、钻井信息采集等行业智能传感器,拓展新型光电耦合器等多系列产品类目。5G 产业链,重点推进 5G 智能终端、精密机构件、5G 基站用新风系统研发及产业化。电子元器件及材料产业链,重点发展光电半导体元器件、基板、水基柔性电池、稀土永磁材料等高端电子元器件及高性能电子材料。预计到 2025 年,将建成全省重要的 1 000 亿级电子信息产业集群。

(3)新能源汽车产业。新能源整车产业链重点发展轻、中、重、微卡等商用车型。关键零部件产业链将加快提升新能源汽车零部件区域配套水平和能力,促进零部件与整车协同发展。智能网联汽车产业链将加快整车制造企业与能源、交通、信息通信等领域企业跨界协同,围绕多元化生产和多场景应用,发展绿能制氢、智慧交通、智能与信息安全等相关产业。预计到2025年,集群规模达到1 000亿级,将成为全国重要的新能源汽车产业基地。

（4）生物医药产业。生物医药产业链重点提升新型制剂、中药饮片、配方颗粒研发能力,发展抗体、疫苗、基因工程药物、细胞治疗产品等新型生物药物。高端医疗器械及卫材产业链重点围绕抗病毒口罩、医学影像设备、医疗监测和可穿戴设备等高端医疗器械项目培育引进,提升产品附加值。预计到2025年,集群规模达到1 000亿级,将成为有影响力的生命健康产业基地。

（三）未来产业前瞻布局

"十四五"及今后一个时期,我市将围绕生命科学、生物技术、智能医疗等未来健康领域,卫星互联网、区块链、智慧车联网、工业互联网等未来网络领域,量子计算、区块链、5G应用等未来信息技术领域,电子材料、储能材料等未来材料前沿领域,着力打造未来产业生态体系。谋划布局碳基新材料、生命健康、生物质新材料、氢能与储能、类脑智能、元宇宙等未来产业,争创省 未来产业先导区、示范区。加快打造未来产业创新发展先行区。

2021年商丘交通发展现状与前景展望

陈敬华① 王学太②

摘 要:2021年商丘交通运输工作成效显著,在河南省和全国的位置进一步提高,形成新优势、新走势、新态势,实现了"十四五"良好开局。重大交通项目建设加速推进,运输服务保障水平持续提升,交通行业治理能力显著增强,安全应急保障工作扎实开展,智慧绿色交通发展再上台阶,交通运输党的建设全面加强。但是,商丘交通发展也存在一些问题,要素制约日益趋紧,综合交通效率不高,安全稳定形势依然严峻,效能作风亟待改进。展望2022年,商丘交通将坚持服务大局,全力推动重大决策部署落实到位;坚持做强做优,加快完善现代综合立体交通网络;坚持便民利民,持续提升运输供给质量和效率;坚持规范高效,加快推进行业治理能力现代化;坚持安全发展,突出打造更高水平的平安交通;坚持创新驱动,进一步加快智慧绿色交通发展;坚持从严从实,全面加强交通运输党建工作。

关键词:商丘交通 项目建设 立体交通网络 智慧绿色交通

商丘作为全省仅次于郑州的第二大综合交通枢纽城市、全国综合性交通枢纽、国家物流枢纽承载城市、中原—长三角经济走廊先导城市,奋力实施省委提出的优势再造战略,持续推进交通区位优势向交通枢纽优势、交通枢纽优势向枢纽经济优势转变,努力在

---

① 商丘市交通运输局办公室主任。
② 商丘市交通教育培训中心党支部书记。

打造国内大循环的重要支点和国内国际双循环的战略链接中实现更大作为,答好"商丘之问"交通考卷,为商丘在全省"两个确保"大局中奋勇争先、更加出彩提供坚强保障。

一、商丘交通发展成效和主要做法

2021 年是中国共产党成立 100 周年,也是商丘交通运输发展史上很不平凡的一年。商丘交通运输工作浓墨重彩、成效显著,商丘交通在全省全国的位置进一步提高,形成新优势、新走势、新态势,实现了"十四五"良好开局。

(一)重大交通项目建设加速推进

(1)交通发展规划引领作用凸显。2021 年 2 月国务院印发《国家综合立体交通网规划纲要》,商丘是规划建设的国家综合交通枢纽城市,也是国家骨干交通网 6 条主轴中京津冀—粤港澳主轴、7 条走廊中大陆桥走廊上的节点城市,巩固提升了发展枢纽经济的优势。《商丘市"十四五"现代综合立体交通体系和枢纽经济发展规划》经过征求意见、修改等环节,已提交市委市政府研究印发,在市级层面首次实施交通运输发展规划与枢纽经济发展规划联合编制。《商丘市内河航运发展规划(2021—2035 年)》已完成外业调研、资料收集等工作,正在加快编制。

(2)综合交通重点项目建设扎实推进。树牢"以项目为王、结果论英雄"理念,克服了疫情防控、污染防治、汛期抢险、资金短缺等多种不利因素的影响,工程建设始终保持质量不降、进度不减,整体建设进度基本符合预期。"三环九放射"市域快速通道一期工程5 条路、环城高速 3 个出入口和清凉寺大道南延工程全部建成交工。阳新高速商丘段加快建设,沿黄高速商丘段、兰沈高速民权段开工建设。22 个乡镇交通综合服务平台完成主体工程,商丘市域快速通道综合管养服务中心一期工程开工建设,商丘市环城高速智慧物流园区体系项目完成施工图设计。兰菏城际铁路正加快施工,雄商高铁商丘段、商丘动车运用所项目施工图设计均已完成。民权通用机场实现首飞,商丘机场项目正有序推进。沱浍河航运二期工程前期工作取得阶段性成果。商丘交通线网总里程达 2.8 万千米,初步形成了集公路、铁路、水运于一体的综合交通网络体系。

(二)运输服务保障水平持续提升

(1)旅客运输服务更加优质。商丘各县(区)至少有 1 个一级客运站,商丘一、二级客运站联网售票覆盖率 100%。商丘在全省率先实现城市公交车辆全部电动化,三区城乡客运在全省率先实现电动公交化。开通了商欧班列。2021 年又开通试运营了商丘—柘城、商丘—宁陵、商丘—睢县 3 条城际公交,新增电动客车 105 台。目前商丘县(区)、县际客运有新能源电动车 2 404 台、占比 65%,平均票价下降 37%。村村通客车的 234 条班线客运、公交线路和 2 765 辆营运车辆全部录入河南省综合运输管理服务平台。加快城市公交发展,迎宾路公交充电站升级改造 152 个充电终端、新建 120 个充电终端,什坊院新规划建设一处公交充电站、新建 144 个充电终端。中央第五生态环境保护督察组对商丘公交的污染防治成效给予充分肯定,省自然资源厅、省交通运输厅在全省推广商丘公交经验。

(2)交通物流加快转型发展。商丘注册登记的物流企业已达到 3 300 家,快递企业拥有品牌 20 多个,物流及相关产业从业人员超过 13 万人。建成商丘首个司机之家,设有货车专用停车位 48 个。商丘邮政行业业务收入完成 37.98 亿元、业务总量完成 53.02 亿元,分别同比增长 15.74%、31.92%。商丘快递服务企业业务量完成 5.18 亿件,占全省业务量的 11.90%;业务收入完成 23.69 亿元,同比增长 25.80%。快递业务量、业务收入在全省排名稳居第 2 位,在全国 50 强城市排名第 39 位。

(3)水上交通运输快速发展。商丘已发展省际运输船舶 377 艘、33.45 万载重吨,常年运营在长江中下游、淮河及其支流、京杭大运河。

(4)城乡交通一体化融合发展。推进脱贫攻坚与乡村振兴有效衔接,新增通硬化路自然村 1 475 个,提前实现商丘 20 户以上符合条件自然村通硬化路率 100%;加快城乡交通运输一体化示范县创建,继续推行"农村公路+特色产业、生态旅游、电商物流"融合发展模式,推动农村经济融合发展。

(三)交通行业治理能力显著增强

(1)法治政府部门建设得到加强。继续做好普法宣传教育,运用法治思维和法治方式加强行业治理能力建设,省级依法行政示范单位创建工作卓有成效。举办执法人员培训班 23 期,培训执法人员 2 520 人次,考试合格率达 100%。

(2)交通行政执法领域突出问题专项治理扎实推进。走访座谈企业 690 余家,走访从业人员 3 380 余人次,暗访执法场所 123 次,召开整治推进会 33 次,为群众办实事 400

余次。商丘交通运输执法部门查摆突出问题 34 项,整改率 100%。出动执法人员 1 306 人次,巡查高速公路里程合计 4.69 万公里。加强客运市场执法力度,查处违规客车 296 台次,其中"黑客车"35 台;查处违规出租车 352 台次,其中"黑出租"32 台。交通、公安联合开展消灭"百吨王"等严重违法超限超载专项整治行动 36 次,查处超限超载车辆 970 台,其中"百吨王"58 台,卸货 2.58 万吨,交警扣分 4 577 分、处罚 90.56 万元。

(3)清理高速公路沿线广告设施提前完成。开展了为期 3 个月的清理商丘境内高速公路沿线广告设施专项行动,提前 12 天完成 350 处广告设施拆除任务,在全省排名第 5 位,优化了高速公路通行环境。

(4)"放管服效"改革顺利推进。坚决贯彻落实省交通运输厅放权赋能电视电话会议精神,按照赋权内容、工作要求和时间节点,扎实做好 54 项省辖市级交通运输相关权限下放承接、平稳有序运行工作。推进"互联网+监管",实现"双随机一公开"监管全覆盖、常态化,做好政务服务"三级二十同"工作,真正让数据"多跑路"、群众"少跑腿",优化交通运输营商环境。

(四)安全应急保障工作扎实开展

(1)安全生产监管全面加强。深刻吸取柘城"6.25"火灾事故教训,成立 10 个县(区)督导检查组、6 个专业检查组,聚焦交通运输"两客一危一货""两路一水一建"等重点领域,排查场所(企业)743 个,发现并排除问题隐患 3 135 项。交通基础设施建设和水上交通领域安全生产继续保持"零事故",道路运输未发生一起安全生产责任事故。常态化扫黑除恶工作扎实开展。连续 5 年被省交通运输厅、市政府安委会评为安全生产先进单位,"筑牢安全防线、打造平安交通"的经验做法刊登于《河南法制报》2021 年第 131 期。

(2)"外防输入、内防扩散"的疫情防线持续筑牢。切实履行疫情防控交通运输行业专班职责,及时激活日报告、周例会和应急工作机制,做到人员到位、物资到位,迅速进入战时状态,加强旅客运输、冷链物流等重点领域防控。商丘交通运输执法部门配合其他单位建立疫情防控卡点 37 个,累计出动车辆 900 台次,执法人员 6 900 余人次,检查人员 18.65 万人次,劝返车辆 1.45 万台次。发放应急通行证,落实"绿色通道"政策,保障了 1.08 万台应急运输车辆顺畅通行。

（3）防汛救灾应急工作扎实开展。市局成立 60 人应急抢险队伍，配置 96 台应急运输车辆和 10 台抢险设备。动员全系统组建 37 支防汛抢险工作机构，严格执行 24 小时防汛值班制度和领导带班制度。尤其是 7 月 28 日、8 月 22 日强降水期间，坚决落实楼阳生书记"停、降、关、撤、拆、转"六字诀，做好应急响应。强化灾后重建，修复干线公路水毁路段 6.7 千米、农村公路路基路肩塌方 1 895 处，确保了公路安全畅通。

（五）智慧绿色交通发展再上台阶

（1）智慧交通方面。商丘市枢纽经济暨数字交通新基建项目工程报告已批复，新建 1 个市级中心，5 个县级分中心，重点围绕商丘市普通国道、省道沿线约 800 千米道路设置数据采集及播报设备。通过网站办公 OA 等方式提高办公效率，全年处理文件 842 份。

（2）绿色交通方面。持续深化绿色循环低碳交通运输发展理念，注重引进新技术、新工艺、新材料，加强交通工程设计、建设、运营、管理工作中的节能减排，商丘现有 5 个绿色交通示范县（全省仅 11 个）、2 个示范企业。抓紧抓实国三及以下排放标准营运货车淘汰工作，注销营运证 125 辆、累计注销 1.42 万辆，注销完成率 101.4%；注销机动车车籍 3 337 辆、累计注销 1.53 万辆，完成率 109%。落实"路长制"，强化公路扬尘整治，绕城高速、城市出入口 5 千米公路机械化清扫洒水率 100%，实现了公路"四净两绿"。

二、商丘交通发展存在的主要问题

（一）要素制约日益趋紧

资金、用地、环评等制约较大，"三环九放射"市域快速通道项目原定市财政每年拨付不低于 5 亿元的计划难以落实，仅 2021 年就累计形成 15.63 亿元的缺口。国家严格基本农田保护这条红线不能动，阳新高速豫鲁省界至宁陵段、沿黄高速商丘段土地预审、组卷报批难度大。商丘机场项目涉及军地双方，协调部门多、层级高，工程报告至今未能批复。

（二）综合交通效率不高

综合交通网络尚不完善，交通枢纽能级仍需增强；货物多式联运、旅客联程联运比重偏低，零距离换乘、无缝化衔接有待加强，交通基础设施规模总量与贡献率不够匹配。

(三)安全稳定形势依然严峻

安全生产基层基础薄弱,风险隐患较多,加之营业性客运受疫情冲击大,呈现低位运行,运营成本增加,市场主体经营困难,安全投入难以保障,信访矛盾纠纷频发,保安全、保稳定任务加重。

(四)效能作风亟待改进

行业管理存在惯性思维和路径依赖,视野不宽,观念陈旧,抓工作缺乏改革创新意识和锐意进取精神,防范化解风险不主动、不及时、不果敢。学习借鉴新做法、好经验的思路还不够宽,层次还不够高。

三、商丘交通发展经验与展望

(一)商丘交通发展经验启示

(1)把握交通先行这一机遇,积极作为,赢得主动。对国家"一带一路"、交通强国、黄河流域生态保护和高质量发展、乡村振兴等国家战略进行系统梳理,结合商丘实际,主动融入,超前谋划,积极运作,努力争取国省资金、项目、政策的支持,保持了交通运输基础设施的建设规模和发展速度。

(2)把握加快发展这一要务,强力推进,服务大局。树牢"以项目为王、结果论英雄""项目拉动发展、投资改善民生"的理念,注重项目化运作,采取领导分包、时间倒逼、紧盯难关、督查通报等措施,推进了综合交通重点项目建设。加强沟通协调,协调上级部门,推进综合交通项目前期工作进度;协调相关兄弟地市,实现项目同步开工建设、同步建成运营、同步发挥效益。

(3)把握建设资金这一保障,创新模式,多方融资。针对商丘地方财力困难、配套资金压力大的现状,用改革的思路和办法破解投融资难题。鼓励引进民间资本参与重大交通基础设施建设,扩大政府财政的杠杆作用。发挥商丘交投集团公司投融资平台的作用,加强与金融机构的合作,为交通项目建设提供资金保障。

(4)把握队伍建设这一根本,提高素质,凝聚合力。深入学习贯彻党的十九大精神及历次全会精神,扎实推进"两学一做"学习教育、党史学习教育,提高各级领导班子推动交通运输科学发展的领导水平,提高干部职工的业务素质。坚持德能勤绩选用干部,激发工作热情，提高执行能力，凝聚发展合力，形成了忠诚履职、务实重干的工作氛围。

（5）把握工作落实这一关键，马上就办，持续求进。对工作目标进行细化、量化，建立工作台账和责任清单，做到责任主体、目标任务、工作标准、时限要求"四明确"。进一步实行"13710"工作制度和综合交通项目建设"六位一体"推进机制，履职尽责加油干、加快干，扑下身子抓落实、抓推进，以抓落实的新举措取得综合交通全面建设新成效。

（二）商丘交通发展前景展望

习近平总书记 2021 年 10 月在第二届联合国全球可持续交通大会发表主旨演讲，深刻指出"交通是经济的脉络和文明的纽带""几代人逢山开路、遇水架桥，建成了交通大国，正加快建设交通强国""交通成为中国现代化的开路先锋"，集中反映了我们党对交通运输发展规律的新认识，把交通在现代化建设全局中的地位提到了前所未有的新高度，赋予了交通运输"开路先锋"的历史使命，为新时代交通运输发展锚定了新坐标、明确了新定位、提供了新遵循。省十一次党代会提出锚定"两个确保"大局奋斗目标；市六次党代会提出"区位交通优势是商丘的最大优势，要聚焦聚力枢纽经济，推进全国综合交通枢纽建设"；市委经济工作会议提出按照"东进、西连、南优、北聚"优化城市功能布局，其中"东进"指深度融入长三角一体化发展，"西连"要求加快推进临空经济区规划建设，"北聚"即依托铁路物流园区、高铁商务中心区聚产业、聚人气、聚物流。这些决策部署均与交通运输直接相关，都对交通运输赋予了新使命、提出了新要求。站在"两个一百年"奋斗目标的历史交汇点上，坚决把握大局大势，扛牢战略任务，勇于履职担当，进一步完善《商丘市"十四五"现代综合立体交通体系及枢纽经济发展规划》并抓好落实，为服务"两个确保"大局、建设现代化商丘当好开路先锋。

1. 完善现代交通体系

"十四五"期间，商丘市规划建设交通运输项目 96 个，累计计划总投资 1 676 亿元。依托陆上通道、内河航道和空中走廊，形成以商丘为中心、辐射周边县的半小时一级公路交通圈，辐射豫鲁苏皖四省的 1 小时高速铁路交通圈、2 小时高速公路交通圈，连接国内主要城市的 2 小时航空交通圈。

（1）铁路项目。在"双十字"铁路枢纽的基础上，着力建设"米字型"高铁枢纽，支撑商丘枢纽经济高质量发展。新建京雄商高铁商丘段；开工建设商丘动车所、商丘站南站房改扩建工程、商丘铁路物流基地;规划建设商丘高铁货运物流基地;加快建设兰考至菏泽城际铁路民权段;规划建设商丘至周口、商丘至濮阳、商丘至永城至淮北、商丘至济宁高速铁路。

(2)民用航空。打造"1+2"规划格局(商丘机场+民权通用机场、永城通用机场)。建设商丘机场航站楼、跑道等主体工程,同步推进40平方千米航空港经济区规划。新建机场专用一级公路15.6千米。

(3)内河航运。构建商丘市域"一干一支"内河航道骨架体系,新增四级以上航道230千米,完善通往长三角地区的便捷水运通道。新建沱浍河通航及码头工程、惠济河通惠渠至豫皖界航运工程等项目。

(4)高速公路。高速公路网呈现"六纵六横"结构,强化商丘市外联内畅的保障能力。新建阳新高速商丘段、永城至单县高速公路(豫鲁界)、兰考至沈丘高速民权段、永城至灵宝高速商丘段、民权至砀山高速公路(豫皖界)、沿黄高速商丘段;改扩建济广高速商丘段、连霍高速商丘至豫皖界段。新增高速公路出入口13个。

(5)普通公路。中心城区普通国省道干线公路形成"三环九放射"格局,各县区普通国省道干线公路形成"环+放射"格局。农村公路实现商丘所有20户以上自然村通硬化路的目标。干线公路新建"三环九放射"市域快速通道等29个项目,所有干线公路全部达到二级以上。农村公路改建县道1 500千米、行政村双车道1 600千米、自然村通硬化路1 500千米、桥梁647座,实施安防工程400公里。新增省级"四好农村路"示范县1~2个。

(6)场站物流。依托机场、高铁站等重要基础设施,结合各县区产业发展布局,打造航空、铁路、公路多式联运客运、货运枢纽体系。新建商丘高铁综合客运枢纽站、商丘机场客货运综合枢纽等场站项目6个。新建商丘国际陆港多式联运集疏中心、豫东石油多式联运分拨物流园等多式联运项目5个。新建G343夏邑综合管养服务中心、S207柘城北环综合管养服务中心等综合管养服务中心13个。

2.2022年总体思路及重点任务

(1)坚持服务大局,全力推动重大决策部署落实到位。一要坚决贯彻落实国家重大发展战略。聚焦交通强国、黄河流域生态保护和高质量发展、乡村振兴等战略,系统梳理支持政策，主动融入发展战略，加快推进交通发展。对标对表交通强国的部署要求，全面推进交通强市建设；围绕"四好农村路"和多式联运两个试点方向，推进商丘"四好农村路"示范市创建和以公铁联运为基础的多式联运发展，争取走在前、做表率，形成可推广、可复制的商丘经验。加快沿黄高速商丘段、黄河故道旅游线路和内河航运项目建设，实施脱贫攻坚与乡村振兴有效衔接，推进城乡交通一体化建设，激发县域经济活力，助推农村经济融合发展。二要坚决贯彻落实全国综合性交通枢纽城市等战略部署。立足商丘全国综合性交通枢纽、国家物流枢纽承载城市、中原—长三角经济走廊先导城市等发展定位，进一步完善《商丘市"十四五"现代综合立体交通体系和枢纽经济发展规划》以及铁路、水运等专项规划，完善实施机制，强化落实措施，把"规划图"变"施工图"，把"时间表"变"计程表"，一步一个脚印地推进"十四五"综合交通建设计划落地实施。三要坚决贯彻落实省市重大会议精神。今年的省政府工作报告中四处"点题"商丘，其中两处是商丘机场开工、京港台高铁雄安至商丘段建设；市委经济工作会议提出"加快推进沱浍河航运、商丘动车所、阳新高速公路、商丘机场等重大项目建设，打造现代化综合交通枢纽"。要围绕服务省市决策部署，有效扩大交通投资，加快建设重大项目，发挥交通运输在经济社会发展中的开路先锋和基础支撑作用。

（2）坚持做强做优，加快完善现代综合立体交通网络。要树牢"项目为王"理念，坚持把项目建设作为硬指标、硬任务、硬考核，在推进"三个一批"上持续发力，实施项目质量闭环管理，建设平安百年品质工程，以开门红确保全年红。铁路项目，加快推进兰考至菏泽城际铁路建设，开工建设雄商高铁雄安至商丘段、商丘动车运用所、南站房改造工程、商丘铁路物流基地等项目。争取把商丘至周口、商丘至濮阳、商丘至永城至淮北、商丘至济宁高速铁路纳入"十四五"国家铁路网建设规划；高速公路，阳新高速宁陵至沈丘段商丘境基本完成主体工程。阳新高速豫鲁省界至宁陵段、沿黄高速商丘段、兰太高速民权段完成年度节点建设目标。开工建设连霍高速神火大道出入口项目。加快推进高速公路"13445 工程"其他项目前期工作，争取早日开工建设。启动济广高速商丘段、连霍高速商丘至豫皖界段改扩建前期工作；普通公路，开工建设"三环九放射"市域快速通道二期工程 136.34 千米，谋划建设绕城快速物流环约 98 千米。建设农村公路不低于 500 千米，改造桥梁 120 座，实施安防工程 150 千米；场站物流，开工建设商丘市环城高速智慧物流园区体系项目、商丘市域快速通道综合管养服务中心一期工程、商丘高铁综合客运枢纽站、商丘市绿色运输智慧化体系;民用航空,开工建设永城通用机场、商丘机场和机场专用公路。加快推进临空经济区规划工作;内河航运,积极推动沱浍河航运二期工程、惠济河、古宋河至大沙河至涡河等航运项目前期工作。完成《商丘市内河航运发展规划(2021—2035年)》编制工作。

(3)坚持便民利民,持续提升运输供给质量和效率。坚持人民交通为人民,解决好人民群众"急难愁盼"问题,做到交通运输发展成果群众共享,持续打造人民满意交通。一要扎实推进道路运输领域突出问题专项治理。落实省厅关于加强交通运输新业态协同监管的意见,着力规范新业态经营行为,加快网约车合规化进程,全面治理营运车辆"两证"不一致等突出问题。建设"司机之家",有效解决驾驶员"就餐难、停车难、如厕难"的问题。加强12328热线投诉问题调查处理工作,做到件件有回音、事事有落实。二要持续提升出行服务品质。做好城市公共交通综合规划、公交专项规划工作,提高公交线网覆盖面、线路顺畅度和乘客运载率,推动公交服务由"满意型"向"感动型"转变。开展"四好农村路"示范市创建,推动"四好农村路"高质量发展,为提升出行服务品质奠定基础。坚决完成重点民生实事,推进农村客运班线公交化运营,改造提升农村寄递物流基础设施,年底前实现60%行政村设立村级寄递物流综合服务站。三要加快多式联运发展。坚持交通基础设施互联互通与现代物流降本增效相协调,促进物流走向"全供应链"和"一单制"联运服务,助推商丘深度融入以国内大循环为主体、国内国际双循环相互促进的新发展格局。大力发展公铁联运,发挥商丘作为河南省第二高铁枢纽的优势,加强与郑州、北京、合肥、广州等高铁枢纽城市合作,将商丘打造成四省交界区域的高铁快运组织中心。积极推进陆海联运,提升商丘与连云港、上海港等出海通道能力,畅通商丘与阿拉山口、霍尔果斯等边境口岸的内陆出关通道,提高内陆地区与沿海港口联运组织和物流服务一体化水平。

(4)坚持规范高效,加快推进行业治理能力现代化。完善治理体系提高治理能力是建设交通强市的内在需要,要把这一工作贯穿到交通运输各领域、各方面、各环节。一要持续优化行业营商环境。纵深推进"放管服效"改革,扎实做好放权赋能改革后续工作,持续跟踪问效,加强事中事后监管,确保交通运输相关权限真正"放得下、接得住、用得好、见实效"。深入推进"信用交通"建设,加快"双随机、一公开"监管与信用深度融合,组织开展道路运输领域信用监管示范创建。行业行政许可事项全部纳入清单管理,优化重点工作流程。积极助力"万人助万企"活动,帮助企业纾困解难。二要深入推进依法行政和交通综合执法工作。深化法治政府部门建设,加强工作考评,不断提升行业法治建设整体水平。推进"八五"普法规划实施,落实"谁执法谁普法"责任制。巩固深化交通运输执法领域突出问题专项整治成果,全面推进超限检测站向综合执法服务转型,加快非现场执法设施建设和应用,推行"APP+移动执法+不见面处理"模式。强化网约车、"两客一危"等重点车辆执法监管,依法打击非法营运。三要着力提升管理养护水平。加快实施普通国省道养护提升三年行动,扎实开展春季养护大会战、秋冬路况提升活动,将路面使用性能平均指数提高到87以上。深入开展农村公路安全生命防护提升工程和危桥改造行动,严把工程质量关,提升桥梁防护能力,确保公路安全畅通。四要切实增强企业发展活力。指导各交通企业积极应对市场挑战,加快转型发展,实施多元化经营,培育经济增长点,增强核心竞争力。

(5)坚持安全发展,突出打造更高水平的平安交通。统筹发展和安全,守牢安全稳定底线,夯实安全生产基础,确保交通运输发展大局安全稳定。一要强化安全生产监管。坚持"三管三必须",持续推进安全生产专项整治三年行动和"坚守公路水运工程质量安全红线"专项行动,狠抓"两客一危一货""两路一水一建"等重点领域安全监管,深化安全风险隐患双重预防体系建设,确保实现"一个杜绝、三个下降"。二要提升应急保障水平。健全应急管理机构,组建专业应急队伍,配备应急抢险设施,开展"行业+属地"联合应急演练,提升突发事件科学应对能力。常态化推进扫黑除恶和反恐防范工作,深入推进平安单位创建活动,最大限度把各类风险和矛盾问题防范在源头、化解在基层、消灭在萌芽。三要持续抓好常态化疫情防控。完善常态化疫情防控工作机制,保持疫情应急指挥体系实时在线、高效运转,加强与相关部门配合联动,因时因势调整优化疫情防控措施,严格落实客运场站和交通运输工具防疫措施,强化路网运行保障,做好冷链物流等重点环节疫情防控,坚决避免疫情通过交通运输途径传播扩散。

(6)坚持创新驱动,进一步加快智慧绿色交通发展。抢抓新一轮科技革命和产业变革机遇,实施交通运输数字赋能,推进绿色低碳交通发展。一要加快新型基础设施建设。结合新基建推动交通基础设施智能化、数字化,加快智慧公路、智慧物流、智慧航运等示范建设与推广。推进智慧物流园区、信息平台、云仓储和智能分拣配送设施建设,形成体系完善的智慧物流设施基础。二要提升科技创新能力。推动前沿技术与行业深度融合,建设商丘交通运行监测指挥中心。推进智能电子公交站牌建设,基本实现市区主要公交走廊智能电子公交站牌全覆盖。推动 5G 在公交调度、交通执法、综合客运枢纽人脸监测等行业监管领域应用,加强自动驾驶、车路协同等智能网联汽车的研究应用和试点示范。

三要大力推进低碳交通建设。坚持把生态保护理念贯穿到交通基础设施规划、设计、建设、运营和养护全过程,严守生态保护红线。发挥绿色交通规划引导作用,持续推动《商丘市绿色出行城市创建方案》等绿色交通相关专项规划落地实施,全面创成绿色出行城市。加快专用充电站和快速充电桩规划建设,全面淘汰高排放老旧汽车,提升公交车、出租车、城市配送车辆清洁能源比例。

2021—2022年商丘市服务业形势分析与展望

冯　慧① 朱　丹②

摘　要:2021年,全市坚持稳字当头、稳中求进,踔厉奋发、勇毅前行,科学统筹疫情防控和经济社会发展,着力稳增长、保就业、防风险,全市服务业呈现较强韧性和活力,主要行业恢复情况较好,服务业成为稳增长主要力量。但受到国内疫情多点散发、消费需求偏弱等多种因素影响,存在主要指标增速低于全省、内部结构升级较慢、规模以上服务业企业经营效益不理想、县(市、区)之间发展不平衡等问题。需要进一步加大招商引资力度,加快培育新动能,不断强化县域支撑,补齐发展短板,推动全市服务业高质量发展。

关键词:服务业　稳增长　运行平稳　融合发展

2021年,全市上下认真贯彻党中央、国务院决策部署和省委、省政府工作要求,坚持稳字当头、稳中求进,踔厉奋发、勇毅前行,科学统筹疫情防控和经济社会发展,着力稳增长、保就业、防风险,全市服务业呈现较强韧性和活力,多数行业稳步恢复。但受国内疫情多点散发、消费需求偏弱等因素影响,服务业持续恢复的基础尚不稳固,恢复过程依然存在诸多不确定性。

---

①　商丘市统计局总经济师。
②　商丘市统计局综合科副主任科员。

一、2021 年服务业经济运行情况和特点

2021 年,全市服务业增加值 1 353.93 亿元,按可比价格计算,同比增长 4.9%,两年平均增长 2.9%;占 GDP 的比重为 43.9%,对 GDP 增长的贡献率为 55.1%,拉动 GDP 增长 2.2 个百分点,是全市经济增长的主要拉动力量。

(一)拉动能力增强,服务业成为稳增长主要力量

(1)从投资情况看。2021 年,全市服务业投资同比增长 6.8%,占全部投资的比重为 58.5%,高于第一产业 56 个百分点,高于第二产业 19.5 个百分点。其中,房地产业,水利、环境和公共设施管理业,交通运输、仓储和邮政业占比较大,分别为 33.4%、8.7% 和 5.9%。

(2)从税收情况看。2021 年,全市服务业实现税收收入 132.68 亿元,占全部税收收入的 63.1%,远远高于第一、第二产业。其中,房地产业,批发零售业,金融业,公共管理、社会保障和社会组织四个行业税收收入占服务业税收的比重达 78.2%,高于 2020 年 0.7 个百分点,对服务业整体税收支撑作用较强。信息传输、软件和信息技术服务业,水利、环境和公共设施管理业,科学研究和技术服务业,卫生和社会工作,住宿和餐饮业五个行业税收收入分别增长 118.4%、111.3%、61.9%、35.2% 和 19.6%,呈快速增长态势。

(3)从用电量情况。2021 年,全市服务业用电量 45.99 亿千瓦时,同比增长 15.2%,增速高于 2020 年 11.8 个百分点,高于全社会用电量 2.5 个百分点;占全社会用电量的比重为 24.4%,比 2020 年提高 0.7 个百分点。其中,房地产业,租赁和商务服务业,居民服务、修理和其他服务业,教育,住宿和餐饮业等行业均保持 20% 以上的增长速度。

(二)总体运行平稳,主要行业恢复情况较好

1. 交通运输业恢复情况良好

2021 年,全市交通运输业实现增加值 131.09 亿元,同比增长 8.9%,增速高于服务业 3.9 个百分点;占服务业增加值的比重为 9.7%,对服务业增长的贡献率为 16.7%,拉动服务业增长 0.9 个百分点。其中,铁路运输业增加值 22.79 亿元,增长 12.3%;道路运输业增加值 107.95 亿元,增长 8.1%。全市公路客货运周转量增长 13.1%,比 2020 年提高 8.7 个百分点。

2. 电信、邮政业持续高速增长

电信行业增势迅猛。2021 年，全市完成电信业务总量 67.2 亿元，同比增长 35.7%，高于全省平均水平 1.9 个百分点，居全省第 4 位；两年平均增长 38.8%，高于全省平均水平 3.9 个百分点。邮政业持续快速发展。2021 年，全市邮政行业业务总量累计完成 53.02 亿元，同比增长 31.9%，高于全省平均水平 2.3 个百分点，居全省第 7 位。其中，快递服务企业业务量累计完成 5.18 亿件，居全国第 46 位，全省第 2 位，经济活跃度进一步提升。

3. 金融运行总体平稳

2021 年，全市金融业实现增加值 108.11 亿元，同比增长 1.7%。其中，货币金融业增加值 84.61 亿元，增长 3.3%，占金融业增加值的比重为 78.3%。2021 年末，全市金融机构本外币各项存款余额 4 009.56 亿元，同比增长 10.2%，较年初增加 369.9 亿元；金融机构本外币各项贷款余额 2 433.92 亿元，同比增长 7.1%，较年初增加 160.88 亿元。各项存款增加较多，贷款稳定增长，社会融资规模进一步扩大。

4. 消费市场持续恢复

商丘市全力做好市场供应，开展系列促消费活动，着力搞活流通，消费市场持续恢复。2021 年，全市社会消费品零售总额 1 489.50 亿元，同比增长 5.6%。按经营单位所在地分，城镇市场消费品零售额增长 6.0%，乡村市场消费品零售额增长 4.3%。分行业看，批发业销售额增长 7.0%，零售业销售额增长 8.9%，住宿业营业额增长 9.5%，餐饮业营业额增长 9.8%。消费升级类商品销售快速增长。限额以上单位商品零售额中，智能手机增长 10.6%，电子出版物及音像制品类增长 10.9%，石油及制品类增长 10.7%。

5. 房地产开发和销售趋于平稳

全市继续落实"房住不炒"政策要求，全市房地产市场总体运行平稳。2021 年，全市房地产业实现增加值 207.84 亿元，同比增长 1.8%，占服务业增加值的比重为 15.4%。房地产开发投资 397.37 亿元，增长 14.9%，增速高于全省平均水平 13.7 个百分点；商品房销售面积 1 056.69 万平方米，实现销售额 595.59 亿元。

6. 规模以上服务业平稳增长

2021 年以来，全市规模以上服务业稳步恢复，全年实现营业收入 286.81 亿元，同比增长 10.3%,增速高于全省平均水平 1 个百分点。其中,交通运输、仓储和邮政业营业收入 127.04 亿元,增长 31.5%;卫生和社会工作营业收入 8.43 亿元,增长 12.9%。

二、存在的主要问题

2021 年,虽然全市服务业稳步恢复,但发展过程中还存在一些困难问题需要解决。

(一)主要指标增速低于全省

2021 年,全市服务业增加值同比增长 4.9%,低于全省平均水平 3.2 个百分点;服务业增加值占 GDP 比重为 43.9%,低于全省平均水平 5.2 个百分点。反映服务业发展的主要指标中,公路客货运周转量、保费收入、人民币贷款余额、批发零售业销售额等多项指标增速低于全省,在全省位次靠后,对服务业发展支撑不足。

(二)内部结构升级较慢

目前,商丘服务业中传统行业仍占较大比重,现代服务业发展水平有待进一步提升。2021 年,全市交通运输、仓储和邮政业,批发零售业,住宿餐饮业三大传统服务业实现增加值 404.44 亿元,占服务业增加值的比重为 29.9%。信息传输、居民服务、文化娱乐等现代服务业还处于初级发展阶段,企业规模小,竞争力不强。2021 年,全市规模以上互联网和信息技术服务业,居民服务、修理和其他服务业,文化、体育和娱乐业企业年均营业收入分别为 1 872 万元、1 610 万元和 947 万元,均低于全省平均水平。

(三)规模以上服务业企业经营效益不理想

受疫情、汛情、管理等多方面因素影响,2021 年全市规模以上服务业营业利润 45.21 亿元,同比下降 7.5%。10 个行业门类中,除房地产业、卫生和社会工作 2 个行业利润实现增长外,其余 8 个行业均呈下降态势。其中,交通运输、仓储和邮政业,科学研究和技术服务业,水利、环境和公共设施管理业,文化、体育和娱乐业营业利润降幅超过两位数,分别下降 17.1%、16.7%、34.1% 和 28.9%。

(四)县(市、区)之间发展不平衡

受区域经济发展水平的影响,各县(市、区)服务业发展不均衡,差别较大,主要表现在三个方面:一是单位数差异。2021 年,全市规模以上服务业企业仅民权县超过 100 家,

梁园区、睢阳区、睢县、柘城县、示范区5县（区）不足50家。二是总量差异。永城市服务业增加值总量居首，为315.56亿元；睢阳区、虞城县、民权县、夏邑县、柘城县、梁园区6县（区）总量超过100亿元，依次为164.91亿元、139.71亿元、138.94亿元、135.55亿元、116.76亿元和116.49亿元；睢县、宁陵县和示范区3县（区）均在百亿元以下。三是比重差异。从服务业增加值占GDP的比重看，示范区最高，达到52.1%，睢阳区51.4%，民权县51.1%，3县（区）占比超过50%；梁园区、宁陵县、夏邑县、永城市在40%~50%之间，睢县、柘城县、虞城县不足40%，分别为38.7%、39.6%和38.7%。

三、对策建议

针对商丘服务业发展过程中存在的困难和问题，要在科学精准做好疫情防控工作同时，进一步加大招商引资力度，加快培育新动能，不断强化县域支撑，补齐发展短板，推动全市服务业高质量发展。

（一）加大招引培育力度

（1）持续加大招商引资力度，在商贸物流、金融保险、文化旅游、信息服务等现代服务业领域，努力引进一批投资强度高、税收贡献率高、人员就业率高、行业知名度高的大项目、好项目，让更多的优质生产要素汇聚商丘，增强服务业经济发展潜力。

（2）深入开展"万人助万企""企业服务日"活动，及时协调解决企业经营中的具体困难和问题，加快推动企业规模扩张，扶持帮助从事科技创新、创意设计、会展服务、软件开发的小微企业做大做强，培育形成一批具有自主知识产权和较强市场影响力的服务品牌，彻底改变商丘现代服务业"小、散、弱"和经营方式陈旧、功能单一的被动局面，加速积聚经济发展新动能。

（3）高度关注准规上服务业企业经营情况，及时做好达规企业入库纳统工作。

（二）推动服务业融合发展

商丘是传统的农业大市，农业占生产总值的比重较大。因此，在大力发展服务业时，要立足于商丘市情，在做优农业、做强工业的基础上，统筹发展第三产业，形成一、二、三产同步推进的良性互动机制，实现三次产业协调发展。一是注重服务业与农业融合发展，围绕农业生产前、中、后期，加快构建和完善现代农业综合服务体系。二是注重服务业与工业融合发展,围绕拓展生产制造价值链,大力引进和发展产业链中最具价值的生产服务环节,形成制造业与服务业相互支撑、相互促进的发展格局。三是注重服务业内部融合发展,及时准确把握跨界融合新趋势,积极引导利用现代理念、网络技术、新型营销方式,培育一批复合型服务业态。

(三)加快发展新产业新业态

当前,疫情在国内多点散发,使得批发零售、住宿餐饮、物流运输、文化旅游等行业受到影响,但也催生出一些新的业态,电子商务、电子政务、居家办公、虚拟会务、线上教学等新业态迎来新一轮快速发展,人们将把更多的钱用于身体健康和心理健康,医药健康新产业也将成为新的发展方向,这些都将成为今后一个时期新的经济增长点。因此,要鼓励企业特别是传统企业加快科技创新步伐,加快发展新产业新业态新模式,使其从无到有、由小变大,推进服务业经济转型升级,增加发展的弹性、韧性和抗压能力,促进服务业提质提速发展。

(四)强化县域发展支撑

一方面,进一步加快中心城区服务业发展步伐。依托日月湖片区打造高端商务中心区,加快文化艺术中心、会展中心、"三馆一中心"、金融中心等项目建设步伐,引进全国知名商业、酒店、餐饮品牌,提升中心城区高端商务服务能力。依托商丘古城打造高端生活服务中心区,加强古城保护,推动文旅文创、演艺演出、民宿民俗、特色餐饮等业态植入,在保护基础上全面开放商丘古城。强力推进商丘高新区、商丘经开区聚集产业,依托高铁北广场绿轴,引进培育科技研发、个性消费等业态,打造产业服务中心区,提升中心城区产业支撑。另一方面,其余县(市)要立足各地资源优势和产业发展基础,充分挖掘地域文化、休闲旅游、特色产业等比较优势,在品牌集聚、业态创新、管理服务等方面寻求突破,加快培育一批产业高集聚、产出高效益、功能高复合、空间高密度、就业高容量的服务业集群,全面提升县域服务业综合实力。

四、2022年全市服务业发展走势预判

从有利因素看,中央经济工作会议明确2022年经济工作稳字当头、稳中求进,从宏观、微观、结构、科技、改革开放、区域、社会等七个方面做出具体部署,为稳定经济社会发

展大局保驾护航。国家发改委、工信部等多部门联合印发了《关于促进服务业领域困难行业恢复发展的若干政策》，帮助企业解决财政税费、金融信贷、保供稳价等方面的困难问题，财政部、税务总局先后下发了《关于对小规模纳税人免征增值税的公告》《关于进一步加大增值税期末留抵退税政策实施力度的公告》等多个减税降费公告，助力企业渡过难关。省委、省政府也陆续推出多项有利于经济稳定的政策措施，为服务业经济较快发展提供了有力的政策支持。商丘市委、市政府落实落细各项优惠政策，深入开展"万人助万企""企业服务日"活动，全力做好惠企、稳企、助企工作，帮助市场主体轻装前行。在一系列利好政策措施的作用下，2022年一季度，商丘服务业呈现良好发展态势，全市服务业增加值同比增长4%，高于全省平均水平0.4个百分点；社会消费品零售总额增长7.3%，高于全省平均水平3.8个百分点；服务业投资增长51.8%，高于全省平均水平43.5个百分点；邮政业务量增长18.9%，增速居全省第6位，多个行业实现平稳较快增长，为服务业持续稳定发展奠定了良好基础。

从不利因素看，今年以来，疫情局部反弹，为有效阻断疫情传播途径，一些时段全市所有非生活必需品商场、超市、专业卖场等经营性场所暂停营业，对服务业发展造成冲击。同时，疫情致使居民消费信心不足，恢复尚需时日。

总体来看，疫情虽然使全市服务业发展短期承压，但在各级各部门的共同努力下，疫情迅速得到控制，企业逐步恢复正常经营秩序，服务业发展的韧性、弹力和空间依然存在，在诸多利好因素的有力推动下，服务业发展的不利因素正有序化解，积极因素加速聚集，全市服务业有望稳步回升，保持平稳恢复、向好发展态势。

商丘市枢纽经济发展现状与展望

陈传锋① 刘 欣②

摘 要:商丘是全省第二个交通枢纽城市,独特的交通优势将迎来物流、资金流、信息流、技术流和人才流等要素再分配和区域深层次分工协作的重大机遇。近年来,商丘市把发展枢纽经济作为推动高质量发展的重要举措,以交通体系、现代物流、产业发展、平台建设为重点,不断发挥交通枢纽先导作用和物流枢纽支撑作用,加快培育支撑枢纽经济发展产业集群,加快实施优势再造战略,枢纽经济取得显著成效。未来,商丘将以枢纽经济发展为总目标,通过交通、物流和产业基础设施完善、服务系统构建和创新平台谋划,实现商贸物流、先进制造、高端服务等产业集聚发展,枢纽经济发展将取得显著成效。

关键词:枢纽经济 现代物流 枢纽偏好产业 产业联动发展

习近平在河南考察时指出,希望河南建成连通境内外、辐射东中西的物流通道枢纽,为丝绸之路经济带建设多做贡献③。商丘是全省第二个交通枢纽城市,独特的交通优势将迎来物流、资金流、信息流、技术流和人才流等要素再分配和区域深层次分工协作的重

---

① 商丘市发展和改革委员会党组成员、副主任。
② 商丘市发展和改革委员会枢纽经济秘书科科长。
③ 习近平在河南考察时强调:深化改革发挥优势创新思路统筹兼顾 确保经济持续健康发展社会和谐稳定.人民网-人民日报,2014-05-11.

大机遇,如何抓住这一历史机遇,关键在于商丘作为枢纽城市能否将区位交通枢纽条件转变为枢纽经济。楼阳生书记在省第十一次党代会上做出了锚定"两个确保"、实施"十大战略"的重大战略决策,指出要实施"优势再造战略",加快形成枢纽经济。近年来,商丘市把发展枢纽经济作为推动高质量发展的重要举措,枢纽经济取得显著成效。

一、发展现状

(一)以枢纽经济为引领,综合实力大幅跃升

发展枢纽经济,能够利用交通枢纽的优势,吸引周边区域的各类要素资本向枢纽地区集聚,从而发展壮大本地区经济发展。

商丘提出枢纽经济的发展思路后,全市生产总值在 2016 年突破 2 000 亿元大关,2017 年、2018 年连续两年增速居全省第 1 位,2020 年接近 3 000 亿元,全市财政收入突破 180 亿元,9 个县(市、区)财政收入超过 10 亿元。粮食总产量连续 5 年稳定在 140 亿斤以上,成功创建省级农产品质量安全市,一如既往地扛稳粮食安全重任。三次产业结构由 2015 年的 19.7∶43∶37.3 调整至 2020 年的 17.6∶37.8∶44.5,实现了"三二一"的历史性转变。

2021 年,全市生产总值 3 083.3 亿元,同比增长 4%;一般公共预算收入 190.1 亿元,同比增长 8.6%;全体居民人均可支配收入 22 698.9 元,同比增长 7.5%。全市固定资产投资同比增长 8.3%;全市 510 个重点建设项目完成投资 2 267.47 亿元,年度计划投资完成率 113.37%;62 个省管重点项目全年完成投资 504.63 亿元,年度计划投资完成率 138.18%。

(二)坚持规划引领,抢抓战略发展机遇

随着商丘交通优势的日益凸显,如何将交通区位优势转化为经济发展优势,成为摆在商丘市干部群众面前的一道重要课题。为此,市委、市政府提出了"依托大交通,形成大物流,构建大产业,促进大发展"的发展思路,力求经过 5 ~ 10 年的努力,推动商丘经济实现跨越发展。商丘先后承办了全国货运行业发展论坛暨中国·商丘枢纽经济创新发展大会和中国(商丘)区域中心城市建设与枢纽经济高质量发展论坛,并多次组织人员到成都、南京等地区进行学习,在大量实地调研的基础上,研究制定了《商丘市枢纽经济发

展规划》,成为全国第一个编制枢纽经济规划的地级市。2018 年商丘被确定为商贸服务型国家物流枢纽承载城市,同步组建国家物流枢纽申报工作专班。2021 年 11 月商丘商贸服务型国家物流枢纽成功入选"十四五"首批国家物流枢纽建设名单,2022 年 2 月商丘入选全国性综合交通枢纽城市建设名单。枢纽经济发展迎来新的发展机遇。

(三)完善交通基础设施,构建枢纽经济设施网络

近年来,市委、市政府把重大交通项目建设作为发展枢纽经济的重要前提。全市铁路、快速通道、航空、航运等项目加快建设,"米"字形综合立体交通网络逐步建立。优化铁路基础设施网络。进一步完善铁路网络设施,积极推进京雄商高铁商丘段项目施工图设计及招标等前期工作。加快推进铁路客货运枢纽建设,重点推进民权高铁客运站、商丘高铁客运站、商丘新区高铁客运站建设,完善高铁站附近商业和商务配套设施。兰考至菏泽城际铁路民权段建设顺利推进,京港台高铁商丘段枢纽工程将于年内开工建设。完善公路基础设施网络。阳新高速宁陵至沈丘段、沿黄高速民权段、兰沈高速民权段等项目开工建设;"三环九放射"市域快速通道一期工程 5 条路、环城高速 3 个出入口全部建成通车。补齐航空运输短板。民权通用机场于 2021 年 8 月份实现首飞,商丘机场完成工可批复所需前置要件。稳步推进内河航运。沱浍河航运部分通航,重点实施沱浍河一期、涡河二期柘城段航运开发工程,打通了豫东地区通往华东及长三角地区的两条水上运输通道。

(四)发挥区位优势,大力发展枢纽偏好产业

商丘市以现代物流、电子商务等枢纽偏好型产业为重点,加快推进枢纽型物流体系建设,先后谋划商丘国际陆港(铁路口岸)、智慧物流园、冷链物流园等一批重大物流基础设施项目,随着商丘农产品中心批发市场、新发物流园、商丘保税物流中心、中原佳海国际商贸城、商丘亿丰国际商业博览城等多个项目的先后投入建设运营,初步形成了以农产品、食品、建材、冷链为主导的四大产业集群。特别是商丘农产品中心批发市场是豫鲁苏皖地区规模最大并在全国有重要影响力的农产品交易物流中心,2021 年市场交易额达 800 多亿元,交易量达 1 800 吨,商丘价格已成为全国农产品价格每天的"风向标"。2021 年全市现代物流业完成增加值 320 亿元,同比增长 8.2%,占全市 GDP 比重为 10.4%,占全市第三产业增加值比重为 23.9%。电子商务与传统交易交相辉映,百川医药、豫东国际食品城、才华物流园"线上线下"融合发展，直播电商崭露头角。2021 年全市快递业务量同比增长 44.12，总量居全省第 2 位、全国第 46 位，目前商丘市快递企业拥有品牌 16 个，物流及相关产业从业人员超过 13.5 万人。

（五）致力产业倍增，打造枢纽产业集群

以枢纽经济为坐标引导产业发展，以产业为马车拉动枢纽经济发展，二者相辅相成、共促共进。目前全市已形成了食品、装备制造、纺织服装制鞋 3 个千亿级产业集群，以及制鞋产业基地、超硬材料基地等 10 个百亿级产业集群，先后荣获中国制冷设备产业基地、中国超硬材料基地、中国钢卷尺生产基地、中国制鞋基地、中国知名针织内衣服装加工基地、中国新型优质复合肥产业基地等荣誉称号。当前，商丘正瞄准打造一流省辖市目标，划定时间表和路线图，以产业发展为抓手，大力实施产业倍增计划，高起点、高标准、高质量谋划重点建设项目 701 个，总投资 5 398 亿元，年度计划投资 2 328 亿元，随着雪人制冷智能制造基地、金艺科技产业园、金刚石产业园、福田新能源商用车二期等一批标志性重大产业项目落户商丘，全市发展动能进一步增强。

（六）树牢"项目为王"鲜明导向，全力构筑高质量发展坚实基础

加快产业转型升级。强化"项目为王"思维、枢纽经济思维，制定实施工业"发动机计划"、农业"金土地计划"、服务业"金钥匙计划"等产业倍增计划，深入实施"三大改造"，全市 94 个智能化改造项目、204 个技术化改造项目、59 个绿色化改造项目全部开工。3 个 2 000 亿级产业集群、4 个 1 000 亿元以上的新兴产业集群和一批 500 亿级县域特色产业集群加快培育。总投资 100 亿元的集美数智产业园、60 亿元的龙泰新型绿色材料、55 亿元的绿草地新能源产业园、50 亿元的雪人冷链制造基地等一批重大项目先后落地商丘建设。力量钻石成功在深交所上市，成为全市首家创业板上市企业和第三家主板上市企业。深入推进"三个一批"活动。把项目谋划储备作为"三个一批"活动的基础性工作，实行双周调度机制，加快省市重点项目建设，确保储备数量保持在开工项目的 3 倍以上。组织开展集中观摩点评活动，以督促学、以督促干、以督促效。全市 510 个重点项目累计完成投资 2 268 亿元，完成年度目标的 113%；全年完成开工项目 271 个、竣工项目 113 个，项目开工、竣工目标完成率均达 100%。扎实开展"万人助万企"和"企业服务日"活动。建立"万人助万企"双周调度、每月排序、季度小结的工作机制，创建"万人助万企"

线上服务平台,成立25个营商环境专项攻坚组,共收集企业反映问题2 432个,已解决2 290个,解决率94.2%。将每月12日定为"企业服务日",组织千余名党员干部深入企业、解决难题,现场协调解决问题2 471条。充分发挥商丘华商学院(商丘企业家学院)的作用,组织培训企业家和助企干部1 500余人。

(七)深入实施创新驱动发展战略,搭建枢纽经济创新平台

重点围绕优化创新生态、培育创新主体、搭建创新平台、强化人才支撑等方面持续发力。实施科技创新"十大工程",新晋高新技术企业74家、省级企业技术中心9家、省级工程技术研究中心26家,新增省级创新龙头企业两家、"瞪羚"企业5家、"专精特新"企业27家。实施"三大改造"项目378个,完成投资118亿元,创建省级智能工厂智能车间5家、绿色工厂5家。福田智蓝新能源商用车、新吉奥房车、五得利面粉、牧原400万头生猪屠宰等一批带动能力强的产业项目建成投产。

(八)抢抓政策机遇,强力推进国家物流枢纽建设

商丘市被国家发改委、交通运输部联合确立为商贸服务型国家物流枢纽承载城市。按照要求,商丘市编制了《商丘商贸服务型国家物流枢纽建设方案》,以商丘豫东综合物流产业集聚区为核心区,打造物流业发展高地,2021年11月商丘商贸服务型物流枢纽纳入"十四五"首批国家物流枢纽建设名单,12月商丘又成功入选国家骨干冷链物流基地承载城市,接踵而来的2个重量级"国字号"招牌将为商丘枢纽经济发展带来更大机遇,在产业发展、促进消费和改善民生等方面产生积极影响。国家物流枢纽建设为商丘带来新的发展机遇,借助这一平台,商丘可以在更大范围集聚优化资源配置,以国际物流、冷链物流、电商物流和产业物流为重点突破方向,构建高效物流体系,服务国内大循环与国内国际双循环新发展格局,打造国内国际"双循环"战略支点,增强商丘商贸和产业辐射能级,培育区域经济增长极、促进中部地区高质量发展具有重要的支撑和引领作用。

(九)不断强化国际物流基础设施,提升口岸经济平台支撑

商丘保税物流中心以大宗农产品进口为重点,被认定为全国棉花交易市场指定交割库。2021年完成保税贸易65.73亿元,同比增长45.4%;共申报进出口报关单6 174单,同比增长19.51%;货物吞吐量11.8万吨,同比增长7.82%;缴纳进口关税、增值税、消费税5 110.48万元。监管货物种类涵盖机械设备、工业原材料、保健品、家具、五金工具、服装鞋帽等 50 余种。据海关总署数据统计,2021 年全国保税物流中心进出口排名中商丘保税物流中心位列第 10 位,出口排名第 5 位,进入全国第一方阵。被评为省级服务业专业园区、省级示范园区。民权保税物流中心 2021 年完成进出口保税贸易共 2 872.3 万美元,货物吞吐量 6 065.9 吨。目前,全省 4 家保税物流中心商丘占 2 席。

为进一步扩大开放,更好的接轨和融入"一带一路"国家战略,商丘编制了《商丘综合保税区发展规划》,申报请示已上报送省政府。按"一次规划,分期建设"原则,分为"五大板块",即:保税加工区、保税物流区、口岸作业区、国际贸易区和综合服务区。2020 年 12 月 22 日,中欧班列(商郑欧)国际班列在商丘正式开行,2021 年运行良好,打通了豫东至欧洲的铁路物流通道,填补了商丘陆路出境渠道的空白,此次国际班列的开行,首开中欧班列(郑州)和地市合作先河,将进一步加快中欧班列郑州集结中心建设由"点对点"提升到"枢纽对枢纽",推进"干支结合、枢纽集散"的高效集疏运体系加快形成,与"空中丝绸之路""海上丝绸之路""网上丝绸之路"相互促进、协同发展,有力促进了开放型经济发展。

二、前景展望

(一)战略定位

(1)中原地区综合枢纽。发挥商丘在中原城市群发展中承东启西、贯通南北的作用,加快交通网络、客货运枢纽、物流节点设施、产业园区、公共服务平台等基础平台建设,完善交通与物流服务体系、产业服务体系、交易结算等服务平台建设,创新资源整合与共享手段、政策措施,促进交通、商贸物流、先进制造、高端服务等产业依托平台实现转型和跨越式发展,打造豫鲁苏皖区域性枢纽城市。

(2)区域产业组织中心。依托食品产业、纺织服装制鞋产业、装备制造产业等优势产业基础,构建覆盖相关产业全产业链的产业基础设施平台、供应链服务体系,营造产业集聚扩张发展环境,构建产业服务体系,促进相关产业要素与供应链服务体系深度融合,搭建产业组织创新平台,不断承接外向型产业、内需型商贸流通和制造业集聚发展,打造区域产业组织中心。

(二)战略目标

以枢纽经济发展为总目标,通过交通、物流和产业基础设施完善、服务系统构建和创新平台谋划,实现商贸物流、先进制造、高端服务等产业集聚发展,使枢纽经济发展取得显著成效。

(1)平台引领,环境营造。按照枢纽经济发展模式,注重平台打造,以基础设施平台、服务平台、创新平台作为枢纽经济发展的重要依托。依托交通枢纽,注重制造业和现代服务业集聚发展所需的供应链、物流、金融、政策环境打造,探索环境营造下产业集聚路径,支撑枢纽经济发展。

(2)突出优势,错位发展。充分挖掘发展枢纽经济在交通、物流、土地、劳动力、周边强大市场需求等方面的比较优势,寻求依托比较优势可能做大的产业、服务业态,与周边郑州市、徐州市等枢纽城市错位发展,形成具有商丘特色的枢纽经济发展路径。

(3)创新驱动、产业突破。创新枢纽经济规划、建设、运营管理模式,使市场在资源配置中起决定性作用,更好发挥政府作用,全面实施政府管理、招商引资、重大项目投融资模式创新,强化产业和服务业态的区域集聚辐射能力。以产业为重点突破口,按照现代产业链构建和产业集群化发展的需要,促进具有区域集聚辐射能力的现代商贸物流产业、先进加工制造产业、高端服务产业聚集发展。

(4)辐射扩张、项目支撑。发挥枢纽的集聚作用,沿主要交通通道发展通道经济,形成以枢纽为节点、通道为轴线的点轴经济发展模式,扩大产业、商贸物流等领域的辐射作用,提升枢纽经济辐射能力。以重点项目建设作为发展枢纽经济的切入点,通过谋划重点项目、采取有针对性的方案招商,使项目尽快落地,通过各种基础设施的互联、互通和共用,不断增强枢纽经济的发展合力。

(三)发展路径

(1)强化商贸服务型国家物流枢纽建设。基于商丘区位、交通、产业等优势,以商丘商贸服务型国家物流枢纽建设为突破口,重点在物流基础设施、信息平台、联运配送三大网络建设方面,构建“通道+枢纽+网络”的物流运作体系。统筹整合批发市场、公路港、保税中心等物流资源,拓展干线运输、区域分拨、多式联运、国际物流等服务功能,大力发展冷链物流和跨境电商物流、快递物流,提升食品、纺织服装、制鞋等产业集群全程物流供应链服务水平,打造成集货物集散、存储、分拨、转运等多种功能的综合性物流枢纽、全国重要的农产品全链条服务基地和豫鲁苏皖商贸物流集散中心,提升商丘服务中原经济区和整个内陆地区的核心枢纽地位。

(2)夯实枢纽经济通道支撑能力。建设京港台高铁商丘段、商丘动车所、商丘站南站房改扩建及配套工程,建成中心城区大环线,完成阳新高速、沿黄高速、兰太高速商丘段年度建设目标,开工建设商丘机场,推进沱浍河航运二期工程,进一步完善现代综合交通运输体系。打造一批铁水联运、公铁联运、陆空联运型综合货运枢纽核心节点,努力培育一批多式联运企业,不断提升多式联运水平。加强与郑州国际陆港、郑州空港的无缝对接,中欧班列(商郑欧)国际班列常态化运营,拓展加密至主要港口的海铁联运班列。

(3)大力发展现代物流业。一是做强现代物流产业,积极发挥物流龙头企业带动作用,以5A级物流企业发展为引领,不断壮大4A、3A物流企业规模;积极推进国家骨干冷链物流基地建设,持续推进国家及省级物流示范园区建设,同时加快与大型快递公司的深度合作,推动大型快递公司集散基地或枢纽基地落地商丘。高效整合物流产业资源,积极打造供应端、运输端、配送端三端合一,市、县、乡(镇)、村四级一体的全域覆盖、全链共享的现代物流网络体系。二是完善国际物流服务体系。利用保税中心平台优势积极打造跨境电商品牌工程,持续寻求与国内外大型跨境电商平台合作机会,积极促进商丘及周边市县成为跨境电商企业的主力仓。积极申建商丘综合保税区。结合外贸进出口、综合经济实力等主要指标,加大招商引资力度,积极承接国内外先进制造业,加强外向型大项目引进等基础工作力度,争取引进一批大型外向型企业落地。

(4)加快产业转型升级。一是做强传统产业。壮大食品、装备制造、纺织服装制鞋三大千亿产业集群。食品产业重点抓好虞城现代食品产业园、柘城辣椒品牌化,培育壮大功能食品、营养食品、保健食品等高附加值产品,推动皇沟、张弓等酒业振兴,完成科迪奶业纾困,带动全市奶业升级。纺织服装制鞋产业着力推动睢县制鞋从品牌向鞋材全链条拓展,打造江北最大鞋材基地。夏邑纺织印染向终端消费拓展,引领全市产业链完善、品牌化提升。装备制造产业重点抓好民权雪人压缩机、永城闽源钢铁超薄带钢、虞城生态环保电镀等项目建设,提升装备制造核心竞争力。二是培育新兴产业。实施新能源汽车、新材料、生物医药、新一代信息技术等四大新兴产业建链强链工程,加快培育4个千亿级新兴产业集群。新能源汽车产业推进示范区福田新能源商用车二期及零部件产业园、民权福田雷萨新能源冷藏车、夏邑永源新能源汽车产业园等项目建设,提升产业支撑力。新材料产业推进神火铝基储能新材料产业园、睢阳光电产业园、柘城超硬材料产业园等项目建设,打造新材料基地。生物医药产业加快梁园中医药健康产业园、虞城豫健健康产业园等项目建设,推进医药原料、新型制剂、现代中药、高端医疗器械及卫材等产业发展,致力药业振兴。新一代信息技术产业强力推进商丘高新区集美数智产业园、宁陵智慧产业园、睢县电子信息产业园等项目建设,推进手机及电脑精密配件、智能传感器、新型显示及智能终端等产业发展,形成产业新支撑。三是布局未来产业。紧盯科技发展前沿,优化科技创新环境,谋划推进氢能与储能、碳基新材料、煤基医药中间体等产业发展,争创省未来产业先导区、示范区。坚持氢能、风能、光能全市"一盘棋",积极发展清洁能源,厚植绿色产业根基。发展数字经济。聚焦产业数字化、数字产业化,统筹布局物联网、云计算、人工智能等,在制冷、制鞋等行业推动"5G+工业互联网"融合创新,新建5G基站2 000个以上,新增省级5G应用示范项目20个以上。开展"上云用数赋智"行动,新增上云企业2 000家以上,打造高质量发展新优势。

(5)加快现代服务业提质增效。一是做优现代服务业。引进培育服务业新业态,发展现代物流、商务信息、咨询服务、专业会展等生产性服务业,推进邮政物流园、韵达智能物流园、中储棉国家储备库、铁路二级场站等项目建设。拓展商丘国际陆港和"一带一路"商丘基地中心。对接郑州物流产业,形成双城物流联动发展、互为支撑的良性格局。强化科技金融、绿色金融、供应链金融,提升金融业服务能力。推动光大银行落户商丘。发展新型商贸、养老育幼、家政服务等生活性服务业,建设省级区域消费中心。新增规模以上服务业企业300家以上,增加值达到1 500亿元以上。二是推动文旅文创融合发展。文旅文创产业是枢纽经济的偏好性产业。牢记习近平总书记"殷商文化起源于商丘"的殷殷嘱托,叫响"游商丘古都城,读华夏文明史"文旅品牌。打响做强商文化、火文化、黄河文化、庄子文化、伊尹文化等商丘特色文化,建设商丘大运河国家文化公园。培育古都游、红色游、乡村游等精品线路,把商丘古城、黄河故道打造成区域旅游目的地。积极引进国内知名民宿品牌,有序发展民宿经济。组建市文化旅游投资集团,推动文旅文创产业提质发展。

(6)加快建设科技强市、人才强市。一是完善创新平台。推动商丘科学院建设、商丘(上海)创新发展研究院改革。建设商丘"智慧岛"和6个省级高新区"双创"综合体。整合农业科技资源,组建燧皇种业实验室。新增省级工程技术研究中心、重点实验室、院士工作站、中原学者工作站、星创天地等创新平台20家以上,市级创新平台40家以上,增强科技创新动能。二是培育创新主体。开展创新型龙头企业、"瞪羚"企业培育提升专项行动，完善"微成长、小升高、高变强"梯次培育机制，形成更多的专精特新"小巨人"、单项冠军企业。加强知识产权保护，培育高价值发明专利30项，申报实施"揭榜挂帅"项目15项以上，高新技术企业、科技型中小企业分别达到210家和300家以上，规模以上工业企业研发活动覆盖率达到50%，引导推动企业成为创新主体。三是引育创新人才。突出"高精尖缺"导向，加强与中国人民大学、中国科学院大学、中国农业科学院合作，加大高层次人才引进力度。深化与河南大学、河南农业大学、河南工业大学、河南中医药大学等院校战略合作，联合商丘师范学院，建立产业研究院、创新联盟，全面开展校地合作。落实人才奖励补贴资金。建设人才公寓。加强本土人才培养，做好"商丘学者"、科技创新创业领军人才评选，厚植高质量发展人才支撑。

（7）加快新型城镇化进程。一是提升中心城区首位度。按照"东进、西连、南优、北聚"，完善城市功能布局。依托日月湖片区打造高端商务中心区，建成文化艺术中心、会展中心、"三馆一中心"、党校新校区、金融中心等项目建设，培育总部经济和楼宇经济，引进全国知名商业、酒店、餐饮品牌，提升中心城区高端商务服务能力。依托商丘古城打造高端生活服务中心区，加强古城保护利用，推动文旅文创、演艺演出、民宿民俗、特色餐饮等业态植入，全面开放古城。强力推进商丘高新区、商丘经开区聚集产业，依托高铁北广场绿轴，引进培育科技研发、个性消费等业态，打造产业服务中心区，提升中心城区产业支撑。推动商虞一体化，实现产业一体化布局、城市一体化建设，进一步提升中心城区首位度、宜居度。二是增强综合承载能力。巩固全国文明城市和国家卫生城创建成果，推进城市管理精细化、数字化、智慧化、现代化，塑造"净化、绿化、美化、文化"城市面貌，打造"宜学、宜业、宜游、宜居"城市品质，建设智慧美好现代品质之城。完善城市道路、绿廊、水系连通工程，实现河通、水清、岸绿、景美，创建国家生态园林城市。建成中心城区大环线。加快便民服务设施建设，打造15分钟便民生活圈。稳步实施城市更新工程，推进老旧小区改造和窨井盖治理。破解安置房建设缓慢难题，集中精力建成一批、分配一批，争取每季度都有安置房建成、群众回迁，全年建成5万套，回迁17万人。建设"避险工程"，实施城市积水点改造和老化管网更新改造，提高防御灾害和抵御风险能力。三是高质量发展县域经济。按照生产、生态、生活融合的原则，依托资源禀赋和产业基础，培育一批500亿级县域特色产业集群。加强县城基础设施和公共服务设施建设，不断增强县域综合承载能力。抓住省财政直管县财政管理改革机遇,激发县域经济高质量发展动力活力。支持永城、睢县加快县域治理"三起来"示范县建设,推动永城建设中等城市,支持各县城功能组团、联动发展,形成优势互补、相互促进的生动局面。落实乡镇工作"三结合"要求,推动重大基础设施和公共服务设施向集镇延伸,建设一批县域副中心城镇。提高常住人口城镇化率,新增城镇人口20万人。

商丘商贸服务型国家物流枢纽建设进程和前景展望

陈传锋① 刘 欣②

摘 要:2021 年 11 月,商丘商贸服务型国家物流枢纽成功入选"十四五"首批国家物流枢纽建设名单,这为商丘带来新的发展机遇,以国际物流、冷链物流、电商物流和产业物流为重点突破方向,构建高效物流体系,服务国内大循环与国内国际双循环新发展格局,打造国内国际"双循环"战略支点,增强商丘商贸和产业辐射能级,培育区域经济增长极。未来,通过联动全国国家物流枢纽,加快融入国家物流枢纽网络,支撑打造"通道+枢纽+网络"现代物流运行体系,建设成为服务全国消费升级的商贸物流组织中心、国家重要农产品物流供应链服务基地、豫鲁苏皖区域商贸物流集散地、城市枢纽经济发展示范区。

关键词:商贸服务型国家物流枢纽 物流枢纽设施 农产品物流供应链 枢纽经济新区

近年来,商丘市委市政府高度重视国家物流枢纽建设,以交通体系、现代物流、产业发展、平台建设为"四轮"重点突破,按照"依托大交通、发展大物流、构建大产业、促进大发展"的发展思路,2017 年商丘市发布全国首个枢纽经济发展规划,推进实施以来,枢纽

---

① 商丘市发展和改革委员会党组成员、副主任。
② 商丘市发展和改革委员会枢纽经济秘书科科长。

经济设施不断完善,铁路、高速、航空、水运等项目加快建设,现代化立体交通枢纽体系逐步形成,经济社会发展亮点频现,综合实力大幅跃升。2021年11月,商丘商贸服务型国家物流枢纽(以下简称"商丘国家物流枢纽")成功入选"十四五"首批国家物流枢纽建设名单。

国家物流枢纽建设为商丘带来新的发展机遇,借助这一平台,商丘可以在更大范围集聚优化资源配置,以国际物流、冷链物流、电商物流和产业物流为重点突破方向,构建高效物流体系,服务国内大循环与国内国际双循环新发展格局,打造国内国际"双循环"战略支点,增强商丘商贸和产业辐射能级、培育区域经济增长极、促进中部地区高质量发展具有重要的支撑和引领作用。

一、商丘国家物流枢纽建设情况

按照"存量设施整合提升为主、增量设施补短板为辅"的基本原则,优先整合存量设施资源,并根据枢纽功能短板,建设增量设施。商丘国家物流枢纽目前共有建设项目20个,计划总投资159.4亿元,已完成投资97.6亿元。

(一)商贸物流区

(1)存量设施资源整合方面。商丘农产品中心批发市场、三商物流、国家粮油储备库、吉运快递物流园、新发物流园、才华物流园、保税中心等多个项目已建设完成实现运营。存量设施的提升方向以功能完善、设施协同为主,发挥各类基础设施产生的协同经济效益,更好承载国家物流枢纽功能,扩大商丘国家物流枢纽辐射能级。商丘农产品中心批发市场升级改造项目占地1 600亩,计划投资26亿元,重点对果菜交易区、冷藏区以及综合经营区进行扩建,建设冷链物流、加工配送、电子商务等配套服务设施。目前已完成设计方案,正在紧张有序推进中。

(2)增量设施建设方面。商丘传化公路港、佳海仓储建成投入使用,益汇糖业、华东商储中泰城等项目正在加紧建设,预计2022年年底前投入使用。同时围绕国家物流枢纽建设,谋划布局了一批重大项目,总投资117亿元,分别是投资26亿元、占地1 700亩的商丘铁路物流基地,投资30亿元、占地2 000亩的商丘国际陆港,投资15亿元、占地300多亩的河南东部智慧冷链物流园项目,投资30亿元、一期占地500亩的豫发产业城项目，总投资 10 亿元、占地 200 亩的建华建材物流项目，投资 6 亿元、占地 170 亩的传化公路港二期。

(二)保税物流区

商丘保税物流中心总投资 2.4 亿元，2017 年 10 月正式封关运营，全部为存量设施，仓储面积 60 000 平方米，规划布局物流作业区、海关监管查验区、交易办公区和配套服务区，建设保税仓库、智能卡口、联检中心、集装箱堆场、保税综合办公大厦，具有保税仓储、保税流通加工、国际查验、综合服务等功能。

二、商丘国家物流枢纽运行情况

(一)建设运营主体培育情况

商丘国家物流枢纽运营采用单一主体为核心，多元合作方式。商丘国家物流枢纽由商丘华商物流投资有限公司作为基础设施和平台类项目运营主体单位，并与商丘陆港投资建设有限公司、商丘益达保税物流有限公司、商丘农产品中心批发市场有限公司、商丘传化公路港有限公司、商丘佳海置业有限公司、商丘市中泰城物流园建设有限公司、商丘通汇物流有限公司、商丘益农电子商贸有限公司、商丘吉运物流集团有限公司等 13 家企业，通过战略合作方式，对商丘枢纽进行统筹合作运营。有序推动干线物流组织、多式联运业务、区域分拨配送、国际物流服务、供应链集成业务、综合信息服务等物流服务资源集聚，提升物流一体化组织效率。

(二)总体运行水平

商丘国家物流枢纽内目前已运营项目 10 个，包括商丘农产品中心批发市场、传化公路港、河南商丘保税物流中心、三全双汇冷链物流中心等项目。2021 年，枢纽已运营项目共计吞吐量 552 万吨，其中国际保税货物 10.95 万吨，价值 7.1 亿美元。枢纽内运营仓储总面积 50 万平方米，冷库 5 万余平方米，使用率超过 95%。枢纽完成快递 9 853.5 万单，其中跨境电商进口零售业务 152.6 万单，总货值 1.87 亿元人民币。完成保税贸易 65.73 亿元，申报进出口报关单 6 174 单。枢纽内共有公路专线 200 余条，每日发车量超过 2 000 台。各类信息化平台完成交易额超 5 亿元，物流量超过 100 万吨。为了保障商丘外向型经济发展，在政府的大力推动下，枢纽内开通了"商郑欧"中欧班列，促进了商丘枢纽功能和产业集聚辐射能级提升,为建设内陆地区具有影响力、竞争力、辐射力、带动力的现代国际物流枢纽打下了坚实基础。

(三)服务能力情况

(1)干支仓配业务。商丘国家物流枢纽"干支配"业务分为三大类:一是干线业务,加强与郑欧班列合作,开行了商郑欧国际货运班列,打造豫东地区的国际铁路货运组织中心。二是支线业务,主要以商丘枢纽为载体,面向周边200千米半径开展分拨及物流组织。商丘传化公路港现有物流企业82家,运输企业90家,各类专线68条,连接全国200多个城市,依托公路运输的区域分拨配送网络已经初步形成,为物流企业降低成本15%,空载率降低32%。三是仓储配送业务主要以商丘枢纽为中心,围绕周边50千米开展分拨配送。

(2)供应链集成业务。一是打造商贸供应链服务体系,为生产者、消费者提供一站式商贸物流供应链集成服务。商丘国家物流枢纽依托商丘农产品中心批发市场、中原佳海国际商贸城等7大专业市场,形成了以建材家居、五金机电、农产品、副食品等为重点的商贸物流中心。二是打造农产品物流供应链服务和电商快递物流供应链服务体系。2021年商丘农产品中心批发市场交易额达800多亿元,交易量1 800多万吨,成为豫鲁苏皖四省交界地区规模最大、设施最先进、功能最完善、管理服务最规范并在全国拥有重要影响的大型农产品交易中心、集散中心、物流中心和价格形成中心。枢纽集聚京东、顺丰、圆通、邮政等一批顶级物流企业,年完成快递近千万单。电子商务与传统交易交相辉映,百川医药、豫东国际食品城、才华物流园"线上线下"融合发展,直播电商崭露头角,电商年总交易额20多亿元。

(3)枢纽协同合作。商丘一直以来致力于打造"服务于枢纽的枢纽",为促进国家物流枢纽互联成网做出应有的贡献,与郑州国际陆港合作建设商丘国际陆港,占地2 000多亩,主要建设多式联运集疏中心、集装箱业务集疏中心、新型冷链物流中心、新型电商物流中心等。目前商丘国际陆港建设已经启动,铁路专用线已经建成,集装箱堆场正在建设。商郑欧班列成功开行,打通商丘通往世界的国际物流通道,并积极依托国际陆港申报多式联运示范工程项目。

(4)国际物流。2021年完成保税贸易65.73亿元,申报进出口报关单6 174单,货物吞吐量11.8万吨,缴纳进口关税、增值税、消费税5 110.48万元。监管货物的种类主要有棉花、红酒、机械设备、芯片、成单晶金刚石、肉罐头、水果罐头、调味料等;开通了跨境电子商务保税零售进口业务模式(1210模式),2021年已完成152.6万单跨境电商进口零售业务,总货值1.87亿元人民币,发货250.45万件;商丘保税中心供应链管理有限公司推出代理出口代办退税业务模式,目前,已与51家境内外企业展开了合作,带动了周边外向型企业的发展,业务规模和辐射服务能力在全国同类保税中心位居前列。

(5)枢纽信息平台建设。商丘国家物流枢纽物流信息化基础较好,商丘农产品中心批发市场信息交易平台、传化公路港信息服务平台对于推动全市物流智慧化发展发挥了关键作用。农产品中心批发市场信息交易平台拥有电子结算系统、信息收集发布系统、安全监控系统、安全溯源系统、客户自助查询服务系统、智慧仓储集配平台等。商丘传化公路港信息服务平台依托传化公路港着力打造信息服务平台,形成豫东分拨中心、豫东物流枢纽中心、豫东大数据中心和豫东金融结算中心融合联动的智慧物流生态圈。

(四)集聚效应情况

2021年商丘国家物流枢纽四上企业170家,服务全市10个产业集聚区,服务客户10万多户,7个专业市场集聚商户1万余户,交易辐射豫鲁苏皖周边200多公里、人口近亿人,年交易额达1 200亿元,其中商丘农产品中心批发市场商户6 000多家,交易辐射全国30个省、市、区和东南亚多个国家,年交易额达800多亿元,交易量1 800多万吨;完成快递9 853.5万单,其中跨境电商3.5万单;各类信息化平台完成交易额超5亿元,重量超过100万吨。完成保税贸易65.73亿元,申报进出口报关单6 174单,2021年全国保税物流中心进出口排名中位列第10位,出口排名第5位,进入全国第一方阵。

(五)互联成网情况

目前已与郑州国际陆港进行合作开行商郑欧国际货运班列,同时正在积极与其他枢纽进行对接洽谈。商丘国际陆港被列为国家物流枢纽联盟信息采集单位,按照要求报送各类物流信息;先后参加在青岛举行的2020年第18次全国物流园区工作年会、在宜昌举行的2021年国家物流枢纽建设联合推进会暨第19次全国物流园区工作年会,并积极与纳入建设名单的国家物流枢纽加强业务对接,有力推动国家物流枢纽互联成网。

(六)社会贡献情况

(1)构建区域物流服务体系,推动物流降本增效。加强商丘与周边空港、港口、陆港等枢纽协调联动,推进枢纽内各运输环节和多种运输方式之间的一体化衔接,构建具有商丘特色的区域物流服务体系,有效提升运输效率和降低物流成本。

(2)增强干线物流发展能级,加快融合国内大循环。商丘枢纽将以国际物流、冷链物流、电商物流和产业物流供应链组织创新为重点突破方向,以物流资源整合、物流基础设施建设和战略性目标谋划为抓手,以物流服务提升为方向,以智慧和创新模式为动力,构建高效物流系统,为国际国内和区域性商贸活动和城市大规模消费需求提供商品仓储、干支联运和分拨配送等物流服务。

(3)提升产业支撑服务水平,培育特色产业集群。建立与商丘主城区及各市县电子信息、装备制造、汽车及零部件、食品、现代家居、服装服饰等高成长性产业的综合供应链集成服务体系,提升产业服务水平,形成区域产业动态比较优势,加强商丘现代产业体系高质量发展水平,进而扩大商丘物流产业规模。

(4)优化生产生活保障服务,促进社会平稳发展。依托商丘枢纽建设,建立商丘枢纽和国内陆港、空港、海港枢纽的物流组织、枢纽业务的联动机制,将国内外优质的商品齐聚商丘,以智能、标准、绿色、个性理念定制化物流服务,满足区域消费升级需求,切实满足人民对于美好生活的向往。

(七)重大项目谋划情况

商丘国家物流枢纽有商丘农产品中心批发市场、中原佳海国际商贸城、商丘亿丰国际商业博览城、商丘传化公路港、新发仓储物流园等一批已经运营的重大商贸物流项目作为支撑。同时围绕国家物流枢纽建设,又谋划布局了商丘国际陆港(铁路口岸)、商丘铁路物流基地、商丘(国际)商贸港、中原智慧冷链物流园、国家邮政二级分拨中心、综合保税区、商丘农产品交易新城、智慧物流园、冷链物流园、食品产业物流园等一批重大物流基础设施项目。

三、商丘国家物流枢纽发展定位与工作重点

(一)发展定位

(1)服务全国消费升级的商贸物流组织中心。充分发挥我国超大规模市场优势,加快建设国家物流枢纽,推动物流组织方式变革,打造低成本、高效率的全国性物流服务网

络,提升商丘枢纽商贸综合服务能力。围绕大循环双循环新发展格局,精准对接消费需求,依托价值链循环带动商贸产业发展,提升枢纽对高端消费商品的集散和配送能力,形成国际与国内并举、消费品市场与生产资料市场衔接、有形市场与无形市场融合、专业市场与综合市场互动的商贸物流组织中心。

(2)国家重要农产品物流供应链服务基地。充分发挥商丘农产品贸易、农产品物流服务优势,依托新型城镇化和农业现代化的城乡融合发展基础,结合电子商务、新零售、大数据、全程冷链等新模式、新技术在商丘农产品物流服务中的应用,优化升级商丘农产品物流业态和交易结算模式,加强公益性农产品市场体系建设,提升物流枢纽与农产品产销地的全链条协同力度。将农产品生产、加工、运输、销售等诸多环节紧密联系结合,提高农产品物流标准化、智慧化服务能力,形成从农资到农产品、从农产品到消费者的全链条服务体系,打造我国重要农产品物流供应链服务基地。

(3)豫鲁苏皖区域商贸物流集散地。以电子商务、跨境电商为突破口,充分发挥保税物流优势,进行内外联动的国际商贸和跨境电商物流组织,面向区域进行分拨配送。吸引国内电商快递聚集,促进农产品进城和工业品下乡,依托枢纽进行干线大规模组织,通过物流综合成本下降和运行效率提升,服务商丘及周边区域消费升级,推动广大农村脱贫致富,打造立足商丘、辐射豫鲁苏皖的区域性商贸物流集散地。

(4)城市枢纽经济发展动力引擎。加强商丘国家物流枢纽与周边产业集聚区的业务联动,依托商丘枢纽,优化物流环境,构建供应链体系,创新政策制度,进而集聚产业要素资源、提升产品辐射能级。以存量产业提升、增量产业培育为路径,推动现代物流、电子商务、先进制造和高端服务创新集聚发展,探索基于枢纽环境营造和供应链服务体系支撑,实现现代产业集聚发展的创新路径,将商丘枢纽打造成为城市枢纽经济发展的动力引擎。

(二)工作重点

(1)推进战略性联运枢纽节点建设。发挥公路、铁路交通优势,围绕"一带一路"建设,推动商丘保税物流中心良性运转。加快推进铁路物流基地和货运枢纽建设,优化中转作业流程,申建铁路口岸、集装箱多式联运监管中心等战略性枢纽设施,构建联运设施先进、联运衔接顺畅、服务流程优化的多式联运枢纽节点体系。

（2）补齐物流枢纽设施短板。深化与郑州国际陆港合作建设商丘国际陆港,加快公铁联运发展。依托商丘国际陆港,整合聚集区域物流资源,搭建智慧物流平台,打造区域性配送分拨中心、物流枢纽中心、大数据中心、金融结算中心。谋划高铁物流基础设施项目,发展成全国高铁快运网上的重要节点,打造四省交界区域的高铁快运组织中心。依托保税中心,争取肉类、粮食进口指定口岸,使中心功能更加完备,使之成为周边进出口货物集散地,带动进出口贸易和物流业。申建国家跨境电子商务综合试验区,建立全球化跨境电子商务商品销售渠道,培育跨境电子商务经营主体,建立包括"海外仓"、体验店和配送网点的服务网络,融入境外零售体系。

（3）加快冷链物流服务体系建设。大力发展冷链仓储和跨境电商,培育壮大商丘农产品中心批发市场、三全、双汇等冷链物流企业,进一步完善冷链物流基础设施,计划建设商丘智慧冷链物流园、商丘国际陆港冷链物流、商丘(国际)商贸物流港、商丘农产品批发市场冷链物流功能区扩建等项目,计划新增冷库10万立方米,预计到"十四五"末,新增冷库达到80万立方米,显著提升全国冷链物流枢纽能力。

（4）构建物流运作体系网络。重点在物流基础设施、信息平台、联运配送三大网络建设方面,构建"通道+枢纽+网络"的物流运作体系。统筹整合批发市场、公路港、保税中心等物流资源,拓展干线运输、区域分拨、多式联运、国际物流等服务功能,大力发展冷链物流和跨境电商物流,提升食品、纺织服装、制鞋等产业集群全程物流供应链服务水平,打造全国重要的农产品全链条服务基地和豫鲁苏皖商贸物流集散中心。

四、商丘国家物流枢纽发展前景展望

商丘国家物流枢纽以服务商丘、联动周边、辐射全国为导向,通过联动全国国家物流枢纽,加快融入国家物流枢纽网络,支撑打造"通道+枢纽+网络"现代物流运行体系,建设成为服务全国消费升级的商贸物流组织中心、国家重要农产品物流供应链服务基地、豫鲁苏皖区域商贸物流集散地、城市枢纽经济发展示范区。

(一)发展前景

（1）构建区域物流服务体系,推动物流降本增效。建设商丘国家物流枢纽,加强商丘与周边空港、港口、陆港等枢纽协调联动,推进枢纽内各运输环节和多种运输方式之间的一体化衔接,构建具有商贸特色的区域物流服务体系,可有效提升运输效率和降低物流成本。一方面以商丘枢纽为核心,实现多种运输方式一体化衔接,缩短货物分拨中转时间,到2025年,自商丘发往周边500千米的货物将节约时间5%~20%、成本下降5%~10%。另一方面,商丘国家物流枢纽将有效促进土地等资源集约利用,提升物流设施综合利用效率,预计到2025年商丘全市物流相关企业将统一围绕商丘枢纽完成搬迁重建,以商丘国家物流枢纽为核心的现代化城市物流体系初步建成。

(2)增强干线物流发展能级,加快融合国内大循环。建设商丘国家物流枢纽是对运输组织模式创新的重大探索,旨在形成以商丘为核心的豫东区域物流体系。豫东区域物流体系将以国际物流、冷链物流、电商物流和产业物流供应链组织创新为重点突破方向,以物流资源整合、物流基础设施建设和战略性目标谋划为抓手,以物流服务提升为方向,以智慧和创新模式为动力,以制度和政策创新为保障,构建高效物流系统,为国际国内和区域性商贸活动和城市大规模消费需求提供商品仓储、干支联运和分拨配送等物流服务。通过构建区域与其他物流枢纽的联动网络,全面优化运输资源配置,有效减少货物在运输途中的滞留、中转时间,到2025年,商丘枢纽中转效率提升20%,区域辐射范围增加100千米,融合豫东区域物流体系的城市超过5家。

(3)提升产业支撑服水平,培育特色产业集群。通过建设商丘国家物流枢纽,创新物流业与其他产业融合发展的产业组织方式和发展路径,坚持以物流环境营造和供应链管理水平提升为手段,实现区域全产业链集成和产业集群化发展。为制造企业量身定制供应链管理库存、"线边物流"、供应链一体化服务等物流解决方案,建立与商丘主城区及各市县电子信息、装备制造、汽车及零部件、食品、现代家居、服装服饰等高成长性产业的综合供应链集成服务体系,提升产业服务水平,形成区域产业动态比较优势,加强商丘现代产业体系高质量发展水平,进而扩大商丘物流产业规模。到2025年,商丘国家物流枢纽将吸引超过1500万吨增量货物在商丘进行集散、交易和分拨配送。

(二)政策建议

(1)搭建特色枢纽发展平台,畅通国内要素循环。充分发挥商丘国家物流枢纽在仓储、物流、产业配套服务等方面的成本优势,吸引周边地区货源在商丘进行集散中转,引导国内外产业在商丘集聚发展,快速形成以物流、客流和产业集聚带动的流量经济发展模式。围绕货物的商贸、电商、金融保险、信息服务等商贸物流要素资源将从周边地区向商丘进行聚集。围绕产业配套的研发、营销、零部件供应等要素也将进一步向商丘集聚。通过要素集聚实现商丘商贸物流、产业发展环境的进一步优化。通过交通物流要素整合打造交通物流服务平台，通过电商等资源整合打造商贸服务平台，通过供应链资源整合打造产业服务平台，促进商丘以枢纽平台整体优势带动区域经济发展。

（2）建设商丘枢纽经济新区，打造枢纽经济发展样板。围绕商丘国家物流枢纽，聚集区域物流资源，培育枢纽产业集群，建设商丘枢纽经济新城，打造枢纽经济发展新样板。依托商丘枢纽在物流、商贸等产业领域形成的良好基础，进一步推进铁路口岸、综合保税区、专业物流中心等重点基础设施建设，充分利用枢纽经济支撑和平台经济引导效应，创新商贸服务型枢纽经济发展模式，吸引传统商贸、电商、零担物流、城市配送、快递等企业入驻，发展以内贸商品为主、满足区域消费升级的优质商品的一级分销市场体系，整合聚集区域物流资源，搭建满足市场升级扩容的智慧物流平台，打造四省交接的商贸物流组织核心，建设与之配套的服务设施体系，培育具有区域竞争力的商贸物流枢纽经济新区。

（3）畅通国际物流通道网络，扩大区域辐射能级。依托商丘商贸体系优势，协同郑州持续开行"商郑欧"班列，培育商丘中欧班列品牌效应，探索开通整列国际班列，加密中欧班列沿线国家及地区分拨集散点布局，着力提升商丘中欧班列的集聚辐射能力。协同青岛、连云港、上海、宁波等港口城市，开展海铁多式联运班列，重点围绕大宗物资、消费品、中间产成品，拓展定制化海铁联运服务，打造商丘至沿海城市的多式联运物流廊道。

（4）构筑区域物流循环网络，引领区域城市共生共赢。充分发挥河南省全域陆港布局优势，协同郑州、洛阳等陆港共同打造河南全域陆港体系，围绕全域陆港布局创新支撑河南产业特色的物流组织模式，提升省内物流、供应链服务效率与水平，扩大全域陆港辐射能级。发挥商丘在区域商贸分拨集散优势，协同开封、周口等豫东城市群城市，围绕商丘枢纽开展农产品、消费品共同配送服务网络，切实提高豫东城市群内农产品商贸服务质量。发挥商丘四省交界的独特区位优势，协同徐州、宿迁、亳州、菏泽等城市，围绕商丘特色商贸产品集群，创新开展四省协同循环物流服务。

（5）培育商丘通道经济廊道，创新通道发展模式。依托成型的区域物流通道网络与国际物流大通道，围绕商丘枢纽，积极拓展商贸分拨销售渠道，协同周边城市、形成以商丘枢纽为核心，丝绸之路经济带、商丘—京津冀、商丘—长三角三大物流通道为轴线的点轴通道经济发展模式,打造通道经济发展新增长极。同时,发挥通道经济优势,围绕青岛、郑州、连云港等城市,推进枢纽与粮油加工、机械制造、化工、国际贸易等产业融合发展,构建服务于国际产业合作的物流服务体系,推进商丘与通道沿线地区产业镶嵌式发展,借助其他枢纽的物流组织能力及国际供应链服务能力,提升国际区域产业组织能力。

商丘建设国家区域中心城市挑战、优势分析与展望

刘金昌① 葛广庆②

摘　要：建设国家区域中心城市是商丘发展的重要战略定位。近年来，商丘围绕国家区域中心城市建设，发挥区位交通优势，推进全国综合交通枢纽建设；大力发展枢纽经济，加快推动商丘由交通区位优势向枢纽经济优势升级转变；发展壮大市域经济，引领带动市域整体转型、协同联动、全面发展；完善中心城区产业支撑，不断提升中心城区首位度，为国家区域中心城市建设奠定了良好基础。同时，商丘建设国家区域中心城市还存在诸多制约因素：经济总量与周边发达城市差距较大，经济发展基础比较薄弱，省域边际城市发展"后进"，中心城区首位度不够高，资源环境约束趋紧等。商丘建设国家区域中心城市，需要进一步完善综合交通枢纽体系，提升中心城市规模能级，实施创新驱动发展战略，持续深化改革开放力度，优化营商环境等。

关键词：国家区域中心城市　战略定位　交通枢纽　规模能级

建设国家区域中心城市是商丘发展的重要战略定位，是推动商丘全面建设上台阶创一流的重大举措。

---

① 商丘市发展和改革委员会党组书记、主任。
② 商丘市发展和改革委员会发展规划科科长。

一、商丘市建设国家区域中心城市基本情况

(一)高瞻远瞩科学谋划

根据国家和省对商丘城市发展的战略定位,结合我市发展基础,把握"区域枢纽、开放前沿"要求,《商丘市国民经济和社会发展第十四个五年规划和二〇三五年远景目标纲要》明确提出:把握黄河流域生态保护和高质量发展、促进中部地区崛起、淮河生态经济带等多重战略叠加机遇,落实省委深化"三区"协同战略,向西对接中原都市圈,向东融入长三角,以城市规划建设为龙头,交通枢纽设施建设为关键,现代产业体系构建为支撑,城市文化建设为根本,加快提升城市能级和量级、展现城市特质和魅力,着力建设国家区域中心城市。商丘市委市政府以更前瞻的目光、更宽阔的视野完成了商丘城市发展定位的战略谋划。

(二)聚焦聚力开篇布局

为把规划蓝图变为现实,市第六次党代会上,把"强力推进国家区域中心城市建设"写进工作指导思想,明确把聚焦聚力枢纽经济,抓牢抓实国家区域中心城市建设作为"十四五"期间的十项任务之一。要求发挥区位交通优势,把握建设商贸服务型国家物流枢纽承载城市战略机遇,全力打造区域经济中心、商贸物流中心、科技研发中心、金融服务中心。推进全国综合交通枢纽建设。打造集公路、铁路、航空、水运于一体,承接东西、连接南北的全国性综合交通枢纽。推进公转铁铁路物流园区建设,发挥出铁路枢纽的作用。加快建设沱浍河航运开发和公铁水多式联运工程,构建干支直达、江海联运、水陆联运网络。大力发展枢纽经济。加快推动商丘由交通区位优势向枢纽经济优势升级转变。发展壮大市域经济,引领带动市域整体转型、协同联动、全面发展。完善中心城区产业支撑,不断提升中心城区首位度。围绕文化名城、生态新城,大力塑造城市历史人文特色风貌,加快海绵城市、韧性城市建设,打造品质之都。为我市创建国家区域中心城市工作进行谋篇布局。由此,揭开了商丘建设国家区域中心城市的新篇章。

(三)谋定而动合力推进

为推动决策落实,商丘市组织成立了国家区域中心城市创建攻坚领导小组,由市长担任组长,要求贯彻新发展理念,转变发展方式,保持经济中高速增长,二、三产业比重增

幅高于全省水平,特色产业高质量发展迈上新台阶,在全国全省的地位更加巩固。充分发挥区位交通优势,打造枢纽经济新高地,积极创建国家区域中心城市,加快国家物流枢纽承载城市和现代综合交通体系建设,打造具有广泛影响力、重要竞争力的全国一流省辖市,主要经济指标年均增速高于全国、全省平均水平,经济总量、财政收入进入全省第一方阵。持续推进区域交通网络化,打造集公路、铁路、航空、水运于一体,承接东西、连接南北的全国综合交通枢纽,加快推进商丘机场建设,打造连接国内主要城市的 2 小时航空交通圈,以国际物流、冷链物流、电商物流和产业物流为重点,加快推动商丘交通区位优势向枢纽经济优势升级转变。创建工作由谋划布局开始落子推进实施。

二、2021 年商丘市发展建设进展

2021 年,我市经济社会发展取得新进展,全市生产总值 3 083.3 亿元,同比增长 4%;一般公共预算收入 190.1 亿元,同比增长 8.6%;全体居民人均可支配收入 22 698.9 元,同比增长 7.5%。经济社会发展稳中有进、持续向好。

(一)产业转型实现新进步

制造业加快转型、实施科技创新"十大工程",新晋高新技术企业 74 家、省级工程技术研究中心 26 家,新增省级创新龙头企业两家、"瞪羚"企业 5 家、"专精特新"企业 27 家。实施"三大改造"项目 378 个,完成投资 118 亿元,创建省级智能工厂智能车间 5 家、绿色工厂 5 家。福田智蓝新能源商用车、新吉奥房车、五得利面粉、牧原 400 万头生猪屠宰等一批带动能力强的产业项目建成投产。力量钻石在深交所成功上市。现代服务业态势良好。服务业增加值增速同比提高 4.9 个百分点。建业总部港等商业综合体投入运营,金融中心、高铁绿轴等项目进展顺利,广发银行商丘分行开业运营。

(二)枢纽经济获得新突破

获批商贸服务型国家物流枢纽城市,确立为国家骨干冷链物流基地承载城市,民权通用机场实现首飞,区位交通优势正向枢纽经济优势加速转化。有效投资持续扩大。坚持"项目为王",实施产业倍增计划,实施"三个一批"和"万人助万企",全年安排重点项目 510 个,累计完成投资 2 267.5 亿元,带动全市固定资产投资增长 8.3%。实施政府专项债项目 116 个,到位资金 152.3 亿元。新建 5G 基站 2 912 个,基本实现乡镇以上 5G 信

号全覆盖。消费潜力不断释放。开展汽车、家电、商超、餐饮等促销活动，推动消费快速恢复增长。快递业发展势头强劲，全年快递业务量5.2亿件，稳居全国50强，经济活跃度进一步提升。服务企业能力持续增强。设立"企业服务日"，帮助企业纾难解困。成立商丘华商学院暨商丘企业家学院，常态化开展"企业家大讲堂"活动，培训企业家和助企干部2 000人次。加大信贷投放，累计为2.5万家市场主体投放贷款398亿元。新增减税降费9.8亿元。新增市场主体13.6万户，同比增长17%，增速居全省第1位。

（三）深化改革迈出新步伐

"放管服效"改革不断深化。依法下放市级经济管理权限64项。社会投资项目审批时限压缩70%，在全省率先建成"豫事办"分厅，不见面审批率92%，一次办妥率99%，在全省率先建立营商环境大数据监测平台，商事登记"一日办结"，营商环境持续优化。对外开放稳步发展。招商引资持续加力，绘制"四张图谱"，落实"四个拜访"，成立长三角、珠三角、京津冀3个专班，常态化驻地招商，全年签约亿元以上项目227个，总投资1 585亿元，实际到位省外资金807亿元。民权金艺科技、永城龙泰新型材料、睢县绿草地产业园等50亿元以上的重大项目成功落地。新增备案进出口企业134家，实际吸收外资4.7亿美元，跨境电商进口零售试点城市建设扎实推进。商丘保税物流中心完成进出口65.7亿元。商丘开放之路越来越坚实。

（四）城市发展有了新面貌

按照政府主导、居民参与、市场化运作的原则，改造老旧小区179个，惠及群众1.9万户。建成分配安置房4.3万套，14.9万人喜迁新居。中心城区实施市政基础设施项目89个，新建续建道路27条、涉铁立交8个，新增供热面积320万平方米，第四水厂10万吨扩建工程完工，形成中心城区环形水源，供水能力更加完善。完成窨井盖专项治理任务。黑臭水体治理取得突破性成效。实施园林绿化项目90个，古宋河、日月河等城市水系带状景观公园建成开放，成为新的网红打卡地。

（五）农业现代化获得新进展

建成高标准农田92万亩，粮食总产141亿斤。生猪存栏316.7万头，出栏445.3万头。新增名优特新农产品9个、绿色食品5个，新增农民合作社739家、家庭农场1 493家。确立为全国主要农作物生产全程机械化示范市。永城市现代农业产业园荣获"国家级现代农业产业园"称号。引江济淮工程商丘段、赵口引黄灌区二期等重大水利工程进展顺利。乡村振兴持续推进。整合各类资金27.3亿元,用于巩固拓展脱贫攻坚成果同乡村振兴有效衔接。顺利通过巩固拓展脱贫攻坚成果后评估。实施乡村建设行动,编制完成100个实用性村庄规划,农村基础设施和公共服务能力持续提升,获评全省农村人居环境整治三年行动先进市,城乡面貌焕然一新。

三、建设国家区域中心城市面临的问题和挑战

2021年,国内基础条件和外部环境发生深刻变化,商丘市在逐步形成以国内大循环为主体、国内国际双循环相互促进的新发展格局中,面临着新的挑战、新的情况、新的问题。

(一)经济总量与周边发达城市差距较大

2021年,全市生产总值3 083.3亿元,同比增长4%;全省市第7名,全国经济百强市第100名。经济总量和增速在豫东地区低于周口市(3 496亿元,6.3%),在淮海经济区低于徐州(8 117亿元、8.7%),菏泽(3 976亿元、8.8%),连云港(3 727亿元、8.8%),济宁(5 069亿元、8.5%),临沂(5 465亿元、8.7%),宿迁(3 719亿元、9.1%)。总体来看,与徐州、临沂、济宁差距基本在经济总量的70%以上,与菏泽、连云港、周口等城市差距在10%~30%不等。根据增长速度来看,增速优势不明显,差距存在进一步扩大的可能。

(二)经济发展基础比较薄弱

产业转型任务艰巨,动能转换有待加快,现有城市经济体量尚不能支撑壮大商丘中心城区及整个城市的发展,亟待依靠平台转型、企业改造、增量倍增、人才集聚来催生新经济;环境建设仍需加强,生态环境、城市环境、营商环境尚不能支撑城市提高核心竞争力的要求。

(三)区位交通建设需要进一步加快

在区位交通优势方面,商丘市弱于徐州市,优于周边其他地市,但是济宁、菏泽等地拥有机场。总体上看,经过多年的发展,商丘市已经在豫东地区确立了经济发展的主导地位,但是尚未突破山东、江苏、安徽三省周边城市的封锁,要建设豫鲁苏皖四省接合部的区域中心城市,商丘面临的挑战还非常大。

(四)省域边际城市发展"后进"

作为典型的省域边际城市,周边正形成"六大城市群",商丘面临被"边缘化"风险。城市综合实力和规模体量小,整体经济基础与周边发达地区相比仍有相当差距。未形成鲜明的国家级、省级功能定位,影响力和辐射力仍有待进一步提升。

(五)中心城区首位度有待提升

中心城区经济总量仅占全市的五分之一,"龙头"带动作用没有形成,首位度不高。具有商丘地域文化特色的城市整体风貌尚未形成,古城修补、老城更新亟待进行。

(六)常住人口城镇化率较低

2021 年商丘市常住人口城镇化率低于全省 9 个百分点,低于全国(64.72%)17 个百分点,在全省排名靠后,与全国仍有较大差距。市民化质量有待提升,基础设施和公共服务短板仍然存在,农业转移人口市民化权益保障和实现机制需进一步完善,就业、教育、医疗、养老等公共服务均等化需进一步加强。

(七)资源环境约束趋紧

商丘市第七次人口普查公报显示,商丘市地域面积 10 704 平方千米、常住人口 781 万人,与黄淮四市中的信阳市、驻马店市、周口市,以及周边的徐州市、济宁市、菏泽市、亳州市、淮北市、宿州市相比,除了淮北、亳州和宿州人口较少外,其他并不占优势。商丘人口密度 730 人/平方千米,高于全省水平,资源环境容量小,是水资源紧缺型城市,人均耕地面积、水资源人均占有量远低于全国平均水平,生态环境保护与城镇快速发展的资源需求存在矛盾。

四、建设国家区域中心城市条件分析

总体来看,商丘市建设国家区域中心城市,既有经济总量不大、周边城市实力较强等不利因素,但也拥有相当多的有利条件。

(一)区位交通优势得天独厚

商丘作为全省第二个普铁、高铁"双十字"交通枢纽,随着京雄商高铁、商丘机场、沱浍河航运等项目的推进,铁路、航空、公路、水运交通运输体系不断完善,交通枢纽的功能作用不断强化,人力、资金、技术等发展要素将加速流动和聚集,为商丘今后的快速发展提供了更加完备的条件,为经济发展提供强劲的后劲和韧性。

(二)经济发展潜力巨大

多年来,商丘实现跨越式发展,经济水平、城市面貌、产业发展、生态环境等都取得巨大进步。形成了规模庞大的食品、装备制造、纺织服装制鞋三大传统优势产业,战略新兴产业逐渐壮大,服务业快速增长,实现了三二一结构的历史性转变。产业基础雄厚、链条完整、布局完整、结构合理。商丘拥有1 000万人口,在周边直线距离200千米内,人口超过500万的城市就有9座,消费市场巨大。与目前全国区域中心城市对比来看,商丘土地、人口等要素已符合区域中心城市发展标准,经济总量正在攀升,科技创新发展步伐加快,第三产业发展正在加速,未来商丘发展潜力将进一步释放。

(三)发展机遇千载难逢

进入新发展阶段,商丘面临构建新发展格局的战略机遇、新时代推动中部地区高质量发展政策机遇、黄河流域生态保护和高质量发展的历史机遇,这些机遇条件将有助于商丘实现腾飞。一是国家将商丘作为全国性综合交通枢纽、国家"一带一路"和中部崛起"两纵两横经济带"重要节点城市,商贸服务型国家物流枢纽城市和国家骨干冷链物流基地承载城市,将对商丘枢纽经济和整体产业发展产生巨大的推动力。二是产业转移的重大机遇。随着以国内大循环为主体、国内国际双循环相互促进的新发展格局的加快形成和国内统一大市场的建设推进,商丘正在面临承接产业转移促进快速发展的重大机遇。产业高质量快速发展的时机已然来临。三是面临世界科技革命和产业变革加速演变的机遇,新产业、新业态、新模式层出不穷,未来产业的提前布局和营商环境的不断优化,为商丘经济实现快速发展提供了换道领跑的机遇。四是省政府在《河南省贯彻落实淮河生态经济带发展规划实施方案》中强调"重点推动信阳市、商丘市区域中心城市建设",支持商丘推进中原—长三角经济走廊建设,支持商丘申建跨境电商综合试验区。随着黄河流域生态保护和高质量发展战略的实施推进,使得商丘未来发展后劲十足。

(四)文化底蕴中外驰名

殷商文化起源于商丘。这是商丘取之不尽的宝贵财富。商丘历史悠久,底蕴深厚,古迹众多,古都文化、圣人文化交相辉映,中国·商丘国际华商节影响力不断扩大,"商丘好人"品牌影响力美誉度持续增强,为商丘的持续发展提供有力的文化支撑。

五、应对措施和主要任务

(一)完善综合交通枢纽体系,提升交通枢纽优势

以交通枢纽为关键,加快推进综合立体交通综合枢纽建设,继续扩大区位交通优势。依托国家综合立体交通网主骨架,加快推进航空、铁路、公路、水运基础设施建设,提升综合运输能力。合理布局各种运输方式"无缝衔接、零换乘"的多式联运体系,构建对外开放和物流大通道,建设集公路、铁路、航空、水运于一体的现代化综合交通枢纽,提升国家综合性交通枢纽地位。打造以服务豫鲁苏皖为重点、辐射全国的一流综合交通枢纽。做大做强物流和电子商务两大枢纽经济先导产业,加快推进商丘铁路物流基地、高铁货运物流基地、铁路专用线的规划建设,构建完善以铁路物流为核心的多式联运网络体系。加强与中欧班列合作,重点开展铁路集装箱铁海联运和国际铁路集装箱运输。加快推进跨境电子商务发展,发挥跨境电商零售进口试点城市优势,建设一流跨境电商综合试验区。

(二)提升中心城区规模能级,增强辐射带动能力

全面提升中心城区首位度,提高中心城区规模能级,强化产业支撑。按照"东进、西连、南优、北聚"优化城市功能,形成"一核两翼三区四维"的发展空间格局,优化完善城市空间结构,提升中心城区能级和辐射带动能力。推动主城区协调融合发展,实现中心城区地域范围、人口规模、经济体量、市场空间、资源环境容量扩容。以大数据、云计算等前沿技术为核心,打造城市运行管理综合指挥体系,统筹城市规划、建设、管理三大环节,持续转变城市发展方式,建设宜居城市、韧性城市、智慧城市、海绵城市、绿色城市、人文城市。加速发展城市经济,高标准推进日月湖现代服务业集聚区、商丘古城历史文化创意创新区、高铁商务区建设,引进大型企业总部和高端商务机构,培育壮大总部经济、楼宇经济等高端产业和新兴服务业态,构建以现代服务业为主导的城市产业体系。筹建临空经济区和陆港经济区,培育新的增长点。

(三)实施创新驱动发展战略,打造区域创新高地

坚持创新在现代化建设全局中的核心地位,深入实施创新驱动发展战略,完善创新

体系,优化创新创业生态,集聚盘活创新资源,加快经济发展由要素驱动、投资驱动向创新驱动转变,建设创新型城市。鼓励国内外科研机构、高校、创新创业团队、高层次人才等在我市建立各类新型研发机构。推进各类科技成果转移转化中心建设,打造技术转移平台,集聚和吸引国内外先进技术和成果在我市落地转化。大力实施"人才强市"战略。深入推进人才发展体制机制改革,实施更加积极、更加开放、更加有效的人才政策。加快科技强市建设,培育一批立足豫鲁苏皖、辐射全国的"专精特新"领军企业。引进培育创新人才,加强科技成果转化,推动区域产学研合作,建成立足河南省东部,辐射豫鲁苏皖的高质量科创中心。

(四)聚焦制造业高质量发展,建设新兴工业城市

大力实施"产业倍增"计划,推动传统产业向高附加值环节延伸,加速转型升级,持续扩大特色产业优势和影响力,积极培育战略新兴产业、布局未来产业,深化产业链合作。加快中原-长三角经济走廊先导城市建设,打造国家级承接产业转移示范区、一流特色产业基地。以现代产业体系为支撑,推动制造业服务业高质量发展。坚持把制造业高质量发展作为主攻方向,以产业基础高级化和产业链现代化为重点,以产业集聚区和服务业"两区"为载体,以项目建设为抓手,推动先进制造业和现代服务业双向融合和集群联动发展,提高经济质量效益和核心竞争力。加快推进产业集聚区"二次创业",做大做强食品、装备制造、纺织服装及制鞋三大优势产业集群,改造提升化工、铝精深加工、制冷三大传统产业集群,实施战略性新兴产业跨越发展工程,培育壮大新材料、电子信息、生命健康、新能源汽车四大战略性新兴产业集群,形成食品、装备制造、纺织服装及制鞋、新能源汽车、生物医药、新材料、电子信息等千亿级产业集群。

(五)持续深化改革开放力度,拓展对外发展空间

紧抓黄河流域生态保护和高质量发展战略、淮河生态经济带、中部地区崛起等重大战略机遇,深度融入区域合作,持续优化营商环境,把商丘建设成为区域产业合作的典范。扭住市场改革这个关键,深化重点领域关键环节改革,充分发挥市场在资源配置中的决定性作用,更好发挥政府作用,推动有效市场和有为政府更好结合,构建更加系统完备、更加成熟定型的高水平社会主义市场经济体制,打造一流的营商环境。

(六)着力推动高校建设,促进高等教育内涵式发展

加快教育强市建设,推动学前教育普惠发展,引进优质中学教育资源,提升基础教育整体水平。大力开展高等院校合作，推动商丘大学城建设，深化职业技术院校开展产教融合培训，推动"人人持证、技能河南"建设，提升高等院校和职业院校教育水平和影响力，着力打造一流教育中心。优化高等教育布局结构，调整优化高校区域布局，合理配置高等教育资源，促进高等教育布局与商丘产业布局和社会发展需要相衔接。分类提高高校办学水平，加快建设高水平本科教育，鼓励商丘师范学院、商丘职业技术学院等有条件的高校争创特色学科，建设高水平的综合大学和特色鲜明的应用型大学。谋划建设商丘大学城，积极引进知名学校（院校）在商丘设立科研机构或合作办学，扩大高等教育规模。支持民办高等教育发展，拓展商丘工学院和商丘学院特色专业。

（七）推动文化事业繁荣发展，擦亮城市文化品牌

推进文化强市建设，充分发挥文化底蕴优势，推进文化遗产保护和展示利用，打造明清黄河故道生态旅游长廊，建设文化传媒中心，加强文化宣传，扩大商丘影响力，积极组织高层次合作交流，打造一流人文交流中心。以城市文化建设为根本，加强商丘古城保护修缮，推动殷商文化保护和传承，创建华夏历史文明殷商之源传承创新区，建设文化旅游强市。推进商丘古城墙联合申遗工作，谋划推进殷商博物馆、宋国故城考古挖掘、商都南亳考古调查、中国大运河商丘南关段考古遗址公园等项目。开发特色乡村旅游产品，打造一批特色文化旅游村镇，支持旅游业发展好的县（市、区）创建国家全域文化旅游示范区，打造"一城阅尽五千年"文旅目的地。

（八）持续优化营商环境，增强城市吸引力

一个地方能否长成茂密的森林，气候起决定性作用；一棵树能否长成参天大树，生态至关重要。对于企业也一样，要实现我市产业聚集、企业发展壮大，就要提供企业聚集和发展的必要条件，营造利于其成长发展的环境。要抓住人这个关键，充分发挥人的主观能动作用，积极主动为企业服务，为产业和企业发展创造条件。抓实政府这个核心，发挥有为政府的作用，主动对标国际、国内先进水平，勇于自我革新，简政放权，实现"审批最少、流程最优、体制最顺、机制最活、效率最高、服务最好"的目标。抓好服务这个根本，增强主动服务意识，深化"放管服效"改革，优化政务服务事项审批流程，减少环节，缩短时间，提高服务质量和效率。放活市场这个主体。充分发挥市场的决定性作用，融入国家统一大市场，给市场充分的自由，促进发展要素流动集聚，培育更大群体、引发聚变效应，实现多点突破,带动商丘经济整体高质量发展。

(九)推进新型城镇化,促进城市持续发展

深入贯彻落实习近平总书记"一尊重、五统筹"重要指示,牢记"人民对美好生活的向往就是我们的奋斗目标",坚持以人为核心的新型城镇化,按照省委、省政府对商丘发展的战略定位,依法稳妥推进行政区划调整,推动虞城、宁陵两县积极融入中心城区,主动承接中心城区功能的外溢和基础产业的转移,构建"一中心两组团五卫星城百镇区"的城镇体系,全面推进新型城镇化高质量发展。全面推进乡村振兴,着力提升农村居民收入水平,加快城乡融合发展,有序推进城市有机更新,坚决打赢污染防治攻坚战,建设美丽宜居商丘,打造一流幸福宜居强市。

柘城"超硬材料"产业发展经验及启示

朱亚楠① 王 凯② 余春丽③

摘 要:2021 年柘城县委、县政府围绕"做精微粉、做强单晶、做大制品、做亮钻石"的工作思路,育龙头上规模,提质量创品牌,"超硬材料"产业形成了完善的产业链条,呈现出了良好的发展态势。现拥有金刚石微粉、制品和配套企业 110 余家,年产金刚石单晶 30 亿克拉、微粉 60 亿克拉,金刚石制品 3 000 万件(套)、钻石首饰 200 万克拉。其中,金刚石微粉产量占全国市场份额的 70% 以上,大颗粒单晶产量占全国市场份额的 60%。2020 年 12 月 13 日,"中国钻石之都"品牌通过全球科技创新联盟专家委员会评审。2022 年机遇挑战并存,柘城"超硬材料"将在人才引进、企业研发、产品溢价、工艺提升特别是市场精准预判等方面持续发力,进一步擦亮"中国钻石之都"的金字招牌。

关键词:超硬材料 金刚石 中国钻石之都

柘城县委、县政府积极践行新发展理念,强力支持发展金刚石"超硬材料"这一县域经济的支柱产业,多措并举实现了金刚石"超硬材料"企业"集群化"发展和"智能化"转型,诠释了金刚石全产业发展的新优势,呈现了一场由"中国微粉之乡"向"中国钻石之

---

① 中共商丘市委党校柘城分校教研室主任。
② 中共商丘市委党校柘城分校办公室主任。
③ 中共商丘市委党校柘城分校行政科长。

都"的精彩蝶变盛宴。

一、发展现状

柘城的金刚石材料产业发展始于二十世纪八十年代初期,第一家金刚石企业是由时任郑州磨料磨具磨削研究所聚晶金刚石方面的工程师冯金章回柘城邵园乡创办的柘城县邵园金刚石厂。之后,合成了柘城第一颗人造金刚石,培养了一批技术人才,为金刚石"超硬材料"产业的发展奠定了基础。历经30多年的发展,柘城由原来的20余家金刚石小微企业,至2010年全县金刚石行业企业发展到100余家,从业人员达1万。

近年来,柘城县委、县政府围绕"做精微粉、做强单晶、做大制品、做亮钻石"这一思路,坚持把"超硬材料"产业作为推进经济高质量发展的主导产业、战略新兴产业来培育,金刚石产业进入高质量发展轨道着力抓招商促集聚,育龙头上规模,强科技重研发,提质量创品牌,超硬材料产业呈现出高质量发展的良好态势,已经形成了金刚石原辅材料生产、单晶合成、微粉加工、制品生产、首饰钻石加工等完善的产业链条。目前,全县拥有金刚石微粉及制品和相关配套企业110余家,拥有力量钻石股份、惠丰钻石股份、厚德钻石等一大批金刚石"超硬材料"行业的知名企业。年产金刚石单晶30亿克拉、微粉60亿克拉,金刚石制品3 000万件(套)、钻石首饰200万克拉,其中金刚石微粉产量占全国市场份额的70%以上,大颗粒单晶产量占全国市场份额的60%,金刚石制品达到9大系列180多个品种。2020年12月13日,"中国钻石之都"品牌顺利通过全球科技创新联盟专家委员会评审。2021年9月24日,河南省力量钻石股份有限公司实现了深圳证券交易A股上市,成为商丘市首家创业板上市企业和第三家主板上市企业,市值达149亿元。2021年,金刚石超硬材料主营业务收入182.12亿元,同比增速19.26%。

二、典型案例

(1)艰难起步。河南省力量钻石股份有限公司成立于2010年11月,是柘城一家集金刚石原辅材料、金刚石合成、金刚石微粉及培育钻石研发、生产、销售、服务于一体的高新技术企业。成立之初的两三年间,在技术、人员、资金和管理经验等方面相对不足,六面顶压机装机量仅为48台,产能规模相对较小,主要原辅材料也主要通过外购,未形成有竞争力的产业链条,无成本优势,发展比较艰难。

（2）成功上市。2013—2014 年,行业经历了一个最严峻的低谷期,工业金刚石产能饱和,同质化严重,恶性竞争加剧,价格不断下滑,经济效益明显下降。低谷期间力量钻石不等不靠、危中寻机,积极实施扩大规模,提高抗风险能力和紧抓研发、练好内功,坚持走差异化特色道路的双重驱动战略,规避了恶性竞争,先后开发了超细金刚石、特种金刚石和培育钻石等高新技术特色产品。双重战略的实施,帮助企业延伸了产业链,降低了生产成本,积累了技术储备,提高了产品质量。公司品牌和知名度明显提升,客户数量和订单需求明显增加,其中公司磨削级金刚石单晶在广东市场逐年扩大并站稳脚跟,助力企业度过了 2014 年和 2015 年行业最艰难的时期,并在激烈的行业竞争中逆势走强。进入 2017 年,金刚石线锯切割技术全面取代碳化硅砂浆切割技术广泛应用于光伏硅片切割领域,金刚石线锯市场呈现爆发式增长态势,线锯用微粉市场需求大幅增长。力量钻石公司抓住了这个市场机遇,利用前期积累的技术储备,实现了市场占有率行业第一位佳绩,获取了大量的现金流,为固定资产投资提供了资金保障,迅速扩大生产规模。不仅巩固了工业金刚石市场占有率,也为培育钻石的持续研发提供了设备和资金保障。2018 年,培育钻石合成技术持续进步,连续突破多项关键核心技术,又一次抓住了培育钻石市场爆发的机会,国际培育钻石消费市场持续升温,培育钻石的销量连年大幅提升供不应求,培育钻石业务实现快速增长。2021 年培育钻石营业收入占公司总营业收入的 50%,较 2020 年增长了近 4 倍。2021 年 9 月,河南省股份有限公司在深交所创业板成功上市。同年,实现营业收入 4.98 亿元,同比增长 103.50%;归属于上市公司股东的净利润 2.40 亿元,同比增长 228.17%,产业规模、装备水平及市场占有率位居国内前列,企业进入快速发展通道。

（3）研发立身。力量钻石始终坚持以技术研发为中心,以科技创新为引领,走产品差异化道路。在人造金刚石生产的关键技术和工艺控制方面拥有自主知识产权。公司拥有河南省功能性金刚石工程技术研究中心和高品级金刚石大单晶合成河南省工程实验室两个大型研发平台。先后承担了 2 项河南省重大科技专项、2 项中原英才计划和 1 项中央引导地方科技发展项目,拥有自主核心技术知识产权 80 多项,其中发明专利 8 项,省级科技成果 17 项。荣获河南省科技进步奖 2 项,商丘市科技进步奖 4 项。力量钻石现为中国超硬材料协会、中国培育钻石协会常务理事单位,是河南省新材料行业重点企业之一,被授予河南省"高技术工业 60 强企业""百高企业""新材料行业 20 强企业""创新性试点企业"。2019 年被工信部认定为工业企业知识产权运用试点企业,2021 年被评为"河南省创新龙头企业"。

三、特色优势

(一)"一大三高一好"显特色

(1)微粉产量大。年产微粉 60 亿克拉,产量和出口量分别占全国的 70% 和 50%。如惠丰钻石科技公司自主研发生产的超精、超细、超纯、超硬"四超"微粉和纳米级金刚石粉体,被广泛运用于航空航天、IT、IC 及光伏等高精尖领域,是国内第一家规模化生产金刚石微粉的企业,也是国内最大的金刚石微粉生产企业,2016 年在新三板成功挂牌。

(2)科技含量高。构建了以企业为主体、市场为导向、产学研相结合的技术创新体系,拥有高新技术企业 11 家、省级工程技术研究中心 13 家。2013 年被国家科技部命名为"国家超硬材料及制品高新技术产业化基地"。惠丰钻石连续两次获得"商丘市市长质量奖"。

(3)产品溢值高。2014 年 5 月,柘城金刚石合成取得重大突破,成功研制出金刚石白钻并实现产业化生产,实现了由工业用品加工向钻石饰品加工的转型。2018 年金刚石单晶单粒重量取得新突破,处于全国领先水平。目前县高新区内 62 家超硬材料企业的产品涉及金刚石单晶、宝石级金刚石、各种金刚石制品、首饰钻石等,已由传统的超硬材料制品迈进到高端工业工具和首饰领域。

(4)人才层次高。坚持刚性引才和柔性引智相结合,引进各类"高精尖缺"人才近500 名,为产业转型发展提供了强有力的人才支撑。如惠丰钻石与中科院邹广田院士合作,建成了全省唯一的微纳米金刚石粉体材料院士工作站和河南省博士后流动研发基地。力量新材料引进的高层次人才张存升,被评为首届"商丘大工匠"。

(5)转型效果好。创新推行"政府+科研院所+企业+协会"模式,连续举办五届中国超硬材料产业发展高层论坛,促进产业、学术和科技的深度融合。积极推进"三大改造",建成了以惠丰钻石、厚德钻石为代表的一批智能化车间及智能化工厂,成功助推了柘城由"中国微粉之乡"到"中国钻石之都"的升级蝶变。

(二)高质量发展保优势

(1)微粉生产。柘城金刚石微粉实现了由"量大"到"质优"的转变。全县现有专业从事金刚石微粉加工的企业60余家,年产微粉60亿克拉,占全国总产量的70%以上,位居国内第一。如惠丰钻石科技有限公司,年产纳米金刚石粉体3.6亿克拉,占全国产量的20%,广泛应用于航空航天、装备制造、光学仪器、精密陶瓷等领域,产品60%出口到美国、欧盟、日本等国际市场。

(2)单晶生产。年产工业级金刚石单晶30亿克拉,占全国的17.5%,拥有力量钻石股份、厚德钻石、翔泰金刚石等从事工业级金刚石单晶合成的企业4家,实现了金刚石单晶从无到有、从有到大的转变。

(3)培育钻石。年培育钻石突破400万克拉,约占全国的67%,年产值突破80亿元。拥有力量钻石、晶拓国际钻石、宝晶新材料等3家国内培育钻石重点企业。

(4)制品生产。超硬材料制品达到9大系列180多个品种,年产3000余万件(套),总产值20亿元,拥有新源超硬、先进工业金刚石、正鑫科技等制品生产企业16家。研究、开发和生产的超硬材料及精密超硬工具获得国家实用新型专利32项,发明专利授权4项,生产的精密钻石工具、蓝宝石研磨盘等产品居国内领先水平。例如,在IC芯片超精加工用特种异型八面体金刚石研发方面,力量钻石是目前国内唯一一家能够生产该产品的企业,拥有完全自主知识产权,打破了国外垄断,填补了多项国内技术空白;在高品级大颗粒培育钻石方面,力量钻石具备批量化生产2~10克拉的能力,处于实验室技术研究阶段的大颗粒培育钻石可达到25克拉,属于国内领先。

四、经验启示

(一)走集群发展之路,为完善产业链条筑定基石

(1)建巢引凤。柘城以产业集聚区为载体,编制了《柘城县金刚石超硬材料发展规划》,投入30多亿元加快基础设施建设,建成了高新区综合服务中心、省级人造金刚石微粉质量监督检验中心和国家级科技企业孵化器等配套设施。规划建设了400余亩的金刚石超硬材料产业园,引导金刚石超硬材料企业入园发展,先后入驻金刚石超硬材料产业企业60余家,实现了企业的集约经营和集群发展。柘城产业集聚区先后被河南省委、

省政府评为"河南省十快产业集聚区""河南省先进产业集聚区""河南省优秀产业集聚区""河南省二星级产业集聚区"。2022年3月18日,柘城县高新技术产业开发区揭牌。

(2)腾笼换鸟。以"万人助万企"活动为契机,用活"百园增效"政策。对部分扭亏无望、处于停产半停产状态的企业,县政府采用腾笼换鸟方式,腾出土地和厂房资源,为金刚石超硬材料产业企业搭建集聚发展的平台。先后腾出厂房近10万平方米,土地1 500亩,引进了新源超硬等高端制品企业,延伸了产业链条,壮大了金刚石"超硬材料"产业规模。

(3)招大引强。树牢"项目为王"理念,以大力推进"三个一批"项目建设为抓手,坚持以商招商、精准招商,绘制招商图谱,瞄准北京、天津、广东佛山、深圳、广西桂林、湖北鄂州、江苏丹阳等金刚石制品企业集中地,围绕聚晶金刚石合成、超硬刀具、金刚石聚晶复合片、高端磨轮和金刚石线锯,引进了以生产金刚石原辅材料为主的金钻新材料、以生产金刚石单晶为主的力量钻石、以生产金刚石制品为主的新源超硬、正鑫钻石,以培育钻石加工为主的晶拓国际钻石等企业,形成了原辅材料、工业级金刚石、金刚石微粉、宝石级金刚石、金刚石制品和钻石首饰等完整的全产业链条。2013年10月,柘城产业集聚区被国家科技部认定为"商丘国家'超硬材料'及制品高新技术产业化基地"。

(二)走转型升级之路,为做强产业链条奠定基础

(1)发展"专精特新"企业。大力实施"专精特新"企业培育工程,引导"超硬材料"企业建立现代企业制度,走"专精特新"发展之路,打造一批行业领军企业。培育省级"专精特新"中小企业5家,国家认定"专精特新""小巨人"企业1家,国家制造业单项冠军企业1家。

(2)培育龙头企业。推进企业专业化生产,积极培育龙头企业。单晶生产上,重点培育了力量钻石、厚德钻石等骨干企业,拥有大型先进六面顶压机1 000余台,金刚石单晶产能位居国内第三位。微粉生产上,重点培育惠丰钻石、施诺德钻石等骨干企业,扩大高端微粉应用领域占比。制品生产上,重点培育新源超硬、正鑫钻石等骨干企业,加强新技术新工艺研究,降低生产和运营成本,丰富制品种类,拓展应用领域,扩大市场份额,打造出了金刚石百亿级产业集群。2021年金刚石"超硬材料"产业主营业务收入突破180亿元,对柘城经济发展贡献率达到50%以上。

（3）开发拳头产品。开发有市场竞争力的新产品是发展给予的重托，更是实现高质量发展的必由之路。县主要领导主动找银行争资金，帮助企业融资 2 亿多元，支持企业革新技术，开发新产品。现拥有金刚石"超硬材料"产业专利 605 件，授权发明专利 42 件。力量钻石研发生产的 IC 芯片超精加工用特种异型八面体金刚石，拥有完全自主知识产权，打破了国外垄断，填补了国内空白，实现了进口替代，获 2021 年度河南省科技进步奖三等奖。力量钻石研发的"宝石级无色合成钻石"项目荣获 2021 年度商丘市科技进步奖一等奖；厚德钻石研发的"高精度人造金刚石粉体的高效分级技术"项目荣获 2021 年度商丘市科技进步奖二等奖。

（三）走创新发展之路，为做精产业链条插上"金翅"

（1）推进"三大改造"工作。依托金刚石"超硬材料"产业发展优势，推动企业实施"三大改造"，抓好数字化改造，推动企业改造升级；加快新技术、新工艺和新设备的推广应用，加强质量品牌和技术标准建设；打造工业精品，支持首台（套）重大技术装备研发和应用。帮助厚德钻石建成了省级智能化车间，帮助惠丰钻石建成了省级智能工厂。惠丰钻石研发生产的人造单晶金刚石微粉广泛应用在了航空航天、装备制造、光学仪器、精密陶瓷、医疗器械等高精尖领域。2021 年 12 月被工业和信息化部产业政策与法规司（产业组织处）认定为第六批制造业单项冠军产品。

（2）推进"小升高"培育行动。实施金刚石"超硬材料"产业"小升高"培育行动，做好高新技术企业培育及研发平台建设，培育金刚石"超硬产业"高新技术企业 15 家，建成省级工程技术研究中心 12 家，院士工作站 1 家，省级重点实验室 1 家，均居全市第一。

（3）推进产学研深度融合。深化与郑州大学、吉林大学、河南工业大学、郑州"三磨所"、中国机械工程学会等 16 家高等院校和科研院所的"产学研"合作关系，培训和引进高层次人才 500 余人。通过科技联合研发和成果推广应用，使得工业用金刚石成功转向了民用首饰级钻石领域，推动了柘城金刚石"超硬材料"产业链条的日趋完善。产学研深度融合有力推动了金刚石"超硬材料"产业向规模化、精深化、差异化、高端化和品牌化发展。如力量钻石股份实验室培育钻石单粒重量突破 30 克拉。

（四）走政府扶持之路，为做优产业链条提供保障

（1）转变政府职能。柘城县人民政府进一步加快了政府职能的转变，全面落实了政府权责清单制度,推动企业投资项目承诺制,全力扶持金刚石"超硬材料"产业发展,为做优做强全产业链条提供了坚实保障。

(2)鼓励企业上市。实施上市公司培育工程,积极开展企业上市培训。县主要领导多次与证监会、证券交易所对接,解决企业上市遇到的困难和问题,建立了上市(挂牌)后备企业梯队,抓好了力量钻石、惠丰钻石、厚德钻石等省级上市后备企业的培育工作。2021年9月24日,河南省力量钻石股份有限公司实现了深圳证券交易所A股上市,成为商丘市首家创业板上市企业和第三家主板上市企业。

(3)打造知名品牌。在中央电视台重要时段,推介"超硬材料"产业基地,持续实施品牌战略,鼓励企业争创国家驰名商标,积极组织企业参加名优品牌创建活动。现拥有商标总量297件,其中河南省著名商标1个,河南省名牌产品1个,进一步叫响了"中国钻石之都"品牌。

(4)提升服务水平。柘城与中国机械工程学会、河南省机械工程学会联合,举办了七届中国"超硬材料"产业发展大会。每年邀请国内外"超硬材料"产业知名企业和专家,围绕相关课题展开讨论,借助外脑汇集智慧。在柘城县人民政府推动下,成立了商丘市"超硬材料"协会,深化了金刚石超"硬材料"产业、企业之间的合作关系,推动了产业转型升级,为做优金刚石"超硬材料"产业链提供了坚实保障。

改革开放篇

2021—2022年商丘市全面深化改革的总体进程与展望

史新艳①　常晓峰②　皇甫文信③

摘　要:近年来,商丘市把全面深化改革作为重大政治任务牢牢抓在手上,紧贴商丘实际、向问题聚焦、向实处发力,充分发挥全面深化改革在构建新发展格局中的关键作用,赋能经济社会高质量发展,各项改革扎实推进,重点领域和关键环节取得突破,一些改革走在全国全省前列,以改革的实际成效让人民群众有更多的获得感、幸福感、安全感,为商丘市高质量发展提供源源不断的动力和活力,实现了"十四五"迈好第一步,见到新气象。但是,在全面深化改革过程中还面临着一些困难和挑战,需要通过加强顶层设计、创新工作机制、提升改革信心等途径予以解决。

关键词:商丘　全面深化改革　创新体制　协同联动

近年来,商丘市全面深化改革工作紧贴商丘实际、向问题聚焦、向实处发力,各项改革扎实推进,重点领域和关键环节取得突破,为商丘市高质量发展提供源源不断的动力和活力。2021年,全市生产总值3 083.3亿元,同比增长4%;一般公共预算收入190.1亿元,同比增长8.6%;全体居民人均可支配收入22 698.9元,同比增长7.5%。

---

①　中共商丘市委全面深化改革委员会办公室主任。
②　中共商丘市委全面深化改革委员会办公室副主任。
③　中共商丘市委全面深化改革委员会办公室改革科科长。

一、工作成效

2021 年,商丘市纵深推进全面深化改革,坚定不移地用好改革这个"关键一招",以全面深化改革为高质量发展开新路,重点领域、关键环节实现突破,改革任务整体顺利推进,全市发展势头强劲有力。

（一）经济体制机制改革全面推进,为全市经济社会高质量发展注入生机活力

制定实施中心城区崛起计划,大力发展枢纽经济,成功入选"十四五"首批商贸服务型国家物流枢纽建设名单,成为国家骨干冷链物流基地承载城市。深入推进营商环境综合改革,健全营商环境评价体系,印发《商丘市落实〈优化营商环境条例〉督导方案》《商丘市营商环境特邀监督员制度实施方案》等文件,为更好提升全市营商环境水平提供保障。深化"放管服效"改革,优化提升一体化政务服务平台,在全省率先完成"豫事办"分厅建设,率先实现"受审分离""不见面审批"。大力推进放权赋能改革,加快县域经济高质量发展,如期完成 255 项经济社会管理权限下放工作。落实新时代推进国有经济布局优化和结构调整的实施意见,出台国企改革三年行动实施方案,加强市属企业内部业务板块梳理和子公司整合重组。搭建民营企业诉求响应智慧平台,推动民营企业诉求及时得到响应解决。发挥省金融服务平台和商丘市银企通平台线上银企合作对接作用,银企通平台注册银行 81 家、企业 1 580 家,成功对接融资 1 554 笔、金额 193.447 亿元,居全省前列。推进要素市场化配置体制机制改革,出台《关于进一步加强商丘市政府性融资担保体系建设支持小微企业和"三农"发展的实施意见》,推进商丘市政府性融资担保公司对小微企业和"三农"主体按照不超过 1% 的费率收取担保费,切实降低融资担保费率。深化财税体制改革,以"数字赋能"为引擎、以"数字管税"为手段、以"办税提效"为目标,全面提升税收治理效能。健全产业高质量发展新机制,深入开展重点产业质量、服务业质量、质量品牌和企业质量素质四大提升行动。完善推进新型城镇化体制机制,研究制定《商丘市新型城镇化规划（2021—2035）》,优化城乡区域布局。健全城乡融合发展新机制,落实完善推进县域经济高质量发展"十个一"工作体系,睢县成功创建全省第二批践行县域治理"三起来"示范县。积极推进开发区体制机制改革,印发《商丘市开发区体制机制改革创新实施方案》《关于加快商丘市开发区高质量发展的实施意见》,统筹规划开发区空间分布、数量规模、产业定位,重点打造 13 个开发区。深入开展"万人助万企"活动,全市共 825 位党政领导干部联系帮助 1 542 家企业,累计解决各类问题 2 290 条,解决率 94.2%。开设企业家大讲堂,依托商丘师院教学和科研资源,市政府与商丘师院共建商丘华商学院暨商丘企业家学院,大力弘扬企业家精神,培养造就具有家国情怀、战略思维、创新精神和现代企业管理水平的高素质企业家队伍。

(二)科技创新体制改革纵深推进,科技水平取得明显成效

制定实施科技创新"金火炬"计划,加快建设各类科技创新平台,推进商丘国家高新区建设,积极申建国家级、省级各类研发创新平台,实现研发平台在骨干企业全覆盖。全市建成国家级高新技术特色产业化基地 7 家、省级高新区 6 家,省级可持续发展试验区 5 家,国家级科技企业孵化器 5 家。新认定市级工程技术研究中心 44 家,遴选推荐 38 家申报省级工程技术研究中心,为历年最多。改进科技项目组织管理方式,加快科技成果转化与产业化,商丘市"动物用亚单位重组疫苗关键技术的应用"等 4 个项目被列入河南省"揭榜挂帅"项目。贯彻落实减轻科研人员负担激发创新活力专项行动,出台《商丘市落实十大科技创新工程和创新驱动发展实施专案》,高企申报、科技成果申报等 26 项政务事项全面实现网上办理。实行科技奖励提名制,通过科技成果在线登记 50 项,共遴选出 9 项提名参加 2021 年度河南省科学技术奖的评审,获得三等奖 4 项。

(三)农业农村改革深入推进,推动脱贫攻坚成果同乡村振兴有效衔接

深化农业供给侧结构性改革,出台《商丘市人民政府关于坚持三链同构加快推进粮食产业高质量发展的实施意见》,延伸粮食产业链、提升价值链、打造供应链。大力发展优势特色产业集群,成功创建全国主要农作物生产全程机械化示范市、全国"平安农机"示范市,8 个县(区)成功创建省级农产品质量安全县。积极实施家庭农场培育计划,登记注册家庭农场 9 671 家,新增家庭农场 1 493 家,创建县级以上示范家庭农场 273 家。探索承包地"三权分置",积极发展土地流转、土地托管等多种形式的适度规模经营,健全土地经营权流转服务体系。巩固拓展脱贫攻坚成果,实现和乡村振兴的有效衔接,建立《巩固拓展脱贫攻坚成果与乡村振兴有效衔接责任清单》,进一步巩固脱贫攻坚成果。坚决抓好巩固拓展脱贫攻坚成果后评估各项工作,顺利通过省后评估检查验收。加快培育新型农业经营主体,永城市、夏邑县成功创建河南省家庭农场示范县,夏邑县、柘城县分别成功申报国家级、省级农民合作社质量提升整县推进试点。积极盘活农村各项生产要素，加快发展农村集体经济，加强农村经营管理体系建设。稳步提高土地出让收益用于农业农村的比例，探索农田水利和农村公益性基础设施项目管护机制。

（四）文化体制改革加速推进，持续叫响"殷商之源、通达商丘"文化品牌

牢记习近平总书记"殷商文化起源于商丘"的殷殷嘱托，着力抓好殷商文化之源品牌建设，打响"游商丘古都城，读华夏文明史"品牌，构建以古都、古城为主体的全域文旅产业发展新格局。建立健全多层次、多渠道、多元化的产业投融资服务体系，积极推进金融支持文化和旅游企业发展工作，完善政府主导、社会参与的多元化投入机制，推动文化旅游产业与相关产业融合发展。推动国有文化企业公司制股份制改革，按照"产权清晰、责权明确、政企分开、管理科学"的要求，积极推进演艺集团股份制改造，建立科学化、规范化，正规化的现代企业制度。开展文化经济政策落实情况效果评估，对国有文化企业社会效益、考评办法等进行了规范细化，努力实现社会效益和经济效益相统一。改革创新管理模式，商丘广播电视台实施事企分开、采编经营分开的运行机制，建立健全干部人事管理和薪酬管理制度，干部职工的积极性创造性不断增强。商丘日报报业集团初步构建报纸+网络、官方微信公众平台矩阵、移动客户端"1+N"现代传播体系，初步形成了全程媒体、全息媒体、全员媒体、全效媒体传播格局。加快推进融媒体中心建设，各县（市）融媒体中心全部建设完成，构建省市县三级媒体一体化全媒体传播体系。鼓励社会力量参与公共文化服务体系建设，协调推进公共文化服务标准化、均等化、数字化建设。健全现代公共文化服务体系，开展基层公共文化设施管理大排查和专项治理行动，实现市、县、乡、村四级公共文化服务全覆盖。

（五）生态文明制度改革全域推进，加快实现人与自然和谐共生格局

坚持绿水青山就是金山银山，出台《商丘市黄河故道湿地保护条例》，积极推进梁园区黄河故道国家湿地公园（试点）建设。强力推进蓝天、碧水、净土保卫战，全市生态环境进一步改善，空气质量综合指数居全省第4名，优良天数居全省第5名，14个国省控断面全部达到四类水以上标准，地表饮用水源地水质达标率100%。稳步推进碳达峰碳中和工作，印发《商丘市推进碳达峰碳中和工作方案》，着力构建碳达峰"1+10+7"政策体系。围绕"一带一网两环五区多廊道"的总体布局，扎实推进森林商丘生态建设。探索横向生态补偿机制,建成"国土三调"管理平台,实现调查监测数据各部门间的共享应用。创新优化工业用地供应方式,开展产业集聚区"百园增效"行动,建立工业用地全生命周期管理机制,加快推动工业用地弹性出让。商丘作为全国 10 个建设用地节约集约利用状况详细评价试点城市,试点经验被《中国自然资源报》刊发报道。健全国土空间规划和用途管制体系,完成市县国土空间规划编制,全面划定生态保护红线、永久基本农田、城镇开发边界三条控制线。推行林长制改革,出台《商丘市全面推行林长制实施意见》,开展打击毁林专项行动、森林督查问题集中整改行动和 2021 年森林督查暨森林资源管理"一张图"年度更新工作,构建自然资源保护长效机制。

(六)民生领域改革精准推进,人民群众幸福感获得感不断提升

认真落实义务教育阶段"双减"任务,加快推进教师"县管校聘"管理改革,全市交流教师 1 864 人。加快推进农村义务教育学校薄弱环节改善与能力提升工程,新建设 9 所农村寄宿制学校。编制《商丘市职业教育高质量发展实施方案》,组建商丘市新能源汽车等 9 个职业教育集团,建成省级现代学徒制试点单位 2 个。深化校企合作机制,已开展合作企业 60 家,13 所中高职学校被评为河南省教育品牌示范校、特色校。着力健全分级诊疗体系,全市选择 148 个病种在县级实施分级诊疗,选择 75 个病种在乡级实施双向转诊。加快推进紧密型县域医共体建设,全市挂牌组建 15 家县域紧密型医共体,90% 以上的医保费用沉淀在县域。全力推进区域全民健康信息平台智慧化升级改造,加快推进"5G+智慧医疗"项目。建立管用高效的医保支付机制,商丘市成功荣获国家区域点数法总额预算和按病种分值付费(DIP)试点城市,全市基本医疗保险基金应上解 28.07 亿元,上解率为 98.65%。聚焦"一老一小",深入推进普惠养老试点和普惠托育服务试点,新建 44 个养老服务设施。探索以社会保障卡为载体建立居民服务"一卡通",全市社会保障卡持卡人数 1 005.97 万人。配套完善退役军人就业安置政策,扎实推进成人高招退役军人身份认证工作。

(七)民主政治和社会治理领域改革立体推进,社会治理现代化水平持续提升

充分发挥人大代表主体作用,实现代表活动阵地市、县、乡、村全覆盖和活动常态化,建成人大代表履职服务中心 11 个,实现五级人大代表编组进站入室全覆盖。积极推进乡镇(街道)政协工作召集人、政协工作联络室、"有事好商量"协商平台建设落实见效,建成36家"委员工作室",开展党内委员和党外委员联谊活动67场次,推动协商向基层延伸。各民主党派加强自身组织建设,大力开展"学中共党史、守合作初心、开事业新局"等学习教育活动,构建同党外知识分子和新的社会阶层人士沟通联系平台机制,增强听党话、跟党走的政治自觉。持续深化五大领域综合行政执法改革,组建5个领域综合行政执法队伍,实现了"一个领域一支执法队伍"。探索推进"智治"与"自治""法治""德治"有效融合,持续做好全国基层政权建设和社区治理信息系统数据更新完善工作,形成以乡级平台为基础,线上线下一体化的市、县、乡、村四级联动的服务体系。全面实行"一征三议两公开"工作法,不断加强基层群众性自治组织规范化建设。探索市域社会治理新模式,构建了以党建为引领,以信息化、科技化、智能化为手段,以全科网格为基础的"党建+一中心四平台"新型治理服务体系。深入推进法治乡村建设,实现全市165个乡镇法治文化阵地全覆盖。商丘市宁陵县潘集村等4个村(社区)被命名为"全国民主法治示范村(社区)"。深化应急管理体制改革,印发《商丘市关于加强基层应急管理体系和能力建设的实施意见》,加强基层应急体系能力建设和区域性应急基础设施建设,全市201个乡镇(街道)完成"四个一"建设。

(八)党的建设制度改革从严推进,全面管党治党水平不断提高

健全党对重大工作领导的体制机制,出台《中国共产党商丘市委员会工作规则(试行)》《中共商丘市委常委会议事决策规则(试行)》,确保党中央各项决策部署落到实处。出台《以高质量党建引领高质量发展目标管理综合考评办法》,突出党建引领,发挥考核指挥棒作用。健全干部交流机制,建立"墩苗育苗"计划交流任职干部帮带培养机制。深入开展年轻干部"走基层、接地气"活动,统筹用好干部资源,大力培养选拔年轻干部。健全第一书记派驻长效工作机制,持续实施"第一书记尖兵"工程,不断增强党组织带领群众走正路走富路的能力。创新运用"一封信"工作法,基层党组织战斗堡垒作用进一步增强。加强乡镇(街道)纪检监察工作,印发《关于加强乡镇(街道)纪检监察工作规范化法治化建设的指导意见》《商丘市纪委监委关于开展重点村(社区)集体"三资"提级监督试点工作实施方案》等,确定柘城县为(社区)集体"三资"提级监督试点。深化巡视巡察上下联动,制定出台《关于加强巡视巡察上下联动的实施意见》,条目式提出25条具体联动措施,坚持全面应用"四步整改法",不断完善全市巡察整改促进机制。积极探索对"一把手"的监督方式方法,提升监督效果。2021 年 7 月,中央纪委国家监委网站以《河南商丘:多措并举强化对一把手监督》为题刊登商丘市经验做法。

二、主要做法

2021 年,商丘市始终坚持改革正确方向,明确改革重点任务,强化改革责任落实,细化改革举措,不断调动各方面推进改革的积极性、主动性、创造性,统筹谋划、精准施策,坚定不移推动各项改革任务落实。

(一)加强组织领导,推动改革行稳致远

一是做好改革工作谋划部署。市委全面深化改革委员会把好改革方向、站稳改革立场,定期研究部署重大改革事项,建立学习贯彻习近平新时代中国特色社会主义思想为市委深改委会议"第一议题"制度,及时传达学习贯彻落实中央、省委深改委会议精神,研究改革推进举措,确保改革任务落实。二是坚持领衔推动重点任务。制定《市领导领衔推动重大改革事项清单》,市委全面深化改革委员会成员领衔推动 12 项重大改革事项,带头攻坚克难、率先垂范,及时掌握进展情况,统筹协调解决困难问题,为全市各级领导干部做好示范引领。三是面向社会征求改革意见。坚持以解决群众期盼、增强人民群众获得感、幸福感为工作目标,深入推进落实"六单"机制,面向各县(市、区)、市直各单位征集改革意见建议。2021 年年初,共收集有效建议 69 条,整理合并纳入年度改革工作要点 18 项,作为改革要点自选事项。

(二)健全制度机制,落实落细改革任务

一是健全台账管理制度。建立市委全面深化改革工作台账和 12 个专项小组改革任务台账,按照"四个一"要求,每项改革任务落实一个分管市级领导、一个专项小组、一个牵头责任单位、一个具体责任人。建立并落实台账动态管理机制,由各专项小组牵头单位每月按时更新并报送台账,及时了解全市改革推进情况。二是推进督察工作机制。落实《商丘市委全面深化改革重点督察工作方案》,采取日常督察、会议督察、重点督察等多种形式,不断拓展督察工作广度和深度,充分发挥督察打通关节、疏通堵点的作用,解决改革"最后一公里"问题。2021 年,开展调研督导 5 次,下发提醒函 8 次、督办函 4 次,进一步加压推进改革。三是持续完善"三层推进"机制。坚持和完善市委深改委、专项小

组、责任单位三层推进机制，推动各项改革任务落实。各专项小组分别多次组织召开重点改革事项相关单位座谈会、重点改革事项推进协调会，加强纵向横向沟通联络。

(三)注重总结宣传,营造良好改革氛围

一是抓好信息报送。建立重点信息周报告制度，向省委改革办报送全面深化改革、营商环境建设和绩效考评、财经工作方面的经验做法和创新举措等信息120余篇。《永城市项目建设"加速度"构筑高质量发展新高地》《商丘永城订单农业让农民增收又省心》《商丘"放管服"改革再提速便民利企落到实处》等7篇改革信息被省委改革办刊发推广。二是创新宣传方式。利用商丘改革微信公众号和商丘日报，发布改革信息、典型经验112篇(则)。在商丘高铁站设立电子宣传屏，滚动播放全面深化改革、营商环境建设和财经工作方面的宣传标语。与商丘市电视台对接，拍摄改革宣传视频，并报送省委改革办。《从"双流程"审批看营商环境新变化》《抓创新 破难题 商丘市"双流程"审批平台见实效》《睢县"五位一体"推动产业提质增效》被河南日报"改革兴豫"专栏、学习强国等平台刊发推广。三是做好经验总结推广。坚持典型引领，示范带动，立足基层实践，及时总结推广改革经验做法，积极反映改革的新进展新成效。2021年，商丘市多项改革经验亮点被国家级、省级平台刊发推广。《商丘探索审批服务便民化66项政务服务最多跑一次》《河南省虞城县累计登记注册农民合作社2 357家——延伸产业链致富路更宽》被人民日报刊发推广；《商丘开展相对集中行政许可权改革》被经济日报刊发推广；《商丘拓展产业空间打造新增长极》《宁陵缘何入选全国婚俗改革实验区》被河南日报刊发推广。

三、存在的问题

虽然商丘市改革工作采取了不少创新举措取，得了一定成绩，但与中央和省委要求还存在一些差距和不足，当前商丘市全面深化改革存在的问题和困难呈阶段性新特点。

(一)在改革内容上,学习研究不够深入

对上级部署的理念比较超前或者表述比较宏观的改革事项，学习思考不深入，理解不全面，主动探索动力不足，存在用现有工作简单应付的现象，对真正需要贯彻落实的任务把握不准确，落实不到位。

(二)在改革进度上,工作进展不够平衡

在全面深化改革推进过程中存在着对改革重视不够,承担事项进展缓慢;对出台文件的程序把握不准导致文件运转缓慢;对需要出台配套制度的改革事项,相关实施细则跟进不及时,致使改革任务没有持续推进,全面深化改革工作开展不够均衡。

(三)在改革合力上,衔接协调不够顺畅

涉及多部门共同推进的改革事项,牵头部门仅对本身承担改革任务负责,与其他配合单位沟通、衔接不够,督促指导不力;配合单位过于依赖牵头单位,对自身承担的任务不清楚、不跟进、不落实,甚至相互推诿,致使改革事项接续不力,缺乏联动。

(四)在改革宣传上,宣传力度还不够大

虽然在改革宣传力度上不断加大,但是宣传方式还比较单一、宣传范围还不够广、宣传渠道还不够宽,距离达到预期的宣传效果还有一定差距,仍有很大的提升空间。

四、2022年全面深化改革工作展望

(一)加强改革研究谋划

紧紧围绕市委中心工作,着力抓好重点领域和关键环节改革,持续推进开发区体制机制改革、事业单位重塑性改革、国资国企改革、要素市场化配置改革和开放招商、项目建设、产业培育体制机制改革等,落实好深化放权赋能、开发区体制、省直管县财政体制等县域经济三项改革,深入开展专题调研,摸清症结所在,用创新、协同、集成的方法,推动有效市场和有为政府更好结合,为商丘高质量发展注入强劲改革动力,确保商丘在新一轮发展格局中争得先机、赢得主动。

(二)强化改革协同联动

把推进改革同防范化解重大风险结合起来,深入研判改革形势和任务,接续推进改革同服务经济社会高质量发展结合起来,建立完善上下协调、左右顺畅的工作机制,做好任务推进、创新探索、经验推广等有机融合。

(三)推动改革任务落地见效

围绕党中央决策部署和省委、市委工作安排,科学统筹,分类推进,推动各项制度相

互衔接,对重要改革任务盯紧盯牢,积极落实各项改革任务,强化工作职责,细化工作任务,开展督察问效,在抓落地见效上加大力度、加快进度、拓展深度,确保改革任务落地落实。

(四)加大改革考核力度

针对改革事项制定详细的考核内容、评分标准,发挥考核评价"指挥棒""风向标"作用,推动各地全面深化改革落实。加强改革工作的日常考核,避免年终集中考评,改革事项结项即考,减轻基层工作负担。通过科学考核树立"大抓改革"的鲜明导向,在全市上下营造"允许改革有失误,但决不允许不改革"的浓厚氛围。

(五)打造改革经验亮点

积极开展改革宣传,加强对改革政策、典型经验的宣传解读,展示改革系统积极向上的精神风貌,营造关注改革、支持改革、投身改革的浓厚氛围。积极探索推动改革的新途径、新模式、新方法,及时总结改革成效经验,积极总结创新性成果经验,打造一批改革创新突破和特色亮点,推动商丘改革在全省乃至全国改革大局中有地位、有声音、有形象。

2021 年商丘营商环境总体态势与提升路径分析

陈传锋①　孙志友②

摘　要: 2021 年商丘市以市场主体需求为导向,以全面提升商丘市营商环境水平为目标,以"放管服效"改革为核心抓手,大力开展营商环境核心指标优化攻坚,全市营商环境进一步优化,市场主体和群众满意度逐步提升。但对标先进地区还有不少差距,需要瞄准优化营商环境工作中的堵点、难点、痛点问题,持续深化改革、放管结合、优化服务、提高效率,营造一流的营商环境,确保在 2022 年全省营商环境评比中跃入第一方阵,在"十四五"末跨入全国一流营商环境梯队。

关键词: 营商环境　优化提升　总体态势　提升路径

商丘全面贯彻落实中央、省关于进一步优化营商环境的决策部署,坚持市场化、法治化、国际化、便利化的原则,以市场主体需求为导向,以全面提升商丘市营商环境水平为目标,以"放管服效"改革为核心抓手,大力开展营商环境核心指标优化攻坚,持续推动全市营商环境优化提升。

---

①　商丘市发展和改革委员会党组成员、副主任。

②　商丘市发展和改革委员会营商环境建设办公室主任。

一、2021 年商丘市营商环境总体情况

（一）全力开展优化营商环境攻坚工作

（1）建立工作体制机制。市委市政府成立了优化营商环境攻坚领导小组，明确了市发展改革委作为营商环境工作主管部门，全面指导、组织、协调、监督全市优化营商环境工作。领导小组下设 25 个专项攻坚组，并明确了攻坚目标和攻坚任务。制定了《商丘市2021 年度优化营商环境攻坚行动方案》，对攻坚目标和任务进行了明确、细化，力争在2021 年度省营商环境评价成绩排名进入全省前十名，奋力冲刺第一方阵。各县（市、区）参照市级层面做法，也理顺了体制机制，成立了优化营商环境攻坚领导小组，统一了牵头单位，健全了专项攻坚组，全市上下初步形成了优化营商环境工作合力。

（2）制定配套措施及督导制度。市优化营商环境攻坚领导小组办公室先后印发了《商丘市营商环境特邀监督员制度实施方案》《商丘市优化营商环境攻坚行动方案》等配套措施文件，针对市级层面制定了《商丘市优化营商环境攻坚目标台账》督导制度，县级层面制定了《商丘市落实〈优化营商环境条例〉督导方案》，每两个月对市直单位和各县（市、区）进行督导通报一次，奖优罚劣，倒逼改进作风，提升服务质量和办事效率。

（3）加强执法检查。市人大常委会开展《条例》执法检查活动。为检查国务院、省、市《优化营商环境条例》推进落实情况，抽调精干力量成立了执法检查组。执法检查组对市直单位 1 070 名公务人员进行《条例》知识测试，深入 10 个县（市、区）检查并听取优化营商环境情况汇报，走访企业 42 家，组织召开企业负责人和人大代表座谈会 11 次、座谈189 人，暗访抽查 10 个行政服务中心和 31 个行政部门，发放并收回调查问卷 241 份。

（4）营造优化营商攻坚浓厚氛围。向全市各地印发国务院、省、市《优化营商环境条例》手册，组织各单位开展《条例》知识竞赛。在商丘市人民政府网站开通"优化营商环境专栏"，及时发布商丘市营商环境工作动态，广泛宣传有关营商环境的典型案例、政策制度和经验做法等，大力营造环境攻坚浓厚氛围。同时，积极向国家发改委"中宏网 营商环境看河南"专栏及河南省营商环境网站投稿，及时宣传商丘市营商环境好的做法。

（二）多措并举为企业纾困解难

（1）规范涉企收费和涉企服务。印发《商丘市清理规范中介服务收费工作实施方

案》,清理中介服务乱收费、强制市场主体接受指定中介服务的现象,在全省率先完成市本级行政审批中介服务事项清理规范工作,市级行政审批中介服务事项保留25项,并及时向社会公开。全面清理规范涉企行政事业性收费,制定《涉企行政事业性收费目录清单》,清单内容实行动态管理,在财政门户网站"收费和基金"专栏中对收费部门、收费项目、资金管理方式、政策依据等基本信息予以公布,清单以外的项目一律不准收费。

(2)加大银企对接力度。积极搭建商丘市银行企业信息共享暨融资服务平台,有效解决了银企信息不对称、对接难度大、融资效率不高等问题,取得了良好效果。截至2021年底,平台注册认证企业1 580家,81家金融机构发布金融产品401项,银企对接项目1 938个,对接成功项目1 554个,对接成功金额193亿元。建立市场主体特别帮扶名录库,完善常态化政银企对接机制,开展多主题、多层次的政银企对接活动,督促金融机构下沉服务,培育和发展合格融资主体,促进融资对接落地。

(3)开展"万人助万企"专项活动。根据省委省政府统一安排,以促政策落实、解发展难题、帮项目建设为重点,开展营商环境"七个全面"重点任务落实,全面推行一件事一次办、推行有诉即办、推行"标准地+承诺制"、推行交房即交证、全面开展打击电信网络诈骗专项行动、开展打击恶意逃废债行动、开展依法依规兑现承诺专项行动。推动领导干部深入企业一线,为企业提供"店小二""保姆式"服务,用心为企业办实事,让企业安心做好生产经营。

(4)建立企业服务110平台。依托12345马上办便民服务热线平台,建设商丘市企业服务110平台,企业、群众拨打12345后人工接入营商环境服务专线,受理企业证照办理、税收服务、优惠政策等方面的诉求,严格落实承办单位"4个工作小时签收、最迟5个工作日办结反馈"工作机制,办理结果及时反馈诉求当事人,确保企业诉求"件件有落实、事事有回音"。2021年共受理企业诉求277件,企业满意度100%。

(5)完善营商环境投诉举报受理机制。畅通营商环境咨询投诉渠道,在商丘市人民政府网站开通"优化营商环境专栏",公布商丘市及10个县(市、区)营商环境咨询投诉专线、地址,并在其子专栏"通知公告"中上传了《商丘市营商环境违法行为投诉举报须知》,针对市场主体的投诉举报,及时受理,做到"有诉必应"。根据国务院、省、市《优化营商环境条例》和《河南省营商环境违法案件调查处理暂行办法》相关规定受理后,按权限和程序或自办或移交或转办,并根据规定时限完成调查处理工作。坚决查处营商环境违法行为,优化营商环境工作坚持无禁区、全覆盖、零容忍。

(三)营造便捷高效的政务环境

(1)提升"互联网+政务"服务水平。统筹电子政务外网建设,拓展网络覆盖范围,市直新完成 5 条外网专网线路建设。开展电子政务网络查验,规范使用管理,提升电子政务网络使用率。做好"豫事办"推广工作,全市"豫事办"累计注册用户普及率 60.9%,超额完成省定目标任务(40.3%)。在全省率先完成"豫事办"分厅建设,上架事项 378 项,全省排名第三,上架事项月使用率 100%。

(2)推进政务服务集成办理。按照"应进必进"的原则,持续推进"三集中、三到位",推进政务服务事项全面进驻、集中办理,全程在大厅受理、审批、办结,实现企业群众到现场办理的事项"只进一扇门"。截至 2021 年底,中心现共进驻 41 个市直、7 个区直职能部门,窗口工作人员 396 人,集中受理各类政务服务事项 2 122 项,与群众生活密切相关的 5 家银行,水、电、气、暖、燃等 14 家社会化服务机构在中心设置窗口。扎实推进"一窗受理、集成服务"改革,38 家市级职能部门 1 549 项政务服务事项及 7 家区级职能部门 90 项政务服务事项统一授权至综合窗口分类受理。实行"前台综合受理、后台分类审批、统一窗口出件、快递免费送达"的政务服务模式,变"一事跑多窗"为"一窗办多事"。在全省首创企业开办"一张清单走全程"。企业只需填写代办事项清单,并一次性提供全部所需材料,由代办人员规整材料、跟踪服务,企业最快四个小时可将企业开办、印章刻制、银行开户办理完毕,自推行"一张清单走全程"以来,共通过清单为企业受理事项 15 834 件,其中设立企业 6 983 家,变更 4 315 家,注销 4 536 家。

(3)深化行政审批制度改革。精简行政审批事项,着力推动简政放权,制定并公布行政审批事项目录,除法律、行政法规、地方性法规设立的行政许可项目和省政府规章设立的临时行政许可外,未列入目录的行政审批事项不得实施,目前商丘市市级保留行政审批事项 101 项,成为全省行政审批项目保留最少的省辖市之一。重塑审批流程,压缩审批时间。在全省率先探索实施工程建设项目"双流程"并联审批模式,并将"主流程"上 4 个事项调整至"并行推进流程"。对审批中的 9 个事项的审批时间进行大幅压缩。目前,全流程审批时限在国务院要求的 120 个工作日、省政府要求的 100 个工作日基础上,全流程最长审批时间为 48 个工作日(政府投资一般性公路工程类项目),最短 7 个工作日(社会投资小型低风险产业类项目)。

（4）推进社会信用体系建设。从推进社会信用体系规范化建设、加强信用信息归集共享水平、构建完善新型信用监管机制、开展诚信专项治理行动、大力推进信用惠民便企、推进"信易贷"工作、加强信用宣传教育等方面明确 2021 年信用体系建设工作目标任务。发布商丘市 2021 年诚信建设"红黑榜"，其中红名单 248 条，黑名单 230 条。截至2021 年底，市县两级共享平台已归集各类信 327 547 197 条，信用服务大厅出具信用核查报告 5 548 份，"信用商丘"网站访问量突破 36 576 596 次。

（四）营造公平公正的法治环境

（1）积极开展"互联网+监管"建设试点城市建设。积极对"互联网+监管"事项目录进行梳理和完善，依据监管事项目录清单完成监管实施清单编制工作，并依照监管实施清单履行监管职责，持续进行监管数据汇聚上报工作，切实做到"照单监管"。截至 2021年底，商丘市从省"互联网+监管"平台监管事项目录中认领事项 5 299 项，认领率 100%，各部门对认领事项均已编制实施清单，编制实施清单的部门覆盖率 100%；今年以来，各部门监管行为数据覆盖事项 4 974 项，覆盖率 94%。

（2）做好"公正透明"监管工作。制定《商丘市市场监管领域部门联合抽查事项清单（第一版)》等文件，规范随机抽查检查，实现"进一次门，查多项事"，尽最大限度减少对企业的经营干扰。探索信用分类监管，实施信用联合惩戒，对守法者"一路绿灯"，对违法者"利剑高悬"。2021 年全市共开展双随机抽查 763 次，抽查检查市场主体 27 649 户、行政相对人（组织）202 户。其中，部门联合双随机抽查 196 次，联合双随机检查比率为25.69%，比去年 11.16% 提升了 14.53 个百分点。

（3）营商环境违法案件的受理查处。依据国务院、省、市《优化营商环境条例》和《河南省营商环境违法案件调查处理（暂行）办法》规定，严格按照案件办理程序、权限等，对营商环境问题投诉举报案件进行受理，并根据投诉对象，按权限进行了自办、移交、转办等处理。2021 年，市级层面共受理营商环境投诉案件 4 件。按照权限自办 2 件，已调解解决；移交 1 件，转办 1 件，均已办结。

（五）营造宜居宜业的发展环境

（1）努力扩大优质教育资源总量。继续推进普惠性学前教育资源扩容计划，增加公办学位供给,新建改扩建公办幼儿园 40 所(不含永城)已全部开工、新增幼儿学位 6 810 个,其中 24 个项目已完工,16 个未完工项目正在进行主体施工。积极推进中心城区 22 所中小学校建设,已竣工 11 所,基本完工 4 所,主体完工 7 所。2021 年秋季已投入使用 8 所。加大农村学校建设力度,全市新建改扩建农村学校 36 所,已完成年度目标任务 31 所,主体施工 5 所。

(2)优化道路客运服务。商丘在全省率先实现公交车辆全部电动化,纯电动公交车辆达 2 153 台,平均月用电量 490 多万度,全市 60 岁以上老年人、现役军人免费乘坐公交车;发展城乡客运班线 216 条、城乡客车 1 576 辆、运营里程 6 540 千米,梁园区、虞城、民权、夏邑、宁陵、睢县等 6 个县(区)被授予“河南省万村通客车提质工程示范县”称号。

(3)加快推进医保信息化建设。加快推广激活医保电子凭证。截至 2021 年底,全市累计激活医保电子凭证 275.2 万人,定点医疗机构开通应用 853 家,累计使用医保电子凭证结算 481222 笔。推进门诊费用异地就医直接结算工作,确定 18 家直接结算定点医药机构,上线运行省医保公共服务平台,方便群众业务“网上办”。认真完成网络割接、定点医药机构接口改造、医保政策梳理、差异化需求分析、业务编码贯标等工作,2021 年 11 月 30 日国家医保信息平台正式在商丘市上线运行。

(4)全面落实系列人才引进培养激励政策。印发了《商丘市人民政府关于印发商丘市引才入商工程实施方案等四个方案的通知》《商丘市高层次创新创业人才(团队)引进培育办法(试行)》《商丘市高层次人才认定和支持办法》等一系列人才引进培养激励政策方面的文件,创新实施“人才+项目”的人才引进机制,积极支持、鼓励企业设立高层次人才创新创业平台。并开展招才引智专项活动,做好高层次人才的引进。

二、商丘市优化营商环境工作存在的问题

(一)网上政务服务能力有待提升

真正实现政务服务“一网通办”,是深化“放管服效”改革、方便群众办事的重要内容。按照相关要求,所有政务服务事项,都要实现数据互通、跨部门、跨地区、跨层级数据共享和业务协调。目前,河南省数据共享交换平台为每个市(直管县、市)分配了一台前置机,商丘市政务数据已通过前置机将市级政务服务相关数据汇聚至河南省数据共享交

换平台,因省级部分业务平台尚未将数据汇聚至河南省数据共享交换平台,无法与市级政务服务平台、业务系统交换数据,市级层面难以推动省级业务系统之间数据共享,影响了一体化政务服务能力。

(二)不动产登记数据共享不充分

一方面,由于历史信息数据格式各异造成共享数据不完整;另一方面,部门间信息数据共享不全面,在国务院8号文件列出的12个部门中,部分国家部委的数据接口没开通,省级数据不完整,市县级数据整合不到位,能够获取的数据格式不统一,这些问题导致数据共享和集成难以充分实现,目前各县(市、区)登记机构已经共享利用的政务信息几乎全部是省级层面和国家级层面共享开放的信息。

(三)数字经济发展程度不够高

数字经济已成为驱动经济发展日益重要的新动能,商丘市数字产业虽然发展较快但仍存在传统产业数字化转型慢、质量不够高,以及中小微企业"不愿转型、不敢转型、不会转型"等问题。数字经济为人民群众生产生活提供了很多便利,但同时各类数据的收集、处理等活动复杂,安全风险也不断加大,商丘市目前数字经济发展有力支撑还有些欠缺。

(四)人才引进培养机制不够成熟

人才流动激励机制不够完善,人才中介服务业发展不成熟,人才市场功能不健全,人才基金在新形势下投入不足。缺乏与各类人才发展相符合的人才规划,负责培养使用的主管部门各自分散,形不成合力,人力资源开发没有得到合理整合。

(五)"双随机、一公开"规范力度需要强化

部分市直部门和县(市、区)配套的实施细则仍有待进一步完善,特别是缺乏基层开展双随机抽查的具体操作规程,未按照"谁检查、谁录入、谁公开"的原则,将检查结果自产生之日起20个工作日内及时公示检查结果,处罚事项在国家企业信用信息公示系统公示不完整。目前仅市场监管部门的双随机检查信息较为完善,有相应配套规则,其他部门的双随机检查与双随机监管平台的系统并不完全相适应,机构信息归集系统不完善。

二、商丘市优化营商环境的提升措施

(一)强力推进优化营商环境攻坚工作

(1)全省营商环境评价成绩排名冲刺第一方阵。在 2022 年全省营商环境评价成绩排名冲刺跃入第一方阵,争取在 2023 年、2024 年跨入全省一流营商环境的领先地位,确保在十四五末跨入全国一流营商环境梯队。针对商丘市营商环境具体评价指标现状,制定《商丘市 2022 年度优化营商环境攻坚行动方案》,锻长板、补短板、强弱项、促提升,确保各单项评价指标中先进指标进一步巩固提升,后进指标大幅升级晋位并跨入先进行列。

(2)开展营商环境重点领域专项整治行动。制定《商丘市营商环境重点领域专项整治工作方案》,坚持依法推进,以国务院、省、市《优化营商环境条例》及有关法律法规为依据,聚焦营商环境重点领域存在的"堵点、难点、痛点",重点从政务服务、执法司法、市场环境等三大领域开展专项整治,靶向攻坚,精准施策,以案促改,规范执法,实现重点突破。通过稳步有序开展专项整治,查处一批典型案例,纠正违法违规行为,深入整治营商环境重点领域违法、违规行为,促进作风转变,提高服务质效,构建更加亲清的政商关系。

(3)做好对县(市、区)、市直层面的"双月督查"通报。一方面,根据《商丘市落实〈优化营商环境条例〉督导方案》,通过对各县(市、区)在"工程审批改革""招商引资成效"、"市场主体和群众满意度""投诉举报"等营商环境建设不同的角度和侧面,来反映营商环境建设成效,按量化打分排名情况进行通报,形成倒逼机制,促使政府职能部门和"法检"两院改进工作作风,增强主动服务意识,优化提升营商环境质量,逐步提升市场主体和群众的满意度,确保《优化营商环境条例》在商丘市的贯彻落实。另一方面,根据年初制定的《商丘市优化营商环境攻坚目标台账》,27 个市优化营商环境专项攻坚组负责推进 28 项攻坚目标任务,每两个月对推进情况进行督导通报,奖优罚劣。通过督导检查,倒逼其思想重视,不断提高商丘市营商环境整体水平。

(二)进一步做好"放管服效"改革工作

及时跟进国务院、省政府行政审批改革进程,聚焦企业和群众关注的重点领域和办事创业的难点堵点,加快转变政府职能,以务实管用的政策和改革举措,着力清理对市场主体的不合理限制,实施更加有效监管,持续优化政务服务。进一步加大简政放权力度、量化标准、时间等,着力规范权力运行,对取消的行政审批项目,研究制定后续监管具体措施,防止变相保留;对下放的行政审批项目确保下放到位,加强服务指导,防止出现管理脱节。坚持系统观念,加强各领域"放管服效"改革有机衔接、统筹推进,促进要素资源高效配置,切实维护公平竞争,一体推进市场化、法治化、国际化营商环境建设,推进政府治理体系和治理能力现代化,激发各类市场主体活力与创造力,推动经济社会持续健康发展。

(三)不断提升政务服务能力

继续在"四减一优"上下功夫,进一步减环节、减材料、减流程、减时限,推进无差别、同标准办理,消除模糊条款。开展政务服务事项要素内容核查完善工作,重点排查申请材料清单、材料电子版和样表、咨询电话、各环节审批人员等要素,确保办事指南准确度、完整度。充分运用网上审批平台进行网上申请、网上审批、网上流转,全面开展真实模拟办件,确保事项要素完整、在线办理流畅。完善工改平台功能,针对应用过程中出现的细节问题进行优化提升。筹建"一码通"二维码查询系统建设,打造政务服务一码通查的全新工作模式,加快实现网上政务大厅与实体政务大厅的深度融合,推进更多事项网上办理,全面推进政务服务便民化,推动政务服务再上新台阶。

(四)强化信用体系建设

依托市信用信息共享平台,依法依规、常态化收集整合信用信息,加强信用信息归集的全面性、时效性、准确性,同时加大信息归集情况的通报力度,督促各成员单位及时全量报送信用信息。建立健全以信用为基础的新型监管机制,突出"事前、事中、事后监管"。加快推进"信易+"守信联合激励机制,落实信用惠民便企,督促各相关单位编制"信易+"应用实施方案,围绕惠民便企服务事项,制定与信用评价匹配的激励等次和措施细则,明确工作目标、应用场景、推进步骤、联动部门、责任分工等内容,推动各应用场景的激励措施尽快出台落地。

(五)推进不动产登记信息平台与政府的数据共享交换平台有序衔接

推动信息共享集成,建立部门间信息共享集成机制,打破"信息孤岛"。有关部门和单位应当及时提供不动产登记相关信息,与不动产登记机构加强协同联动和信息集成。

夯实不动产登记信息基础,加快存量数据整合与质量提升,开展地籍测绘等补充调查工作,推进不动产登记信息平台与政府的数据共享交换平台有序衔接。推行"互联网+不动产登记",建立不动产"网上(掌上)登记中心",构建"外网申请、内网审核"模式,实现服务企业和群众零距离。推动流程集,通过信息化手段整合集成业务流程,在政务服务大厅或不动产登记大厅设立综合受理窗口,统一受理各相关办理事项,实现信息化技术支撑的"一窗受理、并行办理"。

(六)以科技创新助推数字经济

数字经济就是"产业的数字化"和"数字的产业化",对传统产业的转型升级提供了强大的支撑。商丘市将聚焦产业数字化、数字产业化,统筹布局物联网、云计算、人工智能等,在制冷、制鞋等行业推动"5G+工业互联网"融合创新,新建 5G 基站 2 000 个以上,新增省级 5G 应用示范项目 20 个以上;开展"上云用数赋智"行动,新增上云企业 2 000 家以上,打造高质量发展新优势。商丘市将推动商丘科学院建设、商丘(上海)创新发展研究院改革。建设商丘"智慧岛"和 6 个省级高新区"双创"综合体。同时,新增省级工程技术研究中心、重点实验室、院士工作站、中原学者工作站、星创天地等创新平台,增强科技创新动能。使数字更好地与实体相融合,使产业更快实现转型发展,使数字经济发展更加行稳致远、更好释放发展动能。

(七)建立健全系统的人才培养机制

(1)积极与财政部门对接。争取财政、土地等支持,尽早开工建设市级人力资源市场。现政府办已将市领导有关加快市级人力资源市场建设报告的批示意见运转到市财政、土地等相关部门,工作正在推进中。

(2)进一步落实引才入商工程,加大柔性引才力度。联合商丘市大型国有企业、有影响力的民营企业及机关事业单位,继续做好各类人才引进工作,为商丘市发展提供人力资源保障。同时开展"公共就业服务"进校园活动,进一步提升高校大学生就业服务质量,为就业市场提供高素质人才。对企业重点急需的高层次人才,开辟人才引进"绿色通道""一站式"办理人才引进手续。对企业引进的各类急需紧缺人才和创新团队,经申报评审符合条件的,由中原英才计划等给予支持。围绕影响企事业改革发展的重大问题,邀请国内外知名专家学者为商丘市企事业单位把脉问诊、建言献策,开展技术讨论、项目合作。

（3）增强就业人员能力。大力实施"人人持证，技能河南"建设和全民技能振兴工程。进一步加强职业技能培训，加大培训补贴力度，提高培训质量，增强从业者技能水平和就业能力，有效破解就业结构性矛盾。

（4）进一步加强商丘市科研平台建设，储备优质人才资源。做好博士后工作政策宣传，促进自主研发和科技创新，加快推进商丘市博士后工作高质量发展。通过博士后工作站和创新实践基地延揽一批高层次、急需紧缺人才，为商丘市人才队伍注入新鲜血液，为改革发展带来新观点、新技术、新理念，凝聚科技创新正能量，营造科技创新良好氛围，为商丘市经济发展积蓄新动能。

（八）强化"双随机、一公开"规范力度

建立健全以"双随机、一公开"监管为基本手段、重点监管为补充、信用监管为基础的新型监管机制，推进跨部门联合监管和"互联网+监管"。制定随机抽查事项清单，建立检查对象和执法检查人员名录库，要制定随机抽查实施方案，编制年度随机抽查计划，规范"双随机、一公开"监管平台应用，严格规范随机抽查行为，开展跨部门联合抽查，依法公开并运用随机抽查结果，推行随机抽查与信用监管联动。全面推行"双随机、一公开"监管，进一步提升监管的公平性、规范性和有效性，不断降低制度性交易成本，减轻企业负担，减少权力寻租，着力营造公平竞争的市场环境和法治化、便利化的营商环境。

（九）大力营造营商环境浓厚氛围

拟定《营造优化营商环境浓厚氛围方案》，充分发挥新闻媒体作用，通过报纸、电视、互联网和新媒体等平台对营商环境最新政策、营商环境优化先进经验和典型案例、主要工作做法和投诉举报热线等内容进行广泛宣传。加强政企沟通，主动听取市场主体、营商环境监督员、专业机构以及行业协会商会的建议，合理引导社会预期，积极回应社会关切，打造全民了解优化营商环境、全社会参与优化营商环境的新格局，营造良好营商环境舆论氛围。

（十）建立优化营商环境工作奖惩机制，强化营商环境责任追究

为激励商丘市广大党员干部优化营商环境工作热情、强化责任意识，拟出台《商丘市优化营商环境工作督查奖惩暂行办法》，强化结果运用，根据"双月督查"通报情况及省营

商环境评价结果,奖优罚劣,对工作先进的予以表彰,对工作落后的予以问责,并与干部的提拔任用挂钩,进一步激发营商环境攻坚克难的动力,确保商丘市优化营商环境攻坚目标实现。要强化对权力运行的制约和监督,重点解决企业办手续繁、不依法行政、中梗阻等问题,对拖着不改、顶着不办的人和事,严肃追究负责人和当事人的责任。政府职能部门要严格依法依规开展对市场主体的行政执法检查,对违反国务院、省、市《优化营商环境条例》有关规定的行为,严格按照《河南省营商环境违法案件调查处理暂行办法》进行查处,坚持优化营商环境工作无禁区、全覆盖、零容忍。

2021—2022 年商丘外向型经济发展现状与预测展望

杨　飞[①]　李　超[②]　张　静[③]

摘　要:2021 年,面对复杂严峻的国际国内形势,特别是中美经贸摩擦对我国对外贸易和经济带来的不利影响下,攻坚克难,积极进取,强化企业服务,扩大进出口企业主体,开拓域外市场,组织企业积极参加展会积极做好宣传,帮助企业用足用好支持政策,促进转型升级,做好商丘出口基地培育建设,加强外商投资存量跟踪服务,抓好支持政策落地,保护外商投资合法权益,全市对外贸易、利用外资和对外经济合作成效明显。受国内外疫情发展形势和国际局势的影响,商丘外向型经济发展不确定性增加,2022年,世界经贸格局将继续进行深刻调整,商丘外向型经济发展"谨慎乐观"。

关键词:商丘　外向型经济　中美经贸摩擦　谨慎乐观

2021 年,面对复杂严峻的国际国内形势,特别是中美经贸摩擦对我国对外贸易和经济带来的不利影响下,紧紧围绕年初商丘市委市政府确定的发展目标,攻坚克难,积极进取,商丘外向型经济成效明显。

---

①　商丘市商务局外贸科科长。
②　商丘市商务局外资科科长。
③　商丘市商务局外经科副科长。

一、商丘外向型经济的基本情况

（一）对外贸易

2021年，商丘全市进出口完成54.3亿元，同比增长27.5%，占省定目标任务的123.7%，其中出口完成41.8亿元，同比增长27.9%，进口完成12.5亿元，同比增长26.2%。

商丘全市有进出口实绩企业近250家。多年来，商丘发挥自身产业优势，依托产业集聚区建设平台，大力发展产业集群，每个县市区均发展1~2个独具特色的主导产业，从而其也具有了自身的出口特色产品和产业。2021年，商丘主要出口商品包括：纺织服装、五金工量具、白色家电、电子信息、鞋类产品、食品、肠衣、木制品、环保设备、铸件、医药器械、金刚石微粉及制品、打火机、毛皮制品等。进口产品主要包括：氧化铝、棉花、机器设备、生皮和皮革。

2021年商丘进出口贸易市场的方向基本未变，亚洲仍是我市进出口贸易主要市场，其中日本、韩国、中国台湾等仍是商丘开展进出口贸易的主要亚洲国家和地区。美国仍是商丘出口最主要的目的国。

（二）利用外资

商丘把吸引利用外资作为加快经济发展有效途径，积极有效利用外资推动经济高质量发展，加快构建开放型枢纽经济新体制，倾力打造国家区域中心城市建设，促进商丘经济高质量发展。2021年度商丘新设外商投资企业7家，合同利用外资完成3.33亿美元，新设外商投资企业数量同比增长133.3%；商丘全市实际吸收外资4.67亿美元，占省定目标的100.1%，同比增长3.1%。

（1）外资企业类型和区域分布情况。商丘全市登记在册的79家外资企业：中外合资企业31家、中外合作企业2家、外商独资企业44家和股份制企业2家。79家外资企业在各县（市、区）的区域分布：梁园区11家、睢阳区16家、示范区7家，夏邑县10家、虞城县2家、睢县8家、宁陵县2家、民权县8家、柘城县2家、永城市13家。

（2）外资企业投资和生产经营情况。商丘全市登记在册的79家外资企业，投资总额27.2亿美元，外方认缴注册资本12.7亿美元，注册资本11.6亿美元，户均注册资本1 608

万美元;实现销售收入突破 70 亿元,利润总额 7.2 亿元,纳税总额 10.8 亿元,2021 年末 79 家外资企业从业人数达 1.65 万人。

(3)外资企业地区和行业分布情况。商丘全市登记在册的 79 家外资企业,按境外投资国家和地区分类,其中港资企业 47 家,占比 59.5%,位居第一位;台资企业 12 家,占比 15.1%,位居第二位;日韩企业 6 家,占比 7.6%,位居第三位;欧洲、美洲、非洲以及亚洲除日韩外的其他国家和地区外商投资企业 14 家,占比 17.7%。商丘全市登记在册的 79 家外资企业,按行业分布,其中制造业 38 家,占比 48.1%,位居第一位;批发和零售业 14 家,占比 17.7%,位居第二位;电力、热力、燃气及水的生产供应业 11 家,占比 13.9%,位居第三位;农、林、牧、渔业 9 家,占比 11.3%,位居第四位;房地产业和采矿业为 4 家,占比 5%,位居第五位;居民服务业 2 家;住宿和餐饮业、建筑业、租赁和商务服务业、修理和其他服务业各 1 家。在 38 家制造业当中业态分布主要是酒类、饮料、木材加工、皮革毛皮制品、制鞋、纺织、饲料养殖和通信电子设备等八大行业。

(三)对外经济合作

(1)在对外直接投资方面。截至 2021 年底,商丘对外投资企业 21 家,其中梁园区 6 家、示范区和民权县各 4 家、睢阳区 3 家,永城市、虞城县、宁陵县和柘城县各 1 家;按目的地分布,澳大利亚 1 家、德国 1 家、美国 1 家、东南亚 4 家、非洲拉美洲 5 家、吉尔吉斯斯坦 6 家、中国香港 3 家。项目涉及批发业、农副食品加工业、畜牧业、通用设备制造业、计算机通信和其他电子设备制造业。

(2)在对外劳务合作方面。河南国龙矿业建设有限公司 2020 年 12 月底取得对外劳务合作经营资格与哈萨克斯坦 CBCOM 公司签订劳务分包合同,由于受哈国疫情影响和资金问题,总包方未能按照计划做好现场筹备工作,所需的物资、设备不齐全,不具备劳务施工作业条件,目前仅有 13 名公司外派员工负责前期对接工作。

(3)在对外承包工程方面。河南省中宇地质工程勘察院有限公司在埃塞俄比亚的前期合同均已经完成,仅剩阿姆哈拉水利矿产能源局 3 眼供水井施工一个项目,自 2020 年新冠疫情在全球蔓延以来,埃塞俄比亚当地卫生环境、社会环境和政治环境均受到重大影响,安全形势依然严峻,为保护我方人员生命安全和财产安全,该企业外派出人员陆续回国,目前仅有 3 人在境外驻守埃塞俄比亚首都与我国驻当地使馆密切联系。

二、商丘外向型经济的工作实践

（一）对外贸易

（1）强化企业服务，扩大进出口企业主体。继续抓好了对外贸易经营者备案登记工作，进一步培育商丘进出口企业队伍，发展壮大了进出口经营主体。在企业申报材料齐全的情况下，努力做到企业随到随办，当天办结。全年商丘共新备案进出口企业 134 家。

（2）开拓域外市场，组织企业积极参加展会。参加广交会签订订单是商丘外贸企业扩大出口规模最重要的途径之一。第 129 届和第 130 届广交会，经过认真组织，商丘共有 130 家次企业参展，其中，在第 129 届广交会上商丘 11 家摘帽贫困县外贸企业获得"贫困地区特色产品"展区展位，占全省该展区参展企业总数的 35.5%。两届广交会商丘进出口参展企业均取得了一定成绩。积极组织参加第四届中国国际进口博览会，共组织商丘 76 家企事业单位，263 人参加了此届进博会。

（3）积极做好宣传，帮助企业用足用好支持政策。充分利用各种媒介，大力宣传国家、省、市出台的重要装备和技术进口贴息、支持外贸中小企业开拓市场资金、贸易摩擦涉案企业补贴、省级进口商品贴息、出口信用保险项目资金、出口信用保险小微企业政府补贴、商丘保税物流中心等各项支持政策，努力使商丘进出口企业掌握各项支持政策，用足用好扶持资金。协助 6 家企业申报了 2021 年上半年商丘支持中小企业开拓国际市场和出口信保的 9 个项目，申请支持金额合计 24.46 万元。联合商丘财政局制定拨付计划，及时向各县（区）财政部门拨付 2021 年度省级外经贸专项支持外贸外资外经发展项目资金，该项支持政策将进一步促进商丘进出口企业开拓国际市场的积极性，提升了企业的国际化经营能力和产品的国际市场占有率。

（4）促进转型升级，做好商丘出口基地培育建设。加强商丘省级外贸转型升级基地建设（出口基地），经过积极培育和组织申报，省商务厅评审认定，商丘共三家出口基地被认定为省级外贸转型升级基地，即柘城县辣椒外贸转型升级基地、睢县鞋类外贸转型升级基地和河南省民权县制冷设备外贸转型升级基地，为商丘进出口进一步发展打下良好基地。

（5）鼓励开展进口，促进对外贸易平衡发展。鼓励企业开展进出口权备案登记，积极探索开展进出口业务,进一步壮大商丘对外贸易经营主体队伍。加强招商引贸,积极引进市外进出口企业在商丘注册落地,积极推动"河南神火煤电股份有限公司"等企业市外进口业务回归,壮大商丘进口龙头企业队伍。今年以来,河南神火煤电股份有限公司进口氧化铝业务从深圳分公司转移至永城公司本部,全年进口完成约4.5亿元,同比增长7%。

(二)利用外资

(1)强化外资项目招引工作。密切跟踪商丘在谈、签约、在建外资项目,建立台账,落实责任,及时协调推进项目落地;督促各县(市、区)以外资项目为导向,下大力气全力推进新批外资项目及有望增资的外资项目进展;争取正在洽谈的项目尽快签约报批、尽早落地出资;强调要求已经增资的项目从速上报,促进有望增资的项目积极推进;尚无在谈项目的要积极做好招商引资工作和外资项目的储备工作;各县(市、区)每年至少落地1个外商投资企业项目,"十四五"期间投资规模至少达到1亿美元。

(2)加强外商投资存量跟踪服务。按照《2021年河南省外资工作要点》和开展"外企大走访"服务年调研活动,了解各县(市、区)稳外资工作与政策落实情况、外资企业产业布局、外资企业纳税及生产经营情况;了解企业诉求、协调解决存在的问题;了解各县(市、区)各地招商引资重点产业情况、重点外资项目在谈、建设情况,帮助推进外资项目落地;调研各县(市、区)存量企业增资潜力,排查资本金到位线索,督促资本金进资,推动商丘全市实现稳外资目标任务,建立高效沟通联络机制。

(3)组织参加重大活动。增加对多双边投资促进机制的参与度,组团参加进博会、厦洽会、东盟博览会、中博会等国家级经贸活动;推进与境外国家和地区经贸合作计划,加大对日韩、港澳台招商引资力度。

(4)抓好支持政策落地。落实《关于加强新形势下招商引资工作的意见》、《河南省支持外贸外资外经企业稳定发展若干措施》、《关于积极应对新冠肺炎疫情做好外经贸工作若干措施的通知》等政策措施。用足用好外经贸专项资金、省级招商引资专项资金,加大对重大招商引资项目、跨国公司地区总部和投资性公司等总部型机构的奖励扶持力度,充分发挥"增资100万美元奖励10万元"等政策效应。

(5)保护外商投资合法权益。贯彻落实《外商投资企业投诉工作办法》和《河南省外商投诉处理办法》,依法受理外资企业投诉事项,切实维护好外商投资合法权益,及时协调解决不公平对待外资企业问题,维护公平竞争秩序。

(6)有序推进外资项目。"十四五"期间华润集团将借助商丘市调整优化经济结构的契机,加大对商丘市的投资力度,持续推进与华润集团在谈的风力发电、医疗医药和雪花啤酒外资项目,积极推进永城、夏邑、虞城、民权、梁园等县市区的风力发电项目,在更多领域深化与商丘市的合作,积极响应《河南省重点外资项目推进计划》有序推进和协调解决投资项目,同时华润电力保证每个项目注册一个外资公司,保障商丘市外资指标任务的完成。

(三)对外经济合作

(1)强化企业服务。做好事前服务一企一策针对性服务为企业做好境外目的地风险研判,协助企业做好备案前期资料准备,做好企业与省厅的沟通桥梁。

(2)优化办理流程。深化"放管服"改革成果,网上办理全流程、一次性告知备案所需资料,真正实现零跑腿减少企业负担。

(3)做好跟踪服务。指导企业做好统计月报及中方在外人员统计,加强沟通联络,帮助企业做好安全防范和疫情防控,保障商丘在外企业和人员利益。

三、商丘外向型经济存在的主要问题

(一)对外贸易

(1)国际形势复杂多变,影响进出口发展。当前欧美等商丘主要出口目的市场疫情蔓延势头仍未得到有效控制,世界经济复苏前景存在不确定性。同时受疫情影响,地方保护主义、单边主义进一步加剧,造成商丘进出口企业开拓国际市场压力增大。国际局势特别是乌克兰局势虽直接影响有限,但其造成的国际金融、海运物流等波动,增加了商丘进出口更多不确定性,相关进出口工作开展难度加大。

(2)开展业务资金紧张,订单履约接单受限。商丘进出口企业多以中小微企业为主,普遍存在资金匮乏,流动资金严重不足现象。金融机构对企业融资虽有好转,但企业由金融机构直接融资仍然艰难,已然成为限制企业进一步扩大自身发展和出口规模的重要因素。受疫情影响等因素影响,企业出口订单海运时间增长,企业资金回笼周期增加,造成企业资金紧张及流动资金不足现象,无法扩大生产规模,对在手订单履约造成影响,新接出口订单受限,从而限制了企业进一步发展,对商丘进出口造成一定影响。

(3)物流不畅,生产成本提升。陆运、海运运输成本提升,难找车、发货难、发货贵是目前出口企业面临的困难之一。由于国内外疫情的突出状况,国外港口排队时间比以前延长;港口到国外目的港的船只,因疫情而航次减少,可以运输的船只运输费用出现普涨,进一步增加了进出口企业的成本支出。由于国内企业生产所需各种原材料及人员工资成本上涨,导致企业生产成本持续上升,很大程度上压缩了利润空间,部分企业经营乏力,效益下滑,对出口影响较大,外贸发展面临的困难增大。

(二)利用外资

(1)外资项目产业分布不均衡。外商投资大量集中在商丘二产的制造业领域,投向现代服务业、现代农业领域的项目比例过低、增长缓慢,对推动商丘产业结构优化升级的贡献有限。

(2)外资增量不足存量萎缩。受新冠疫情、国际局势、经济形势、政策环境等诸多因素影响,商丘近年来新批设立的外资企业不多,利用外资额下滑幅度较为明显,而且出现已落地的外资企业陆续办理了注销手续或转为内资企业,外资企业总数呈减少趋势。商丘登记在册的79家外资企业中有27家僵尸企业(无经营、已停产、半停产、连年亏损等状态),占商丘全市外资企业的1/3。

(3)外资企业总体质量不高。一方面企业规模偏小、产业层次偏低,技术和资本密集型、节能环保型的项目较少;另一方面产业相对分散,集聚度和关联度不高,配套能力不强,大部分项目未形成群体效应,缺少稳固的产业链。

(4)利用外资管理体制不顺。商丘各县(市、区)虽然都配有外资管理部门,但部门运转不正常、人员配置少,基本由外资股长一人承担外资管理职能,没能形成和招商部门紧密配合、通力协作机制,没能有效发挥统筹协调作用;政府相关部门在利用外资工作上协调配合不够,存在责权利不统一、职能交叉、分工不明、管理缺位等问题,直接影响利用外资管理工作的高效运作。

(5)利用外资问题日益凸显。一是外资到位进度缓慢,引进大项目没有取得实质性突破;二是外资来源的区域比较单一,多数来自韩国、日本等国家;三是储备项目潜力不大,储备数量不足、质量不高、吸引力不强,目前招商引资多为内资,不足以引领利用外资的快速发展;四是新批外资企业数量少,规模小,成为商丘进一步提高引进外资企业和利用外资水平的瓶颈。

(6)招引外资工作力度仍显不足。一是在外部环境上,受世界经济增长放缓影响,经济运行形势偏紧,外商投资意愿不强,区域间的引资竞争日趋激烈;二是在思想观念上,招引外资的思路不宽,认为招外不如引内,存在畏难情绪;三是在政策运用上,内外资同等对待,没有体现差距,且考核激励政策可操作性和规范延续性欠缺;四是在服务保障上,尚未整合建立全市统一的信息资源共享平台和招商引资项目库,外资招商项目家底不清,招引外资方式方法不多,抓签约项目落地工作不到位。

(三)对外经济合作

(1)企业投资前期准备不足。有部分企业仅以前期出口老客户介绍,没有对东道国目标地进行厂房租金情况、当地消费市场及前景、税收情况、治安情况、用水用电情况等进行充分的了解,仅从降低出口成本考虑而决定境外投资,后期在设厂及生产经营中遇到这样那样的问题及麻烦,造成始终处于筹建或生产经营不善状态。

(2)资金困难没有得到有效缓解。从外部环境来说,"一带一路"沿线国一般是亚非拉等发展中国家,这些国家的共同特点是发展水平低、资金短缺,需要中方为外方解决资金难题。从内部环境来看,中小企业融资也是一大困难,国家及金融部门虽然出台了一系列优惠政策,但收效不大。

(3)境外投资风险加大。受疫情影响境外发展中国家卫生环境、社会环境和政治环境均受影响,武装冲突时有发生,外汇管制、通货膨胀严重,这些都增加了投资的风险成本。部分非洲国家及东南亚国家税法不完善,项目成本确认困难,极易造成税务风险,在境外当地政府税务部门对企业税务审计时,企业大概率面临高额罚金风险。

(4)企业内部管理能力不足。企业内部缺乏管理协调人才,对国外企业的经营管理及国外经营环境的适应协调上存在不足,企业领导者思想不够解放,缺少全局性及统筹思维。

四、2022 年商丘外向型经济发展分析预测

(一)对外贸易

2022 年,世界经贸格局将继续进行深刻调整。国内改革开放将进一步深入推进,将是由全面建成小康社会向全面建设社会主义现代化国家迈进的关键时期,经济发展"新常态"将继续延续。国内面临新常态下新一轮更高水平对外开放战略带来的新机遇、新挑战,商丘对外贸易也同样既面临重要的战略机遇,也将面临一些困难和挑战。

世界经济仍处于低迷状态,全球经济复苏前景存在较大不确定性,保护主义、单边主义上升,越来越多的贸易和投资限制,不断上升的地缘政治不确定性势必会损害区域性及全球的经济复苏。国内外新冠肺炎疫情大流行的态势尚未从根本上得到遏制,以及俄乌冲突的后续影响,造成国际需求疲软,商丘外贸进出口下行压力持续加大。但总体来看,2022 年商丘对外贸易发展"谨慎乐观"。

(二)利用外资

2022 年度商丘年实际利用外资争取达到 5 亿美元,增长幅度 3% 以上。通过扩大对外开放,加快建设更具活力、更加开放的经济体系,使商丘在经济区的核心地位得到增强,为未来实现商丘全市经济的全面振兴,成为全省开放型经济强市,成为河南豫东地区投资环境最佳的城市之一;成为河南省吸纳辐射和管理服务功能最强、现代服务业最发达、连接世界作为"一路一带"主要城市最便利的城市之一,打下良好基础。

(三)对外经济合作

联合国发布 2022 年度《世界经济形势与展望》报告中称,由于新冠肺炎疫情持续、劳动力市场问题、持续的供应链挑战和通胀不断增加的压力,全球经济面临着较大压力。联合国预测,在 2021 年全球经济增长 5.5% 后,2022 年和 2023 年全球经济增长将会降至 4% 和 3.5%。非洲和拉美国家受疫情冲击较为严重,复苏乏力,2022 年非洲经济增长率预期只有 3.9%,拉美 2.3%,远远低于全球平均 4.9% 的水平。商丘对外投资合作运行主要在非洲、拉美及欧洲国家受新冠肺炎疫情和俄乌冲突影响比较大,预计 2022 年商丘对外投资企业在 2021 年发展基础上保持稳定,对外承包工程完成营业额很难有突破。

五、2022 年商丘外向型经济发展的对策举措

(一) 对外贸易

(1)密切关注国际形势,加强调研分析研判。时刻关注国际贸易形势发展,并重点关注国际金融市场波动、国际航运情况、企业经营成本变化情况等情况,及时掌握形势、准确做出研判,做好产业、企业监测预警,协助企业提升企业预警意识,提高企业出口风险防范意识,为企业当好参谋、为领导决策提供信息。

(2)强化沟通协调工作,减轻企业资金困扰。加强与市金融工作局、各银行金融机构等部门的沟通、协调,引导企业加强与各银行金融机构联络,鼓励各银行金融机构不断创新金融业务,优化服务效能,加大对各进出口企业的资金融资支持力度,为商丘进出口企业发展提供强有力的资金支持。

(3)开拓国际市场,确保外贸稳定发展。紧盯河南省全年外贸进出口目标任务,力争超额完成省定目标任务。发挥产业优势,引导进出口企业大力开拓国际市场,强化外贸形势分析研判和信息预警,实时掌握商丘外贸动态,坚决稳住外贸基本盘。在继续巩固和发展欧美、日韩、香港等传统出口市场的同时,推进出口市场多元化发展,加大新兴市场的开拓力度,大力开拓东盟、非洲、拉美、中东、俄罗斯等新兴市场,进一步优化国际市场布局。加强与各方合作,有针对性地组织企业参加国内国际知名展会,重点参加广交会、进博会、服贸会和高交会等展会,扩大对外宣传,推动企业进一步走向国际市场,扩大商丘企业在国际市场的影响,努力扩大商丘产品的国际市场的知名度和市场份额。积极做好第 131 届和 132 届广交会参展工作。力争两届广交会商丘外贸企业取得更大实效,进一步扩大商丘出口规模。

(4)加快出口基地培育建设,夯实对外贸易发展基石。按照"壮大传统产业、发展高新技术产业、培植新兴产业"的发展思路。结合商丘优势产业,进一步培育产业集中度高、产品竞争优势明显、产业链长、辐射面广、带动能力强的出口产业集群和出口产业基地。变产业优势为出口优势,增强出口后劲。协助商丘各县市区主导产业成立商协会。做好河南省级外贸转型升级基地培育和申报工作。支持条件成熟的县市区申报保税仓,为下一步申报保税物流中心打下良好基础。

(5)利用各项支持政策,推动外贸新营销模式发展。积极鼓励和引导出口企业进一步发挥跨境电子商务等新营销模式的独特优势,积极开拓国际市场,开展在线营销,实现在线交易,保订单、保市场、保份额,以新业态、新模式助力外贸攻坚克难。帮助和引导商丘外贸企业充分利用,特别是疫情以来国家、省、市相继出台的支持外贸稳定发展的政策措施,发挥企业主观能动性,多途径、多方式寻客户、签订单,开展产品营销。引导企业充分利用《区域全面经济伙伴关系协定》(RCEP)生效实施的新机遇,加大区域内市场开拓力度,用好 RCEP 协议区域市场,深化与 RCEP 成员国经贸合作,扩大与其之间的进出口规模。加强与河南省厅的沟通联系,及时了解专项资金使用计划,提前部署专项资金申报工作,联合市财政局从快从速从严使用专项资金,确保急需的企业真正使用到资金。继续加强与中国出口信用保险公司河南分公司的沟通和协调,加大出口信保政策的宣传力度,协助相关能保未保外贸企业做好出口信保的参保工作,充分发挥出口信保在外贸企业出口工作的积极作用,增强外贸企业发展信心和韧劲,促进商丘出口规模进一步扩大。同时,引导企业积极寻求国内客户,努力扩大产品内销,确保进出口企业良性稳定发展。

(二)利用外资

当前商丘正处于转变经济发展方式的关键时期,要努力克服经济下行压力加大等不利因素影响,切实增强利用外资工作的紧迫感、危机感和责任感,更加积极有效地利用外资,为新时期商丘全市经济社会平稳健康发展做出更大的贡献。

(1)明确利用外资的工作思路。按照"招大、引强、选优"的基本要求,以服务经济转型升级为主线,切实做到"三个结合、三个统一",即:坚持扩大外资规模与优化外资结构相结合,做到引资速度与质量、效益相统一;坚持引进先进制造业与引进现代服务业相结合,做到强化传统优势与发展服务经济相统一;坚持促进"引资"与"引智"相结合,做到引进资金与引进先进技术、管理经验和高素质人才相统一。

(2)创新招引外资的方式方法。一是强化政府主导作用,积极主动开展定向招商、委托招商、项目招商等多种招商活动,注重对在建和已建成外资企业的服务,促进"以商引商"和项目增资扩股。二是把跨国公司尤其是世界 500 强企业作为招商引资的主攻目标,研究知名企业的产业转移方向,提高招商成效。三是加强与国际友好城市的对接交流，进一步加大港台、日韩投资合作力度，积极拓展欧盟、美国等重点引资市场。四是围绕先进制造业和现代服务业，深化产业链招商，通过引进龙头项目，争取形成新的产业链，集聚新的产业群。五是从规划、用地、环保、金融、财税等方面进行深入调研，摸清招引外资项目家底，建立统一的招商引资项目库并以市政府名义对外发布，以项目为基础，更有效地实施专业招商和精准招商。

（3）拓宽利用外资的结构领域。一是正确把握外资产业导向，从加快转变商丘经济发展方式和经济结构调整的角度出发，尽快编制《利用外资重点发展产业指导目录》并每年更新《重大外资项目库》，鼓励外商投资高端制造业、高新技术产业、现代服务业、新能源和节能环保产业，积极引进基础设施项目和现代农业外资项目；二是在继续加大吸引外商直接投资力度的同时，逐步推动实施外资参股、外资并购、境外上市融资等引资方式。

（4）强化利用外资的保障措施。一是强化组织领导，坚持实施利用外资"一把手"工程，切实发挥商丘利用外资联席会议制度和外资工作专班作用，加强调查研究和检查督促；二是完善利用外资考核办法，增强可操作性，及时兑现奖励政策，在市、县区两级党政机关目标管理综合考核中，探索对相关职能部门增加考核附加分值；三是加强外资工作队伍建设，深化培训、教育措施，不断提高外资工作人员的思想素质、政策水平和业务能力，积极引进国际经贸方面的人才，着力打造一支懂外语、懂政策、懂法律、善公关的专业队伍；四是优化服务体系，建立市、县区两级重大外资项目责任制和领导联系重点外资企业制度，切实帮助外资企业解决实际困难和问题，大力促进在谈、在批和在建外资项目落实到位；广泛组织开展经贸展会洽谈活动和"外资企业走访全覆盖"活动，进一步营造"重商、亲商、安商、富商"的良好氛围。

（5）管理体制的融合创新发展模式。一是创新利用外资方式是提高商丘开放型经济水平的迫切需要，现有的引资方式不能完全适应经济发展的要求，加快推进利用外资和招商引资管理体制改革，深度融合成立大部门体制，形成高效统一指挥管理体系；二是创建商丘全市内外资招引工作"一盘棋"思想，指导商丘全市招商引资工作科学化、规范化、制度化，规范招商引资政策，确保产业招商持续健康发展；三是做到内外资企业平等对待、一视同仁，编制和公布外商投资指引，发布招商指南、项目信息和数据信息等，为外商投资提供服务和便利，不断优化营商环境。

(6)完善协调机制和支持服务体系。开放型经济的发展需要各部门及全社会的共同努力,外经贸、工商、外管、税务、海关等涉外经济部门要加强联络与沟通,形成信息共享、工作互动的快速协调反应机制,抓好项目跟踪服务。要落实重大项目跟踪服务负责制,建立由主管部门牵头,相关部门参与、配合的外商投资项目支持服务体系,对重大项目从项目洽谈、签约、审批到开工建设、投产进行"一条龙"式的跟踪服务,及时掌握项目进度,帮助解决项目存在问题,促进项目早签约、早进资、早投产、早见效。对已竣工投产项目,要大力推动银企合作,改善融资环境,对优质产品要积极组织产品推介,促进市场开拓。

(三)对外经济合作

(1)关注国内外形势变化。密切关注埃塞俄比亚局势发展,督促河南省中州地矿工程勘察院埃塞俄比亚分院做好复工复产的准备工作,同时推动有条件的企业积极参与服务贸易博览会、亚欧博览会、中俄博览会、中非博览会、丝博会、中阿博览会、东盟博览会、东北亚博览会等平台与行业内龙头企业交流合作,发现新项目、抓住新机遇。

(2)加强企业服务。做好事前一企一策针对性服务,为企业做好境外目的地风险研判,协助企业做好备案前期资料准备工作,提高企业备案质量、通过率。

(3)发挥商务系统服务指导作用。密切联系企业做好服务,倾听企业诉求,解决企业困难,协同解决疫情防控与经济发展;鼓励相关企业积极参加各类投资洽谈会及投资论坛,让企业切实感受到参会就是开阔眼界及整合各种资源信息的重要性,通过资源共享、信息共享、企业间协调合作等方式,壮大商丘外经企业的整体实力,促进企业强强联合,让企业开拓市场发现更多切实可行的好项目。

商丘深化与周边区域合作发展现状与展望

刘运清①　王孝娜②　才建新③

摘　要: 商丘立足新发展阶段,贯彻新发展理念,融入新发展格局,切实发挥自身区位、交通优势,积极深化与周边区域合作。区域合作更加密切,开放发展体系建设更加完善,区域生态安全屏障更加牢固,区域社会事业共建共享更加深入,区域合作发展成效更加明显。面对区域合作发展的重大机遇,商丘要积极融入区域合作发展大局,推动基础设施建设、产业协同发展、公共服务一体化等领域合作,拓展完善开放通道与平台,坚持高质量引进来和高水平走出去相结合,增强开放内外联动性和对国内国际双循环相互促进的服务能力,全方位拓展开放发展新空间,逐步形成连贯东西、沟通南北的发展格局,打造全省开放前沿发展先行区。

关键词: 区域合作　国家战略　产业协作　动能转换

近年来,商丘立足新发展阶段,贯彻新发展理念,融入新发展格局,以共建淮河生态经济带、淮海经济区为纽带,以国家区域中心城市为引领,把握国家物流枢纽承载城市、国家骨干冷链物流基地承载城市、中原—长三角经济走廊先导城市等城市功能定位,聚焦产业协作、基础设施互联互通等方面,切实发挥自身区位、交通优势,坚持自身发展与

---

①　商丘市发展和改革委员会三级调研员。
②　商丘市发展和改革委员会地区经济振兴科科长。
③　商丘市发展和改革委员会地区经济振兴科副科长。

合作共赢相结合,积极拓展市域发展空间,不断推进区位优势向经济发展优势转化。

一、区域合作发展成效

(一)区域合作更加密切

商丘深入落实黄河流域生态保护和高质量发展、促进中部地区崛起等重大国家战略,以高质量推进商丘区域中心城市建设、河南副中心城市建设为引领,持续优化区域合作布局。与菏泽、聊城、濮阳、开封等沿黄城市探索推进共建黄河流域鲁豫毗邻地区一体化发展先行区,着力深化生态保护、产业发展、城乡建设、基础设施、文化旅游、公共服务等领域合作,努力打造省际交界地区合作发展样板,为深入实施黄河重大国家战略探索路径、做出示范。主动对接京津冀协同发展战略,大力推进商丘市与京津冀地区的经贸合作,2021 年 11 月,在北京举行商丘市与京津冀地区经贸合作交流会,签约项目 14 个,总投资 176.1 亿元,招引更多京津冀地区企业家到商丘投资兴业、共谋发展,共同为谱写新时代中原更加出彩绚丽商丘篇章贡献力量。贯彻落实国家发展改革委《淮河生态经济带发展规划》,深入推进淮河生态经济带建设,与淮河流域 5 省 29 市(县)共同签署了《淮河生态经济带文旅联盟城市旅游客源共济合作协议》《淮河生态经济带会展联盟合作协议》《淮河生态经济带医学专科联盟合作协议》等合作协议,与淮海经济区 4 省 10 市共同签署了《淮海经济区政务服务"跨省通办"一体化发展合作框架协议》《淮海经济区科技创新共同体框架协议》《淮海经济区内河航运和物流产业发展合作框架协议》等合作协议,促进淮河生态经济带、淮海经济区城市间共商、共建、共治、共享。积极发挥东向开放"桥头堡"功能作用,强化重大问题研究,将打造为中原—长三角经济走廊先导城市纳入《河南省"十四五"深化区域合作融入对接国家重大战略规划》,上升为省级战略,拓展市域发展空间,为全市经济社会高质量发展赋能蓄势。

(二)基础设施建设更加通达

以建设国家物流枢纽承载城市为契机,加快与周边城市和国内主要城市交通互联互通,大力推进区域内铁路、公路建设及淮河航道整治,全力构建高效便捷、布局合理的现代综合交通网络努力形成与京津冀、长三角等国内主要增长极互联互通的交通网络体系。推进铁路枢纽建设。商合杭高铁全线贯通,打通了对接江淮的"华东第二通道"。京雄商高铁商丘段、三洋铁路商丘段进展顺利,商丘东站站房及市政配套工程建成投用,商丘市高铁枢纽换乘中心基本建成,淮北至商丘(永城北)高铁联络线项目纳入安徽省"十四五"规划,贯通南北、连接东西的铁路黄金"双十字"即将成型。推进公路枢纽建设。阳新高速宁陵至沈丘段开工建设,宁陵至豫鲁界段就项目线路走向同菏泽市完成对接,"三环九放射"市域快速通道一期工程完工,干线公路通车里程达到 2 120 千米,高速公路通车里程达到 510 千米,"米"字形加放射状的高速公路网络已经成型。推进航运水运项目建设。商丘机场项目加快推进,民权通用机场实现首飞;沱浍河航运一期工程已经完成,惠济河航运工程已列入河南省交通运输厅航运发展规划。我市全国综合性交通枢纽地位更加巩固,辐射带动能力进一步增强。

(三)开放发展体系建设更加完善

持续推进开放平台建设。2017 年,商丘保税物流中心封关运营,保税贸易额稳步增长。2021 年,共完成保税贸易 65.73 亿元,同比增长 45.4%;货物吞吐量 11.8 万吨,同比增长 7.82%。监管货物种类涵盖机械设备、工业原材料、五金工具等 50 余种。2021 年完成 152.6 万单跨境电商进口零售业务,总货值 1.87 亿元。业务规模和辐射服务能力在全国同类保税中心位居前列。民权保税物流中心 2021 年完成进出口保税贸易共 1 993.2 万美元,货物吞吐量 4 088.04 吨。目前,全省 4 家保税物流中心商丘市占 2 个,中欧班列"商丘号"成功开行,商丘国际陆港建设积极推进,商丘综合保税区和铁路口岸查验区积极申建,全面开启了对外开放新征程。持续优化开放发展环境。出台河南省首部优化营商环境地方法规,率先完成"豫事办"分厅建设,我市成为河南省行政审批事项保留最少的省辖市,"双流程"审批模式入选河南省经济体制改革典型案例库。开通运行"万人助万企"线上服务平台,设立"企业服务日",精准破解企业痛点、堵点、难点问题。2021 年新增市场主体 13.6 万户,同比增长 17%,增速居全省第一位。持续加大开放招商力度。坚持高位引领带动凝聚招商合力,市级主要负责同志带头开展招商引资,引领带动县(区)主要负责同志切实担负起招商引资第一责任人的职责,围绕产业倍增计划实施,聚焦 9 大集群、33 个产业,绘制产业图谱和招商路线图,坚持"按图索骥",全面启动长三角、珠三角、京津冀三个区域驻地招商。2021 年完成招商引资签约 227 个亿元以上项目,总投资 1 585 亿元,实际到位省外资金 807 亿元。2022 年 1～3 月份,全市签约亿元以上项目共 133 个,总投资 985.75 亿元。签约落地了总投资 120 亿元的夏邑县高端汽摩配智造产业园、300 亿元运达风电项目、100 亿元的集美智能制造项目、50 亿元的河南生物基新材料产业园、10 亿元的深兰智能制造产业园等一批重大产业项目,形成"雁阵效应"。

(四)区域生态安全屏障更加牢固

协同推进黄河、淮河流域生态修复治理,与淮海经济区 4 省 10 市签署《淮海经济区协同发展生态环境联防联控工作机制》,坚持标本兼治、治本为主的思路,建立了区域协作、部门联动、社会参与的污染防治机制,积极推进区域生态系统协同保护,筑牢区域生态安全屏障。强力推进蓝天、碧水、净土保卫战,全面提升全市生态环境质量。2021 年,空气质量指标实现了"六降一增",即 PM_{10}、$PM_{2.5}$、NO_2、CO、O_3、综合指数同比下降,优良天数同比增加。优良天数 269 天,同比增加 27 天,比全省平均值高出 15 天,居全省第 5 名,已超额完成年度目标任务。全面落实河长制,实施"四水同治",地表饮用水源取水水质达标率 100%。全面推进土壤污染防治,土壤环境总体稳定。持续加强生态环境保护力度,柘城容湖、虞城周商永湿地公园顺利通过国家验收,民权黄河故道湿地列入《国际重要湿地名录》,成为河南省第一个国际重要湿地。实施黄河故道生态走廊建设,以"一河七湖三湿地"为主脉,以"一带一网两环五区多廊道"为主要内容,加快构建具有豫东平原特色的生态体系。坚持把水资源作为最大刚性约束,完成境内大沙河、东沙河等中小河流治理工程,加快引江济淮、赵口引黄灌区二期、三义寨抗旱应急泵站、周商永运河修复等水利工程建设,持续提升水资源利用水平。

(五)区域社会事业共建共享更加深入

着力推进重点领域改革创新,不断促进区域共建共享能力水平,更好满足区域内人民群众的美好生活需要。推进公共服务便利化。2020 年 12 月,"豫鲁苏皖"四市不动产登记"跨省通办"平台正式开通使用,商丘市与徐州市、枣庄市、淮北市打破地域界限,实现不动产登记跨省协同合作,彻底解决了老百姓办理不动产登记"多地跑""折返跑"的问题。2021 年 4 月,商丘至徐州观音机场班车正式开通,更好促进商丘与淮海经济区一体化发展。推进文化旅游一体化。依托黄河文化、殷商文化、红色文化,持续推动与毗邻地区开展文化、旅游、考古等领域人文合作,加大对大运河、明清黄河故道等遗迹遗址遗存的保护力度,开展跨区域遗产保护和传承利用。成立殷商文化资源研究中心,谋划实施殷商文化考古探源工程,推进"商丘古城池"申遗工作,启动建设殷商之源文化博物馆,举办第一届世界殷商文化之源高峰论坛,着力展现殷商之源的文化魅力,不断擦亮"殷商之源、通达商丘"品牌。大力发展全域旅游,着力打造殷商文化溯源之旅、古城遗迹寻根之旅、黄河故道生态休闲之旅,"游商丘古都城,读华夏文明史"品牌持续打响,全面构建文旅产业发展新格局。

二、机遇挑战

(一)国家战略导向带来的重大历史机遇

黄河流域生态保护和高质量发展战略提出后,与京津冀协同发展、长江经济带发展、粤港澳大湾区建设、长三角一体化发展战略并称为新时代五个重大国家战略。我市作为黄河流域生态保护和高质量发展、新时代推动中部地区高质量发展国家战略的交汇地,京津冀、长三角、粤港澳大湾区等国内主要增长极的链接枢纽,为商丘加快推动区域合作,实现融合共赢,提供了千载难逢的重大历史机遇。

(二)新发展格局带来的产业承接与枢纽发展机遇

在进入新发展阶段、贯彻新发展理念、构建新发展格局的时代背景下,以国内大循环为主体、国内国际双循环相互促进的新发展格局正在逐步形成。商丘市作为河南省"东引西进"发展战略的桥头堡,是河南省承接"长三角""珠三角"和"环渤海"区域产业转移的主力军。随着商丘市承接东部沿海地区产业转移的深入推进,全市新型工业化进程将不断加速,产业布局将不断优化,产业集聚能力将不断增强,为经济社会高质量发展奠定坚实的基础。商丘作为全省仅次于郑州的第二大综合交通枢纽中心,在新发展格局中,大力推进供给与需求互促共进、投资与消费良性互动、内需与外需相互协调,为全省构建新发展格局探路子、做示范,将更加深度融入长三角一体化,提升枢纽地位,建立高效便捷现代流通体系,促进枢纽经济发展。

(三)新旧动能转换任务艰巨

近年来,商丘市以高质量发展为重点,大力推进供给侧结构性改革,加快结构调整和动能转换,实现了经济增长与结构调整的双提升。但目前,我市经济的主导产业为附加值较低的农副食品加工业、纺织服装等传统领域,产品层次不高,高端产品少,对经济社会发展的带动作用不强,虽然积极发展高端制造、能源、新材料等新兴产业,但产业规模尚未壮大、产业支撑力弱,对经济社会发展的带动作用不强。传统产业改造带来的经济增长多是替代性增长,其效应体现在降成本、提效率、优结构方面,对稳增速贡献有限。培育新动能需要创新要素的足够投入和体制机制深层次改革,由此可见,新旧动能转换任重道远。

三、区域合作发展的规划与设想

(一)总体思路

(1)全面融入中原城市群发展。向西主动融入"三区一群",依托陇海发展主轴,发挥陆桥通道优势,加强与郑州、洛阳之间的联动,重点积极联动郑州航空港经济综合实验区、郑洛新国家自主创新示范区和中国(河南)自由贸易试验区建设主动融入中原城市群"一核四轴四区"的网络化空间战略格局,推动建设国家区域中心城市。同时把握中原经济区承接产业转移示范市等政策优势,深化跨区域全方位交流合作,加强东部产业转移示范区建设。

(2)深入对接长三角一体化发展。以共建淮河生态经济带、淮海经济区为纽带,全面推进实施《淮海经济区协同发展战略合作框架协议》等一系列战略合作协议,加快推动交通区位优势向枢纽经济优势升级转变,深化与徐州、菏泽、亳州、淮北等周边城市在基础设施建设、枢纽经济发展、产业转型升级、生态安全屏障构建等方面全方位、深层次的交流合作,强化商丘在淮海经济区、淮河生态经济带的功能和定位。打造长三角产业"腾笼换鸟"的"集散地",强化商丘东向开放门户枢纽功能,积极融入长三角地区产业链供应链,创新与长三角地区跨省域对接合作机制,提升承接产业转移能力。着力推动与长三角共建集群式产业链专业合作园区,按照"创新策源在长三角、产业化生产应用在商丘"或者"伙伴园区"的合作模式建设高能级的科研成果转化基地。

(3)协同推进黄河流域生态保护和高质量发展战略。以黄河战略为引领,立足商丘黄河流域生态保护与高质量发展自身特点,加强与濮阳、开封、聊城、菏泽四市交流合作,组织开展毗邻地区交流互访活动,不断拓展合作领域,持续推进基础设施建设、流域环境系统治理、传统产业转型升级、历史文化遗产保护、文化旅游联动发展不断拓展合作领域,持协同共建豫鲁毗邻地区黄河流域高质量发展示范区,努力打造全国省际毗邻地区协同样板示范。

(4)密切联动京津冀、粤港澳大湾区和"珠三角"等先进地区地区发展。一是全面落实新一轮京豫战略合作协议,积极主动承接北京非首都功能疏解,大力承接区域产业转移和科技成果转化,借力京津冀推动产业转型发展。二是把握粤港澳大湾区建设国际一流湾区的溢出机遇,聚焦数字经济、智能制造、科技创新等关键领域,谋划推进重大项目落地实施,加快信息基础设施建设,支撑高质量发展。三是全方位深化省际区域合作,以建设国内大循环重要枢纽为引领,进一步补齐我市经济发展短板,全面融入国内大市场,深入开展多向、广领域、全方位省际合作,努力将区位优势转化为发展胜势。

(二)重点任务

(1)加强基础设施互联互通。统筹推进基础设施建设,着力完善"水、陆、空"一体化综合交通枢纽,形成向北直连京津冀城市群、向东直通长三角城市群,连接长江中游城市群、山东半岛城市群、成渝城市群等国内重要城市群的综合运输通道。

着力完善铁路交通网络格局。统筹推进高速铁路和普速铁路建设,加快构筑以高速铁路和城际铁路为主干,普通铁路为补充的"米字型"战略大通道格局。重点推进京雄商高铁建设,全力支持三洋铁路建设,积极争取三洋铁路增设永城站,加快谋划研究邢商永地方铁路建设,推动建设商丘动车所、商丘站南站房改扩建及配套工程。规划研究商丘至周口、商丘至济宁、商丘经菏泽至濮阳至安阳、商丘经永城至淮北等城际快速铁路项目,探索商丘经宁陵、睢县至郑州南(新郑机场)城际铁路项目可行性,积极衔接郑州国际枢纽,巩固提升国家综合交通枢纽地位。

全面建设干线公路网络。优化完善高速公路网,加快阳新高速商丘段、沿黄高速商丘段等建设,积极推进永城至灵宝商丘段、永城至单县商丘段、民权至沈丘高速民权段、郑民砀商丘段等高速项目前期研究工作,改扩建济广高速商丘段、连霍高速商丘至豫皖界段,着力构建"六横五纵"高速公路网结构,提升外联内畅交通保障能力。

稳步推进内河航运开发。推进水运基础设施建设,加快完善航道、港口码头布局和设施体系,构建全市内河航道骨架体系。全力推进沱浍河航运二期工程,推动涡河通许至马厂段航运工程、惠济河通惠渠至豫皖界航运、柘城港区建设,打造淮河干流及长三角航道网。加快建设永城、夏邑港口码头,规划研究虞城、商丘示范区港口、柘城(平安)港、睢县港,推动内河港口物流园区及集疏运通道规划和建设,积极推动内河集装箱、大宗散货等专业化运输,构建干支直达、江海联运、水陆联运网络。

超前谋划区域性航空开放门户。全力推进商丘机场及配套设施建设,谋划申请增设与江苏、山东、安徽等省外机场航线,超前谋划布局辐射豫鲁苏皖等地区的区域航空中转中心,实现连接国内主要城市的2小时航空交通圈。

(2)加快开放体系和平台建设。加强商丘保税物流中心和民权保税物流中心建设,加快申报和建设综合保税区,完善提升保税物流中心通关、物流、储存、结算、支付等功能。积极申请商丘陆路口岸开放,推动区域通关一体化,加强与"郑欧班列"合作,持续开行中欧(商郑欧)国际班列,推进商丘国际陆港项目建设,加强与郑州西行国际货运枢纽、连云港、日照、青岛等出海港口的合作与联动,发展国际中转、配送、采购、转口贸易和出口加工等业务。完善快速大通关机制,构建国际物流加工贸易服务平台,加快打造内陆地区改革开放高地。持续优化营商环境,全面实施《河南省优化营商环境条例》,深化"放管服效"改革,以建设全国统一大市场为契机,不断推进市场化改革,建立健全统一的市场准入规则、监管标准和服务体系,破除地方保护和各种市场壁垒,推动各地区市场运行和经济治理规则相互衔接,强化枢纽作用,积极融入全国统一大市场,促进要素资源跨区域自由流动。加强区域市场监管执法协作,合力打造公平公正的市场竞争环境和法治化便利化的营商环境。把握开发区整合机遇,进一步完善对内对外合作平台功能,打造承接产业转移优质载体,加快开发区高质量发展。

(3)推进产业布局优势互补。围绕迈入国内大循环和国内国际双循环的中高端、关键环,大力推进跨区域产业分工协作,创新产业协同合作机制,协同建设现代产业体系。聚焦主导产业生态体系构建、产业集群和新兴产业链培育等,加速提升产业基础能力和产业链现代化水平,奋力开创以区域合作助推产业高质量发展的新局面。

立足中原经济区、淮河生态经济带、淮海经济区。加强我市与郑州都市圈的联系,依托淮河生态经济带、淮海经济区,建设中原经济区对接长三角经济区的区域门户节点,引导郑汴工业走廊沿陇海线向商丘延伸辐射,促进区域经济高质量发展。联合开展科技成果转化、产业技术创新,谋划建设区域创新共同体和产业技术创新战略联盟,构建布局合理、错位竞争、相互协作、链条互补的现代产业体系。加快推进新一轮技术改造升级,围绕高端装备、新能源、新材料、生物医药等重点领域,大力发展智能机器人、5G、3D 打印、新能源电池、新型建材、高催化活性材料、中药材精加工、高端医疗设备、现代物流等新兴产业。推动传统产业数字转型、智能升级、融合创新,整合产业配套链、要素供应链、技术创新链。谋划成立淮河生态经济带会展联盟,加强产业分工协作和平台信息交流,推动上下游企业合作联动发展,促进资源整合、信息共享。充分发挥淮河流域农业优势,建设优质农产品产业带和特色农产品优势区,鼓励发展绿色有机、高端精细的特色农产品深加工产业,实现巩固拓展脱贫攻坚成果与乡村振兴有效衔接。深化文化旅游合作交流,携手打造淮河流域红色、生态、乡村、文化、工业等旅游精品线路,推动文化旅游资源互惠共享,共筑文旅融合发展高地。

融入长三角产业链供应链。以共建淮河生态经济带和淮海生态经济区为纽带,以推动产业链接为核心,积极主动融入产业链供应链,统筹推动食品加工、装备制造、纺织服装及制鞋三大主导产业转型升级和新材料、新能源汽车、生物医药、电子信息四大战略性新兴产业发展壮大,提升产业基础高级化和产业链现代化水平。一是充分发挥我市区位、劳动密集优势和长三角技术密集型优势,加强产业链协同,推动相关配套产业发展。二是支持各县(市、区)与长三角地区建立产业转移结对关系,建设一批产业转移集中承接地。创新"一区多园""飞地经济"等建园方式,探索与长三角地区建立财税分成、地区生产总值分计等成本分担和利益共享机制。三是围绕产业链、创新链、价值链一体化布局,强化承接产业转移,着力补链强链延链,强化产业链合理布局、分工协作和融合拓展。聚焦产业链关键环节,引进培育一批引领型"链主企业"和有"撒手锏"产品的配套企业,加快形成上下游配套生产体系,提升产业链韧性,借助"豫沪交流会""长三角地区经贸交流会"等平台努力形成谋划一批、储备一批、开工一批的梯次推进格局。

促进豫鲁毗邻地区功能互补。以黄河流域生态保护和高质量发展战略为引领,加强与山东菏泽市产业协作,适时组织开展园区双向交流、专题推介洽谈等活动,协同推进产业结构调整优化,共建产业集群,积极承接东部沿海先进省份产业转移,带动和吸引更多企业投资,不断拓展毗邻地区合作的深度和广度,共建豫鲁交界区域承接产业转移示范区,实现优势互补、互惠共赢。

(4)加强科技创新协作攻关。坚持创新驱动,支持创新主体间的互动与合作,形成创新过程的良性循环,全面塑造发展新优势。

整合淮海经济区科技创新资源,共建高水平国家科技创新基地,打造高效协作创新网络载体,建设公共技术服务平台,共同实施重大科技项目,强化优势产业创新协作,完善区域一体化技术转移体系,合力打造协同创新生态,努力建成有影响力的区域科技创新共同体。

协同共建中原-长三角经济走廊创新带、创业带和投资带,发挥上海、郑州、南京、杭州、苏州等中心城市在科创、研发等方面的全方位辐射作用,带动沿线各城市传统产业技术改造和转型升级,建设各具特色的众创空间和创新创业孵化平台。实施自主创新企业培育和支持计划,把创新触角延伸到长三角、京津冀、珠三角、粤港澳大湾区等国内创新高低,吸引龙头企业集聚设立研发机构,沟通与长三角创新要素连接通道,探索建设培育逆向"科创飞地"。推动产学研协同创新,加快推进商丘科学院建设和商丘(上海)创新发展研究院改革,加快建设科研院所重大研发平台,联合建设一批与主导产业紧密结合的实验室或研发中心,开展产业发展战略研究和共性关键技术攻关工作。

(5)推动生态环境共保联治。牢固树立和践行"绿水青山就是金山银山"理念,强化整体性、专业性、协调性区域合作,推动区域信息共享、建设协作、监管协同、执法联动,将流域管理与行政区域管理相结合,严格落实河(湖)长制。健全协同治理制度环境,加强协同治理协商组织平台建设。联合打击环境违法行为,切实解决区域环境污染、危废非法转移等突出环境问题。对于边界地带环境违法行为加强跨区域、多部门联防联控联动,进一步推动边界区域"两不管"转向"联合管",消除执法的邻避问题,促进边界区域生态环境质量持续好转。协商处理边界地区环境污染纠纷,坚决打击环境违法犯罪行为。开展应急演练,强化环境污染突发事件区域合作。

深化淮河系统治理、开发与保护。切实发挥《淮海经济区协同发展生态环境联防联控工作机制》作用,加快形成区域联防联控格局,不断提升区域生态环境质量,共建美丽大淮海。认真落实豫鲁苏皖交界地区大气污染联防联控座谈会要求,共同推进大气污染综合整治,持续提升区域大气质量。加大跨界水污染防治力度,建立上下游地区联席会商制度,加快构建跨界水体的预警体系和信息共享机制,确保水质安全。联合开展重点平原洼地治理工程,提升防洪和供水安全保障能力。加快推进重点采煤沉陷区和工矿区治理修复,交流相关经验。实施环境监管联动,建立区域水环境综合治理联防联控工作制度,共同打击保护区违法捕捞行为。强化淮河源头生态综合治理,探索建立生态保护补偿、资源开发补偿区际平衡机制。

强化黄河故道生态保护。推动与安徽、山东省际生态环境应急指挥和应急处置联动机制建设，以联合培训演练、签订应急联动协议等多种手段，提高信息互通、资源共享和协同处置能力。加强与山东省合作，推进沿明清黄河故道南北岸协同治理，加快建设生态环境大数据综合管理平台，构建布局合理、功能完善的生态环境监测预警网络。建立健全跨区域多部门联合执法机制，构建联合执法议事协商和综合调度平台，严厉打击涉河湖违法行为。

（6）强化公共服务共建共享。推进重点民生领域政策协同，整合政务服务优质资源，打破地域阻隔和部门壁垒，全面拓展"跨省通办"广度和深度。建立政务服务统筹协调机制、政务服务通办联动机制、政务服务闭环管理机制，实现政务服务"跨省通办"便民高效、标准统一、协同互信。实施"全程网办"，让企业和群众零跑腿、办成事。拓展"异地代收代办"，实现"异地收件、属地办理、免费邮寄、就近取证"的服务模式。推动"多地联办"，做到"一地受理申请，多地协同办理"，实现申请人只需到一地即可完成办理。强化普通高等教育、职业教育和基础教育合作，加强校际互动交流加强区域教育资源的合作互通，实现在人才培养、项目研发等方面深度协作，进一步落实《淮海经济区试点职业院校跨区域职业教育合作培养协议》，加快淮海职教高地建设，推动商丘建设豫鲁苏皖结合地区职业教育中心，加强区域教育资源的合作互通，开展学分互认、教师互聘，实现在人才培养、项目研发等方面深度协作。推动优质医疗卫生资源统筹布局，采取合作办院、设立分院、组建医联体等形式，扩大中原–长三角地区优质医疗资源覆盖范围。强化医疗资源调配、应急物资共济、治疗方案共享、用血应急保障、健康通行互认等机制，加强重大疫情信息互通和会商，联合开展重大传染病跨区域追踪溯源。依托长三角现代医药产业，加强医学研究、人才培养等方面合作，开展医养结合深度合作，推动建设一批老年健康与医养结合服务基地。

（7）深化文化旅游融合发展。共同挖掘黄河文化、大运河文化等历史文化资源，加大黄河文化、殷商文化等商丘历史文化挖掘保护和传承力度，推动黄河文化与殷商文化串点成线，实施文化建设重大工程，充分彰显商丘历史文化魅力。

抢抓国家规划建设大运河国家文化公园的机遇，加强与济宁、枣庄、徐州等运河沿线城市文旅资源开发合作，打造大运河文化旅游线路。优化旅游开发布局，合作开发精品旅游线路,持续打造标志性旅游目的地,打造"殷商之源·通达商丘"品牌。谋划开通淮海经济区旅游一卡通,推动旅游市场和服务一体化发展,全面实行市民同城待遇。

推动黄河文化区域联动保护联合展示交流,持续加强明清黄河故道保护利用。探索联合开展跨区域遗产保护和传承利用,共同参与"考古中国"重大研究,加大对黄河、大运河等遗迹遗址遗存的保护力度和毗邻地区黄河文化资源全面调查和认定,摸清文物古迹、非物质文化遗产、古籍文献等重要文化遗产底数。完善黄河流域非物质遗产保护名录体系,大力保护黄河流域戏曲、武术、民俗、传统技艺等非物质文化遗产。加强黄河题材精品节目创作,增强黄河亲和力,突出历史厚重感,全面展示真实、立体、发展的黄河流域。强化区域间资源整合和协作,推动旅游行业协会交流协作,开展黄河旅游节庆活动和特色旅游目的地营销推广。共同完善沿黄地区旅游设施,建立旅游服务标准化等联动机制,强化航空、公路、铁路等旅游交通衔接服务,推进智慧旅游平台建设,实现旅游信息服务共建共享。

豫鲁苏皖接合部社会经济发展现状与分析

徐　可① 崔　健②

摘　要: 豫鲁苏皖接合部具有自然地理、资源禀赋、产业结构和历史人文的显著特征,在长期发展过程中形成经济社会相对独立的系统。近年来,豫鲁苏皖接合部发展势头良好,产业规模体量大,社会经济发展快,但欠发达农区特征明显,内生性增长动力不足。商丘作为区域中心城市,应以枢纽经济为抓手,将黄河流域生态保护和高质量发展、中原城市群、淮河生态经济带、淮海经济区等区域性政策与发展规划相互对接融入,引领豫鲁苏皖接合部经济社会的一体化协同发展。商丘应在诸多区域政策与部门政策中寻求"政策合力",树立区域经济一体化和开放型大市场的发展思路,从措施上发挥枢纽经济的市场辐射作用,从机制上引领社会经济的诱致性变迁过程。在当前,应围绕豫鲁苏皖接合部开放型大市场,以"大市场"为导向,促进城际之间的互动机制、补偿机制、示范推广机制,最终形成区域经济协同发展机制。应切实发挥枢纽经济的扩散效应,防范其沦为"过道经济"和"收费经济"。

关键词: 豫鲁苏皖接合部　区域经济一体化　枢纽经济　政策协同开放型大市场

---

① 商丘师范学院豫鲁苏皖接合部社会经济发展研究中心经济学博士、副教授。
② 海南师范大学经济学院经济学硕士研究生。

一、豫鲁苏皖接合部的边界范围与研究概况

豫鲁苏皖接合区是我国"两横两纵"经济带中沿陇海和京九经济带的交汇区域,是对接沿海发达地区的"桥头堡",是承接东部地区产业转移的重点区域,也是中原经济区的重要组成部分。近年,豫鲁苏皖接合区各城市依据自身区位特点与要素禀赋,以推进高质量发展为宗旨,发展规模不断扩大,构成区域经济中的独特板块。

豫鲁苏皖接合部是指河南省、山东省、江苏省以及安徽省四省相互连接区域,是我国中部地区的重要组成部分。由于位处历史上黄河多次改道的黄泛区,"欠发达"农区的特征较为明显,经济发展水平相对滞后;同时还有区域跨度广,人口数量众多,内生性发展动力不足的特点。目前对豫鲁苏皖接合部的具体地理边界尚没有准确界定,已有研究相对较少。将豫鲁苏皖接合区域 8 个地级市包括商丘市、宿州市、亳州市、徐州市、济宁市、枣庄市、菏泽市等重新组成一个研究单元,对该区域发展潜力进行定量研究,发现相对于其他地区,豫鲁苏皖城乡分化现象较为严重。通过实地调研,分析了豫鲁苏皖结合区的"城乡结构""行政分割""去中心化"等因素,认为"要素阻隔"成为跨区发展的主要体制机制障碍。尽管近年来区域发展政策频频出台,该地区中小企业虽然受到经济区的辐射带动,但作用是有限的。豫鲁苏皖接合区行政区划见(图 1)。

二、豫鲁苏皖接合部的发展现状与发展趋势

过去五年,豫鲁苏皖接合部十个地市经济快速发展,经济发展质量不断提高;产业布局逐步优化,产业结构稳步升级;乡村振兴战略不断发力,消费潜力不断显现;营商环境逐步优化,发展活力快速增强;生态环境治理取得丰硕成果,民生问题不断改善。

(一)经济规模与产业结构的总体情况

(1)经济总量不断提高,经济增长速度逆势上涨。2021 年,豫鲁苏皖接合部涉及人口达到 6 399.584 4 万人,其中河南省三市人口占比 33.86%,江苏徐州人口占比 14.11%,安徽省三市人口占比 19.21%,山东省三市人口占比 32.83%;国内生产总值达到 3 3615.6 亿元,其中河南省的商丘市、开封市和周口市经济总量分别为 3 083.3 亿元、2 557.03 亿元和 3 496.23 亿元,共 9 136.56 亿元,占比约 27.18%;安徽省的亳州市、宿州

市和淮北市经济总量分别为 1 972.7 亿元、2 167.7 亿元和 1 223 亿元,共 5 363.4 亿元,占比约 15.96%;江苏省徐州经济总量为 8 117.44 亿元,占比 24.15%;山东省的枣庄市、济宁市和菏泽市分别为 1 951.75 亿元、5 069.96 亿元和 3 976.67 亿元,共 10 998.38 亿元,占比 32.72%。

总体来看,豫鲁苏皖接合部经济增长速度较快,但区域差异较大。河南省三市平均经济增长速度为 4.3%,安徽省三市平均经济增长速度为 6.67%,江苏省徐州市经济增长速度为 8.7%,山东省三市平均经济增长速度为 5.83%。

(2)产业结构不断优化,创新驱动显著增强。豫鲁苏皖接合部是农业生产的重要区域,同时也是连接中部与海港的关键枢纽。总体来看,豫鲁苏皖接合部农业占比稳步下降,粮食生产持续丰收,制造业转型升级取得初步成效,高新技术产业与服务业快速发展,2021 年粮食产量达 4 686.99 万吨,其中河南省三市粮食占比 41.83%,江苏徐州粮食占比 11.37%,安徽省三市粮食占比 13.88%,山东省三市粮食占比 22.92%;三次产业平均占比为 12.57:39.39:48.04。在制造业转型升级上,坚持高质量发展,积极关停高污染企业,大力发展园区经济,改造提升传统动能,加快畅通物流运输通道,保证产销良性运转。在科技创新上,大力引进高新技术产业,开办科研平台和机构,推动产学研同步发展,提升产业附加值;推进大数据、云计算和 5G 基础设施建设,为数字经济蓬勃发展打下坚实基础。

在产业发展上,豫鲁苏皖接合部"欠发达农区"的特征明显,大多数地市将粮食安全放在优先考虑位置,大力发展中药产业和农业现代化,致力于建设中药生产全国名片,同时也积极投资高新技术产业,现代服务业基础不断夯实,但与发达地区相比较,差距仍然较大。

(二)社会经济发展中的突出成效

(1)乡村振兴全面起势,农业农村焕发新生机。积极巩固拓展脱贫攻坚成果,健全防止返贫动态监测和帮扶机制,持续开展产业、就业及消费帮扶。高标准农田面积不断扩大,农业机械化取得稳步推进,农产品质量不断提高。深化农业供给侧结构性改革,实施乡村建设行动,乡村全面振兴稳步开局,壮大新型经营主体,分别创建国家级、省级农民合作示范社。乡村基础设施不断完善,饮水工程、乡村产业及乡村交通不断改善,乡村生态环境质量持续提高。

(2)重大基础设施全面突破,城市功能更加完善。坚持传统基建、新基建"双轮驱动",一系列铁路、公路等基础设施建设开通,打通断头路、机械化清扫、数字化城管等工作成效明显,立体交通网络初步开展建设。开展城市生命线安全工程建设,完成建成区内燃气、桥梁、供水、排水项目风险评估。加快推进城乡融合发展,深化农村"三大革命""三大行动",推动农村生活垃圾无害化处理。市中心城区建成区面积不断扩大,百万人口的现代化大城市呼之欲出,高标准优化空间布局、推进建设管理、塑造品质气质,城市科学化、精细化、智能化管理不断增强,城市集聚辐射带动力不断提升。

(3)区域开放程度稳步提高。深度融入共建"一带一路",开通"商欧班列""兖欧班列""济青班列",组建港航集团,加入河海联运港际合作联盟,加快港口及配套设施建设,有效融入"一带一路"水运港口码头体系,进出口总额和实际利用外资稳步增长,开放型经济实现后发快进。实施创新引领和开放发展战略,统筹推进重点领域改革,新发展动能不断积聚,实验室、产业示范基地、国家级孵化器、省级以上双创载体和省级企业技术中心数量接续增长。

(4)营商环境大幅优化。豫鲁苏皖接合部各个城市大力深化"放管服"改革,实行"承诺制+容缺办",深化"互联网+政务服务",大力推进"网上办""不见面"审批。重点改革深入推进,完成市县机构、开发区体制机制改革,事业单位改革有序推进,地方金融监管体系不断健全,高风险金融机构全部出清。持续深化国企改革,稳妥推进农村集体产权制度改革,顺利通过国家农村改革试验区任务验收,成功创建国家农业绿色发展先行区、国家可持续发展议程创新示范区,预算管理改革迈出实质性步伐,司法、生态、统计等领域改革取得新成效。加大"双招双引"力度,组建大量招商组,聚焦长三角、珠三角等地区开展精准招商,食品加工、纺织服装、生物医药产业跃进千亿级,装备制造、电子信息、新型建材产业迈进五百亿级。

(三)社会经济发展中的重点方向

通过对豫鲁苏皖接合部各城市 2022 年政府工作报告中的"重点工作"梳理,发现,2022 年豫鲁苏皖接合部各城市将更加注重政府投资、基础设施建设、扩大开放、创新能力、民生工程、"双碳"目标和市场内需潜力的激发等重点方向。

（1）全力以赴抓项目稳投资扩消费。加大政府投资力度,推进一批支撑性重大项目、重大工程;完善物流网络建设,加快推进物流集聚区和物流集群,以及危化品物流运输网络平台规划建设,突出抓好区域性快递分拨中心和城乡快递网络建设;狠抓高质量招商引资;持续完善城市商圈和乡镇商贸中心服务体系,举办特色展会,开展直播带货促消费活动,着力培育直播产品供应链;

（2）推进产业转型升级。加快设立现代医药港产业发展和风险投资基金,发挥骨干企业、重点项目支撑作用;更高层次上谋划实施一批建链补链延链项目,加大品牌培育力度,引导企业加快产品迭代升级,夯实高质量发展的产业根基;优化产业生态,抢抓 5G 网络规模化商用契机,加快产业数字化深度赋能。

（3）极探索乡村振兴有效路径,加快乡村发展。持续抓好村台护坡加固、排水畅通、污水处理等滩区迁建后续工作;做好扶贫产业项目后续管理运营,加快脱贫衔接资金项目实施进度;推进农业产业化,大力发展区域优势产业,塑造区域性的知名品牌。

三、商丘在豫鲁苏皖接合部的经济地位与功能分析

豫鲁苏皖接合部区域协同发展是地方政府利用区域规划与政策引领的社会经济与生态环境之间的自发的、长期的演变过程。豫鲁苏皖接合部的城际引力要远远弱于"长三角""大湾区"和郑州都市圈,但是粮食产区功能与生态价值将会越来越突出,商丘和徐州作为区域中心城市的"增长极"功能反而会强化。

为此,一方面应以之为"点",加快构建豫鲁苏皖接合部的综合交通"轴线",顺沿交通轴线打造"产业带";另一方面应在"点轴带"的发展过程中强化政府职能,以产业政策和营商环境,加快形成豫鲁苏皖接合部的开放式双循环结构,构成"生态-产业-制度-文化"相互适应的高质量演化路径。

（一）商丘的区域经济地位

从经济规模上看,商丘市 2021 年 GDP 达到了 3 083.3 亿元,仅次于徐州的 8 117.44亿元,济宁的 5 069.96 亿元,接近于菏泽的 3 976.67 亿元,已经位于第一方阵。近年来,商丘社会经济发展呈现一系列的新变化,在豫鲁苏皖结合部中较为突出。

（1）财力与收入持续增长。商丘一般公共预算收入达到 190.1 亿元,同比增长

8.6%；全体居民人均可支配收入22 698.9元,同比增长7.5%。经济社会发展稳中有进、持续向好。

(2)固定与信贷持续增长。商丘2021年安排重点项目510个,累计完成投资2 267.5亿元,带动全市固定资产投资增长8.3%。实施政府专项债项目116个,到位资金152.3亿元。商丘加大信贷投放,累计为2.5万家市场主体投放贷款398亿元。新增减税降费9.8亿元。

(3)市场活跃程度持续提高。商丘新建5G基站2 912个,基本实现乡镇以上5G信号全覆盖。消费潜力不断释放。开展汽车、家电、商超、餐饮等促销活动,推动消费快速恢复增长。快递业发展势头强劲,全年快递业务量5.2亿件,稳居全国50强。商丘新增市场主体13.6万户,同比增长17%,增速居河南省第1位。全市社会消费品零售总额趋稳回升。

(4)开放水平持续提升。商丘提出要积极对接长三角一体化,建设豫东承接产业转移示范区,"中原—长三角"经济走廊先导城市。商丘正在申建商丘综合保税区,建设跨境电商综合试验区。商丘还积极参与进博会、厦交会、广交会、东盟博览会等,鼓励更多企业走出去,参与国际经贸合作。商丘还将筹办第九届国际华商节和冷博会、食博会、面博会等一系列节会,提升豫东大市场影响力和辐射力。

(5)枢纽经济建设持续加快。商丘提出了2022年的"十大重点工作",其中有五件都是交通枢纽建设工程,包括开工建设商丘机场、开工建设京港台高铁商丘段枢纽工程、建设商丘国际陆港、建成中心城区大环线、建成引江济淮商丘段。可见,商丘利用区位优势和交通优势,将在枢纽经济上取得重要进展。

(二)商丘在区域政策协同中的实验功能

基于以上五个方面,商丘作为"豫东门户"在豫鲁苏皖交接区中的地位更加重要,其区位、交通、产业的优势更为显著,行政与经济的内在联系也更为紧密。因此,商丘也成为区域发展政策的"叠加区""协同区"与"实验区",扮演着先尝先试的"先导功能"。

2019年5月河南省政府印发了《贯彻落实淮河生态经济带发展规划实施方案》,商丘作为豫东门户又拥有一轮发展先机和政策红利。一是空间红利:商丘作为区域中心城市,可以与淮海经济区、淮海生态经济带进行空间对接,形成纵向横向两大经济发展轴。

二是生态红利：目前已经启动"黄河故道及隋唐大运河"商丘段的生态保育带建设。三是高铁红利：目前已经建成"商合杭"高铁，启动了"京雄商"高铁建设。

2017 年 6 月，国务院在批复《徐州城市总体规划》时要求其"进一步加强与淮海经济区城市相关联动，服务江苏省整体发展"；相较徐州而言，商丘"服务河南省整体发展"的能力也将更强。因此，商丘市应注重"中原板块"与"淮海板块"的相互衔接与融入，利用政策叠加的优势，一方面找准抓手来促进自身增长与转型；一方面利用淮海经济区和黄淮经济板块的"互动机制"加快引领黄淮区域协调与发展。

商丘社会经济发展的规模与质量在豫鲁苏皖接合部较为突出，政策叠加与政策协同的功能日益显现，这些都为商丘枢纽经济建设注入了新的发展动能。

（三）商丘在区域经济"一体化"中的引领功能

目前，商丘的三产结构正在显著优化，经济增速指标连年位居全省前列，制造业比重持续提升。为此应抓住时机推进落实 2020 年 9 月《河南省推动制造业高质量发展实施方案》的相关要求，以"京广—陇海"沿线城市为重点建设制造业支撑轴，形成豫鲁苏皖接合部制造业"一体化"的空间格局。

（1）增强产业经济韧性。面对新冠肺炎疫情冲击和外部出口环境的变化，豫鲁苏皖接合部具有较大的回旋余地和调整空间。商丘应先尝先试，借鉴先进地市的"链长制"经验，树立以产业链为主导的系统性思维模式，加快倒逼豫东"地方产业"高质量发展。为此，应按照河南省政府 2020 年 11 月《关于建立新兴产业链工作推进机制的通知》的要求，形成"一个产业链、一个方案、一套班子、四个清单、一抓到底"的推进机制和工作模式，围绕龙头企业实施"稳链固链补链"举措，强化支柱性和主导性的产业链。应围绕强势产业链，利用区位特征、人力资源和自然资源的禀赋优势，集聚形成产业集群，加强产业集聚区之间的内在联系与物流协作，增强区域经济韧性。应是围绕煤炭资源发展煤化工产业，结合"气代煤"政策，以信息链、科技链、金融链、服务链的共同发力，以商丘永城煤矿为试点形成"多链同构"的煤化工产业模式。

（2）促进区域经济双循环。豫鲁苏皖接合部幅员辽阔、市场潜力巨大，能够依据自身区位和禀赋形成"双循环"体系，为此，可以扩大吸纳大量就业人口的家居建材、纺织服装等传统产业规模，强化食品加工、商贸物流等优势产业的地位。以民权和虞城的保税区形成内陆开放优势,推进商丘海关与周边地市海关的监管与执法合作,按照河南省政府2017年11月《关于进一步加强海关和出入境检验检疫部门职能作用促进开放型经济发展》的要求,发挥政府涉外服务职能,构建豫鲁苏皖的"大口岸格局"。在季节工大量赴新疆采摘棉花的基础上,促进豫鲁苏皖接合部地区农业劳务出口,整合区域内的职业技术学院的培训平台和劳务派遣资质,推进豫鲁苏皖接合部的农业人力资源国际合作。推广商丘贵友集团境外农垦开发的实践经验,以农业要素出口替代粮食出口,促进豫鲁苏皖接合部的农业企业"向西开放",融入欧亚内陆农牧产业大循环。

(3)释放潜在资源优势。豫鲁苏皖接合部传统农业资源与人力资源优势明显,为此,可以利用民权制冷产业集聚区的冷链功能引领豫鲁苏皖接合部食品加工行业,以供应链推动形成农业深加工的产业链。可以扩大优质强筋小麦等特色品种种植规模,依托农村电商促进特色农村产业,延伸特色农业的种子、化肥农药、技术服务的种植链。应按照河南省政府2020年6月《关于坚持三链同构加快推进粮食产业高质量发展的意见》的要求,以小麦种植的产业链引领豫鲁苏皖接合部地区"粮食供应链"和"面粉价值链"的"三链同构"。应抓住政策机遇提升职业教育的教学水平和办学层次,支持职业学院"专升本""本升硕",以人力资源向人力资本的转换来释放"人口红利"。

(四)商丘在区域经济发展中的枢纽经济功能

商丘依托交通区位优势,在枢纽经济方面具有巨大的发展潜力。2021年底,商丘商贸服务型物流枢纽入选"十四五"首批国家物流枢纽建设名单。商丘按照"依托大交通、形成大物流、构建大产业、促进大发展"的发展思路,早在2017年就发布了全国首个枢纽经济发展规划。推进实施以来,枢纽经济设施不断完善,铁路、高速、航空、水运等项目加快建设,现代化立体交通枢纽体系逐步形成。尤其是2020年12月22日,中欧班列(商郑欧)国际班列在商丘正式开行,打通了豫东至欧洲的铁路物流通道,填补了豫鲁苏皖接合部向西陆路出境渠道的空白。交通枢纽项目建设为豫东大市场提供了得天独厚的骨架支撑,而枢纽经济如果离开了市场辐射,就会沦为"过道经济"和"收费经济",严重偏离高质量发展的方向。因此,在全国构建"统一大市场"的形势下,商丘要敢于以"商丘之为"推动"豫东开放型大市场"建设,有抓手、分阶段地推动豫鲁苏皖交接区域更大规模的开放型大市场的形成。

四、以"商丘之为"推进豫鲁苏皖接合部开放型大市场

日前，党中央、国务院颁布了《加快建设全国统一大市场的意见》，提出了"推动国内市场高效畅通和规模拓展、加快营造稳定公平透明可预期的营商环境、降低市场交易成本、促进科技创新和产业升级、培育参与国际竞争合作新优势"四项主要目标。

当前，豫鲁苏皖接合部的相关城市都在积极融入"全国统一大市场"。但同时，豫鲁苏皖接合部的社会经济一体化程度不高，产业"大而不强"，城乡二元特征明显。尤其是当前，豫鲁苏皖接合部的区域经济竞争加剧，区域发展政策的协同性不足，导致周边城市竞争大于城市合作，地方保护主义难以在短期内根除。因此，商丘更应发挥其区位的联通功能和枢纽经济的市场辐射功能，根据资源禀赋和产业结构特征，多措并举，找准政策着力点；以商丘区域中心城市建设为核心，加快促进形成豫东地区的开放型大市场。在此基础上，才能够发挥枢纽经济"豫东门户"效应，促进中原城市群、淮海经济区、淮河生态经济带等经济板块的对接，进而更好地融入全国统一大市场。

（一）以市场监管推动豫东大市场

由商丘市市场监督管理局牵头，利用其"垂直体制"的优势，打破"条块分割"，以"放管服"改革举措推进市场监管领域的政策创新：一是构建商丘"大市场"与"大监管"的工作格局，强化统筹协调与城际合作，面向豫鲁苏皖交接地区，优先研判、制定、落实党中央国务院关于"统一市场监管规则""统一市场监管执法"的有关要求。二是按照《河南省'十四五'市场监管现代化规划》，制定商丘市的"质量强省"战略，加快推进商品质量体系以及标准化和计量体系建设，以"一个制度""一套政策""一条标准"和来清除统一市场中的各种显性和隐性的制度障碍。三是以当前正在实施的"放心消费"创建活动为抓手，鼓励各商会和行业协会等社会组织，制订规范行业标准，提高服务质量，强化自律管理，创建"放心消费"的豫东品牌。

（二）以社会信用促进豫东大市场

按照党中央国务院"健全统一的社会信用制度"的要求，推进商丘市社会信用的体系建设和场景应用。一是由商丘市发改委和大数据管理局牵头，将市场监管、银行信用、产品质量、司法诉讼等大数据相互打通，构建我市的市场信用指标体系。二是将生产和销

售假冒伪劣商品和其他市场失信行为列入"社会信用黑名单",开展联和惩戒。三是在"信易贷"基础上,加快形成我市"银税合作""银商合作"模式,促进订单、仓单、保单、存货和应收账款等融资工具和商业保理的业务创新。四是主动对接周边地市,促进社会信用数据的互联互通,促进社会信用指标体系的在豫鲁苏皖接合区的跨省使用与相互承认、相互趋同。

(三)以商业网络构建豫东大市场

发挥商丘商贸物流中心的市场辐射效应,加快商业网络基础设施建设,扩大市场辐射范围。一是在商丘周边城乡加快构建高效便捷、布局合理的智慧零售终端、智能末端配送设施和智慧物流基础设施网络。二是以豫东粮食批发市场、柘城辣椒市场、永城小麦市场、和其他农副产品市场为中心,加快布局冷链仓储中心、快件仓储中心、分拨中心、转运中心,加快乡村物流通道和配送站等基础设施建设。三是对接郑州商品交易所,开发期货仓储业务,利用豫东农产品期货收储,编制"价格指数",形成"价格中心"。四是强化豫东物流园区和物流产业的疫情精准防控,构建客货分流的闭环通道,以此提升我市物流和供应链抵御疫情冲击的能力。

(四)以城市治理保障豫东大市场

将市场管理措施与城市治理措施相结合,以"人性化、精细化、市场化"措施保障民生。一是围绕城市居民日常消费,预留"流动摊贩""小商小贩"以及"快递""早餐""车位"的发展空间,促进传统服务业的精细化发展,打造商贸服务的"就业海绵"。二是针对社区管理与垃圾分类等公益性服务,采取政府购买方式,以精细化举措培育公共性服务市场。三是利用防疫期间的社区管制措施,创新社区服务功能,提高物业服务质量,利用"家门口"的便利条件,鼓励接送中小学生等有偿的便民服务、家政服务和委托代理服务,打通最后"一百米",培育"家门口经济圈"。

(五)以城乡互动激活豫东大市场

推进乡村振兴,促进城乡互动,带动农村市场。一是利用扶贫攻坚长效机制,在农副产品价格上涨的预期下,开展城市机关事业单位与农户集体对口团购活动,直接实现农副产品进单位、进社区。二是加快布局重点产地的农产品冷链物流与仓储,提高农户集体谈判与议价能力,熨平农产品不正常的季节周期,促进城乡供需直接对接。三是结合疫情防控措施,开展不改变行程码的"周边游""农家乐""田园综合体""认领养殖"等新型旅游体验式消费,以此减缓疫情封控造成的社会心理压力,同时促进"村庄带货"和城乡互动。四是学习曹县经验,利用农村资源与特色产业推进"淘宝下乡"活动,激发农村内生性的发展动力和消费需求。

(六)以对外开放提升豫东大市场

积极申请商丘综合保税区,加快跨境电商发展,融入"买全球卖全球"。一是加快商丘跨境电商与海关监管举措创新,面向RECP促进豫东地区的水果、农副产品以及其他消费品的进口。二是利用商贸型物流中心、跨境电商集群和虞城保税区的开放优势,在黄淮四市布局国际商品展销中心和"免税店""直营店",培育国际消费和时尚消费热点。三是落实国务院《关于支持出口产品转内销的实施意见》,结合当前"万人助万企"活动,针对外贸出口困难企业进行"出口转内销"帮扶,促进外向型企业变轨发展。四是围绕我市"区域医疗中心"建设目标,利用我市医药物流优势,对接郑州医药口岸,培育豫东"国际医药市场"。

(七)以要素流动创新豫东大市场

创新体制机制,促进生产要素流通,围绕我市核心资源培育中心市场。一是研判豫鲁苏皖地区农民工外出务工的流向与规律,提供区域性公共信息和平台服务,形成"摘棉""建筑""家政""出国"等细分劳动力全国中心市场。二是依托商丘科学院建设,利用商丘师范学院发起的豫鲁苏皖地区高校联盟,针对重点产业的技术创新需求,培育知识产权和专利交易市场。三是改革我市建筑市场的招投标准入和代理制度,放开地域限制,以此整合豫东建筑市场,释放竞争活力。

(八)以招商引资壮大豫东大市场

开放型大市场必然提升营商环境,促进招商引资;大规模的招商引资又会反过来促进开放型大市场。一是根据豫东开放型大市场的要求,梳理我市招商引资政策,促进产业要素的整合与流通。二是推动我市产业园区综合服务平台建设,承接东部产业转移,提升我市招商引资的产业质量。三是围绕我市新兴产业和优势产业,进行"资金—设备—技术—人才"的整体性招商,构成"大招商"与"大市场"的良性循环。

总之,应面向豫鲁苏皖周边城市,结合商丘枢纽工程建设,先尝先试,敢作敢为;一是促进我市城乡互动、内外循环、购销两旺、要素流通;二是发挥豫东大市场的规模优势和开放优势,促进形成豫鲁苏皖接合区的更大规模的开放型大市场。当然,这是一个长期过程,在新冠肺炎疫情冲击和外部形势日趋复杂的形势下,还需要根据实际情况及时做好豫鲁苏皖接合部城市之间的政策工具箱的各种搭配与调整。

商丘"贵友"走出去的经验及启示

葛翠霞[①]　陈　星[②]　韩小雨[③]

摘　要:河南贵友实业集团有限公司始创于 1999 年,下辖多家子公司。从 2011 年开始,河南贵友实业集团有限公司投资建设吉尔吉斯斯坦"亚洲之星"农业产业合作园区,合作区历经五年的辛勤耕耘,取得显著成效。这得益于贵友集团在走出去的过程中,积极寻求相关国家和部门的大力支持,尊重当地多元文化和价值观以及为当地发展做实际贡献。"贵友"成功案例启示我们在企业"走出去"过程中,要做好详细的前期调查,积极寻求国家和政策支持,尊重当地风俗文化以及积极履行企业社会责任等。

关键词:贵友集团　走出去　合作区　经验启示

一、"贵友"集团境内外基本情况介绍

(一)集团基本情况

河南贵友实业集团有限公司始创于 1999 年,是集农业种植、畜禽养殖、屠宰加工、速冻食品、印刷包装、饲料加工、仓储物流、进出口贸易为一体涉农跨国企业。下辖河南省

---

①　中共商丘市委党校梁园分校科员。
②　中共商丘市委党校梁园分校副校长。
③　中共商丘市委党校梁园分校讲师。

福润食品有限公司、商丘市东航印刷包装有限公司、吉尔吉斯斯坦共和国亚洲之星股份有限公司等七个子公司,公司拥有土地 11 137.6 亩(其中境外 10 700 亩,境内 437.6 亩),厂房建筑面积 40 万余平方米,拥有 2 万吨低温储藏库。

(二)吉尔吉斯斯坦亚洲之星农业产业合作区基本情况

从 2011 年开始,河南贵友实业集团有限公司投资建设的吉尔吉斯斯坦"亚洲之星"农业产业合作园区(以下简称合作区),在"一带一路"倡议的春风沐浴下,合作区历经五年的辛勤耕耘,取得了显著成效。2016 年 8 月,被商务部评定为国家级境外经济贸易合作区;2017 年 7 月,被农业农村部认定为首批"境外农业合作示范区"建设试点单位。

合作区已完成总投资总占地 5.67 平方千米,建筑面积 21.3 万平方米,已经投资近 7 000 万美元,建成了包括农业种植、畜禽养殖、屠宰加工、饲料加工、物流仓储、农机配件、国际贸易等板块,是目前"一带一路"沿线国家中亚地区产业链条较完整、基础设施较完善的农业产业合作园区。

合作区运营的一期项目主要是种植、种鸡养殖、孵化、肉鸡屠宰分割、饲料加工、国际贸易为主,合作区与河南省农科院联合开展郑单 1002、郑黄糯 2 号获得超高产量,得到吉国总理、农业部长及专家的充分肯定。在全球"新冠"疫情暴发之前,合作区生产的鸡肉产品已占有当地 50% 的市场份额,大棚种植的蔬菜源源不断上市,丰富了当地人民的菜篮子。截至 2018 年 12 月底,合作区有 7 家入园企业,此外,3 家入园企业正在办理入园手续。

贵友集团与河南农大、河南牧业经济学院开展河南省重大科技项目 2 个。去年,学校先后派出 13 名专家到合作区开展相关技术指导,还派出 3 名学生和 2 位教授长期驻扎国外参与项目的实施,为合作区的产品研发提供技术保障。

合作区内生产的禽副产品于 2018 年 5 月通过我国海关总署的产品输华认证,成为中亚地区唯一一家具备向中国输出产品资质的企业。欧亚联盟五国于 2016 年通过贵友公司向联盟成员国出口鸭产品的认证。为集团国内外市场打开了产品进出口的良好格局。

但是,2019 年国庆节期间,合作区的管理人员放假回国,随之全球新冠疫情的肆虐,中吉航班停运,至今尚未恢复,合作区的发展受到严重影响,基本处于停工停产状态。"贵友"集团逐渐将发展重心转向国内。

（三）牛羊育肥输华项目

在新时期"一带一路"建设中,吉尔吉斯斯坦等中亚区域国家农牧业资源丰富、畜牧业发展较快,与我国在农牧业合作前景广阔。农业是"一带一路"倡议中的重要合作领域,该区域与我国发展贸易互补性很强。参与其中的企业也面临着重大机遇,发展潜力很大。该项目主要利用中亚、东欧等地区原料资源优势、国际区位优势,充分利用一个市场、多种资源互补模式,开展供应链金融,结合贵友集团、亚洲之星、中远海运集团、贵友集团、科尔沁、诚实人集团、福润公司等企业的境内、境外资源优势,主要从事牛羊育肥、输华及新疆隔离、屠宰,和从事饲料原粮收购、输华、国际冷链物流等业务运营。

1. 境外开展项目（吉尔吉斯斯坦）

（1）牛羊隔离圈项目。将亚洲之星农业产业合作区内现有的 100 米 * 18 米的 40 栋养殖圈舍,通过地面硬化+饲养设备+内部隔栏+圈舍整修等改造,使之成为符合隔离标准的牛、羊隔离场圈舍。

（2）牛羊育肥项目。将位于吉国楚河州埃塞克-阿金斯科区阿科-卡纳德股份有限公司院内现有的 100 米 * 18 米的 9 栋养殖圈舍和 80 米 * 12 米的 24 栋圈舍,通过圈舍整修+饲养设备+内部隔栏等改造,使之成为符合牛、羊溯源性育肥要求的圈舍。

（3）牛羊屠宰加工项目。将亚洲之星农业产业合作区内现有的牛羊屠宰加工厂,通过改扩建,使其产能达到年屠宰 10 万头牛、100 万只羊的规模。

（4）肉类深加工项目。将亚洲之星农业产业合作区内现有的肉类熟食加工厂,通过改扩建,使其达到年产 1.2 万吨肉类深加工食品的规模。

2. 境内开展项目（新疆克州）

（1）牛羊隔离圈项目。在新疆克州征地 2 块共 600 亩,建设达标的年隔离观察 30 万头牛、300 万只羊的隔离圈舍 80 栋单栋面积 1 800 平方米及附属配套设施、环保工程等。

（2）牛羊屠宰建设项目。在新疆伊尔克什坦口岸园区,征地 200 亩,建设年屠宰 30 万头牛、300 万只羊的屠宰加工厂,建设内容包括牛羊屠宰生产线各 1 条,厂房 2 万平方米、仓库 5 000 平方米、冷库 3 000 平方米,购置自动化屠宰流水线设备、制冷设施及配套设施、环保工程等。

（3）冷链物流分销中心。在新疆伊尔克什坦口岸园区征地 50 亩,建设 1.5 万平方米低温储藏库,购置制冷设施、物流中设施、国际营销中心,从事牛羊产品的贸易、储存、周转和分销。该项目已与克州地方政府签订了合作框架协议,已在克州注册成立贵友集团控股的"新疆腾隆牧业有限公司",9月,国家海关总署、农业农村部派出考察组对吉国及亚洲之星进行考察,具备了输华要求。2020年,习近平主席在与吉国总统通话中表示将加强中吉两国的贸易往来。所有这些,都为开展牛羊输华奠定了良好的基础。但是,新冠疫情的突然爆发,使得项目被迫停止搁浅。

(四)饲料粮输华项目

项目主要从俄罗斯、哈萨克斯坦、吉尔吉斯斯坦等国家购进原粮进入河南综合保税区内加工分销,项目主要结合亚洲之星境外资源,引进供应链金融。主要市场面向国内,除满足国内市场之外,并向国外出口产品。项目以进口原粮业务为抓手,不仅能够加快食品、饲料粮产业链的布局,对中原地区畜牧养殖业的持续性发展具有重要推动作用,同时又能够打通河南及周边地区的生猪、肉牛、肉羊养殖供应链,带动活牛活羊及牛羊肉产业链的发展。

该项目原计划分三年完成,逐年增产,可达到年进口300万吨饲料原粮。但是,由于新冠爆发,项目目前已经搁置。

二、"贵友"集团在吉国投资采取的对策和成效

(一)"贵友"集团"走出去"采取的对策

1. 积极寻求两国政府及相关部门支持

"贵友"集团在"走出去"投资前,积极与国家商务部、农业农村部,河南省政府等相关部门联系,及时汇报投资计划和项目进度,并且得到了相关部门的大力支持。同时,董事长张金洲多次带队来到吉尔吉斯斯坦开展调研,并与吉国政府多次沟通交流,洽谈合作项目。吉国对此项目也非常重视,吉国总统、总理,农业部部长等政府领导多次到合作区考察、调研,关注、关心合作区建设运营情况。而且吉政府在各个环节安排了专人对接,一旦出现问题就能马上解决。

吉国给予合作区多项优惠政策,为合作区发展提供了重要保障。如:①吉尔吉斯斯坦共和国(以下简称吉)于2012年5月14日议会专门致信亚洲之星股份有限公司(文

件号：NO. K −1173），明确表示："外国投资者享有国民待遇，不干涉投资者的经营活动等。""亚洲之星股份有限公司的土地和房产可以抵押给境外金融机构等"。②吉国农业部于 2013 年 6 月 27 日致函亚洲之星公司（文件号：NO.014/1085），对亚洲之星涉农方面给予了很多优惠政策，如："农业生产免缴所有税收""食品企业、食品加工业免缴利润税""免缴增值税 6 年"等优惠条件。③吉国经济部于 2015 年 9 月 25 日致函亚洲之星公司（文件号：第 2303/981），表示对承建的合作区给予高度评价与肯定，并愿意提供全方位的帮助支持。④2017 年 1 月 6 日，吉国经济部长科若舍夫·阿尔兹别克、农业部长穆拉舍夫·努尔别克、国家动植物检疫局局长卡雷斯别克·朱玛坎纳夫及总统办公厅等领导到合作区进行现场办公，并与合作区签订了《经贸领域合作备忘录》，他们对合作区的发展运营纷纷"点赞"并表示，对于这样一个将会造福吉国人民的项目，表示将全力支持。

2. 用行动获取吉国民众支持

"贵友"集团和吉国达成投资合作项目后，面临的首要问题就是当地部分民众由于对中国不了解，怀疑中国企业是去掠夺他们的资源，对中国企业到吉尔吉斯斯坦投资充满了戒心和担忧。如何消除部分他们的抵触情绪，获得他们对中国的了解和信任关系到"贵友"集团投资项目能否顺利展开。

为消除当地人民的疑虑，贵友集团在吉合作区召开了建设开工协调会，邀请了当地的一部分农场主和民众参加。会上，贵友集团管理人员向当地农民代表介绍了贵友集团的历史和发展前景，并一一回答了当地农民提出的问题，消除他们的疑问。与其他企业从事资源、房产、道路建设、基础建设等不同，亚洲之星是以农业进入的，吉国的基本国策就是以农为主，合作区不破坏它的环境，不掠夺它的资源，只是为当地农业做出一些贡献，引进中国先进的技术，先进的技术人才和管理人员，所以受到当地人民的大力支持。

3. 尊重当地多元文化和价值观

语言文化差异是企业对外投资面临的主要风险，不同文化之间能否相互融通是影响企业对外投资能否成功的重要因素。贵友集团充分尊重吉尔吉斯斯坦多元文化和价值观，始终重视传递好开放包容的中国精神和文明友好的中国形象；在当地聘请熟知两国习俗和相关业务的专业人员，加强双方沟通；对当地的文化和民俗做了前期了解和分析，对外派人员进行包括语言风俗、宗教信仰、风土人情、安全应急等方面的培训，人员抵达吉尔吉斯斯坦后,严格请销假制度。要求他们在吉尔吉斯斯坦工作期间谨言慎行,尊重当地风俗,尊重当地员工,尊重当地习俗。平等对待吉国员工,避免因风俗习惯和价值观差异而造成矛盾;积极寻找企业中两国人员融洽相处的契合点,真正变"走出去"为"融进去",促进投资项目的持续健康发展。

三、"贵友"集团"走出去"的启示

(一)做好详细的前期调查

由于不同国家、不同地区的农业资源禀赋、农业结构及经济发展水平不同,所以要充分利用各国的资源优势,发挥各国农业所长,扩大对外农业投资。中国农业企业在开展对外投资时应先进行深入的前期调查。首先,要对东道国的农业领域进行深入的分析研究,掌握其土地资源情况、农作物分布、气候条件、基础设施等。深入研究东道国投资经营环境。着重了解东道国的政治、法律法规、经济、社会状况、市场需求、税收和外汇管理等重要方面的情况。尤其是东道国制定的吸引外资方面的政策和法律法规、行业发展情况及相关贸易、投资、税收等方面的法律法规,扎实做好潜在投资壁垒和投资风险评估;其次,应充分做好项目可行性研究,可以派出专业考察队到投资国进行实地调研考察,也可以聘请专业咨询公司出具专业投资可行性报告。随后根据前期掌握的资料,研究制定详细的投资计划,并做好成本预算,根据实际情况制订项目进度和投资计划。

(二)积极寻求国家和政策支持

农业企业在制订"走出去"进行对外投资计划时,应当结合本国的农业经济政策和当前发展趋势,仔细梳理有关的政策措施,积极与有关政府部门联系,汇报企业的生产经营情况及"走出去"发展规划,尽最大努力争取政府的政策和资金支持。此外,还应拜访投资国当地政府相关部门、中国在该国的大使馆以及当地的商会和相关企业,表达想要在该国进行投资合作的意向,与他们经常保持沟通和交流,争取获得支持和帮助。

(三)尊重当地风俗文化

企业在开展对外投资时要尊重不同国家的特色文化、宗教习俗,尤其是在中亚和阿拉伯地区,宗教信仰、文化习俗、饮食习惯等与我国存在诸多差异。在我方外派人员派出前要聘请熟知两国习俗和业务的相关人员对他们进行东道国的文化习惯、风土人情、安全应急等方面培训；要平等对待外籍员工，关心员工的生活和健康，改善员工工作和食宿条件，加强与员工沟通，定期组织员工培训和职位提升，积极妥善处理好员工遇到的困难和反映的问题，让员工感到家庭的温暖。

（四）积极履行企业社会责任

企业的生存和发展离不开所处的社会环境，对外投资企业只有在东道国塑造良好的企业形象，才有利于自身的发展。我国农业企业应积极切实履行企业社会责任，企业领导应把企业社会责任列入企业发展规划中，积极雇佣当地员工，促进当地就业，传播先进的农业技术，给东道国带来切实的好处，从而使企业在投资国树立良好的声誉和企业形象。农业企业在追求经济利益的同时承担必要的社会责任，积极参与各项社会公益活动，在能力范围内尽可能地去帮助需要帮助的群众，只有积极融入当地社会，热衷当地公益事业，与当地政府好和居民建立和谐友好关系，企业才能够在当地获得很好的发展。

文化旅游篇

商丘市文旅产业发展现状与对策分析

张素霞①　刘群杰②　张恒禹③

摘　要:商丘名胜古迹星罗棋布,红色基因薪火相传,非遗资源丰富多彩,文旅市场存量较大。文化产业建设持续提升,文化消费水平持续提高,文旅数字化建设不断推进,文旅发展势头比较强劲。但还存在挖掘深度不够、创意营销不足、资源整合乏力、业态配置落后、场景体验一般等问题。未来,要通过发展壮大文化市场主体、构建宣传营销新格局、把握消费主体关键变量、培育壮大文旅新兴业态、推动智慧旅游提质升级等举措来构建商丘市文旅产业发展的新格局。

关键词:文化强市　文旅产业　发展现状　前景展望

商丘地理位置得天独厚,人力资源优势显著,文旅市场存量较大,具有广阔的市场前景。商丘名胜古迹星罗棋布。商丘是中国历史文化名城,殷商文化之源,华商之都,人文历史积淀深沉厚重。商丘市现有世界文化遗产 1 项 2 处,国家级重点文物保护单位 15 处,省级文物保护单位 60 余处,市级文物保护单位 90 余处,县区级文物保护单位 200 余处。商丘红色基因薪火相传。商丘有红色遗址十余处,有见证淮海战役胜利的永城陈官庄淮海战役纪念馆,有纪念革命英烈的彭雪枫将军纪念馆,有红色小镇民权秣坡、水东小

---

① 商丘市文化广电和旅游局产业发展科科长。
② 商丘市文化广电和旅游局办公室科员。
③ 商丘博物馆。

镇等。商丘非遗资源丰富多彩。商丘有四平调、火神台庙会等 4 项列入国家级名录,有王公庄绘画、大有丰酱菜等 51 项列入省级名录,有张弓酒传说、刻瓷艺术等 230 项列入市级名录;国家级项目代表性传承人 3 名,省级 32 名,市级 299 名。商丘湿地资源丰富。商丘有水天一色的湿地美景黄河故道、日月湖、睢县北湖、柘城容湖,有风景壮美的宁陵万顷梨园,有"河南塞罕坝"民权申甘林带等,生态资源全域分布,生态景观美不胜收。

一、商丘市文旅产业发展现状

(一)文化产业建设实现新提升

积极开展文化和旅游消费示范县(市、区)创建工作,民权县、夏邑县被河南省文旅厅确定为第一批河南省文化和旅游消费试点县。大力发展夜间文化旅游经济,培育一批夜间文化和旅游消费集聚区,推荐睢县白庙乡土楼村、睢县回示文旅小镇、民权县庄子文化园、虞城县马牧集老街等 4 处参加国家级夜间文化和旅游消费集聚区评选。持续挖掘乡村文化产业资源,夏邑县桑堌乡被河南省文化和旅游厅命名为河南省文化产业特色乡村。大力推动文化产业园区建设,夏邑县火店镇文化产业园、睢县惠济文化大观园被命名为省级文化产业示范园区,实现了商丘市省级文化产业示范园区建设"零"的突破。加大招商引资力度,出台相关实施方案,组织文旅企业参加招商活动,增强企业发展核心竞争力。

(二)文旅文创融合战略统领发展

商丘市第六次党代会描绘了文化发展强市的前景蓝图,商丘市"十四五"文化旅游融合发展规划编制工作持续推进,梳理谋划储备了"十四五"时期规划项目 77 个,投资概算450 亿元,编制送审了《商丘市建设文化强市攻坚实施方案》,形成了科学的规划框架、工作体系和发展格局。全面提升改造民俗传统村落,打造民俗文化精品,对民权赵洪坡民俗文化村、民权王公庄画虎村、民权秣坡村、睢县土楼村、虞城郭土楼村、夏邑魅力水乡彭楼村等民俗文化村落提质升级。全面贯彻落实河南省文旅厅关于提升公共文化服务数字化的工作部署,率先在全省高质量完成博物馆数字化改造提升;建成了数字商丘古城,使用 AR 望远镜动态重现明清两代古城风貌,商丘古城被评为三钻级智慧景区;完成金缕玉衣、四神云气图等多个馆藏文物和玄鸟生商等神话故事三维可视化改造。

(三)文化旅游新兴业态发展迅速

依托商丘市丰富的历史文化遗存、历史名人遗迹、体育赛事、工业遗址以及独具特色的乡村风情,加快发展新型文化企业、文化业态、文化消费模式,改造提升传统业态,强力推进文化与科技等领域的深度融合,推动数字技术与文旅产业的融合,大力发展体验性、参与性、交互性的文化旅游新兴业态,形成了教育、体育娱乐、农业等融合的产业体系,最大限度地发挥"文化旅游+"功能。培育了一批体育、研学、康养旅游示范基地,联合市教体局开展第二批商丘市中小学研学旅行实践基地推荐工作,评选和认定了 4 家研学旅行基地、1 家研学点。

(四)宣传推广助力特色活动亮点频出

"内织一张网、外部全矩阵",整合官方网站、微信、微博、手机客户端等新媒体平台,联动主流媒体以及商丘广电媒体账号,构建了"一体策划、集中采集、多种生成、立体传播、同频共振"的工作格局。编印了《商丘文化旅游精品线路》《商丘非物质文化遗产》《商丘美食》《商丘名胜古迹》等系列丛书。加大文旅宣传资源整合力度,策划开展了"商丘景区进公交活动""跟着主播游商丘"活动,制作了《商丘古城思念你》短视频,在新浪、搜狐、腾讯等门户网站播放,带火了商丘旅游,点燃了商丘人游商丘的热情。组织全市文旅企业参加了第三届大运河城市文化旅游精品展,融合了"商丘古城"城楼剪影、立体"玄鸟"和"商"字造型等元素的商丘文旅 IP 设计新方案荣登央视《新闻联播》,进一步提升了商丘文旅的知名度和影响力。

(五)文化消费水平持续提高

通过改善文化消费条件,培育文化消费习惯、丰富文旅消费产品供给、推行文旅消费惠民活动、持续提高文化消费便利性等措施,创新文化消费模式,把群众身边的文化消费嵌入各消费场所、园区和景区,依托社区生活综合服务中心、园区景区打造文化消费网点,文化消费水平逐年增长,不断增强人民群众的文化获得感、幸福感。

(六)文旅数字化建设不断推进

智慧旅游建设蓬勃发展。协调商丘市智慧景区、酒店、博物馆等智慧平台建设。商丘古文化旅游区信息化建设二期工程已完成综合布线工程和监控、WIFI、IP 广播硬件安装。日月湖景区信息化建设工程已完成五钻智慧化景区建设设计方案、建设选址等前期工作,建设概算 950 万,方案已上报示范区管委会。

公共文化数字化建设不断推进。积极推进数字化文化馆、数字图书馆建设,通过微信公众号、网站等平台,通过"互联网+文化",进一步拓宽公共文化服务渠道,提高服务效能。积极开展文化活动云上直播、线上展演等活动,通过网络和新媒体,扩大活动的辐射力和影响力。积极推进商丘博物馆、市文化馆数字化建设体验提升项目建设。

系统内数字化建设不断加强。完成商丘市文化广电和旅游局官网建设工作,2021年,网站共发布信息 605 条,其中,转载国家级 168 条,部门工作动态 110 条,县区动态 72条,通知公告 60 条,活动图集 40 条,法定主动公开内容 60 条,党建工作 55 条,互动交流32 条。完成商丘文旅 APP 系统内部优化和前期内容资料收集上传。

(七)文旅市场发展规范有序

优化营商环境,深入推进依法行政,完成行政审批事项下放和改革放权赋能培训。严格执行疫情防控政策,压紧压实"四方责任",印发了《全市文化和旅游市场新冠肺炎疫情防控应急预案》《全市文化和旅游市场常态化疫情工作方案》等文件,开展文化和旅游市场疫情防控专项检查,不断筑牢织密防控体系,坚决守护住全市文化和旅游系统的疫情防控安全。开展文明旅游宣传,推动志愿服务常态长效,强化旅游景区服务质量提升,引导广大市民和游客文明观览、文明旅游、安全旅游、绿色旅游。通过"双随机一公开""闪电行动"、校园周边环境治理、"不合理低价游"等专项执法检查,有效维护了文化和旅游市场健康、规范、有序运行。2021 年,全市文化和旅游行政部门和执法机构共出动执法人员 2.4 万余人次,检查互联网上网服务营业场所 5 100 余家次,娱乐场所 730 余家次,旅行社(包含分社及网点)570 余家次,A 级景区 200 余次。市文化市场综合行政执法支队、永城市文化广电和旅游局、睢县文化广电旅游局等单位的行政处罚案卷,获得了国家文化和旅游部、省文化和旅游厅通报表扬。

(八)文化产业贡献持续提升

2021 年,商丘市共游客接待量达 2 275.1 万人次,实现旅游综合收入 102.58 亿元,全市文化产业增加值初步统计 160 多亿元,全市文化产业增加值和旅游综合收入共占全市GDP 的 6.87%,为全市经济和社会发展做出了有力贡献。

二、商丘市文旅产业发展存在的问题

同为国家历史文化名城,商丘与省内开封、洛阳等同客源热点旅游目的地相比,在客源地辐射范围、旅游品牌知名度、旅游产品吸引力、游客消费意愿、旅游热点聚焦等方面存在不小的差距,旅游市场整体表现相对沉寂。商丘文旅产业发展主要存在以下问题。

(一)有底蕴,缺挖潜和利用

商丘的历史人文资源虽然底蕴深厚,但是挖潜的深度和广度远远不够,旅游价值与资源赋存不匹配,资源价值止步于资源表面,而且展示、利用方式单一,缺乏创新,社会和经济价值远未得到充分发挥。

(二)有美景,缺营销和品牌

商丘市人文景观和自然景观多样,但是营销观念滞后,互联网营销意识淡薄,线上线下统筹结合不够,营销目标和手段单一,效率不高。景区营销分散,缺乏合作,难以形成大规模联合营销,导致"美景深藏闺中",旅游品牌效应不够凸显,知名度不高,吸引力不足。

(三)有说头,缺看头和玩头

商丘历史悠久,遗址无数,看似很有说头,但多数景点依然处于静态展示层次,项目单一陈旧,解说少而不精。整体缺少内容和创意支撑,吸引力不强,体验式、沉浸式、参与式项目更是难得一见。

(四)有资源,缺整合和转化

旅游资源整合力度不足,环节分散,产业集中度不高,景区间联动性差,市区旅游中心引力小,难以发挥对各县乡旅游景点的纽带作用。旅游产业链条结构不够合理,产业体系不尽完善,文旅市场主体"小、散、弱、差"状况依然存在。缺乏实力雄厚的文旅龙头企业,文旅产品处于低层次或浅层次开发状态,文旅资源缺乏创造性转化,文化内涵缺乏创意性表达,产品科技含量和附加值低,难以形成商品和精品,市场竞争力较弱。

(五)有建筑,缺场景和体验

旅游开发观念滞后,空有建筑、罕有场景,观光居多、休闲不足,美景很多、文化稀薄,功能为主、体验匮乏。各场景之间信息孤岛严重，业态之间数据难以共享，导致整体场景体验感较差。旅游服务配套设施不完善，服务功能不健全，整体服务体验一般。

（六）有形态，缺业态和活态

商丘旅游业态总体处于低质量发展阶段，亟须脱胎换骨。业态设计和配置落后，浅陋单薄，古建筑复建仿建，缺乏历史年代感，商业气息浓厚且同质化严重，古风体验项目稀缺，古城难"见"古色，难"闻"古香。

（七）有人口，缺人才和团队

商丘人口众多，但旅游高端人才稀缺。人才结构与质量不平衡，人才队伍以导游、酒店服务员等一线工作人员为主，且多而不精，从事规划策划咨询、设计开发创意、投融资等专业技术复合型人才比例过小，而从旅游引爆产品到打造周边业态整体运营经验的操盘手更是凤毛麟角。

三、商丘市文旅产业发展趋势分析

（一）发展壮大文化市场主体

（1）完善公共文化服务设施。加快文化艺术中心、图书馆、博物馆建设提升工作，推进乡村文化合作社建设，创新打造"城市书房""文化驿站""文化会客厅"等新型文化业态，在中心城区以社区为中心打造提升十分钟文化服务圈，在乡村以行政村为中心打造提升十里文化圈，拓宽城乡公共文化空间，推进城乡公共文化服务数字化、社区化、乡村化、便民化。

（2）加强重点文旅企业培育。促进文化旅游企业规模集团化、经营网络化、管理科学化，推动设立文化和旅游投资集团。鼓励各类文旅企业通过跨地区、跨行业、跨所有制兼并重组等方式，集中政策、资金、信息、人才优势做优做强，培育具有核心竞争力的文旅龙头企业。制定鼓励民间资本进入文化旅游产业领域的相关政策，加强文旅企业孵化器、公共服务平台、众创空间建设，提高文旅企业的数字化发展水平，引导中小微文旅企业向"专业化、特色化、创新型"方向发展。鼓励大型文旅企业通过资源共享、生产协助、开放平台等方式带动中小微文旅企业协同发展。

（3）建设精品文化产业园区（基地）。加强对全市文化产业园区和基地布局的统筹规划,鼓励各县(市、区)依托地域文化资源,走差异化、特色化发展之路,以文化产业园区和基地为核心载体,孵化一批特色文化企业,培育一批文化产业项目。坚持政府规划引导、专业机构运营,充分发挥市场机制作用,提升文化产业园区服务企业的能力和水平,推动园区由要素集聚空间向创新发展平台转变。支持发展以工艺美术、影视动漫等为主题的文化创意产业园区,建设示范性文化创意园区,形成一批创意驱动、科技引领、跨界融合的文化创意产业集群。鼓励和引导文化产业示范园区、示范基地建设与城乡发展相结合,与现有开发区、高新技术园区相结合。鼓励和引导与发达地区文化产业园区在企业、项目、人才、渠道等方面的交流合作,推动形成优势互补、区域联动的文化产业发展格局。

(二)构建文旅宣传营销新格局

(1)塑造全域旅游主题形象。秉持"颠覆性思维、沉浸式体验、年轻化消费、互联网营销"宣传推广新理念,构建精准高效营销体系,探索建立"互联网+旅游"宣传新模式,打造商丘文旅"LOGO"新形象,实施"IP"营销。有效利用微信、微博、抖音短视频、快手等新媒体,上手机、上电视、上网络,加快"传统营销"向"智慧营销"转型。

(2)构建区域市场共建、品牌共育、利益共享的一体化文化旅游发展机制。主动融入黄河、大运河文化建设,加强与大运河城市带、淮河生态经济带和淮海经济区城市群交流合作,建立客源互送、信息互通机制,联合周边地市通过捆绑营销、打包推介、共同推出优惠政策,鼓励文旅企业以互为目的地的形式开展旅游宣传促销活动。

(3)实施"引客入商"行动,制定"引客入商"奖励政策,从资金扶持、提供服务等方面形成优势,持续放大优惠政策激励效应,鼓励、支持、吸引周边游客来商丘参观游览。

(4)统筹全市文化旅游节庆活动,深度嵌入地方文化元素,扩大群众参与范围,打造商丘文旅博览会,形成固定的文旅宣传品牌。

(三)把握消费主体关键变量

(1)重视亲子家庭消费群体。亲子家庭消费群体消费能力超强,消费潜力巨大。而随着"80后""90后"父母成为消费主力,亲子游市场呈现明显的多元化、品质化趋势,加之三孩政策的落地,将为亲子游市场带来更大增量空间。文旅企业应抢抓机遇,深入研究亲子游市场特点规律,布局集主题乐园、休闲度假、益智玩乐、户外探险、亲子露营、"1+N"深度亲子游等多种形式的沉浸式亲子互动经济市场将大有可为。

（2）洞察Z世代消费趋势。"Z世代"年轻人是旅游消费领域最活跃、最具引领性、最具潜力也颇具实力的消费群体，对疫情期间遭遇重创的旅游业来说，Z世代消费群体代表着活力和希望，代表着动力和市场。建议开发"旅途聚会"相关产品，在传统旅游线路中穿插以结伴、拼车、拼房、聚会等为主题的新型消费模式，创造交友、聚会平台，将旅游目的地塑造成为Z世代个性化发展和展示的集聚区，建立Z世代旅游攻略网络"微圈"，聚集Z世代旅游消费者，释放消费潜力，为旅游市场注入新的强大活力。

（3）发展"银发旅游"市场。人口老龄化逼近，预示着老年消费市场潜力巨大，而且以"低龄、活力、品质、消费"为标签的"新老年人群"将成为新蓝海，老年人时间充裕且旅游欲望强烈，从被动刚需到主动消费，"新老年人群"多维需求呈爆发态势。因此，开发老年旅游产品，打造"休闲游、康养游、纪念游、健身游"等老年特色旅游项目，加快抢占"银发旅游"市场高地，值得深入研究和高度关注。

（四）培育壮大文旅新兴业态

（1）打造旅游休闲街区。在当前国内双循环的大格局下，以旅游休闲街区为核心的城市休闲旅游是受疫情影响最小且活力最旺盛的领域之一。将殷商文化、汉梁文化、古城文化等特色文化符号融入街区设计，打造人文精神标识，布局集餐饮、购物、旅游演艺、文化遗产、文化主题酒店/民宿、特色节庆展会等消费场景的旅游休闲街区，将成为疫情中旅游消费最先恢复的"排头兵"。

（2）发展"微度假"模式。《旅游绿皮书：2021—2022年中国旅游发展分析与预测》（以下简称《绿皮书》）强调，疫情以来，微度假旅游逐渐成为游客的首选出行模式。微度假具有"短时间、近距离、轻休闲、深体验、真放松"等特点，相比传统度假，微度假客源层面更广，时间上能够适应"有钱缺闲"一族的度假需求，花费上能够满足大众群体的消费需求，内容上更能"普惠众生"，是一种快捷性、经济性、普适性的休闲度假新模式。文旅企业可结合实际打造诸如"短途近郊游、周边亲子游、周末短假游"等高品质旅游产品，以此脱颖而出。

（3）发展夜间文旅经济。夜间经济对增强中心城区首位度和辐射带动能力意义重大，正逐步成为城市经济的重要组成部分和旅游经济转型的重要方向。加大亮化工程建设，开展夜间游览服务，推出商丘古城景区、芒砀山景区、日月湖等夜间游，带动周边美食、购物、音乐茶座等夜间消费。引导夜间经济向历史文化街区、文体娱乐功能区和小街小巷等区域集中布局,打造一批特色街区,创建夜间文旅消费集聚区。如规范提升旅游餐饮服务质量,打造餐饮消费新模式,丰富百姓餐饮文化,推出一批地域化、特色化、精细化、感官化的名菜佳肴,打造独具地方特色的商丘名吃名菜风情一条街。挖掘历史文化内涵,丰富夜间游览产品、夜间演出市场,优化文化和旅游场所的夜间餐饮、购物、演艺服务。

(4)发展沉浸式文旅业态。随着文旅4.0体验经济时代到来,沉浸式项目已成为文旅行业发展的热点。推动虚拟现实技术在文旅行业的应用,扩展在城市空间、文化场馆、景区街区等文旅场景的应用,建设虚拟电影院、虚拟现实主题乐园、虚拟现实行业体验馆等,创新文化传播方式。关注当下社会文化动向,聚焦全景沉浸式表达,对年轻人热衷的"亚文化"进行精耕细作,打造符合现代流行文化精品IP,让游客在"沉浸式"体验中多角度全方位了解商丘特色文化。

(5)打造文旅康养综合体。近年来,"大健康"理念深入人心,康养旅游作为新兴旅游产品备受青睐,而伴随着老龄化时代的到来,文旅康养项目有望迎来爆发式增长。依托商丘"中国长寿之乡"得天独厚的资源优势,充分利用伊尹汤药鼻祖的品牌效应,按照产业化、市场化、特色化、集群化原则,大力开发中医药的种、食、赏、研特色旅游线路,布局建设文旅康养小镇,构建文旅康养产品体系,建设休闲康养基地,满足多层次、多年龄段消费需求。

(6)实施红色旅游精品工程。红色旅游具有无可比拟的教育宣传功能,对于弘扬民族精神、增强国人文化自信意义重大。商丘红色文旅资源丰富,建议以淮海战役为主线,以淮海战役总前委旧址纪念馆等为重点,建设、修复、完善红色旅游景点,打造一批红色经典景区和研学基地。不断丰富红色教育、修学、体验等系列红色旅游产品,创建爱国主义教育示范基地。科学规划红色旅游线路,融入全省红色旅游经典游线,打响商丘红色旅游品牌。

(7)发展乡村旅游。乡村旅游可满足人们观光、休闲、度假、研学、康养、娱乐等多元化需求,其热度和消费占比正逐年升高。乡村民宿、主题农场、研学基地、乡野营地、民艺工坊、乡村书院等多类型、高品质业态发展将成为乡村休闲旅游提升的重点,也将成为旅游行业的下一个热点和爆点。

（8）发展研学旅游。在"双减"政策落地实施以来,研学旅游迎来了新的发展契机,研学旅游通过融入教育元素,创造更多价值,可与普通旅游产品形成差异化竞争,未来市场规模将进一步扩大。发展"文旅+教育"模式,推动传统国学、民俗文化、革命历史、自然生态等多主题研学旅游,打造研学旅行基地,增强研学旅游的参与性、趣味性和科普性。

（9）优化自驾游服务体系。自驾出行是游客来商丘旅行的主要出行方式,完善自驾游服务体系对于提升游客体验、促进旅游消费具有重大意义。积极培育星级酒店,提升住宿品质,着力发展乡村民宿、主题酒店、汽车营地等多元旅游住宿业态。围绕重点景区、城镇、旅游线路建设一批精品自驾车营地,优化自驾租车、异地还车服务。摸清黄河故道和大运河沿线风景优美、文化特色突出的路段,完善慢行驿站、观景平台等设施,优化节点景观设计,鼓励建设休闲、度假、康养等主题露营公园。开发商丘自驾游信息平台,提供旅游线路推荐、电子地图、即时路况、气象信息、汽车租赁等服务。

（五）推动智慧旅游提质升级

《旅游绿皮书》分析预测,以信息技术、人工智能、虚拟技术、5G 技术、大数据等技术创新为引领,对旅游业进行创新性、前沿性和实践性的大胆改革将是旅游业摆脱停滞、实现增长的关键。

（1）打造智慧景区。通过构建文旅大数据平台,汇集文旅行业资源、从业人员、视频监控、互联网舆情等全域数据,提供城市全域资源、旅游产品力、行业专题、旅游经济指标等多维度的分析展示,为政府提供旅游行业发展的全景图谱。行业管理主要包括客流峰值监测、安全应急防控、预警管理、投诉管理、数据统计;景区运营主要有景点讲解、人脸识别、超高清视频、智慧停车场、智能导航导览、智慧酒店;游客体验涵盖沉浸式游览、实景游戏、自主线路规划、在线观赏、智能客服机器人。通过上述手段为旅游行业提供新的思维、工具和方式,为智慧旅游提质增效提供绝佳助力。

（2）创新数字文旅产品。大力推动文化产业与高新技术产业相结合,推动数字文化产业快速发展,培育数字内容服务、数字艺术、沉浸式体验等新业态,丰富个性化、定制化、品质化的数字文化产品供给。借助混合现实、3D 异面投影、数字影片等数字技术,打造旅游结合共性技术的再造场景应用,提升文旅行业的科技转化能力。如依托 VR、AR 技术,积极促进公共馆藏数字化和艺术展览线上化,促进文化遗产情境再现,全方位满足旅游者在线沉浸式体验需求。景区、酒店借助人工智能和机器人技术,推出智能机器人导览、穿戴式设备、无人智慧酒店、无接触支付等智能产品和服务,丰富旅游现场交互式、智能化体验。大力培育云端游戏、数字娱乐、电子竞技等文旅体验模式,激发游客消费新需求;积极推动文化产业和旅游产业"上云",鼓励各类互联网平台开发文旅功能和产品,支持有条件的文化和旅游企业平台化拓展。

（3）持续探索文旅元宇宙。元宇宙目前已上升到国家战略科技层面,它囊括了时下最尖端的数字科技,是未来文旅产业的发展引擎、智慧文旅的终极形态。元宇宙在优化文旅产品供给,提供虚实结合、拓展沉浸式文旅场景应用,引导和培育网络消费、体验消费、智能消费、打造项目 IP 文化、数字藏品开发等方面具有无可比拟的优势,在数字技术的加持下,文旅产业的建设成本将大大降低,但文化影响力却更加直观且震撼,值得我们深度思考和持续探索。

持续叫响"游商丘古都城 读华夏文明史"文旅品牌经验与路径分析

高 丹[①] 陈 晓[②]

摘 要:商丘充分挖掘利用历史文化资源优势,把文化和旅游产业融合发展作为转型升级、绿色发展、跨越提升的重要支撑,确定了以文化为核心的全域旅游发展方向,持续叫响"游商丘古都城 读华夏文明史"文旅品牌,有力推动了商丘文化与旅游深度融合发展,呈现出从"软实力"迈向"硬产业"的良好态势。为打造"游商丘古都城 读华夏文明史"文旅品牌,开展了重要节日宣传推广,"跟着主播游商丘""商丘人游商丘"等一系列活动。2022 年,持续叫响"游商丘古都城 读华夏文明史"文旅品牌,促进商丘文旅融合高质量发展,需要构建文旅宣传营销新格局,培育提升商丘文化品牌,推动实施文旅融合发展项目,丰富文旅宣传措施等。

关键词:商丘 古都 文化 旅游

近年来,商丘把文化和旅游产业融合发展作为转型升级、绿色发展、跨越提升的重要支撑,充分挖掘利用历史文化资源优势,确定了以文化为核心的全域旅游发展方向,全力叫响以"殷商之源"为核心的"游商丘古都城 读华夏文明史"文旅品牌,有效推动了文化与旅游深度融合发展,呈现出从"软实力"迈向"硬产业"的良好态势。2021 年,商丘游客

---

① 商丘市文化广电和旅游局宣传推广科科长。
② 商丘市文化广电和旅游局办公室科员。

接待量达 2 275.1 万人次,实现旅游综合收入 102.58 亿元;商丘文化产业增加值初步统计 160 多亿元,商丘文化产业增加值和旅游综合收入共占商丘 GDP 的 6.87%,为商丘经济发展做出了有力贡献。

一、"游商丘古都城 读华夏文明史"文旅品牌的基本情况

(一)政策推动,商丘文旅在扶持中持续发展

(1)高位推动。商丘市委高度重文化旅游发展,多次召开常委会、专题会,研究部署文化旅游工作,立足"浓墨重彩"的商丘历史文化积淀,深度挖掘、梳理以五千年不间断的商丘古都城的历史沿革、文化肌理、精萃内涵、风俗民情、轶闻传说等为主要内容的商丘古都城文化资源,并作为华夏历史文明、中华优秀传统文化的重要组成部分加以传承弘扬,科学开发、合理利用,实现商丘古都城优秀传统文化的创造性转化、创新性发展。

(2)规划先行。商丘市围绕"游商丘古都城·读华夏文明史"文化旅游品牌,开展了系列推广活动,充分展示商丘在河南历史文化中的独特魅力,叫响"一城阅尽五千年"旅游主题。聘请高端团队编制《商丘市"十四五"文化旅游融合发展规划》,提出商丘市"十四五"文化旅游融合发展的指导思想、基本原则和发展目标,构建了"一核、两带、两翼"的发展布局,提出了八项重点任务,为商丘文化旅游产业融合发展、高质量发展做出了制度安排。

(3)筹划成立商丘市文旅投资集团。依托文投集团平台,探索文旅产业融资新模式,打造文旅产业发展的投融资平台、文旅项目开发的招商引资平台和文旅资源整合的运营推广平台。

(二)宣传促动,商丘文旅在营造氛围中助推发展

(1)统筹规划,加大宣传力度。文化与旅游产业的快速发展离不开强大的宣传造势。商丘加强策划筹划,坚持宣传大格局、外宣"一盘棋",实现了市内媒体与中央、省媒体之间的相互呼应、协调联动,有效扩大了传播效应,提升了商丘知名度和影响力。

(2)强势推介独具特色的文旅品牌。树立品牌意识,整合文化旅游资源,重点推出商丘古城文化旅游区、芒砀山文物旅游区、民权王公庄画虎村、民权白云禅寺等一大批高档文化旅游景区,加大宣传推介力度,不断提高商丘重点景区的知名度和美誉度。

（3）构筑立体宣传网络。利用网站、官微、高铁公交宣传广告牌和在高铁、公交、动车投放宣传牌等形式宣传商丘，打造立体宣传格局。

（三）文旅互动，商丘文旅在凝聚合力中互补发展

（1）依托特色资源优势"融"。坚持"宜融则融，能融尽融，以文促旅，以旅彰文"发展思路，围绕独具特色的商文化、火文化、汉梁文化、根亲文化、古城文化、朱襄文化、庄周文化、圣贤文化、木兰文化、忠烈文化等，找准文化和旅游工作的最大公约数、最佳连接点，推动文化和旅游工作各领域、多方位、全链条深度融合，实现资源共享、优势互补、协同并进，为文化建设和旅游发展提供新引擎、新动力，形成发展新优势。

（2）依托文化内涵"融"。加强火文化、圣贤文化、汉梁文化、木兰文化、庄子文化、"商丘好人"文化等研究传承，打造独具商丘特色的文化符号。按照"社团组织、民间为主、文化活态、利于传承"的思路，支持各类民间文化学会（协会）举办火神台庙会、芒砀山庙会、庄周文化节、木兰文化节等节庆活动。

（3）依托城市景观"融"。充分把历史文化与现代文明融入旅游经济发展，大力弘扬优秀民族文化和民族精神，先后打造了以"商丘好人"为主题的商丘好人公园、以农民绘画为主题的民权王公庄画虎村等。好人主题公园集宣传教育、休闲娱乐、生态文化、旅游观光为一体，结合践行社会主义核心价值观，分助人为乐、见义勇为、诚实守信、敬业奉献、孝老爱亲等几大序列，展现好人文化的遗传基因和发展脉络。

（四）创新驱动，商丘文旅在改革中强劲发展

（1）创新体制。积极推进重点旅游景区管理体制改革，商丘古城旅游区成立了旅游开发公司，芒砀山文化旅游区不仅成立了旅游开发公司，还成立了旅游景区管理委员会。景区管理委员会和旅游开发公司，各司其职，各负其责，景区管理运营机制更加灵活，促进了文化旅游景区的开发建设和接待服务设施的完善配套。组织开展跨市域、跨行政区域的"大旅游"活动。

（2）创新设施。商丘古城文化旅游区、芒砀山文物旅游区、商丘日月湖景区等旅游道路、旅游标识、交通标识标牌、旅游咨询等各项旅游基础设施和服务设施也得到明显改善，推进了商丘市旅游业高效发展，实现了文化资源向旅游资源的转变。

（3）创新服务。把文化旅游发展作为重要民生工程，不断提升人民群众幸福感、满意度,通过一系列优惠政策,激发群众旅游热情,掀起旅游热潮。积极促进了文化消费与旅游消费融合,不断创新消费形式,推出更多跨行政区域、地域空间的个性化、特色化、精品化产品和服务。加快完善集创意设计、产品研发、生产销售于一体的文化旅游产品体系,发展了一批文化旅游特色产品。鼓励并扶持文化旅游企业,大力发展体验性、参与性、交互性的文化旅游新兴业态,形成了旅游、娱乐、康复、餐饮、文化、传媒等融合的产业体系。

二、"游商丘古都城 读华夏文明史"文旅品牌的做法成效

(一)开展重要节日宣传推广活动

指导商丘主要旅游企业做好元旦、春节、清明节、端午节、中秋节等传统节日和5月19日"中国旅游日"宣传推广活动,通过举办丰富多彩的活动营造浓厚的节日氛围,吸引更多的游客来商丘观光游览。同时积极编写相关活动信息向河南省文旅厅报送。

(二)积极参加 2021 内蒙古国际文化旅游博览会

7月30日—8月1日,组织市部分重点文旅企业参加了2021内蒙古国际文化旅游博览会。商丘借助此次博览会的平台,积极开展宣传推介活动,通过《商丘手绘地图》《商丘古韵—手绘连环画》等宣传品,向参会人员进行宣传推介,展示了商丘厚重的历史文化和文旅新形象,商丘展位吸引众多游客前来咨询打卡。

(三)开展"跟着主播游商丘"活动

商丘在9~12月联合商丘广播电视台开展了"跟着主播游商丘"活动。此次活动由商丘广播电视台新闻广播主播化身导游,通过微信视频号视频直播的形式,采取文字、照片的呈现方式,对商丘精品旅游景点进行了深度报道宣传。截至目前共制作商丘旅游形象宣传片10部,预告视频10部,直播近20场次,微信、抖音视频号发布视频16期,线上和线下有机衔接,不仅宣传推介了商丘精品旅游线路和旅游景点,也为商丘文旅产业拓宽了流量变现的新模式。据不完全统计,视频直播点赞近80万,观看人数累计超过30万人次,探索出了一条云旅游和旅游直播的景区宣传新模式。同时,制作的视频被2021年10月11日《学习强国》平台转载刊发,全国网友点击关注量近百万,有力地提升了商丘的知名度。

（四）积极参加第三届大运河城市文化旅游精品展

2021 年 9 月 23～25 日，商丘参加了在苏州国际博览中心举办的第三届大运河城市文化旅游精品展。本次商丘展台以"殷商之源"为核心，以"游商丘古都城 读华夏文明史"为品牌，以文化为载体，以商丘特色城楼房檐为主要呈现元素进行主结构的创意设计，并融入"商丘古城"的城楼剪影造型、"玄鸟"立体造型和地标性"商"字立体造型等元素进行创意设计，展台简约大气、特色鲜明、亮点突出、视觉冲击力强，极具商丘特色，并登上了 2021 年 9 月 25 日的中央电视台《新闻联播》。商丘借助本次展会，共发放各类宣传资料 1 万余份，展示了 100 多个文旅产品，进一步提升了商丘文旅的知名度和影响力。

（五）精心制作《商丘古城思念你》短视频

2021 年河南卫视"中秋奇妙游"推出的《若思念 便思念》歌曲，展现了客家文化与河洛文化的渊源，体现了浓浓的思念之情，受到了全国观众的喜爱。商丘紧跟潮流，依托《若思念 便思念》歌曲，精心制作了《商丘古城思念你》短视频。短视频展示了商丘古城、张巡祠、应天书院、日月湖、商丘好人主题公园等商丘元素，一经推出就在微信朋友圈、微博上迅速传播。截至 2021 年 10 月 6 日 15 时 50 分，经市网信部门监测，相关信息报道达到 81 篇，其中微博 25 篇，视频 24 篇，客户端 16 篇，微信 9 篇，论坛 4 篇，网站 3 篇。商丘日报、商丘广播电视台微信公众号、网信商丘等媒体进行了转发推介，受到了大家的热捧。

（六）大力开展"商丘人游商丘"活动

商丘在 2021 年 10～11 月精选出商丘古城之旅、永城芒砀山之旅、红色探寻之旅、田园风光之旅、黄河故道风情之旅五条精品文旅线路在商丘主要街道 100 块公交车候车亭进行了宣传推广，宣传效果突出。在此基础上，商丘于 2022 年 1～2 月，以殷商之源、商祖圣地、商丘古城、黄河故道四大文旅宣传品牌和商丘文旅手绘地图为基础继续在公交车候车亭投放文旅宣传广告。此次广告画面使用红、绿、黄、蓝、紫颜色为基调，采用漫画形式，用"跟着导游游商丘"串联，汇艺术感和活泼感于一身，集文化性和实用性于一体，广告画面视觉冲击力强，凸显商丘文旅四大宣传品牌魅力，引起市民和游客的关注和热议，成为商丘主干道上一道亮丽的风景线，效果十分明显。

（七）制作了一批商丘文旅伴手礼

为进一步丰富宣传载体，商丘近期组织相关文化创意公司依托商丘自然风光、历史风貌、民俗风情等文旅资源，从审美性、功能性、内涵性三个原则出发，创意设计、制作了一批商丘文旅伴手礼。文旅宣传抱枕，由"商丘古城"变形的商字 LOGO 主题突出，商丘古城城门剪影厚重出彩，彰显商丘文旅特色，抱枕整体形象大方美观、颜色清新亮丽、材质轻柔、功能实用，可广泛使用。旅游景区扑克牌，选用的图片都是独具商丘代表性的重点景区，如商丘古城、商祖祠、应天书院、芒砀山、日月湖、黄河故道等，每一张扑克牌都是宣传商丘文化旅游的名片。无纺布手提袋是一种绿色宣传产品，造型简约、坚韧耐用，可长期使用。一次性纸杯、手提袋，商丘文旅元素醒目，材质环保，做工扎实，大小适中，方便适用。此次制作的文旅伴手礼费丰富了商丘伴手礼系列产品，为做好下一步商丘文旅宣传推介工作如虎添翼。

（八）举办"十大名厨名菜名吃"评选活动

2022 年 1～2 月，商丘举办了商丘十大"名吃、名厨、名菜"评比活动，这是商丘率先落实河南省关于"豫菜振兴"重要指示的实际行动，是贯彻商丘市把商丘十大"名吃、名厨、名菜"评比做成"小切口、大民生"工作要求的具体举措。此次评选活动，商丘充分发挥商丘美食的可跨越性、高渗透性、强黏合性，将商丘文旅与商丘美食进行紧密捆绑，以商丘美食相约商丘美景，以商丘美景品味商丘美食。同时，商丘在活动中积极运用互联网思维，推动全媒体宣传，把宣传商丘文旅资源融入活动的各个环节，积极探索以美食为突破口的文旅融合发展新路径。据统计，此次活动抖音话题阅读量已达 5200 多万，网络媒体综合阅读量超 2.5 亿次，在网络上刮起了"商丘美食"宣传"旋风"，为打造商丘网红美食打卡地，提升商丘文旅新消费打下了良好基础。同时，此次活动得到了市主要领导的认可和群众的好评。

（九）在郑州东站投放商丘文旅宣传广告

为充分利用"元旦""春节"春运客流高峰，商丘于 2021 年 12 月—2022 年 3 月选择在郑州东站河南文化和旅游体验中心内开辟了商丘文创产品宣传展示专柜，在郑州东站进站口东南西北四个安检处 10 块电子屏上投放商丘文旅宣传广告。进站口安检处是旅客进入郑州东站的必经之处，且位置唯一、优越，人流停留时间长，广告具有强迫性，效果突出。据统计，商丘宣传广告共播放30余万次，共覆盖旅客500万人次以上，收到了很好的宣传效果。

三、"游商丘古都城 读华夏文明史"文旅品牌的发展方向

（一）构建文旅宣传营销新格局

（1）构建精准高效营销体系。秉持"颠覆性思维、沉浸式体验、年轻化消费、互联网营销"宣传推广新理念，塑造全域旅游主题形象。探索建立"互联网+旅游"宣传新模式，打造商丘文旅"LOGO"新形象，实施"IP"营销。有效利用微信、微博、抖音短视频、快手等新媒体，上手机、上电视、上网络，加快"传统营销"向"智慧营销"转型。

（2）构建区域合作机制。加强与大运河城市带、淮河生态经济带和淮海经济区城市群交流合作，建立客源互送、信息互通机制，联合周边地市通过捆绑营销、打包推介、共同推出优惠政策，鼓励文旅企业以互为目的地的形式开展旅游宣传促销活动。

（3）实施"引客入商"行动。制定"引客入商"奖励政策，从资金扶持、提供服务等方面形成优势，持续放大优惠政策激励效应，鼓励、支持、吸引周边游客来商丘参观游览。依托商丘古城，构建全方位、多平台、全媒体矩阵，举办国际摄影展等活动，叫响"游商丘古都城 读华夏文明史"文旅品牌。依托"科普电影周"，打造商丘文旅博览会，形成固定的文旅宣传品牌。

（二）培育提升商丘文化品牌

（1）"殷商之源"品牌。以"殷商之源·大美商丘"城市品牌为统领，加强商丘古城保护性修复展示，打造华夏历史文明殷商文化之源传承创新区。

（2）"商祖圣地"品牌。以中国·国际华商节为依托，大力弘扬中华民族优秀的商业传统文化，吸引更多的华商认识商丘、了解商丘、关注商丘，努力把商丘打造成世界华商的朝圣地和投资热土。

（3）打造"汉兴之地"品牌。加强对汉兴文化的研究，深入探讨汉兴文化与殷商文化的渊源，完成永城市博物馆暨芒砀山汉梁王陵博物馆陈展、刘邦斩蛇处"汉兴芒砀山文化展厅""芒砀山汉梁王陵展览馆""芒砀山文创园"等项目布展和开放工作。提升打造"汉宫喜堂"沉浸式汉礼体验项目。

(4)"好人之城"文化品牌。弘扬"商丘好人"精神,打造"商丘人好"品牌。健全完善"商丘好人"选树推介命名宣传帮扶礼遇机制,举办好"'商丘好人'文化周"系列活动,深入推动"商丘好人"文化建设。

(5)"科幻之旅"文化品牌。精心谋划策划,举办中国(国际)科普科幻科教电影周(展)等系列品牌文化活动,推动中国科幻影视城建设,打造国家广播电视和网络视听文化产业园,努力将商丘建成科幻电影的创作拍摄地、科幻影片的首映首发地、科幻之旅的体验目的地、科幻产业的发展聚集地。

(6)"戏曲之乡"文化品牌。充分发挥商丘"戏窝"优势,传承好四平调、豫东调等悠长流派,创作一批具有商丘特色、商丘风格的优秀剧目。持续办好归德大书场书会活动,打造商丘曲艺文化品牌。

(三)推动实施文旅融合发展项目

(1)抓好龙头项目。启动商丘古城5A级景区创建工作,实施文庙和应天书院改造提升工程,对应天府衙、察院等进行业态植入,建设古城历史文化街区,打造商丘古城文旅新地标,激活"休眠鱼"。扎实推进大运河和黄河国家文化公园建设。丰富古城等重点景区演艺产品,用互联网思维打造体验式、沉浸式、年轻化的创新必打卡演出项目,打造景区演艺新阵地。

(2)推进精品项目。强力打造宋国故城国家考古遗址公园项目、通济渠商丘南关段遗址展示利用项目、应天书院文化景区提升项目、商丘广播电视综合发射塔项目、睢阳区商部落考古文化园项目、梁园区三毛文化创意园项目、商丘淮海战役总前委红色旅游开发项目,加快推进永城市博物馆及西汉梁国王陵遗址专题展陈项目、夏邑龙港湾田园综合体项目、虞城利民古城项目、中国虞城影视文化产业园项目、虞城县大虞春秋文化创意园项目、宁陵县梨园乡村旅游项目、民权老庄元典文化旅游大环线项目、民权申甘康养度假村项目、宁陵县"老坚决"精神教育园区项目、睢县吕祖庙(袁家山)文化园项目、柘城容湖国家湿地公园项目等。

(3)搞活特色项目。与高等院校美术、摄影等专业合作,依托万顷梨园、黄河故道、梨花小镇等美丽景观,打造一批特色写生基地,建设一批康养基地,提升商丘文旅吸引力。

(四)丰富文旅宣传措施

(1)庆"中国旅游日",举办2022年商丘古城"商丘人游商丘"及文明旅游活动。每年的 5 月 19 日为"中国旅游日"，为做好 2022 年"中国旅游日"庆祝宣传活动，拟举办庆"中国旅游日"2022 年商丘古城"商丘人游商丘"及文明旅游活动。在商丘古城内设置寻宝打卡点，邀请广大游客围绕商丘古城的各个景点进行徒步打卡，用徒步的方式讲述商丘古城独特的文化历史，传播商丘好人的先进事迹，大力宣传文明旅游的风尚，探索打造"旅游＋文化＋体育"新模式。

（2）举办"行游商丘·一城阅尽五千年"短视频大赛。此次大赛以展现商丘魅力、讲好商丘故事、传播商丘好声音为主线，通过镜头记录商丘的自然风光、人文历史、民俗风情、文化底蕴、文明风尚等，并利用微博、微信公众号、今日头条、快手、抖音等新媒体平台广泛发布特色精品短视频，充分展示商丘独特的自然风光、厚重的人文底蕴、淳朴的风土人情、骄人的发展成就，提升商丘文旅的品牌形象和市场热度。

（3）举办商丘旅游宣传月系列推介活动。为充分发挥商丘区位优势，加强区域合作，拟在商丘周边省市举办商丘文旅宣传月系列推介活动，集中发布以商丘古城和永城芒砀山景区为主的一日游和二日游精品旅游线路，展示商丘文旅的全新风采，进一步提升商丘文旅的知名度与影响力。同时，利用张巡在福建的影响力，适时在福建举办商丘文旅推介会。

（4）编制《商丘全域旅游交通地图册》。此次编制的商丘全域旅游交通地图册从旅游者出发，以科学性、实用性为最高要求，充分反映旅游六要素并结合自驾游、生态游特点，全面介绍商丘全域旅游特色亮点。地图除了标注商丘全市景区点、乡村旅游特色村、生态旅游示范镇、休闲观光园区、旅游饭店、旅游交通、旅游厕所、旅游特色购物点、停车场外，将增加商丘重点文物保护单位、博物馆、文化馆、体育馆等。此外，商丘十大名吃、名菜等美食等也一一标注出来。届时，将达到"一张图游遍商丘城"的效果。

（5）开展"春夏秋冬"四季主题文化旅游宣传活动。商丘历史多彩厚重，自然风光优美，民俗非遗独特，同时，商丘具有四季分明，物产丰富的特点，抓好"春夏秋冬"四季主题文化旅游宣传活动对于进一步扩大商丘文旅的知名度和影响力，打造商丘文旅消费新热点，促进商丘文旅融合高质量发展具有重要意义。商丘将以季节性线路产品为卖点，以自然风光、美食文化、生态农业、民俗非遗为亮点，坚持以市场为导向，突出特色，发挥优势，进一步打造"春季踏青赏花游、夏季美食音乐游、秋季采摘亲子游、冬季民俗庙会游"的季节性产品形象，建立起"市局统筹、区域联合、政企联手、行业联动"的工作格局，做到一季一主题,季季有亮点。

(6)做好商丘文旅宣传广告的投放工作。依托我国传统节日、省市重大活动、重要节点,选取合适的宣传媒体(如:郑州东站、商丘高铁站及周边省市高铁站、新郑机场、市区醒目广告宣传栏等等)进行商丘文旅宣传广告投放工作,创新市、县文旅宣传广告联合投放方式,放大文旅宣传推广效果。

(7)积极做好商丘文旅全媒体宣传矩阵建设工作。要按照"内织一张网,外部全矩阵"原则,整合官方网、微、端等新媒体平台,联动河南省、商丘市主流媒体,积极做好"一体策划、集中采集、多种生成、立体传播、同频共振"商丘文旅全媒体宣传矩阵建设工作。

(8)利用各种文旅会展平台,展示商丘文旅新形象。通过参加中国国际旅游交易会、大运河城市文旅精品展、淮河生态经济带文旅联盟会议等活动。利用各种会展平台,搭建展台,组织商丘文旅企业参会,发放商丘文旅宣传品、播放商丘文旅宣传片,提高商丘文旅的知名度和美誉度,展示商丘文旅新形象。

殷商文化之源的历史传承、思想精髓与品牌特色

赵 杰①

摘 要：殷商文化作为中华文化"多元一体"中的重要一元，是中华优秀传统文化的重要组成部分。习近平总书记的重要指示为我们研究殷商文化、弘扬中华优秀传统文化指明了方向。殷商文化之源品牌，有其特有的历史传承、独特的思想精髓和鲜明的品牌特色。加强历史传承、思想精髓和品牌特色的研究，为进一步打造商丘殷商文化之源品牌奠定了坚实基础。

关键词：殷商文化之源 历史传承 精神内涵 品牌特色

2019 年 9 月 18 日，习近平总书记在视察调研河南时做出"殷商文化起源于商丘"的重要指示，总书记的重要指示为商丘更好地实施中华文明的探源工程，特别是对发掘研究商丘地区的殷商文化指明了方向。2021 年 9 月 26 日，商丘市委书记李国胜在中国共产党商丘市第六次代表大会上做报告，提出今后五年商丘市在文化发展上的主要任务是"抓牢抓实殷商文化之源品牌建设。"殷商文化之源品牌，有其特有的历史传承、独特的思想精髓和鲜明的品牌特色。

一、殷商文化之源的历史传承

上古时期，生活在以商丘为中心的殷商部族，能在夏朝约 8000 千个诸侯国中脱颖而

---

① 商丘市政协文化和文史委原主任、商丘殷商文化研究会秘书长。

出,武力推翻夏朝,建立起延续500多年的殷商王朝。周灭商后的宋国,又能够在周围皇姓大国的挤压下生存700多年,并一度成为"春秋五霸"之一。殷商部族凭什么能够取得如此伟业? 其主要原因就是他们创造并不断创新发展的殷商文化,殷商文化正是殷商部族从小到大,从弱到强,逐步走向兴盛的精神动力,在其艰苦创业中发挥着重要的灵魂作用。

(一)殷商文化起源的社会环境

(1)自然环境优越,有利于殷商部族繁衍生息。殷商文化是以殷商部族为主体所创造的物质和文化遗存。文化作为一个民族的灵魂有其产生的社会环境。《诗地理考》记:"殷以潎水得名,契有功封商,汤始居亳之殷地,汤之故居,故兼称殷商,商言为国,殷言其地。"《诗经·商颂》记:"天命玄鸟,降而生商,宅殷土芒芒"。这说明殷商部族主要在潎水地区生息繁衍,是殷商部族的祖居地,"三皇五帝"之一的帝喾和帝喾之子契的封地都在于此,是殷商王朝前期都城亳地。现商丘古城南约16千米仍有潎水旧河,现名是大沙河。处于中原腹地的商丘,古为豫州之地,是黄淮河冲积平原,并堌堆分布广泛,土壤深厚而肥沃,水源充沛、四季分明、温度适中,植被茂盛,物产及水产丰富,动物繁多,极利于人类生息繁衍。上古时期的中原气温略高,树木十分茂盛,经地质勘探商丘地下储藏丰富的煤炭资源,除现开采的永夏煤田外,古城西南也储藏巨大的优良煤田,国家作为战略储备予以保护。这也是商丘地区上古时期生态良好的佐证。

(2)政治地位显著,奠定殷商文化产生和发展的政治基础。文化作为社会意识形态,是一定社会的政治和经济的反映,并随着社会物质生活的变化而变化,发展而发展。殷商文化的产生和发展也与商丘较长时期的政治中心地位有着密切的关系。在"三皇"时期,燧人氏在此建立燧明国;炎帝朱襄氏都于柘(今商丘市柘城县)。在"五帝"时期的第二帝颛顼,曾迁都于商丘,如《晋书·地理上》记:"颛顼始自穷桑,而徙邑商丘"等。"五帝"的第三帝帝喾高辛氏,在15岁开始辅助颛顼治理天下,其封地在商丘古城南的高辛镇,30岁时代颛顼为帝王,并在其封地高辛建都亳城,随后其子挚接帝位10年,后又由挚弟尧继帝位,尧帝因水患等原因而西迁。到舜帝时,商祖契在商丘被封诸侯首领、任司徒。在夏朝,帝相曾迁都于商丘,帝少康曾得到虞国(今商丘市虞城县)的支持而完成中兴大业,其前期都于虞地伦城。夏朝时商部族在商丘已成为可代伐其他诸侯的方国,到商汤时商部族顺势而为,举起以有道伐无道的大旗,通过武力推翻夏朝,建立殷商王朝500 多年,其前期的200 多年亳都均在商丘。周代商后,商丘作为宋国国都700 多年,成为全国政治中心之一,圣贤文化的高地之一。在汉朝商丘成为梁国之都。在宋朝商丘为陪都南京等。由此,作为中原腹地的商丘较长时间处于王朝都城、陪都或诸侯国都的地位。这些正是殷商文化产生和不断传承创新发展的政治基础。

(3)燧人取火,打开人类征服自然的历史。商丘历史悠久,是华夏民族重要的发祥地之一,为华夏社会的发展做出了重大贡献。在距今约7000 年,人们生活在茹毛饮血的社会,其寿命较短,进化缓慢,到燧人氏时代,人们受自然现象的启发,逐步发明和使用火,加快了人类进化的步伐,实现人类社会生产力的第一次伟大革命,人的寿命得到延长。《太平御览》记:"申弥国去都万里,有燧明国,不识四时昼夜。其人不死,厌世而升天。国有火树,名燧木,屈盘万顷,云雾出于中间,折枝相钻,则火出矣……号燧人氏"。火的发明和广泛使用对人类社会发展的贡献是多方面的,如可吃熟食、取暖、驱赶飞禽猛兽、烧荒开垦耕地等。对此,上古对火种的保护十分重视,在"五帝"时就开始设置"火正"之官,尧帝迁阏伯于商丘为"火正"。清《归德府志》记:"古燧皇陵在阏伯台西北二里"。这说明燧人氏在商丘地区建立燧明国,商丘燧皇陵遗址已于1992 年被国家旅游局命名为"华夏第一火种",全国第十届运动会的"华夏文明之火",在这里采集火种。

(4)朱襄耕农,开启中华农业文明的篇章。火的广泛使用有力地促进了原始农业向农耕文明的发展,商丘作为典型农业区为农耕文明的发展也做出了突出贡献。《路史》记:"有巢氏没,数阅世而朱襄氏立。于是多风,群阴閟遏,诸阳不成,百物散解,而果蓏草不遂,迟春而黄落,盛夏而痁痠,乃令士达作五弦瑟引来阴风,以定群生,令曰《来阴》。都于朱,故号曰朱襄氏,传三世而没"。其意是朱襄氏时期,天常刮干热风,造成阳气过盛,而阴气不足,阴阳失调,各种植物难于结果成熟,于是令士达制作五弦瑟,引来阴风,使阴阳二气平衡,万物结子,获得丰收,万民以安,由此含有,炎帝时期人们不仅对影响农业生产的农具和耕作技术的重现,而且对影响农业产生的气候也高度重视。炎帝朱襄氏是上古居住在商丘柘城一带的原始部落首领。在《吕氏春秋》注释中记:"朱襄氏陵在柘城县东十里,今地名朱堌"。这说明,华夏农耕文明在朱襄氏时期得到了很快发展和提高。

(5)驯服牛马,实现农业与畜牧业的第一次社会大分工。帝舜时代,因商祖契助大禹治水有功,被封于商,为商部落首领,由于他教化子民有方,成绩突出,被舜帝任为司徒,以教化万民。其孙相土继承他的事业，驯服马并发明马车，马在人们生产生活的运用，大大提高了社会交通运输能力。相土利用其便利的交通工具，使其疆域和影响力得到扩展，如《诗经·商颂》载："相土烈烈,海外有载"。商部落第七世君子亥又驯服牛并发明牛车,《管子·轻重戍》载:"殷人之王,立皂牢,服牛马,以为民利,而天下化之"。这说明商部落修立栅圈,驯养牛猪羊,以为人兴利。牛马畜力运用于农耕和运输,大大提高了社会劳动生产效率,使人们从繁重的体力劳动中解放出来。牛马猪羊等牲畜的圈养丰富了人们的食物来源,改善了人们饮食结构,促使我国完成了农业与畜牧业的第一次社会大分工。

(6)王亥经商,开创商业贸易先河。无农不稳,无商不活。殷商部族率先将牛马畜力广泛运用到社会生产生活之后,社会劳动效率得到大幅度提升,劳动产品有了剩余,社会财富增多。以王亥为首的商人赶着牛羊,带上剩余产品到外部落进行以物易物,实现互通有无,调剂余缺,发展生产,提高人们的生活。《管子·轻重甲》载:商汤时,夏桀骄奢淫逸,挥霍无度,仅女乐就有三万人,而且女乐歌伎"无不服文绣衣裳者"。故此,伊尹令商部落妇女日夜赶织"文绣纂组"以"一纯得粟百钟"的价格,来换取夏朝都城的粮食,这样夏都的粮食大批运往商部落。这也是商汤快速灭夏的重要因素之一。《史记·货殖列传》记:"陶、睢阳(商丘)亦一都会也"。这是说当时定陶、睢阳(商丘)已是商业繁荣的都市。现王亥作为华商始祖逐步成为社会共识,我国著名历史学家李学勤认为"商人、商品、商业起源于商丘"。有关商丘是"三商"之源的知识,现已进入我国中学辅助教材。由河南省政协和全国侨联主办的两年一届的国际华商节已被国家定为固定的节庆活动。这些正是殷商文化产生的社会环境并走向繁荣的客观条件。

(二)殷商文化的四个发展阶段

(1)先殷商时期。从帝喾在殷地高辛建都亳开始,至公元前1600年商汤灭夏建立殷朝,其间约500年的历史,主要代表人物有华夏文明始祖帝喾,有施教五伦的商祖契,有驯马扩大生产力的相土,有诚信经商的王亥,有与时俱进敢于革命的成汤等。这个时期是殷商文化产生并逐步丰富完善的时期,并对商周围的诸侯国产生深刻影响。

(2)殷朝时期。从公元前1600年殷朝建立至公元前1046年周武王灭殷纣王,历时554年。其主要代表人物有商武王成汤、元圣伊尹、太宗太甲、殷道复兴的盘庚、高宗武丁、敢于改革并骄纵失国的帝辛等。这个时期是殷商文化得以传承和发展,并成为全国主体文化,在各地得到推广普及。

(3)殷宋时期。从公元前 1040 年周天子封微子建立宋国开始,到公元前 286 年宋国被灭,历时 754 年,主要代表人物有创立"仁德"文化的微子、爱民如子的宋戴公、六次行"仁"的宋襄公、三命而俯的正考父、孔子先祖孔父嘉、实行政治改革并骄横失国的宋康王等。在这个时期商文化并没有随着殷朝的灭亡而消失,而是得到了较好反省、传承、革新和发展。以殷商部族为主体的宋国,在周围周朝姬姓诸侯国的挤压下,能生存发展 700多年,而且还成为全国经济发展中心和文化高地之一,产生了老子、墨子、庄子、惠施等思想家,成为道、儒、墨、名四大学派思想的源头,诸子百家争鸣的圣地。

(4)宋后时期。从公元前 286 年宋国被灭至清朝末年,在这历史长达 2000 多年的封建社会中,殷商文化逐步融化为以儒、释、道为主体的三大体系,以圣贤经典为标准,以圣贤人物为榜样的圣贤文化逐步成为社会的主导文化。作为华夏圣贤文化根脉之地的商丘一带,能够根据时代的发展,做到与时俱进,使许多优秀文化在这里得到传承创新和发展,仍是全国文化建设的高地之一。在这些优秀传统文化的感染和引领下,促使商丘发生了许多可改写华夏历史的重大事件,如汉梁孝王"平七国之乱"、唐张巡"睢阳保卫战"、宋赵匡胤再建宋朝、赵构在南京(商丘)登基等;在文化方面有汉二戴的经学、"江郎才尽"的江淹、宋四大书院之首的应天书院、清"雪苑诗社"等都在全国产生过较大影响,为华夏优秀传统文化的传承创新做出了特殊的重大贡献。

二、殷商文化之源的思想精髓

(一)尊重自然的天道哲学

殷商部族是善于尊重自然、遵循自然规律的民族,在上古"五帝"的帝喾时代,帝喾就迁其子、契到商丘观察大火星,以火星运行变化的规律来确定一年四季的变化,并逐步完善确立了一年 24 个节气,以此来指导人们的生产生活。1996 年经中国天文学会来商考察论证,殷契观星授时的火神台距今已有 4000 多年的历史,是我国最早的天文台。"道"是指自然规律,"德"是人认识和遵循自然规律的社会能力。在厚重的殷商文化的滋养下,使中华天人合一的道家思想在这里应运而生,其代表人物主要有商元圣伊尹,他提出

"治大国如烹小鲜"的治国理念,强调以德治国,并著有《咸有一德》等著作。此后的老子、庄子他们提出的"天人合一""阴阳和谐""五行生克"等哲学思想是华夏文化核心内容之一,对华夏文明起到了极大地促进作用。

(二)不偏不倚的执中路线

商丘古城南20多千米的高辛镇是几千年名字不变的古镇。这是上古五帝之一的高辛氏帝喾的封地和陵地。据《史记》《尚书》等历史文献记载。他顺应天时,知道百姓之急需,仁厚而威严,慈爱而笃实,取地之财物而节俭使用,教养百姓而顺性利导,施政不偏不倚,秉持中庸之道而平治天下。对国策的制定都能应天顺民,走中间路线,不激进、不妄为,循序渐进。这一中庸思想在后世得到了很好的传承和弘扬,并逐步成为儒家思想的重要组成部分,这在《礼记·中庸》中有充分的阐述。中庸之道是最能顾及各方利益,实现社会和谐的最佳途径,是中华优秀传统文化的精髓之一。

(三)确立五教的伦理道德

殷契因佐禹治水有功,被帝舜命为司徒,布施五伦教育,努力教百姓亲睦,使人们的五伦得到训顺,使之父子有亲、君臣有义、夫妻有别、长幼有序、朋友有信,促进了家庭社会和谐稳定。这种社会和家庭的伦理关系在后世得到了传承、丰富和完善。这也是中华民族团结融合、和谐相处、社会稳定,国家长盛不衰的重要文化基因。

(四)与时俱进的革命胆略

殷商部族长期生活在黄河两岸,受黄河水奔腾不息、奋勇向前的感染,形成了善于根据时态变化而不断创新发展的特性。如商汤在自己浴盆上的铭文是:"苟日新,日日新,又日新"。这在《礼记·大学》中有明确的记载他能够在伊尹的辅助下顺应民心天意,做到与时俱进,开启了以有道而伐无道之先河,推翻了无道昏君夏桀的统治,建立起我国第二个奴隶制国家,为人类社会的进步起到了表率作用,做出了巨大贡献。

(五)执政为民的仁德思想

仁德思想在殷商文化中具有突出位置,并得到了很好的传承和发展。殷商文化的仁德思想,起源于殷契之父帝喾,并在殷商部族中得到发扬光大,特别是到周朝宋国的微子时,他把"仁德"丰富和扩展到仁义礼智信,后成为儒家思想的核心内容。其典型事例有商汤的"桑林祈雨"和宋襄公的六次行"仁"等。这种仁德思想成为后世圣君、贤臣及名仕追求的理想目标。

（六）兼容并蓄的开放意识

海纳百川,有容乃大。殷商部族在积极传播自己文化的同时,还能以博大的胸怀,广泛吸纳各地文化的积极因素。殷商部族是个善于迁徙的部族,史书曾多处记载有"前八后五"之说。他们每到一处都积极吸纳当地文化的积极因素,实现与其自身文化的不断融合、丰富、完善和提高。同时,殷商部族重视物品的交换,促进我国商业的发展。兼容并蓄的开放意识是殷商文化一个显著特征,也是中华优秀传统文化的重要内容。

（七）"网开三面"的发展理念

殷商部族是个勤劳而智慧的部族,他们能够根据自然万物的发展规律来组织自己的生产生活活动。对一些人们生活必需的食物严禁一网打尽、竭泽而渔,充分体现出可持续发展的理念。如司马迁在《史记》中记载,商汤游猎,见到捕鸟者四处张网,并祈祷说天下四方之鸟皆入我网。商汤对此予以制止,并让其撤去三面网,只留一面,避免一网打尽。坚持可持续发展的国策,这也是殷商文化先进思想的重要内容之一。

（八）勇于牺牲的爱国精神

殷商部族有着强烈的家国情怀和勇于为国献身的爱国精神。《史记·殷本纪》记载,太甲继王位 3 年以后,昏庸暴虐,违背了汤王的制度,败坏了祖业,为殷商王朝带来了极大隐患。对此伊尹作为右相痛心不已,为了国家的长治久安,伊尹以大无畏的爱国精神,果断将太甲流放到汤王葬地桐宫。在太甲 3 年悔过向善后,伊尹又迎接太甲回朝,还权于他。又如《墨子·公输》记载,在墨子得知楚国要攻打他的祖国宋国时,他只身到楚国,阻止楚国攻宋,并通过与公输班攻守演练的胜利,迫使楚国取消攻宋计划,使宋国免受攻击。再如唐张巡等在睢阳抵御"安史之乱"叛军的"睢阳保卫战"等,都是很好的历史证明。中华民族的爱国精神是中华民族五千多年文明不间断的重要因素,是民族血脉的重要纽带,也是当前实现中华民族伟大复兴的内在动力。

三、殷商文化之源的品牌特色

（一）文化元素的首创性

殷商文化的源头特色首先表现在内容上的首创性。其主要表现在如下 10 个首创文化元素上,一是首施"中庸之道",帝喾(商祖契之父)努力做到不偏不倚;二是首推"五伦之教",殷契推行五教在宽;三是首创"以物易物",商侯王亥开创商业先河,使其成为华商始祖;四是首开"革命先河",商汤开启以有道伐无道,做到与时俱进;五是首禁"一网打尽",商汤实施可持续发展战略;六是首提"治国如烹",商相伊尹自觉遵循自然和社会规律;七是首立"仁德文化",使之成为殷商部族发展之根基;八是首阐"五行理论",箕子教育人们科学认识自然万物;九是首举"仁义之师",泓水之战,宋襄公虽败犹荣,使仁义美德得到弘扬;十是首筑"高台望母",宋襄公尽孝道美名远扬等。

(二)元典文化的集聚性

商丘殷商文化源头特色还表现在元典文化的集聚性。元典文化是指某以文化开始形成并具有典范作用的首要经籍。以商丘古城为中心,向周围约 70 千米内形成十分特殊的圣贤文化圈现象,其圣贤人物十分集中,古城东南约 20 千米有商元圣伊尹墓,伊尹辅助商汤灭夏建立殷商王朝,并辅助了商五位君王,他把自然界的变化与人生及人类社会的发展规律有机地结合起来,把天作为自然规律的代名词,创立了"天人合一"的天道哲学。他的天道思想对后世影响深远,留有《咸有一德》《伊尹·九主》《太甲》三篇等文化典籍,被后人尊为"商元圣"。商丘古城南约 65 千米有"太清宫",是道家鼻祖老子的出生地,其《道德经》等成为我国道家之经典。商丘古城西北约 45 千米有庄子文化园,庄子生于宋国的蒙墙寺,做过漆园吏,他的《华南经》等也是我国道家文化的重要经典。墨家是我国春秋战国时的显学之一,曾与儒家、道家齐名,其创始人墨子是宋国贵族目夷之后,做过宋大夫。其《墨子》成为墨家的原始经典。名家代表人物惠施是宋国人,著有《惠子》传世,成为中国名家典籍,其辩证思想在"历物十事"中得到体现。我国首位经济学家计然是现商丘民权人,著有《计然子》十五卷,成为我国最早商业理论之经典等。春秋战国时期的商丘已是百花齐放百家争鸣,中华元典文化的圣地。

(三)融合发展的开放性

殷商文化能够成为华夏"多元一体"中的重要一元,有其融合发展的开放性。殷商部族是善于迁徙的部族,能够根据经济生活和政治统治的需要适时进行迁徙,且区域面积广大,据史书记载其大的迁徙就有 13 次之多,即有"前八后五"之说。他们每到一处都要吸纳、融合本地积极的文化因素,不断实现其文化的创新发展。从 1994 年中美联合考古队在虞城县沙集乡马庄考古发掘的文物元素上看,这里含有龙山文化、岳石文化、仰韶文化和良渚文化等多种文化元素。同时,能够根据社会发展需要,顺应时代的发展,不墨守成规,如商汤依据夏桀荒淫无道,民众盼望圣君来推翻夏桀时,商汤在伊尹说服下,勇敢地打破了"愚忠"的束缚,开启以有道伐无道之先河,通过"商汤革命"推翻了无道昏君夏桀,做到了与时俱进,顺势而为。

(四)守正创新的连续性

殷商文化的核心是仁德思想,这是符合自然和人类社会发展规律的正道,殷商部族无论是顺境或是逆境,都能恪守其道,并能够根据时代发展的需要,做到创新发展。殷商文化的仁德思想萌生了殷契之父帝喾;殷契被舜帝任命为司徒,推行"五伦教育"时重于"宽";商十四代君侯成汤实施"网开三面"重于"德";周朝宋国第一位国君微子启又把仁德创新发展为"仁、义、礼、智、信";孔子七代祖正考父又将仁义创新扩展到谦恭、节俭、低调做人,世有"三命而俯"之美名;后来孔子把仁德思想进行归纳整理,使之成为儒家思想的集大成者。从以上殷商文化的仁德思想不断创新发展上看,他们始终不忘"仁德"之本,守住正道本色,使之一脉相承,连续不断,做到了在守正中创新发展。

总之,殷商文化是中华文化"多元一体"的重要一"元",其内容博大精深,蕴含着中华优秀传统文化的实质和精髓,是中华文化的主根、主脉之一,并具有强劲的基因传承和时代价值。有其包容兼蓄、圣贤辈出的源头特征,具有遵循自然和社会规律,坚持与时俱进的先进性。这进一步证明了文化作为一个国家、一个民族的灵魂,对其国家的兴衰和民族的发展有着重要作用,证明了"文化兴则国运兴,文化强则民族强"的科学论断。

"商丘好人"道德品牌的经验总结与推广

邓义昌①   郝雯雯②   曹志刚③

摘　要:近年来,商丘市涌现出一大批助人为乐、见义勇为、诚实守信、敬业奉献、孝老敬亲、自强不息的好人,并由个体化走向群体化,由个别关注走向全社会共识,叫响了"商丘好人"道德品牌,在全市、全省乃至全国都产生了广泛影响。"商丘好人"群体涌现与商丘深厚的文化土壤是分不开的,"商丘好人"身上闪耀着"勤劳智慧、善良朴素、勇于奋斗、乐于奉献"的人性光辉,商丘市不断完善"商丘好人"引导、选树、宣传、帮扶、回访、动态管理等六项工作,为"商丘好人"道德品牌的打造和提升建章立制。

关键词:商丘好人　道德品牌　文化基因　建章立制

　　"商丘好人"品牌的打造始于 2005 年,时年,在温州务工的商丘籍农民工李学生,为救两名在货车铁轨上玩耍的幼童献出了年仅 37 岁的生命。多年来,商丘以社会主义核心价值观为引领,持续打造"商丘好人"道德品牌。截至 2022 年 3 月,商丘市各行各业涌现出以李学生为代表的商丘好人 2 万余名。其中,13 人次荣获全国及河南省级道德模范或提名奖荣誉称号,38 人入选中国好人榜,66 人入选河南好人榜,9 人及 1 个集体入选全省疫情防控身边好人,8 人入选河南省防汛救灾身边好人。"商丘好人"群体不断扩大,

---

①　商丘市情研究中心专职研究员。
②　商丘市情研究中心专职研究员。
③　中共商丘市委党校副教授。

由个体化走向群体化，由个别关注走向全社会共识，"商丘好人"道德品牌越叫越响，影响力和美誉度不断提升。

一、共襄善举："商丘好人"群体涌现的文化基因

"商丘好人"群体涌现，根源于商丘厚重的历史文化所张扬的优秀传统价值精神。商丘是华夏文明和中华民族的重要发源地，其文明之久与文化之盛在中国历史上极其厚重，不仅孕育了丰富多彩的文化样态和文明光耀，更是诞生了一大批文明之星和有德之士。其人文精神及其美好德性流淌至今，融入商丘人的血脉之中，沉淀为群体基因。

（一）殷商文化形成了崇尚诚信的商业精神

"任何现象，深求其故，无不可以追溯至极远之世"。商丘被称为"殷商之源""华商之都"，"商丘"名字中本身带一"商"字，可见"商丘"与"商"的关系非同一般，而"商"最宝贵的品质就是"诚信"二字。远古时期的商部落之所以能繁荣昌盛，与其讲究诚信、重视仁义密不可分。在商丘商部落首领王亥讲究诚信和仁义的故事家喻户晓。据史料记载，一个叫葛国的诸侯国与商国平常交往频繁，有一年葛国遭遇大旱天气，导致庄稼几乎绝收，老百姓饥饿难捱，没有粮食充饥。葛国国君不得不求助商国，希望商国能够多提供些粮食，并且愿意出双倍的物品交换。王亥很同情葛国的遭遇，说："我们是老朋友了，不能见死不救，更不能乘人之危敛物"。于是，王亥不但按原来的物品与葛国进行了交易，还对其进行了无偿的支援。事后，葛国国君向王亥送书一封，其中写道："葛国愿与商国世代交好，永结同盟"。今天在商祖殿，王亥塑像两边写着"神德远播仁义诚信惠及五洲，宝像威严大气磅礴名扬四海"的楹联，也充分说明了商部落对诚信、仁义的推崇和坚守。新时期的商丘人正是秉持了"诚信"这种宝贵的品质，把"一言九鼎、实干兴商"作为商丘的城市精神，既体现了文化历史的继承性，也说明了自古至今"诚信"二字始终是这座城市最深沉的底色。

诚信是兴商之本、安邦之本、做人之本，是商文化的精神内核。诚信内涵了"真诚、诚实、信用、信誉"等基本要义。"商丘好人"秉承了商文化诚实守信的优良传统。以诚待人、以信立本，"商丘好人"的诚实守信让人们看到了商丘作为"殷商之源"和"华商之都"的宝贵城市内涵，也正是古老的商部落所开创的殷商文化最早孕育了诚信这种宝贵的商

业精神与人际交往品质,在今天"商丘好人"那里充分地展现出来。

(二)文教昌盛孕育了崇文尚德的社会风气

商丘自古以来,文教昌盛。作为全国历史文化名城,商丘春秋战国时期就是当时的教育文化中心,成为百家争鸣的主阵地,儒家、道家、墨家、名家等学派主要创始人在这里讲学论道,广收门徒,其思想体系在此得到广泛传承。西汉时期,以梁园为中心,这里出现以汉赋和经学为研究对象的新百家争鸣,聚集了众多的文化名流,开创了当时梁国文化繁荣新局面,正如鲁迅先生在《汉文学史纲要》所说:"天下文学之盛,当时盖未有如梁者也"。特别是宋代时期,商丘成为当时的全国文化教育中心。《宋史》记载:"宋朝兴学,始于商丘",以应天书院为典型代表的教育机构,广招生徒,盛况空前。"远近学者皆归之"。著名教育家戚同文、文学家晏殊、政治家范仲淹等一大批名人名师在此任教。他们博学多艺、德才兼备、成绩卓著、名扬四海,学生不远千里而至,当时的应天书院其显盛地位可想而知。作为应天书院精神图腾的范仲淹更是把书院教育推向发展的顶峰,确立了"以天下为己任之士大夫"的新型人才培育模式,把个人与社会、国家命运紧紧地连在一起,个人的最高价值在于奉献社会,心怀天下、心系苍生才是个人的最高德行。应天书院所培养出来的杰出人才更是数不胜数,史载有"宋人以文学有声于场屋者,多其所教也","使天下庠序规由此而兴",成为当时北宋的文化教育中心。应天书院为代表的书院文化成为中国历史上继承和发扬传统文化的绝佳模式,成为商丘文化教育史上一颗亮丽明珠。到元、明、清时期,商丘作为学者汇聚之地,学风之盛,惠及民间,著述之丰,传之后世。

对文化和教育的重视使得商丘不仅名人辈出,而且民众普遍文化素质和道德修养较高,人文精神浓厚。文教昌盛使中华传统优秀文化中重修身律己、重道德操守、重社会和谐、重理想人格等思想精髓在这里绵延至今,润物细无声地融入百姓的日常生活,成为他们的生活习惯和行为自觉。"商丘好人"是几千年来文明教化的产物,是传统文化教育绵延千年的自然结果。

(三)先贤名仕树立了至高至伟的道德丰碑

"有先王之遗风,厚重多君子"。在商丘浩如烟海的历史上,其圣人贤人灿若星辰,一直照耀着这里的道德星空。一部商丘的文教史,也是一部圣人及圣人文化传承的历史,产生了中华文明史上众多有影响力的帝王、圣贤和名人。因此，商丘被称为"中华圣人文化圈"的核心圈。上古及今，无数圣人贤人名人在此树立了道德丰碑。火神阏伯不但帮助大禹治水，还观星计时、指导农耕，为人类文明播下"火种"；仓颉造字，开启了中国历史的文字记载以及文化的有效传承；宋国开国之君微子启仁爱贤良，被孔子称为"殷有三仁"之一，深受殷商遗民爱戴；在此发轫的老庄孔墨等诸子百家思想影响深远，孔子的"仁爱"思想，庄子的"平等"思想，墨子的"兼爱、非攻、尚贤"思想等奠定了中国最早伦理道德基础；仁义有信的宋襄公在泓水之战中"君子不困人于厄，不鼓不成列"，把"仁义"看得比战争胜负更重要；替父从军的花木兰彰显了孝老爱亲、为国尽忠的忠孝双全的美德；保家卫国的张巡在唐代安史之乱中勇守睢阳，忠烈与爱国主义之情表现得淋漓尽致；以天下为己任的范仲淹铸就了"先天下之忧而忧，后天下之乐而乐"忧乐精神，应天书院的主政者和培养出来的名人志士戚同文、范仲淹、欧阳修、王安石、曾巩、毕士安、王洙、张载等皆是学高德重之人；被康熙帝称为"天下第一巡抚"的宋荦为官清正清白，赐予"清德"二字，成为现代官员学习的楷模……

历数不尽的古圣先贤和名人志士成为商丘至高至伟的道德丰碑，他们是商丘无可比拟的历史财富，在这片古老的精神庄园中熠熠生辉。这些名人轶事孕育了商丘人"开拓进取、不畏艰险、团结友爱、侠肝义胆、忠诚担当、爱国爱民、忧怀天下、清正廉洁"的基本精神风貌，成为"商丘好人"的道德标杆和力量之源。

（四）红色热土传承了无私奉献的革命风尚

商丘不仅是历史文化名城，也是重要的红色革命城市。有无数革命先辈在此指挥过战斗，有无数群众在此支援过抗战，也有众多革命遗迹在此留存。商丘是震惊中外的淮海战役的肇始地和结束地，是淮海、渡江两大战役总前委所在地，在中国的解放战争中有着独特的不可替代的作用，这场战役的胜利为解放全中国奠定了坚实的基础。商丘现拥有全国性的教育基地淮海战役陈官庄纪念馆、全国重点文物保护单位淮海战役总前委旧址、中共中央中原局扩大会议秘书处旧址、睢杞战役纪念馆、彭雪枫将军纪念馆、抗大四分校、鲁雨亭烈士纪念馆、杜聿明指挥部等众多革命遗迹。在淮海战役中，商丘人民更是"倾家荡产、支援前线"，掀起了一场轰轰烈烈的支前运动。据统计，商丘共出动民工116.8万人，各种车子867万辆，动用牲口26.3万头，共支援粮食1.2亿斤、柴草3.86亿斤、军鞋 64 万双,还有布匹、白菜、粉条等多种战勤物资运到前线。广大人民群众支援前线规模之巨大,任务之浩繁,动用人力、物力、财力之众多,为古今中外战争史上所罕见。在小吕集后方救治纪念馆内还写着这样的歌谣:"人不静,家家户户闪着灯;妇女灯下做棉衣,千针万线不放松;男人碾米又磨面,杀猪宰羊不消停;手起泡不觉痛,脚冻麻不知冷;十冬腊月天地冻,天寒心里热腾腾;为打胜仗人人忙,前后拧成一股绳……"

红色基因是无数革命先烈用鲜血和生命打下的精神底色。商丘人民用鲜血和生命铸造了"不怕牺牲、无私奉献、艰苦奋斗、勇往直前"的支前精神。这种红色精神与"商丘好人"所体现出来的刚健质朴、扶正扬善、敢于担当、奉献社会的品质一脉相承。

二、共铸精神:"商丘好人"精神凝聚的文化意蕴

"商丘好人"具有地域性、草根性、群体性、广泛性四个鲜明的特征,秉承了中华传统美德的文化精髓,彰显了新时代的文明风尚,形成了"勤劳智慧、善良朴素、勇于奋斗、乐于奉献"的"商丘好人"精神。

(一)勤劳智慧的道德操守

《左传·宣公十二年》中说:"民生在勤,勤则不匮。"意思是说老百姓的生计在于勤劳,勤劳则不匮乏。《墨子》中说:"赖其力者生,不赖其力者不生。"意思是说辛勤劳动就能生存,不辛勤劳动就不能生存。常言道:勤劳是幸福的源泉,懒惰是万恶之本。在中国传统道德中,勤劳是普及范围最广、涉及人群最多、传播时间最久的美德之一。中国人民历来就以勤劳著称于世,他们以勤劳的双手、辛勤的劳动,创造着物质财富和精神财富,铸造了热爱劳动、吃苦耐劳、诚实勤奋、自立自强的优秀品质。

"商丘好人"包括各行各业的"最美人物",他们是我们熟悉的"好医生""好教师""好司机""好老板",他们或助人为乐,或见义勇为,或诚实守信,或敬业奉献,或孝老爱亲,充分体现了中华民族的传统美德。不断涌现的"商丘好人"扭转了人们对社会整体道德状况消极悲观的判断,拯救了社会道德信仰危机,夯实了公民道德建设信心。他们的感人事迹启发了人们的良知,淡化了人们的功利追求,提高了人们的精神境界,激发了民间的向善潮流,给社会道德风尚注入了一股强有力的正能量,形成了良好的道德氛围和健康的道德生态,掀起了公民道德建设的热潮。

（二）善良朴素的凡人善举

2005 年，时任浙江省委书记、省人大常委会主任习近平就李学生英勇营救遇险儿童献出年轻生命的壮举做出批示："世间有造就伟业的英雄，有在平凡岗位上默默奉献的英雄，有在关键时刻挺身而出的英雄。李学生就是一个作为平凡之人而做出不平凡壮举的英雄。"

"商丘好人"多是出身平民、来自草根，都是没有任何功利色彩、没有任何包装痕迹的原生态，他们的伟大来源于日常的点点滴滴，他们的道德行为只是因为这是他们的习惯性行为，即所谓的"道德良心"。他们平凡了一辈子，默默坚守朴实梦想和善良美德，他们见义勇为、助人为乐、敬业爱岗、孝老爱亲、诚实守信、自强不息，在关键时刻挺身而出，展现了人性的崇高。"商丘好人"的群体涌现，让世人看到，只要做一个有道德的人，平凡人也可以有不平凡的人生，平凡人同样也可以成为英雄。

《新时代公民道德建设实施纲要》指出，"青少年是国家的希望、民族的未来，要坚持从娃娃抓起，引导青少年把正确的道德认知、自觉的道德养成、积极的道德实践紧密结合起来。"商丘市切实推进未成年人思想道德建设工作常态化，从 2009—2017 年，商丘市评选表彰了 9 届共 311 名商丘市"美德少年"，从 2018—2021 年下半年，商丘市评选表彰了 102 名商丘市"新时代好少年"，引导广大青少年树立远大志向，热爱党、热爱祖国、热爱人民，形成好思想、好品行、好习惯，扣好人生第一粒扣子。

（三）勇于奋斗的人生底色

习近平总书记多次强调奋斗的重要性，总书记提出了"新时代是奋斗者的时代""奋斗本身就是一种幸福"等重要观点，强调"社会主义是干出来的，新时代是奋斗出来的。"奋斗的本质是自强不息。自强不息是健康的、积极的人生态度，自强不息是志存高远、攀登高峰的执着追求，自强不息是克服困难、顽强奋斗的坚强意志，自强不息是勇于开拓、积极进取的精神，自强不息是自尊自爱、不卑不亢的人格气质。自强不息是中华民族人文精神一以贯之的美好传统。

商丘市帮扶商丘好人协会会长李东亮曾经在社会各界的关爱下获得第二次生命，作为一名伤残退役军人，李东亮抱着回报社会的初心，带着重病之躯先后发起成立多个公益组织，被誉为"行走在生命倒计时路上的志愿者"。20 年来，李东亮用爱心给予数以千计的人温暖和帮助,他先后获得"中国好人""全国最美志愿者""全国模范退役军人""全国助残先进个人""全国五好家庭""全国最美家庭"等荣誉。2021 年 11 月 5 日,在第八届全国道德模范颁奖仪式上,李东亮被授予第八届全国道德模范提名奖。奋斗是人生最鲜艳的底色。在李东亮身上,我们感受到了生命不息、奋斗不止的精神力量。

(四)乐于奉献的志愿精神

在志愿服务方面,商丘形成了党员、青年、职工、老年、巾帼、文明单位、文化文艺、网络文明传播、义工联、红十字、社区等群体广泛参与的近 10 万人的志愿者服务队伍。

2008 年 5 月,黄伟和丁红心等人一起发起成立商丘市水上义务救援队。商丘市水上义务救援队现有近百名队员,坚守"义务救援,不收钱物,出现意外,后果自负"的承诺,救援足迹遍布豫鲁苏皖四省十多个地市。截至 2021 年底,商丘市水上义务救援队参与义务救援 458 次,挽救 63 人生命,打捞出溺水者遗体 326 具,打捞群众财产价值 780 余万元。2020 年 11 月 6 日,商丘市水上义务救援队被应急管理部评为第五届全国 119 消防先进集体。2021 年 6 月,商丘市水上义务救援队党支部被评为河南省先进基层党组织。

2005 年,李东亮在《商丘论坛》发起成立"同在蓝天下"爱心小组。2006 年,商丘市义工联正式注册成立。商丘市义工联是商丘人数最多、影响最大的爱心团体,也是河南省首家义工组织。截至 2021 年底,商丘市义工联开展环保活动 100 多次,资助贫困生 2 000 多人,帮扶弱势个体 3 000 多人,设立爱心帮扶站 16 家,建成义工站 47 家、爱心早餐点 3 个,设立环卫工人休息点 82 家,累计捐款捐物价值 600 多万元,带动市民参与志愿服务 30 多万人次。2016 年 10 月,商丘市义工联发起"商丘好人爱心早餐"公益项目,目前已顺利运行 5 年多的时间,大大解决了周边环卫工人早上用餐的需求,并带动睢县、柘城、虞城等县启动爱心早餐。截至 2021 年底,全市爱心早餐项目已累计为环卫工人等群体提供免费早餐 60 多万人次,成为独具特色的公益品牌。

在 2021 年防汛救灾和疫情防控中,商丘市 6 847 支新时代文明实践志愿服务队、40 余万名志愿者活跃在城乡基层,成为参与社会治理、服务百姓民生、助力疫情防控的重要力量。

在 2022 年疫情防控期间,商丘市委、市政府坚持"外防输入、内防反弹"的总策略和"动态清零"的总方针,激励广大党员志愿者挺身而出,下沉到各个社区参与疫情防控工作,"志愿红"义无反顾奔赴疫情防控第一线,为打赢疫情防控阻击战奉献力量。

三、共建机制:"商丘好人"品牌建设的基本路径

打造提升"商丘好人"道德品牌的过程也是道德文化建设的过程。任何建设想要规范运行、长久运行,都要建立章程,订立制度。商丘市委、市政府坚持制度先行,从建章立制入手,制定了《关于大力推进商丘好人文化建设的实施意见》,并不断完善"商丘好人"引导、选树、宣传、帮扶、回访、动态管理等六项工作机制,为"商丘好人"道德品牌的打造和提升定章程、立规矩。

(一)导向鲜明,营造氛围

商丘市委、市政府坚持把公民道德教育摆在与经济发展同等位置,坚持道德素养提升与实践活动相结合,形成党委政府引导、宣传部门牵头、社会各界齐抓共管良好工作格局。商丘市委、市政府把"商丘好人"文化建设纳入创建全国文明城市整体布局之中,把好人文化融入文明单位、文明行业、文明社区、文明家庭创建的全过程。

2005 年 3 月 23 日,时任浙江省委书记、省人大常委会主任习近平对李学生事迹做出批示,商丘市把这一天设定为"商丘好人"节,这既是对英雄壮举的铭记,也是对"商丘好人"群体的褒奖,更是对中华传统美德的坚守和传承。2017 年 3 月 23 日,"商丘好人"联谊会举办 2017 首届"商丘好人"节。

2017 年,商丘好人主题公园建成开放。主题公园内有百"好"广场、"点赞塔"、天幕广场、"社会主义核心价值观"景观亭等,是传播好人文化的一座新地标。

商丘市委、市政府鲜明的导向机制优化了"商丘好人"道德品牌建设的人文环境,营造了崇德向善、见贤思齐的社会氛围,探索出了一条"以'商丘好人'引领城市文明,以道德楷模塑造城市之魂"的创建之路,实现了城市文明和社会文明的"双提升",让善待好人、争当好人在商丘持续发酵、蔚然成风。

(二)广泛参与,便捷选树

2016 年年初,商丘市制定实施《商丘市"身边好人"发布工作机制》,使全市"身边好人"的推荐表彰工作进入制度化、常态化、规范化轨道,形成好人辈出的生动局面。商丘市积极发动媒体、机关、企业、高校、民间团体、普通市民等各方面的力量,发现、选树"商

丘好人"。

(1)依托商丘日报、商丘广播电视台、商丘网、商广网选树"商丘好人",发挥官方媒体权威性、引导力和公信力的作用,扩大"商丘好人"的影响力和覆盖面。

(2)动员民间社会组织选树"商丘好人"。支持志愿者、义工联等"商丘好人"团体发展和申报"商丘好人",通过道德促进会、道德评议会、青年敬老协会、志愿服务队等形式,丰富平民化的选树平台,不断挖掘民间先进人物的感人事迹。

(3)工会、共青团、妇联、公安、民政、教育等部门从评选出的各类先进典型中选树"商丘好人"。好人选树范围覆盖全市各个行业系统,重点发掘劳模工匠、创新团队、优秀党员、道德模范等先进典型,实现"储备一批、培育一批、推出一批"的动态管理。

(4)依托基层组织层层推荐选树"商丘好人"。村里建立由村干部、村民代表、"五老"组成的"商丘好人"评议会,每月选树评议一次"商丘好人"。在评议过程中,群众既是受教育者,又是参与者、传播者,激发了群众的参与热情。

(三)多方联动,扩大宣传

(1)充分发挥传统媒体和新媒体的叠加优势。积极邀请中央、省属主流媒体及高端专业的商业媒体大力宣传"商丘好人"、极力推介"商丘好人",并综合利用"商丘好人"融媒体中心在整合媒体资源方面的便利条件,对"商丘好人"进行分众化、全方位的立体宣传。

(2)充分利用商丘好人主题公园的集聚功能。商丘好人主题公园围绕"商丘好人"这一主题,按照商丘好人文化发展传承的脉络,分为形象展示区、文化发展区、历史传承区。商丘好人主题公园集宣传教育、休闲娱乐、生态文化、旅游观光等复合功能为一体,充分发挥了用好人文化教育熏陶群众的作用,让社会主义核心价值观的影响像空气一样无处不在、无时不有,潜移默化地转化为人们的情感认同和行为习惯。

(3)有序运营"商丘好人"网上展馆。2017年3月22日,商丘市通过整合电视、广播、报纸、网站、手机报、微博、微信公众号、移动客户端等媒体资源,启动了"商丘好人"网上展馆。"商丘好人"网上展馆综合运用文字、音频、视频、图片、链接等形式,按照助人为乐、见义勇为、诚实守信、敬业奉献、孝老爱亲5个类别,系统展示"商丘好人"的先进事迹,让广大网友足不出户,就能感受到身边好人的善行义举和崇高品质,在互联网上传递正能量。

（4）常态化进行道德宣传。常态化举办道德讲堂、道德模范报告会、道德模范故事汇和道德模范图片展，将好人好事编成小故事、小节目，使"商丘好人"的感人事迹家喻户晓、人人皆知。

（5）充分运用各种宣传方式。利用微博、微信、抖音、快手等社交平台，利用大型公益广告牌、LED 屏、出租车车载滚动字幕，对"商丘好人"进行全方位宣传。推出《商丘好人》《商丘人好》《商丘好人之歌》等宣传礼赞"商丘好人"的歌曲，在商丘好人主题公园等公共场所循环播放。2018 年 8 月 28 日，根据"商丘好人"真实事迹改编的人物传记片《李学生》上映，让"商丘好人"声名远播。

（四）有效帮扶，定期回访

（1）积极开展结对帮扶工作。2017 年 3 月 22 日，商丘市启动"商丘好人"帮扶基金，让"好人"不孤单，实现"好人有好名、好人有好报"的人心所向。2018 年 3 月，商丘市政府颁布实施《商丘市礼遇帮扶道德模范实施办法》，对有困难的道德模范和"商丘好人"建立帮扶档案，制定具体帮扶方案。动员各级文明单位和社会各界志愿服务组织，根据"商丘好人"的困难情况和实际需要，采取结对帮扶方式，帮助他们解决生活困难。在评选三八红旗手、巾帼建功标兵、最美家庭、五好文明家庭活动中，优先考虑"商丘好人"，让"商丘好人"政治上有地位，社会上受尊重，增强"商丘好人"的自豪感和幸福感。

（2）定期对好人群体进行回访。设立帮扶热线，随时接受"商丘好人"的工作生活情况反馈，及时了解他们的所思所想和帮扶需求。在重大节日期间，为好人们送去真诚的祝福、问候和心理关怀。属低保救助对象的，协调民政部门帮助其纳入低保救助范围；属救助致残人员的，协调市残联认定其伤残等级并给予扶持；属下岗失业人员的，协调人社部门帮助其寻找就业岗位；子女入学有困难的，协调教育部门帮助解决其就学问题；因病致贫的，协调有关企业和爱心人士结对帮扶，捐款捐物帮助其治病就医；见义勇为牺牲人员，协调见义勇为基金对其家属进行奖励，并协调社会进行救助和帮扶。这一系列举措充分体现了对"商丘好人"的关心与关爱，确立"好人有好报、好人有好名"的价值导向，在全市形成崇德向善、见贤思齐的浓厚氛围。

商丘市新时代文明实践中心建设推进情况与对策建议

王全周[①]　谢　芳[②]

摘　要: 建设新时代文明实践中心,是时代之需、使命所系、群众所盼,是提高社会文明程度的战略之举。近年来,商丘根据中共中央办公厅《关于建设新时代文明实践中心试点工作的指导意见》,强化领导,建立三级联动机制;整合资源,强化志愿服务;优化服务,发挥三大载体作用,搭建平台,深化两项重点工作;在全市范围内扎实推进新时代文明实践中心建设和活动有效开展。初步形成了梁园区、睢阳区、示范区、永城市、夏邑县、虞城县、柘城县、宁陵县、睢县、民权县全覆盖。但还存在着志愿服务水平不高,志愿服务激励机制不完善,实践活动还不深入等问题,需要在整合资源、丰富载体、健全经费保障机制,强化专业力量等方面上下功夫。

关键词: 新时代文明实践中心　志愿服务　整合资源　丰富载体

习近平总书记在全国宣传思想工作会议上强调,"加强和改进思想政治工作,推进新时代文明实践中心建设,不断提升人民思想觉悟、道德水准、文明素养和全社会文明程度"[③]。《中华人民共和国国民经济和社会发展第十四个五年规划和2035年远景目标纲

---

① 中共商丘市委常委、宣传部部长。
② 中共商丘市委宣传部政策法规研究室主任。
③ 习近平出席全国宣传思想工作会议并发表重要讲话.新华社,2018-08-22.

要》指出，"实施文明创建工程，拓展新时代文明实践中心建设"。建设新时代文明实践中心，是时代之需、使命所系、群众所盼，是推动习近平新时代中国特色社会主义思想深入人心、落地生根的重大举措，是提高社会文明程度的战略之举。

一、建设现状

近年来，商丘根据中共中央办公厅《关于建设新时代文明实践中心试点工作的指导意见》、省文明委《关于深化拓展新时代文明实践中心建设试点工作的实施方案》和省市建设推进现场会精神，按照省文明办提出的试点先行、分级挂牌、逐步推开的工作思路，积极筹划、扎实推进，各县（市、区）认真贯彻建设推进现场会精神，精心筹备试点建设，学习借鉴外地成功经验，睢县、柘城、永城三个试点县（市）印发了具体实施方案。试点过程中，各地按照县、乡、村三级构建模式，统筹整合城乡现有公共服务资源，组建不同类型的志愿者队伍，采取灵活多样的传播形式，在全市范围内扎实推进新时代文明实践中心建设和活动有效开展。截至 2021 年底，全市已建成新时代文明实践中心（所、站）共计4 776所，其中全市挂牌成立县级新时代文明实践中心 10 所，乡镇（街道）新时代文明实践所 201 所、村（社区）新时代文明实践站 4 787 所，初步形成了梁园区、睢阳区、示范区、永城市、夏邑县、虞城县、柘城县、宁陵县、睢县、民权县全覆盖。

（一）强化领导，建立三级联动机制

建设新时代文明实践中心是党中央对宣传思想文化和精神文明建设工作做出的一次重要部署，事关推动习近平新时代中国特色社会主义思想往深里走、往心里走、往实里走的大局，商丘结合各地实际，制定并下发《建设新时代文明实践中心建设实施方案》，建立县、乡镇（街道）、村（社区）三级组织体系，分别成立新时代文明实践中心、所站，初步完成挂牌工作。一是成立县级新时代文明实践中心，由县（市、区）委书记担任中心主任，县委常委、宣传部长任办公室主任，办公室设在县（市、区）委宣传部。截至 2021 年底，9个县（市、区）正式批复县级新时代文明实践中心建设指导中心为公益一类正科级事业单位。文明实践中心打造了音乐室、舞蹈室、书画室、公益课堂、文体活动室、图书阅览室、多功能报告厅、项目孵化室、爱心超市、融媒体直播间、心理辅导室、常备队伍室、社会团体室多个功能室。二是各乡镇成立新时代文明实践所，乡镇党委书记担任所长，乡镇党委副书记担任副所长,乡镇党委宣传委员负责日常工作。乡镇文明实践所依托乡镇便民服务中心、党群服务中心、青少年活动中心等开展工作。文明实践所按照要求打造了文明实践办公室、新时代文明实践讲堂、老年活动室、儿童活动室、党员活动室、图书阅览室、健身康养活动等功能室。三是各行政村(社区)成立新时代文明实践站,村(社区)党支部书记担任站长,各村(社区)网格员及文化站管理员,协助站长开展工作。另外,各县(市、区)乡镇、行政村全部建成了新时代文明所(站)和志愿服务站,所有"新时代文明实践所(站)"的牌匾、制度、领导组织机构和"志愿服务站"的牌匾、管理办法、志愿者权利义务等基本上墙完毕。同时,为了加强三级体系的沟通管理,创建了县新时代文明实践工作群,各所(站)、平台定期向县新时代文明实践中心办公室上报活动开展情况。文明实践站打造了文明实践办公室、新时代文明实践讲堂、文体广场、儿童活动室、健身康养活动等功能室。

(二)整合资源,强化志愿服务

中共中央办公厅印发的《关于建设新时代文明实践中心试点工作的指导意见》指出,新时代文明实践中心(所、站)的主体力量是志愿者,主要活动方式是志愿服务。党的十九届五中全会明确提出"健全志愿服务体系",

商丘加强总体谋划和顶层设计,研究解决志愿服务领域重大问题,统揽志愿服务各方面力量,统筹部署全局性、示范性重点工作,助力新时代文明实践中心建设。盘活阵地资源,组建"1+10+N"志愿服务队伍,打造"1+5+N"服务平台,构建点多面广,功能完善的"15分钟服务圈"。

(1)全市组建了文明实践志愿服务组织146支,民间志愿服务组织86支,文明实践志愿服务队6 847支。从126个新时代文明实践活动项目中,遴选出51个项目重点培育,孝善敬老、筑梦路上、爱心早餐等17个项目被省文明委表彰为河南省志愿服务优秀项目。组建了宣讲队伍,按照"志愿服务乡村行"行动和"新时代宣讲师"计划,常态走进新时代文明实践中心(所、站),开展理论政策、文化服务、科技科普、卫生健康等主题志愿服务活动。目前,全市10个县(市、区)、201个乡(镇、街道)、4 787个村(社区)实现了新时代文明实践中心(所、站)三级阵地全覆盖。依托各县(市、区)注册志愿者,招募遴选新时代文明实践志愿宣讲员13 230人,现已开展各类文明实践活动86 360场。全市党史学习教育志愿服务宣讲员281名,其中61名市委"百姓宣讲团"由党史研究室主任、商丘好人、劳动模范、优秀思政课教师、革命烈士后代、红色教育基地讲解员等,组织开展党史学习教育志愿服务宣讲活动2 794场次,依托各县(市、区)志愿者协会开展系列志愿服务。根据群众个性化的需求设计配送文明实践项目,孵化培育了"孝善敬老""文明风尚志""移风易俗""庄子和谐道德""优秀文化代代传""文艺轻骑兵""科技大篷车"等品牌服务项目126个,有影响力的志愿服务活动品牌40个。2021年以来开展志愿服务培训135场次,共培训2.25万人次。如:国家级试点县睢县孝善敬老项目采取"家庭为主体、子女为主力、党委政府引导、社会积极参与"的模式,针对全县65周岁以上贫困老人设立县、乡、村三级孝善敬老基金。2018年以来,已向18 000多位建档立卡贫困户老人发放子女交纳的孝善敬老基金1.344亿元,政府奖补资金2 606.056万元,评选表彰乡村两级孝善模范1.6万余名。全县涌现出以胡堂乡李窑村、城关镇周庄、西陵寺镇孟楼村等一大批孝善敬老工作模范试点村,举办了三届高规格的全县"孝善敬老"模范表彰大会,表彰了45名县级孝善模范。2019年底,睢县孝善敬老志愿服务被评为河南省新时代文明实践活动优秀项目,并入选2019年全国志愿服务"四个一百"评选。

(2)柘城县注册成立柘城县志愿者协会,完善协会章程制度、人员组成,积极开展爱心送考、关爱孤寡老人、留守儿童、文明交通等志愿服务活动;孵化的志愿服务组织有柘城退役军人志愿服务队、点滴公益志愿服务队、大爱乾坤志愿服务队、新时代广场舞志愿服务队、柘城县中心敬老院志愿服务队、柘城县工会志愿服务队等;指导成立县新时代广场舞协会、退役军人志愿者联合会、大爱乾坤爱心粥屋、点滴公益协会等6个志愿服务组织,共注册志愿者10万余名;组建了理论政策宣讲、文化文艺服务、卫生健康、助学支教、科技科普、法律服务、生态环保、孝善敬老、扶贫帮困、移风易俗等志愿服务队,全县515个实践站组建了515支志愿服务队。柘城县文明交通志愿服务获得市级优秀志愿服务称号,新时代广场舞在全市推广做法,移风易俗志愿服务受到两任中宣部长批示,柘城县婚事营造移风易俗新风尚的典型事迹被《焦点访谈》点赞。这些特色品牌服务项目深入人心,广受赞誉,有效地满足了群众对美好生活的需求,巩固了基层宣传思想文化阵地。

(3)"永城市向日葵之家爱心联合会""永城市心理咨询师志愿服务队""永城市青少年健康成长志愿服务团"等3个志愿服务组织已入驻新时代文明实践中心。如市级试点县夏邑县成立由县委、县政府主要领导任总队长的夏邑县文明实践志愿服务总队、乡镇级成立以文明实践志愿服务大队,村级文明志愿服务队,全县共有志愿服务组织近 300 个,招募志愿者人数近 80 000 人。虞城县花木兰志愿者协会成立于 2015 年,是个女性团队,有医生、教师、警察、机关干部、企事业领导、家庭主妇等,现有会员 400 余人,共组织开展公益活动 800 余起,虞城县花木兰志愿者协会被誉为商丘市优秀志愿者团队、商丘市疫情防控"最美口罩达人集体""虞城好人团体"等。宁陵县拥有"移风易俗跟我来"志愿服务的特色品牌项目。民权孵化培育民权县志愿者协会、民权县慈善总会、民权县庄子和谐道德促进等志愿服务项目。如商丘市"巾帼志愿者服务队""党员志愿服务队"等充分发挥先锋模范作用和弘扬志愿服务精神,积极投身疫情防控工作,在新冠肺炎疫情防控中发挥了重要作用;商丘市义工联等一些志愿服务组织成立联合党支部,社会志愿服务组织的党员找到了党组织,增强了凝聚力。

(三)优化服务,发挥三大载体作用

宣传新思想、贯彻新发展理念、服务高质量发展,是新时代文明实践中心建设的题中之意。坚持创新发展理念,探索新时代文明实践中心建设新模式。

全市各单位、志愿服务分队和新时代文明实践所(站)把新时代文明实践活动纳入文明单位目标考评体系及单位年度工作计划,实行"群众点单——中心派单志愿者接单——群众评单"的服务模式,确保村村有队伍、周周有活动、月月有主题、年年有激励,打通服务群众"最后一公里"。一是推进主题宣传。各试点县(市、区)把增强阵地意识、推动党的创新理论"飞入寻常百姓家"作为新时代文明实践的首要任务和"首选动作",开展丰富多彩的宣传教育和实践活动,使理论宣传和思想教育更接地气、更有活力、更有温度。全市各文明实践所(站)积极组织志愿者服务队伍,围绕党史学习教育、乡村振兴、孝善敬老、移风易俗等重点工作常态化开展《习近平谈治国理政》第三卷宣讲、"我为群众办实事"党史学习理论宣讲活动、"孝善文化节""集体婚礼""文明餐桌、光盘行动""文艺会演""敬老尚俭""少年宫支教"等各类文明实践志愿活动。永城市针对留守儿童、孤寡老人、环卫工人等群体孵化了"微心愿征集""邻里守望""爱心早餐"等一批较有影响力的项目,认真组织开展了"文明交通""文艺轻骑兵""党晖温暖十大帮扶行动"等常态化志愿服务活动。二是深化节日活动。持续开展"我们的节日"文化活动,在国庆、中秋、重阳节等传统节日期间,组织志愿者开展"我们的节日"主题传统文化活动,"文明交通 文明出行"实践活动。三是突出特色品牌项目。睢县紧紧围绕党史学习教育、乡村振兴、孝善敬老、移风易俗等重点工作常态化开展"扶贫帮困，有你有我""我为群众办实事"党史学习理论宣讲活动、"孝善文化节""集体婚礼"等各类文明实践志愿活动。永城市举行"省宣讲师与百名志愿者结对子，种文化"活动启动仪式，得到人民日报等中央、省、市等知名媒体宣传报道，收到了良好效果。

（四）搭建平台，深化两项重点工作

各试点县（市、区）始终把"坚持以人民为中心的工作导向"作为做好新时代文明实践中心建设工作的根本原则，不断夯实新时代文明实践工作的群众基础，推动新时代文明实践活动在扎根基层中服务基层、在服务群众中引领群众，切实增强人民群众的获得感。一是柘城县、永城市建设"村村响"工程，有效把党的十九大精神传到了农村的广场车间、田间地头，传到了农民的脑子里、心坎上；睢县充分发挥县融媒体平台作用，线上线下齐发力；柘城县成立广场舞协会，通过群众跳新时代广场舞，改编创作唱响主旋律、讴歌新时代的广场舞曲，通过"三送"，即给群众送音箱、送舞曲和送老师，推进新时代广场舞进农村，填补了农村群众精神文化生活的空白，让党的政策理论"飞入寻常百姓家"，提高群众的获得感和幸福感。二是依托农民群众生产生活需求，开展易接受、接地气的文明实践活动。举办书画、诗词、影音作品展演；充分利用农村文化小广场、文化大院、基层文化站等阵地资源，开展"我们的中国梦——文化进万家"系列活动；依托当地红色资源，着力挖掘红色资源、打造红色阵地、讲好红色故事、弘扬红色精神、擦亮新时代文明实践的红色品牌，实现红色资源优势向文明实践品牌的成功转化，把红色故事、红色精神编进教材，编著一批经典书籍，累计采访整理记录《红色记忆——新中国成立前农村老党员实录》资料164篇，视频资料160小时，打造红色文明实践精品教育课程15项。利用基层优势开展有主题、有特色、有内容的活动项目，在城镇社区依广泛组织腰鼓、秧歌、新时代广场舞等活动，极大地丰富了人们的业余生活，同时，为促进全民健身与全民健康深度融合，建立了自上而下的指导体系，定期举办培训，开展系列活动。

二、对策建议

（一）坚持以整合资源为前提，在搭建综合平台上下功夫

加强对县级融媒体中心的统筹建设和运用，做到"两中心"统筹建设、统筹谋划、统筹运用。着力打造全方位、多层次的县级融媒体传播平台,依托平台建设可移动的"新时代文明实践中心",推进公共数字文化资源整合,推动文明实践活动线上线下融合发展,让党的创新理论"飞入寻常百姓家"。通过媒体网络等社交平台调动一切积极因素参与其中,大力弘扬志愿服务精神,实现以组织招募为主向社会化招募为主过渡,吸引各阶层、各类别的社会成员自觉地参与到志愿服务中来。

(二)坚持以丰富载体为关键,在增强活动效果上下功夫

围绕群众需求开展调查研究,通过调研群众需求,结合实际,统筹协调各项资源,围绕群众关注的难点、热点问题,与学党史"我为群众办实事"宣讲活动有机结合,广泛听取群众意见,完善活动方案,提高活动参与率,从而实现凝聚人心、引导群众的文明实践活动目的。

(三)建立健全经费保障机制,在投融资渠道上下功夫

加大上级部门政策支持力度和县级财政投入,保证文明实践中心的基础设施充足、宣传阵地充分、服务人才充沛。各级财政每年安排专项资金,拓宽财力支持路径,鼓励和支持更多的民间机构、企业及个人等积极参与捐赠等。设立专项活动经费、健全群众参与激励政策、完善志愿者管理制度、注重媒体宣传推广,确保实践中心正常运转、群众愿意参与活动。

(四)坚持以机制建设为保障,在推动常态长效上下功夫

强化领导机制,给予资金保障,完善激励机制、督导机制、考核机制,将其纳入精神文明建设考核特别是文明乡镇、文明单位评选的重要内容,对文明实践中心进行规范、管理、引导和监督,保证文明实践工作的规范化、科学化的发展,从而推动新时代文明实践中心建设常态长效,增强文明实践工作的认可度。

(五)坚持以志愿服务为依托,在构建专业力量上下功夫

根据志愿服务项目的要求,依托行业协会和基层宣传教育阵地,对志愿者进行相关知识和技能培训,把志愿者初次培训、阶段性培训和临时性技能培训结合起来,重视志愿者骨干的培养,跟踪掌握志愿者接受培训、参加服务的情况,合理安排服务时间和服务任务,实现志愿者、服务对象和活动项目的有效衔接,为文明实践工作夯实人才保障。

商丘全国文明城市创建工作情况及思考

熊作余①

摘　要:全国文明城市是目前全国含金量最高、综合性最强、影响力最大的城市荣誉称号。2018年商丘获得全国文明城市提名城市,进入第六届全国文明城市(2018—2020)周期年。2020年11月,商丘首创首成,荣膺第六届"全国文明城市"称号。2021年商丘常态长效深化全国文明城市创建工作,全国文明城市测评取得良好成绩。多年来,商丘市着力培育和践行社会主义核心价值观,着力培养担当民族复兴大任的时代新人,着力弘扬共筑美好生活梦想的时代新风,着力深化拓展群众性精神文明创建活动,不断提升市民文明素质、城市文明程度、城市文化品位、群众生活质量,不断提高城市治理能力和治理水平,努力建设信仰坚定、崇德向善、文化厚重、和谐宜居、人民满意的全国文明典范城市,在打造具有广泛影响力、重要竞争力的全国一流省辖市中彰显文明力量。但是文明城市创建只有起点,没有终点,我们也清醒地认识到存在的主要问题和短板。因此,总结商丘全国文明城市创建的经验教训,对促进商丘常态长效创建全国文明城市具有重要的借鉴意义。

关键词:商丘　文明城市　精神文明

---

①　中共商丘市委党校副教授。

全国文明城市是对一个城市文明创建工作成效的最高评价，是反映一个城市经济、政治、文化、社会、生态文明建设和党的建设综合发展成果的最高荣誉，是社会普遍公认的综合性强、含金量高、公信力大的城市荣誉称号。2013 年商丘市委、市政府明确提出创建文明城市的目标任务，并于当年获得河南省文明城市提名城市。2016 年获得河南省文明城市荣誉称号。2017 年商丘确定创建全国文明城市提名城市目标，9 月顺利通过河南省考评组考评验收。2018 年 2 月，商丘被中央文明办确定为全国文明城市提名城市，商丘市委、市政府做出创建第六届全国文明城市（2018—2020 年）的重要战略决策。2019 年做出"创建大提升、进入一方阵"安排部署。2020 年 4 月，全面动员部署"决战必胜创建全国文明城市攻坚战"。2020 年 8 月 31 日，提交全国文明城市和全国未成年人思想道德建设网上测评资料。2020 年 9 月 5～9 日，全国文明城市测评组对商丘创文工作进行实地测评和问卷调查。2020 年 9 月 14 日，商丘获得第六届全国文明城市评选参评资格。2020 年 11 月 20 日，中央文明委发布关于表彰第六届全国文明城市的决定，商丘市成功创建第六届全国文明城市。同时，商丘市教育体育局获得第五届全国未成年人思想道德建设工作先进先进单位荣誉称号；柘城县成功创建第六届"全国文明城市"；永城市通过全国文明城市复核；夏邑县胡桥乡刘井村、虞城县城郊乡郭土楼村、宁陵县乔楼乡八里曹村、睢县城郊乡保庙村、民权县花园乡赵洪坡村成功创建第六届"全国文明村镇"；中共商丘市委办公室、商丘市人大常委会办公室、商丘市人民政府办公室、政协商丘市委员会办公室、中共商丘市委组织部入选第六届"全国文明单位"；永城市太丘镇刘楼村王峰家庭入选第二届"全国文明家庭"；商丘市第一高级中学、商丘市第一实验小学入选第二届"全国文明校园"。2021 年商丘常态长效深化全国文明城市创建工作，全国文明城市测评取得良好成绩，在 114 个地级市中位列第 43 名，在河南省 10 个全国文明城市地级市中排名明显提升，文明城市创建成果不断巩固、成效日益凸显。

一、商丘全国文明城市创建的主要做法

（一）坚持顶层创建，加强完善组织领导

（1）建好领导机构。在第六届全国文明城市创建过程中，商丘成立了由市委书记任政委，市长任指挥长，市委副书记任常务副指挥长，市人大常委会主任、市政协主席和 6

名市委常委任执行副指挥长、18 名在职副市级领导任副指挥长的创建指挥部。指挥部下设 13 个专项工作组,并抽调 32 名工作人员,形成了书记、市长挂帅,四大班子全员全程参与、相关单位各负其责的组织领导体系。

(2)完善工作体制。2018—2020 年,商丘深入研究全国文明城市《测评体系》和《操作手册》,制定年度创文方案、任务清单、奖惩办法等指导性文件。先后制定印发了《商丘市精神文明建设指导委员会工作制度》《商丘市创建全国文明城市国家卫生城市市级领导分包专项工作组及任务分工》《商丘市文明行为促进条例》《商丘市创建全国文明城市三年行动计划(2018—2020)及项目化任务分解》《商丘市创建全国文明城市宣传工作方案》等文件,形成完善了"党政主导、部门协同、整体联动、齐抓共管、运转高效"的创建工作体制。2020 年召开创建全国文明城市工作动员会、专题部署会、协调推进会、周调度会共计 20 余次,部署任务、推进落实。对标 36 类实地点位,制定《创文标准要求口袋书》,以"七治"54 项工程为抓手,按照"工程化"实施,"项目化"运作,狠抓实地点位对标建设。2021 年 3 月,商丘市创建全国文明城市国家卫生城市工作奖励先进集体 198 个,先进个人 400 人,归德文明使者 200 人,"优秀爱国卫生志愿者"200 人。2021 年,为巩固创建成果,提升创建成效,推进商丘向更深层次、更高水平的文明城市迈进,商丘牢固树立"文明城市、从我做起、城市文明、人人有责"的理念,印发了《关于建立商丘市创建全国文明城市常态长效工作机制的意见》《商丘市常态化创建全国文明城市三年行动计划(2021—2023)》《商丘市 2021 年常态化创建全国文明城市工作实施方案》,制定文明城市创建《口袋书》和 101 个单位《任务清单》,并且调整创文组织架构,制定《商丘市创建全国文明城市国家卫生城市专项工作组成员单位及职责分工》,不断完善常态化创建全国文明城市体制机制,明确了方向、任务,从制度机制方面为常态化创建提供了有力保障。

(3)坚持领导带头。2018—2020 年,商丘市委、市政府以及商丘市各级各部门,坚持一把手亲自上阵、靠前指挥,层层传导压力,逐级落实责任。13 家市直主要责任单位和三区向市主要领导签订了《创文任务责任书》,全市 300 多家文明单位、116 所学校、113 个社区、28 个社会公益组织全部纳入创建范畴。2021 年,商丘市先后召开全市常态化创建全国文明城市推进大会 5 次,市级领导实地调研 20 多次。市委书记、市长多次实地调研全国文明城市创建工作,实地察看城市道路、背街小巷、农贸市场、商场超市、公园广场、车站、学校、医院、公共文化场馆、社区小区等,并提出工作要求。市委、市人大、市政府、市政协和商丘广大党员干部心往一处想,劲往一处使,形成了商丘"一盘棋"、全域"一体化"推进常态化创建全国文明城市的强大合力。

(二)坚持为民创建,提升人民幸福指数

(1)开展"七治"专项惠民。商丘市全国文明城市创建围绕交通秩序治"堵"、市容卫生治"脏"、生态环境治"污"、公共服务治"差"、市民参与治"冷"、农村创建治"弱"、小区楼院治"乱"等与人民群众生产生活密切相关的突出问题,着力解决群众烦心事、揪心事。2018—2020 年,商丘持续开展整治"牛皮癣"、设置便民公共信息张贴栏,疏导和规范小广告行为;弱电入地,"空中蜘蛛网"逐步消失;改造积水点,有效改善雨季城区"看海"现象;城市"双修"工程稳步推进,沿街建筑物外立面明显改观;新建改造 152 条道路、1 663 条背街小巷、39 座桥梁、8 个铁路立交工程;改造老旧小区 1 070 个,改造棚户区 23 万套,1 485.6 万平方米(2021 年又批准建设府前花园、市城管局家属院等 73 个老旧小区改造项目);改造升级 23 个农贸市场,构建"15 分钟便民生活圈";施划机动车停车位 78 437 个、非机动车停车位 26 700 个,缓解出行难、停车难;实施 18 个园林绿化项目,新增绿地 865 万平方米,描绘"300 米见绿、500 米见园"的诗画栖居地;市区道路装灯率、亮灯率 100%。

(2)打造高效政务惠民。商丘深化"放管服"改革推进审批服务便民化工作,在最短时间内全部完成 128 项改革事项、建成并高效运营"互联网+政务服务"平台,"最多跑一次"实现率达 96%,政务服务网、便民网、12345 马上办便民服务热线等深受百姓欢迎,各政务大厅、党群服务中心、医院、车站、银行等公共场所积极创建文明窗口,"文明服务我出彩、群众满意在窗口"活动受到群众交口称赞,商丘市交警支队"警保联动",打造一个全新的交通事故快速理赔平台,商丘市公安局推进"智慧公安"建设工作,开启大数据时代的警务新模式。

(3)提供公共服务惠民。2018—2020 年,商丘市一般公共预算支出逐年增加,共计 1 601.69 亿元(表 1)。其中,一般公共服务 159.43 亿元,公共安全 75.79 亿元,教育 282.08 亿元,科学技术 26.95 亿元,文化旅游体育与传媒 13.07 亿元,社会保障和就业 216.14 亿元,卫生健康支出 222.37 亿元,节能保护 34.88 亿元,城乡社区事务 138.01 亿元,农林水事务 232.74 亿元,交通运输 56.25 亿元,住房保障 76.2 亿元。截至 2020 年底,商丘共有艺术表演团体13个,艺术表演场所8个,公共图书馆9个,博物馆(含纪念馆)14个。广播综合人口覆盖率和电视综合人口覆盖率均达到100%。商丘市162个乡镇综合文化站、3 942个基层综合性文化服务中心,全部实行了免费开放。商丘有医疗卫生机构135个,医院89个,社区卫生服务中心53个,专业公共卫生机构57个,疾病预防控制中心10个,妇幼保健院(所/站)9个。2018年以来,商丘15家医院、30家理发店成为"商丘好人"定点服务机构;"新华·百姓文化商丘云"数字公共文化服务平台—为百姓绘制"文化生活地图";商丘市体育馆免费开放;将公厕建成民心工程,一键找到附近免费公厕;蔡河两岸的景观带慢行道铺设红色透水沥青;商丘市第四水厂改扩建项目加紧施工;对城区道路排水管网进行清淤;部署市域快速通道;升级改造市区七条主干道;建设日月河景区,等等。

表1　商丘市一般公共预算支出(2018—2020)

单位:亿元

年度	支出合计	一般公共服务	公共安全	教育	科学技术	文化旅游体育与传媒	社会保障和就业	卫生健康支出	节能保护	城乡社区事务	农林水事务	交通运输	住房保障
2018	502.57	49.62	25.14	89.73	7	3.89	64.84	67.25	9.95	44.32	73.88	16.72	32.01
2019	537.54	54.07	25.70	93.12	9.28	4.51	71.44	73.25	12.09	49.20	78.16	20.87	23.31
2020	561.58	55.74	24.95	99.23	10.67	4.67	79.86	81.87	12.84	44.49	80.7	18.66	20.88

数据来源:《河南统计年鉴》(2019—2021)

(三)坚持机制创建,提升创建工作成效

(1)创建督导工作机制。商丘严格创建督导,以创建全国文明城市"七治"54项工程为抓手,每月集中安排2~3个专项行动,逐月逐项打响、打胜"顽疾""歼灭战",确保整改得力、治理有效。招募文明监督员,在"12345"马上办便民服务热线增设创文工作板块,提高群众参与率。按照"任务项目化、项目清单化、清单责任化、责任时限化"要求,对标38类实地点位,建立实地点位督导员制度,按照《创文标准口袋书》标准,市创文办全体人员每人或多人包一类点位,进行专业指导,实施"三单"(绿单、黄单、红单)督导,对推动难度大、协调环节多的工作,召开单项工作协调会,发工作信函,对道路施工建设、三轮车治理、停车位施划等难点工作集中重点督导,极大地推进 1 500 多个实地点位规范化建设,收到良好效果。坚持日督导、周通报、月排名、季奖惩工作机制,2018—2020 年累计通报表扬了 150 多家市直单位及三区街道、乡镇、校园,累计奖励创文资金 1 000 多万元,同时,对 30 多个街道、乡镇、窗口单位等"挂黑旗",并采取了通报批评、纪律处分等处罚措施,有力促进了各项工作落实。

(2)建立志愿服务机制。2018—2020 年,通过政府投入和社会参与政府购买服务,商丘市 41 个志愿服务社会组织得到进一步壮大,同时建立起了"清洁家园""交通文明岗""烟头革命""文明餐桌"等志愿服务队 4 000 支,招募志愿者 85 万余人,服务群众 280 余万人次。"中国好人"李东亮带领的团队已吸纳志愿者近 2 万人,累计设立各类志愿服务项目、站点和队伍 200 多个,参加志愿服务总人数 50 多万人次,为社会捐款捐物 1 000 多万元。由李东亮带动发起的"商丘好人爱心早餐"公益项目,已累计为环卫工人等群体提供免费早餐 60 多万人次。"商丘好人"黄伟十余年坚持水上义务救援,如今,救援队已经从最初的 13 名队员增加到近百名,救援足迹遍布鲁豫皖三省的十多个地市。2018—2020 年,商丘各行各业涌现出以李学生为代表的"商丘好人"两万余名,其中,11 人次荣获全国及河南省级道德模范或提名奖荣誉称号,133 人入选中国好人榜候选人,34 人入选中国好人榜,50 人入选河南好人榜。开展"商丘好人"基层宣讲、故事汇巡演、专题展览、文艺会演活动,"商丘好人"主题公园、好人馆成为新时代精神地标,实现"商丘好人"向"商丘人好"华丽转变。2021 年,成立 16 支市级专业志愿服务队,吸收 117 家社会志愿服务团队入驻文明实践中心,孵化培育志愿服务组织 59 个;从商丘 126 个新时代文明实践活动项目中遴选出 51 个项目重点培育,孝善敬老、筑梦路上、爱心早餐等 17 个项目被河南省文明委表彰为河南省志愿服务优秀项目;全市近千家文明单位和社会团队开展"十送"和"新时代文明实践推动周"志愿服务活动。"文明城市·志愿有我""周末哪里去、一起做公益""争当归德文明使者"等主题活动全年累计服务群众 90 余万人次。16 家市直专业志愿服务队常态走进新时代文明实践中心(所、站),开展理论政策、文化服务、科技科普、卫生健康等主题志愿服务活动。在商高校和河南省级以上文明校园与 57 个乡村学校少年宫结对帮扶,266 家河南省级以上文明单位与新时代文明实践中心(所、站)结对帮建,优质资源向基层下沉;坚持每年 3 月份开展"商丘好人"文化周活动,每半年举办一次"商丘好人"发布表彰活动,商丘好人信息库人数已达 2 万余人。商丘市帮扶商丘好人协会会长李东亮荣获第八届全国道德模范提名奖。

（3）建立宣传工作机制。广泛深入开展"文明健康、有你有我""小手拉大手、文明一起走""不文明行为大调查""公勺公筷行动""文明接送车贴""烟头革命"和关爱他人、环境保护、文明劝导等群众性创建活动，形成"上上下下总动员、男女老少齐上阵"的浓厚氛围，营造共商共建共治共享的创建大格局，提升市民文明素养。大力培育和践行社会主义核心价值观，激励人们向上向善、孝老爱亲，忠于祖国、忠于人民；深入开展弘扬时代新风行动，深化"践行价值观文明我先行"主题实践活动，开展文明景区、文明服务示范窗口创建活动，开展"我为文明城市做贡献"活动，提升市民群众对文明城市创建的知晓率、参与率、支持率和满意度；推动社会主义核心价值观融入法治建设，推动《商丘市公共文明行为促进条例》立法工作，为提升市民文明素质提供制度保障和长效约束。增设宣传栏、电子屏、广告牌，通过主要媒体、微信公众号、微信群等发布工作动态，实现"家喻户晓、人人皆知"。发出"公筷公勺、文明用餐"倡议，文明用餐渐成习惯，"光盘行动"深入人心；发出文明单位（文明村镇、文明校园）带头参与全国文明城市创建倡议、"一盔一带"安全守护行动倡议、"争做新时代好少年"倡议、学雷锋志愿服务倡议、创全国文明城市过幸福祥和春节倡议、关于开展"我为商丘'两城'联创建言献策"活动的倡议，等等。评选出公共场所"十无"行为，即无争吵谩骂，无乱扔杂物，无打喷嚏、咳嗽、不掩口鼻，无随地吐痰，无损坏公物，无违规遛狗，无躺卧座椅，无随意吸烟，无车窗抛物，无插队加塞。2020 年在全媒体平台发布创文新闻 2 000 余条，刊发手机报 64 期，发布官方短视频 55 个，与市民积极互动。在市区主干道、公共场所、公交候车亭、大型户外 LED 电子屏及 60 万平方米施工围挡进行公益广告宣传，利用市区 4 000 辆出租车、公交车车体设置商丘特色公益广告，形成流动风景线。开展"文明·榜样"百姓投票活动，评选创文"10 大实事""10 大公益活动"和 4 大类 23 项 120 余个市民最满意的公共场所。4 次委托第三方专业测评机构，让市民参与评价、监督创建，群众满意率 98% 以上。开展"文明健康有你有我""文明接送车贴"等各类群众性创建活动 100 余场次，发放"核心价值观"温湿度计 1 万余个、剪纸艺术宣传品 3 万余份。2021 年，商丘设置"文明城市、从我做起、城市文明、人人有责"等实体公益广告 1.1 万多处，并开展"我和我的文明城市"系列访谈，制作播出《向人民交卷》宣传片。

（4）建立资料报送机制。对照测评体系和操作手册，做好资料收集报送工作，实现

"不失分、得高分"工作目标。根据资料上报内容,提前设计活动载体,确保创建资料真实丰满。召开创文资料报送培训会,提出创文材料写作要求。前往漯河、焦作、潢川、息县等地市学习考察,邀请参与过中央资料评审的专家和河南省文明办专家进行业务培训,开阔眼界,增强对标对表意识。制定创文各单位任务分工,建立创文工作台账,确定创文主管领导、信息报送员、材料写作员。2020 年商丘市文明办全体人员分成 6 个资料撰写小组,对创文系统和未成年人思想道德建设资料申报系统要求上报的 24 个正式文件、20个数据表格、37 个部门评价、224 个说明报告和 8300 余张图片收集分类、审核把关、修改完善、整理上传,加班加点、连续奋战、精雕细刻、反复修改,创文资料质量实现质的飞跃,为成功创建全国文明城市奠定坚实基础。

(5)建立党建引领机制。坚持把学习宣传贯彻习近平新时代中国特色社会主义思想作为首要政治任务,做到真学真懂真信真用。深入开展理想信念教育培训,党员干部在创文工作中身先士卒、率先垂范,筑牢防控防线,让党旗在疫情防控斗争一线高高飘扬,以决胜信心打好打赢疫情防控阻击战;组织开展"我和我的祖国"群众性主题宣传教育活动、庆祝新中国成立 70 周年系列主题文化活动;围绕建党 100 周年、五四运动 100 周年等,加强党史、国史、军史、改革开放史、社会主义发展史宣传教育;加强爱国主义教育基地管理使用,到淮海战役纪念馆等接受红色教育,引导人们培养爱国之情、砥砺强国之志、实践报国之行;加强城市基层党建,开创以基层党建引领社会治理新局面,服务群众更贴心;商丘市一高常态化开展党员志愿服务;商丘市回民中学创建"党建工作示范校";商丘市水上义务救援队党支部坚持不懈抓党建;睢阳区新城街道办事处府前社区依托党员"一编三定",高效推进"两城"联创,等等。

(四)坚持重点创建,提升城市管理水平

商丘坚持依法依规、精心管理,坚持问题导向、补齐短板,加强公共场馆、社区(小区)、街道、乡镇(城中村、城乡接合部)建设,不断完善城市设施,改善人居环境,推进百城建设提质工程与文明城市创建深度融合,探索构建"五个一"市域治理新模式,扎实开展"七治"专项行动,加强城市精细化管理,各项工作推进更加得心应手,势如破竹,一些多年棘手难点问题,借文明城市创建之势,得到了根治。商丘的天更蓝、地更绿、花更艳、水更清、岸更碧,城市功能不断完善,城市形象显著提升,市民文明素养和社会文明程度大幅提高,人民群众的获得感幸福感安全感日益增强,极大地振奋民心,鼓舞士气。

(1)商丘城市市政公用设施水平情况。2018—2020年,商丘市人口密度9 367人/平方千米,建成区面积69平方千米,人均日生活用水量增长13.35%,燃气普及率增长0.07%,建成区供水管道密度增长16.26%,人均城市道路面积增长10.35%,人均公园绿地面积增长40.08%,建成区绿化覆盖率增长10.22%,建成区绿地率增长9.54%,生活垃圾无害化处理率增长0.82%(表2)。

表2   商丘城市市政公用设施水平情况(2018—2020)

年度	2018	2019	2020
人口密度(人/平方公里)	9367	9367	9367
人均日生活用水量(升)	103.49	98.49	117.31
用水普及率(%)	98.13	99.25	99.3
燃气普及率(%)	98.73	98.76	98.8
建成区供水管道密度(公里/平方公里)	8.12	8.76	9.44
人均城市道路面积(平方米)	12.27	13.5	13.54
建成区排水管道密度(公里/平方公里)	6.59	7.25	7.25
污水处理率(%)	98.57	98.59	98.5
人均公园绿地面积(平方米)	10.28	14.44	14.4
建成区绿化覆盖率(%)	43.46	47.1	47.9
建成区绿地率(%)	38.98	42.07	42.7
生活垃圾无害化处理率(%)	98	98.5	98.8
建成区面积(平方公里)	69	69	69

数据来源:《商丘统计年鉴(2018—2020)》

(2)城市市容环境卫生情况。商丘市环卫部门深入开展"洗城形动",落实"十净五无"和"双十"标准,积极探索道路清扫保洁十项作业模式和十项保洁制度,根据季节变换、雨雪天气采取不同作业模式,确保除水除雪除冰及时、达标、保通。在做好主次干道环卫保洁的同时,重点加强公厕、中转站、垃圾处理厂等精细化管理,全面提升工作标准;强化背街小巷和城中村、城乡接合部环卫保洁工作,凡具备机械作业条件的支路背街,都实行机械化作业。截至2020年,中心城区旱厕全部清零,新增城市公厕361座。中心城区大中型清扫环卫作业车辆从27台到1 682台,主次干道机械化清扫率达100%;中心城区新增日处理污水能力33万吨,污水集中处理率达98.75%,高于河南省定目标的95%。商丘市现有污水处理厂31座,日处理污水总能力达117.5万吨,出水水质均达到或优于一级A标准。建筑垃圾资源化利用项目年处置能力已达200万吨,资源化利用率达65%,建筑垃圾资源化利用全国试点被科技部评为"绿色建筑与建筑工业化"重点专项科技示范城市;生活垃圾焚烧发电项目一期工程正式运行;积极推进生活垃圾分类试点工作,创造商丘垃圾分类新模式,已覆盖8万余户,覆盖率达20%以上。"垃圾分类智能回收箱体""环卫洗扫多功能冲洗装置"等6项新型实用技术获得国家知识产权专利。2018—2020年,排水管道长度增长12.8%,污水处理总量增长12.37%,生活垃圾清运量增长3.93%,生活垃圾无害化处理量增长4.81%,公共厕所增长54.43%,市容环卫专用车辆设备增长0.43%(表3)。

表3 商丘城市市容环境卫生情况(2018—2020)

年度	排水管道长度(公里)	污水处理总量(万立方米)	道路清扫保洁面积(万平方米)	生活垃圾		公共厕所(座)	市容环卫专用车辆设备总数(辆)
				清运量(万吨)	无害化处理量(万吨)		
2018	520	5520	2173	40.35	39.55	395	1387
2019	579	6063	1950	43.02	42.37	610	1393
2020	587	6203	1950	41.94	41.45	610	1393

数据来源:《河南统计年鉴》(2019—2021)

(3)城市道路、园林和绿化情况。商丘市园林绿化部门认真落实"以绿荫城"战略目标,努力实现从园林到园艺的转变,多措并举增加绿量,不断拓展城市绿化空间,增加市区绿化覆盖,为创文增光添彩、让市民尽享绿色宜居环境,为启动创建国家生态园林城市奠定基础。加大商丘市管园林绿化项目投资力度,以打造高速绿廊、河道绿廊、环城绿廊,以黄河路景观带,南京路、华商大道景观带,清凉大道、金桥路、平原路、中州路、商都大道景观带,汉梁文化公园、人民公园、运河公园,打造城市绿网。积极督导三区建设,完成5个便民公园和23个街头游园。依托"市花工程""城市花廊""花墙",推进城市实现从绿化到美化、园林到园艺的飞跃。截至2020年底,商丘市建成区绿化覆盖率达47.9%,绿地率达42.7%,人均公园绿地14.4平方米/人。城市断头路全部打通,市中心城区共建成主次干道352条。2018—2020年,道路长度增长8.81%(表4)。中心城区顺利通过国家园林城复检,商丘市归德路(北海路—连霍高速)等 27 条道路被认定为"河南省级达标道路"。

表 4　城市道路、园林和绿化情况(2018—2020)

年度	道路长度(千米)	道路面积(万平方米)	道路照明灯盏数(盏)	绿化覆盖面积(公顷)	建成区	园林绿地面积(公顷)	公园绿地面积(公顷)	公园个数(个)
2018	462.77	1 184	49 736	3 022	2 999	2 711	991	24
2019	502.06	1 302	49 966	3 300	3 250	2 921	1 393	42
2020	503.55	1 306	51 207	3 352	3 302	2 967	1 393	42

数据来源:《河南统计年鉴(2019—2021)》

(4)商丘市公共交通情况。商丘开展交通秩序综合整治,集中整治规范三轮车电动四轮车,按照《中共商丘市委、商丘市人民政府关于依法整治规范三轮车电动四轮车工作的实施意见》,重点解决三轮车电动四轮车乱停乱放、占压斑马线、闯红灯、逆行、违规行驶机动车道及共享单车乱停乱放等交通乱象。强化出租车行业监管力度,部署市域快速通道项目开工建设等工作,开展文明交通志愿服务活动,持续改善市区交通环境,优化交通秩序,倡导文明交通。商丘城市公共自行车运营 3 年来(2018—2020),累计骑行691 273次,骑行时间 11 302 313 分钟;美团助力车自 2020 年 6 月投入 8 300 余辆,累计骑行 4 773 330 次,骑行时间 43 150 903 分钟,日均骑行 17 679 次。截至 2020 年,商丘交通运输走上绿色、低碳、循环发展之路,首批福田欧辉 15 台纯电动公交车正式运营,纯电动公交车辆达 2 153 台,平均月用电量490 余万千瓦时;永城市、睢县、民权县、虞城县、柘城县被选定为全省绿色交通试点县(河南省仅 11 个)。

(五)强化前置创建,净化未成年人成长环境

在全国文明城市创建测评体系中,把未成年人思想道德建设工作作为前置条件进行考核,测评结果单独排序,得分低于 85 分将不能申报创建全国文明城市,具有一票否决权,并且把未成年人思想道德建设工作测评成绩按 20% 的比例计入全国文明城市测评总成绩。在 2019 年度创建全国文明城市未成年人思想道德建设工作测评中,商丘取得了全国 113 个地级以上提名城市排名第 22 位、河南省 7 个地级以上提名城市排名第 2 位的好成绩,与 2018 年相比,全国排名提升了 14 位,河南省排名提升了 1 位,2018 年和 2019

年两年综合成绩排名河南省第一,为商丘赢得第六届全国文明城市创建决赛资格起到了关键作用。2021 年,根据《全国未成年人思想道德建设工作测评体系》和《全国未成年人思想道德建设工作操作手册》要求,高质量完成了 12 份规范性文件、47 份说明报告、73 张图片资料和 6 个统计表格等全国文明城市创建未成年人思想道德建设工作测评材料网上申报。扎实开展"扣好人生第一粒扣子""童心向党""学雷锋志愿服务"等教育实践活动,创新开展"文化营养钵计划""红领巾寻访""开笔启智、礼润人生"等道德实践活动,引导未成年人修身立德,打牢道德根基。发布表彰 2021 年商丘市"新时代好少年"31 名。广泛深入开展文明校园创建活动,推动形成全员参与、全面创建的良好格局。目前,商丘市现有全国文明校园 3 所,省级文明校园(标兵)20 所,市级文明校园 124 所,商丘市所有大中小学校均参与文明校园创建活动,商丘市建成乡村"复兴少年宫"18 所。

二、商丘全国文明城市创建的主要问题

(一)创建体制不全,缺乏长效机制

商丘在创建全国文明城市过程中,缺乏常态长效机制,创建机构为临时机构,人员流动较大,创建办公室主要领导在变,抽调人员在变,虽然商丘市文明办职工基本不变,但是各科室负责人员职位有的也在变,另外各单位创建负责领导、人员也在变,这些情况容易造成创文人员对每年都在变化的全国文明城市测评工作不熟悉,导致工作效率差、缺乏延展性。存在为验收而验收、为检查而检查,交通志愿服务一阵风,检查的时候秩序并然、环境优美,检查过后车辆乱闯乱停、脏乱差依旧。创建责任的认定与追究难以细化落实,存在分工不明、权责不清、推诿扯皮、落实不力、协调不畅等机制体制问题。

(二)创建基础薄弱,公共投入不足

商丘市为农业大市,资金有限,创建基础薄弱。2020 年商丘市生产总值 2 925.33 亿元,在河南省 18 地市中排位居第 7 名,但是人均 GDP3.99 万元,排名第 16。2018—2021 年,商丘受经济发展水平制约,公共投入不足,加之历史欠账较多,造成道路围栏损坏缺失、窨井盖破损、建筑围挡损坏、文化服务设施不齐全、社区办公面积不达标等,不仅与全国发达地区有较大差距,而且与河南省其他地市存在不小差距。

(三) 创建认同不高,市民素养偏低

商丘市民对于创建文明城市的知晓率、参与度还不高,对文明城市创建的做法和成果很难真正认同。市民文明素养较差,市民乱闯红灯、公共场合吸烟、大声喧哗、车辆乱停乱放、随地吐痰、垃圾分类不彻底、遛狗不牵绳、空中"蜘蛛网",居民私搭乱建等不文明现象,尤其是电动三轮车、四轮车泛滥成灾,成为创建的极大阻力。在评选市民最反感的"十大不文明行为"中,斑马线不礼让行人、随地吐痰、闯红灯位居前三名。

(四) 创建前置艰巨,成长环境不良

(1)商丘未成年人活动场馆建设质量不高,社区未成年人活动场所建设薄弱。商丘市级青少年活动中心是依托商丘幼儿师范学校的教师培训基地改造建设的,功能室设置不能完全适合青少年活动需求;睢阳区未成年人心理健康辅导中心是依托商丘市第五中学校设立的,建设标准不高。全国未成年人思想道德建设工作测评体系要求,在社区要建立家长学校,在社区文化活动站要设有未成人活动场所,商丘利用社区场所组织家庭教育指导服务及未成年人教育实践活动不够经常,效果有待提升。

(2)商丘在师德师风建设、校外教育培训机构管理、校园周边环境整治等方面存在突出问题。如教师课上该讲的内容不讲、在校外教育培训机构兼职,校外教育培训机构办学资质不健全、场所环境不符合安全条件,校园周边违规经营等问题均不同程度存在,营造适宜于未成年人健康成长的社会文化环境任务艰巨。

(五) 创建品牌缺乏,创新意识淡薄

在全国文明城市创建过程中,教育、体育、科技、妇联、残联、团委等部门真正的单位品牌几乎没有,反而工作经验比较多,这主要是因为创新意识、主动作为不强,对单位和城市文化理解不透、内涵挖掘太浅造成的,没有将城市文化及其所反映的精神与全国文明城市创建融合在一起,缺少文化灵魂。全国文明城市创建不仅要对标对表、实事求是,而且要彰显城市特色、城市文化底蕴,创建出独一无二的全国文明城市。

三、商丘全国文明城市创建的思考建议

(一) 坚持以人为本,深入推进文明典范城市创建

(1)做好思想道德建设。商丘创建全国文明典范城市,需要坚决贯彻落实好习近平

新时代中国特色社会主义思想,推动习近平新时代中国特色社会主义思想深入人心,推动社会主义核心价值观落细落小落实。坚持党建引领,选树先进典型,优化新时代文明实践中心载体,等等。

(2)建立创文固定机构。健全完善商丘创文领导机制和工作机制,坚持高规格抓创建,高起点抓规划,高效率抓推进,高标准抓落实,建立全国文明城市创建固定机构,落实"六定"(定专班领导、定岗位、定人员、定职责、定标准、定时限)措施。充分考虑人员年龄、性别、职业等,发挥所长,充实创建队伍。例如,在第六届全国文明城市创建过程中,2019年商丘创建全国文明城市办公室人员信息共计51人,其中市文明办本单位人员13名,其余为借调人员;在职业方面,6人为教师,其余为公务员;在性别方面,5人为女性,其余为男性。2020年共计61人,市文明办本单位人员14名,其余为借调人员;在职业方面,8人为教师,52人为公务员,1人为工勤人员;在性别方面,10人为女性,其余为男性。正是因为用人得当,才为商丘成功创建全国文明城市提供了强有力保障。

(3)大力营造创建氛围。动员商丘市各级各单位、发动社会各界和广大人民群众,积极参与全国文明城市创建设工作。广泛进行社会调查,看看人民群众对于创建文明城市知晓率、支持率、满意率,请市民群众给创建文明城市提建议、找问题。立足于群众需求,聚焦工作短板,解决现实问题。创建文明城市和公益广告的宣传,除了各类户外公益广告的广泛设置,还需要商丘日报、京九晚报、商丘广播电视台等媒体的深度参与,让公益广告融入城市、深入人心。

(4)提升市民文明素养。积极开展志愿服务,营造人人争当文明市民,践行文明公约,学好人、做好人的浓厚氛围,引导人们见贤思齐,崇德向善。开展文明单位、文明校园、文明村镇、文明社区、文明行业、文明窗口、文明家庭等文明创建活动。开展文明执法、文明服务、文明交通、文明餐桌、文明旅游,文明经营等行动,让创建文明城市动起来,活起来,让市民群众的日常生活中处处都要讲文明,树新风。加强市场诚信建设、规范窗口服务等,让各行各业都积极参与到诚信建设中来,形成讲文明、树诚信的全民共识。

(5)加强基础设施建设。加强公共场馆、社区(小区)、街道、乡镇(城中村、城乡结合部)建设,不断完善城市设施,改善人居环境,建设智慧城市,提升城市精细化管理水平。

(6)加大社区服务力度。要加大商丘4865个社区服务机构和设施的利用程度,一切以便民为本。社区与人民群众关系联系非常紧密,在文明城市创建过程中具有不可替代作用。例如商丘市团结社区组织人员集中对运管局家属院进行了全方位的升级改造，清理了建筑垃圾和废旧家具，粉刷了墙体，安装了防盗门，精心布置了"创文"工作宣传版面，让运管局家属院面貌焕然一新，得到了居民的一致好评；把安置房建设作为提升城市品质的关键，不断提升人民群众获得感幸福感满意度。

（二）提升承载能力，加快城市精细化智慧化管理

2022 年，商丘需要持续巩固全国文明城市和国家卫生城市创建成果，推进城市管理精细化、数字化、智慧化、现代化，塑造"净化、绿化、美化、文化"城市面貌，打造"宜学、宜业、宜游、宜居"城市品质，建设智慧美好现代品质之城。完善城市道路、绿廊、水系连通工程，实现河通、水清、岸绿、景美。加快便民服务设施建设，打造 15 分钟便民生活圈。稳步实施城市更新工程，推进老旧小区改造和窨井盖治理。破解安置房建设缓慢难题，集中精力建成一批、分配一批，争取每季度都有安置房建成、群众回迁，实现 2022 年建成 5 万套目标，回迁 17 万人。建设"避险工程"，实施城市积水点改造和老化管网更新改造，提高防御灾害和抵御风险能力。

（三）丰富创建内涵，加快推进特色文化品牌打造

商丘灿烂辉煌的文化，是加快建设"文化发展强市"的津要所在，是承载华夏历史文明殷商文化之源传承创新示范区的丰厚资源。商丘应牢记习近平总书记"殷商文化起源于商丘"的殷殷嘱托，打响做强商文化、火文化、黄河文化、庄子文化、伊尹文化等商丘特色文化，深挖内涵，讲好新时代商丘文化故事，珍念和弘扬"团结拼搏、担当奉献、善作善成、勇创一流"商丘精神的历史特质，将其融入文明城市创建之中并打造成城市特色品牌。例如，以全国文明城市创建为契机，大力弘扬"商丘好人"文化精神，努力把崇德向善、见贤思齐的良好社会风尚融入市民血脉、化为城市基因，为商丘高质量发展提供源源不断的精神动力和道德滋养，不断提升城市文化品位，丰富文明城市创建内涵。

（四）发挥示范引领，积极推进全域文明城市创建

目前，商丘市辖虞城县、夏邑县、宁陵县、梁园区、睢阳区、示范区等"六县三区一市"，商丘市 173 个乡镇、4 560 个行政村，县级以上文明乡镇 161 个，其中，全国 3 个、省级 20 个、市级 77 个、县级 61 个，创建比率93.1%；县级以上文明村 3 058 个，其中，全国 12 个、省级 9 个、市级 220 个、县级 2878 个，创建比率66.9%。2020 年，商丘市和柘城县一举创成全国文明城市,永城市顺利通过全国文明城市复查,保留全国文明城市称号。民权县、睢县成功创建"全国文明城市提名城市"(2021—2023年)。并且,夏邑县、虞城县、宁陵县于2017年通过市级文明城市考评。因此,商丘在全市实现了文明城市创建工作全覆盖。所以,在今后的文明城市创建工作中,商丘一方面需要打造全国文明典范城市,另一方面还需要充分发挥示范引领作用,通过"文明带提名""老带新"结对共建的方式,最终实现全域全国文明城市(区)、文明村镇、文明单位、文明家庭、文明校园的目标。

(五)净化成长环境,深化未成年人思想道德建设

(1)稳定队伍创新载体,抓好未成年人思想道德建设工作。进一步学习研究《全国未成年人思想道德建设工作测评体系》,对标对表抓创建更加精准,集中力量攻坚克难,进一步解决好校园周边环境治理等短板弱项,调整充实人员,稳定创建队伍,督导指导各相关责任单位落实好创建任务。

(2)提质扩面压实责任,增加文明校园履行社会职责任务。在严格考评的基础上,进一步扩大文明校园覆盖面,争取更多全国、省级文明校园名额,提升商丘市文明校园整体创建水平,继续抓好"高校结对新时代文明实践中心"和"中小学文明校园结对乡村学校少年宫"两项活动,引导各级文明校园更加积极参与全国文明城市创建,发挥文明校园示范引领作用。

(3)精心指导资源倾斜,总结乡村"复兴少年宫"试点经验。和试点县共同研究乡村"复兴少年宫"建设工作,加快建设进度、坚持建设高标准,制定出台市级层面资源倾斜的具体举措,力争2022年试点工作结束后走在河南省5个试点县前列。

(4)认真抓好2022年商丘市"新时代好少年"选树活动。深入挖掘商丘市"新时代好少年"先进典型,研究选树工作常态化开展的具体措施,提高选树质量,加大宣传报道力度,选取典型案例汇编成册,适时印发事迹汇编。

生态文明篇

商丘"十三五"生态环境保护回顾与"十四五"展望

马登军[①]

摘　要: "十三五"时期,商丘市坚持"绿水青山就是金山银山"的新发展理念,坚持"全民治污、科学治污、依法治污",坚决打赢蓝天、碧水、净土保卫战,污染防治各项工作取得了积极进展,生态环境质量持续改善,人民群众的幸福感、获得感逐渐增强。但对标新时代美丽商丘建设要求,对标人民群众对优美生态环境的热切期盼,生态环境保护工作还存在结构性污染依然突出,大气环境质量持续改善难度加大,水环境质量持续改善任务依然艰巨,土壤与地下水污染风险依然较大,环境基础设施建设相对滞后等问题。"十四五"时期,商丘市需以减污降碳协同增效为总抓手,以改善生态环境质量为核心,统筹污染治理、生态保护、应对气候变化,保持力度、延伸深度、拓宽广度,积极推动产业生态化和生态产业化,以高水平保护推动高质量发展。力争到2025年,生态文明制度体系基本建成,形成有序的环境空间分级管控体系,为建成现代化的美丽商丘打下坚实基础。

关键词: "十三五"回顾　生态环境保护　"十四五"展望

"十三五"期间,商丘市以绿色发展理念为引领,以改善环境质量为目标,以着力解决影响高质量发展的突出环境问题为抓手,坚持"全民治污、科学治污、依法治污"攻坚克

---

① 商丘市生态环境局党组书记、局长。

难,锐意进取,污染防治各项工作取得了积极进展,生态环境质量持续改善,人民群众的幸福感、获得感逐渐增强。

一、商丘"十三五"生态环境保护成效显著

"十三五"时期,商丘市坚持"绿水青山就是金山银山"的新发展理念,坚决打赢蓝天、碧水、净土保卫战,统筹推进山水林田湖草沙系统治理,生态环境明显改善。

(一)决战决胜蓝天保卫战,大气环境质量全面提升

"十三五"期间,商丘市紧盯影响空气质量的关键因素,精准治理扬尘污染。清扫保洁联合作业模式、拆迁"五步法"、渣土运输"两固定、四严格、一及时"等商丘经验、商丘模式在全省得到推广。加大工业锅炉、工业燃煤设施拆改和挥发性有机物提标治理,拆改 10 蒸吨/小时以下各类锅炉 1 333 台,对 36 台 10 蒸吨/小时以上燃煤锅炉完成了综合整治,提标治理涉 VOCs 企业 371 家。2020 年城区空气质量持续改善,全年优良天数为242 天,较 2015 年增加 52 天,居全省第 10 名;PM$_{10}$平均浓度为 78 微克/立方米,同比降低 12 微克,下降幅度 13.3%,居全省第 6 名;PM$_{2.5}$平均浓度为 52 微克/立方米,同比降低 3 微克,下降幅度 5.5%,居全省第 10 名;重度污染天数 13 天,占总天数(365 天)的 3.6%,严重污染天数 1 天,占全年天数 0.3%。相对于 2019 年,商丘市 2020 年 COD、氨氮的减排量分别为 2575 吨、257 吨,较 2015 年排放量分别减少 20.10%、20.32%;二氧化硫、氮氧化物减排量分别为 1 891 万吨、3623 万吨,较 2015 年排放量分别减少为23.61%、23.70%,均完成"十三五"及 2020 年主要污染物总量减排目标。"商丘蓝"已成为"常态蓝"。

(二)着力打好碧水保卫战,地表水环境质量明显提高

"十三五"期间,商丘市累计投资 39.76 亿元,新建污水管网 317.06 千米,新建污水处理能力 54 万吨/日。2020 年,全市生活污水集中处理能力达 115.75 万吨/日,2017 年全面消除了中心城区 9 条内河黑臭水体。目前,各县(市、区)11 条内河均已基本消除黑臭。全市 8 个国控省控断面水质 21 项考核因子平均值均达到了《地表水环境质量标准》(GB 3838—2002)Ⅳ类水质要求,消除了劣Ⅴ类水体,5 个国考断面均达到或优于国家确定的水质目标,3 个省控断面均达到或优于省定水质目标。完成 215 个"千吨万人"农村

饮用水水源地保护区划定,地表饮用水源地水质均符合《地表水环境质量标准》Ⅲ类标准要求,集中式地表水饮用水源地水质达标率连续 14 年为 100%。

(三)扎实推进净土保卫战,土壤环境质量总体保持稳定

土壤环境风险得到管控,初步遏制土壤污染加重趋势,受污染耕地安全利用率、污染地块安全利用率均达到 100%,重点行业主要重金属污染物排放总量比 2013 年下降 21.7%,完成了省定减排 12%的目标任务。

(四)地下水污染防治迈出新步伐,地下水质量持续保持稳定

初步建立集中式地下水型饮用水水源清单,掌握了 17 个县级及以上集中式地下水型饮用水水源地基本信息。全市 498 家加油站、1 865 个地下油罐已全部完成防渗改造,探索建立加油站防渗监测监管制度。组织开展报废矿井、钻井、取水井排查登记和封井回填工作,逐步消除地下水污染隐患。截至 2020 年年底,国家考核的地级及以上城市集中式地下水型饮用水水源达标率达到 100%,地下水质量持续保持稳定。

(五)积极推进美丽乡村建设,农村人居环境显著提升

目前,全市 10 个县(市、区)均建成全域一体城乡融合的市场化保洁机制和农村垃圾收运处置体系,农村生活垃圾收运处理行政村比例超 90%;农村生活污水治理率达到 33.18%,超出全国平均水平 7.68%,部分县(区)实现全覆盖;排查农村黑臭水体 4 条;卫生厕所普及率在 86%以上,秸秆综合利用率 90.4%、废旧地膜回收率 91%、畜禽粪污资源化利用率 93.42%、规模养殖场粪污处理设施配套率 99.82%。完成了 492 个建制村环境综合整治工作任务,25 万户达到"五美庭院"标准,6 个村获"全国美丽休闲旅游乡村"称号,17 个村获"省级乡村旅游特色村"称号,民权县北关镇王公庄村入选第二批"全国乡村旅游重点村",民权县人和镇、柘城县牛城乡、示范区贾寨镇入选河南省首批"美丽小镇"。

(六)生态保护生态创建持续发力

"十三五"期间,商丘市积极开展生态保护红线划定与评估调整工作,持续实施园林绿化提升行动,大力实施《生态商丘和黄河故道生态保护实施专案》,整体推进森林、湿地、流域等各类生态系统建设,加快构造森林、湿地、流域、农田、城市五大生态系统,以优质绿色空间保障生态福利供给。累计实施 274 个园林绿化工程,新建 93 个公园、游园,新

增绿化面积 2 018 万平方米。2020 年,全市森林覆盖率达 17.36%,较 2016 年提高了 0.61 个百分点;森林蓄积量达 1 849 万立方米,较 2016 年增加 1 086.64 万立方米。全市城区绿化覆盖率达到 42.5%、道路绿化率达到 98.38%、水岸绿化率达到 97.72%、村庄绿化率达到 57.08%、农田林网控制率达到 97.95%。目前,已实现“园林城市(县城)”全覆盖,生态保护修复成效显著。

二、商丘“十三五”生态环境保护存在的问题

“十三五”期间,商丘市生态环境保护取得了较为显著的成绩,但对标新时代美丽商丘建设要求,对标人民群众对优美生态环境的热切期盼,生态环境保护工作还存在一些问题。

(一)结构性污染依然突出

产业结构偏重、能源结构偏煤、交通运输结构偏公路、农业投入与用地结构不合理的问题尚未根本解决,主要污染物和碳排放量居高不下。同时,商丘市正处于经济发展结构调整和动能深度转换的爬坡阶段,尚未实现经济高质量发展与生态环境高水平保护统筹协调,制约高质量发展的“惯性思维”仍难破除,减污降碳源头治理压力巨大。

(二)大气环境质量持续改善难度加大

商丘地处豫鲁苏皖四省交界处、南北空气对流交接处,受外源性输入污染及本地不利气象扩散条件影响较大。产业结构、能源结构、运输结构、用地结构等“四大结构”优化调整还有较大空间,大气污染源根本性问题尚未解决。扬尘污染、柴油大货车穿行市区污染仍是环境污染防治的短板。细颗粒物持续改善难度较大,臭氧污染问题逐渐凸显,季节性、结构性大气污染发生频率较高。但目前在臭氧防治方面缺乏有效管控措施,特别是 VOCs 与氮氧化物协同管控尚无有效手段。

(三)水环境质量持续改善任务依然艰巨

商丘地处黄淮海平原,水资源十分短缺,过境河流多为淮河支流的上游,多年平均径流量较小,既无法保证水生态建设保障基准流量,又加大了水体跨界污染防控压力。加之水环境容量超载、陆域污染输入较重、水生态保护及修复薄弱等原因,实现全流域污染源精细化管控难度较大,改善部分流域中下游河道水质污染现状的任务较为艰巨。

（四）土壤与地下水污染风险依然存在

尽管商丘市土壤与地下水环境质量总体良好,但局部区域问题较为突出。土壤和地下水污染风险源数量多、分布广,污染物排放总量依然较大,农业面源污染还没有得到有效遏制,部分工矿企业特别是"散乱污"企业无组织排放、非法排污、原辅料和工业固废堆存、有毒有害物质跑冒滴漏等土壤和地下水污染隐患没有根本性消除,矿山开采、企业拆除、垃圾填埋、农田灌溉等造成新增土壤和地下水污染的现象依然存在。

（五）生态经济基础亟待加强

商丘市经济总量在"十三五"期间虽有较大幅度的提升,但生态经济产业占地区生产总值的比例仍偏低,存在创新驱动能力不强、产业结构不够优化等问题。绿色低碳产业、绿色服务业等绿色产业刚起步。在节能环保领域,骨干龙头企业数量少,竞争力不强。

（六）环境基础设施建设相对滞后

基础设施相对滞后于城市发展,市政污水管网配套工程覆盖面仍存在较大的缺口,污水收集能力不足、管网老化破损严重、合流制溢流、污水处理厂运行效率不高等问题比较突出,要保持地表水质持续稳定达标还有较大的压力。农村生活废水收集管网建设滞后,生活污水直排现象突出,部分坑塘、沟渠及河流出现黑臭。农田退水污染凸显,农田退水循环利用、净化等过程控制设施建设滞后。

（七）环境治理监管能力有待加强

大气和水环境预警防控网络建设有待加强,环境风险管控和应急能力建设比较薄弱,环保执法队伍建设、监管能力、管理手段存在一些短板,尤其是基层和农村的环保监管能力需要进一步加强。环保科技支撑仍需增强,环境信息化和现代化水平还不适应环境管理要求。

三、商丘"十四五"生态环境保护展望

"十四五"时期是开启全面建设社会主义现代化商丘新征程,深入打好污染攻坚战、持续改善生态环境的五年,是牢牢抓住重大战略机遇、推动生态环境保护工作迈向新台阶的关键五年。坚持以减污降碳协同增效为总抓手,以改善生态环境质量为核心,以精

准治污、科学治污、依法治污为工作方针，统筹污染治理、生态保护、应对气候变化，保持力度、延伸深度、拓宽广度，积极推动产业生态化和生态产业化，大力发展生态经济，为全市全面开启社会主义现代化建设新征程奠定坚实的生态环境基础。

（一）目标展望

到 2025 年，生态文明制度体系基本建成，形成有序的环境空间分级管控体系。节约资源和保护环境的空间格局、产业结构、生产方式和生活方式总体形成；绿色低碳循环水平显著提升，资源能源消耗水平进入全省城市前列；主要污染物排放总量持续减少，城乡环境质量得到明显改善，空气和水环境质量持续改善，重污染天气、城市黑臭水体基本消除，土壤环境质量稳中向好，固体废物和新污染物治理能力明显增强，环境风险得到全面管控，生态系统质量和稳定性持续提升，生态环境治理体系更加完善，生态文明建设实现新进步，人民群众生活的获得感、幸福感、安全感显著增强，生态环境高水平保护与经济高质量发展相协同，为建成现代化的美丽商丘打下坚实基础。

到 2035 年，广泛形成绿色生产生活方式，碳排放达峰后稳中有降，生态环境根本好转，蓝天白云岸绿水美成为常态，土壤环境安全得到有效保障，环境风险得到全面管控；生态空间分类管控体系不断强化，良好的城市生态安全格局基本整体形成；资源利用持续高效，绿色发展体系基本形成，城市建设、经济发展与环境保护良性循环；全面建成生态环境优美、生态经济发达、生态家园舒适、人与自然和谐相处的生态品质强市，美丽商丘建设目标基本实现。

（二）建议举措

1. 坚持区域协调，加快推动绿色低碳发展

（1）统筹推进区域绿色协调发展

1）推动形成区域绿色发展布局。着力构建优势互补、合作共赢的绿色发展格局。明清黄河故道、隋唐大运河生态保育带、示范区日月湖、归德古城城湖、睢县北湖、柘城容湖、虞城周商永运河国家湿地公园、夏邑天龙湖、宁陵城湖等坚持生态优先，持续加大生态资源保护力度，着力提升水源涵养和水土保持能力，筑牢生态安全屏障。增强商丘都市圈绿色竞争力，打造生态都市圈，实现黄河故道流域生态系统健康稳定和高质量发展。统筹资源环境承载能力状况，构建绿色产业链供应链。

2)加快产业布局优化调整。落实"一企一策",加快城市建成区的重点污染企业退城搬迁。鼓励支持钢铁、水泥、电解铝、玻璃等重点行业通过产能置换、装备大型化改造、重组整合,推进项目优化布局。推动钢铁、建材、有色等原材料产业布局优化和结构调整。强化企业搬迁改造安全环保管理,加强腾退土地用途管制、土壤污染风险管控和修复。

(2)积极推动产业发展生态化

1)严格环境准入。从严从紧从实控制高耗能、高排放项目建设,加大钢铁、烧结砖瓦、电解铝等行业落后产能淘汰和过剩产能压减力度。原则上禁止新建、扩建单纯新增产能的钢铁、电解铝、水泥、平板玻璃、传统煤化工(甲醇、合成氨)、焦化、铸造、铝用炭素、砖瓦窑、耐火材料、铅锌冶炼(含再生铅)等高耗能、高排放和产能过剩的产业项目,原则上禁止新建燃料类煤气发生炉和 35 蒸吨/时及以下燃煤锅炉,禁止新增化工园区。国家、省绩效分级重点行业的新建、改建、扩建项目达到 B 级以上要求。

2)加快落后产能淘汰。按照《河南省淘汰落后产能综合标准体系(2020 年本)》,落实"河南省利用综合标准依法依规推动落后产能退出年度工作方案",严格执行能耗、环保、质量、安全、技术等法规标准,建立淘汰类工业产能和装备清单,对国家和河南省、商丘市明确的落后生产工艺装备和落后产品,实施落后产能清零行动,持续推进传统产业淘汰升级。

3)推进重点行业绿色化改造。实施工业低碳行动,以钢铁、煤化工、水泥、铝加工、玻璃、煤电、工业涂装、包装印刷、电镀、制革、造纸、纺织印染、农副食品加工等行业为重点,开展全流程清洁化、循环化、低碳化改造,加快建设绿色制造体系。鼓励支持钢铁、水泥、电解铝、玻璃等重点行业通过产能置换、装备大型化改造、重组整合,推进项目优化布局。推进产业园区和产业集群循环化改造,推动公共设施共建共享、能源梯级利用、资源循环利用和污染物集中安全处置等。

(3)构建清洁低碳、安全高效能源体系

1)优化能源结构。坚持把传统能源转型升级和大力发展新能源相统筹,优化能源供给结构。坚持集中式和分布式并举,大力发展风能、太阳能、农林生物质热电联产项目,统筹地热能开发利用,加强氢能技术研发应用。

2)严控煤炭消费总量。严格落实能源消耗总量和强度"双控",推行用能预算管理和区域能评制度,将用能权市场扩大至年综合能耗 3 000 吨标准煤以上的重点用能企业。

重点行业新（改、扩）建耗煤项目一律实施煤炭消费减量或等量替代，着力压减高耗能、高排放、过剩落后产能煤炭消费总量。新增用电需求主要由区域内非化石能源发电和区域外输电满足。审慎发展煤化工等高耗能项目。到 2025 年，煤炭消费总量较 2020 年下降 8% 左右。

（4）完善绿色综合交通运输体系

1）持续优化货物运输结构。加快大型工矿企业、物流园区和主要铁路专用线建设，积极推动商丘经济技术开发区（豫东综合物流产业集聚区）、商丘市民生热电有限公司、商丘纳瑞公铁联运、豫东（宁陵）公转铁专用铁路物流园等的铁路专用线建设。加快推进铁路专用线进企入园工程和内河水运畅通工程，落实《河南省加快推进铁路专用线进企入园工程实施方案》，推动大宗货物"公转铁"，支持煤炭、钢铁、电解铝、电力、水泥等大宗货物年运输量 150 万吨以上的大型企业以及大型物流园新、改、扩建铁路专用线，基本形成大宗货物和集装箱中长距离运输以铁路为主的格局。以资源富集区、大型工矿企业、物流园区为重点，严格重载柴油货车大宗散货长距离运输管控。到 2025 年，大宗货物绿色运输方式达到 90% 以上。

2）推动车（机）升级优化。全面实施国六排放标准，鼓励将老旧车辆和非道路移动机械替换为清洁能源车辆。深入实施清洁柴油车（机）行动，基本淘汰国三及以下排放标准汽车，推动氢燃料电池汽车示范应用，有序推广清洁能源汽车。全面实施非道路移动柴油机械第四阶段排放标准。开展铁路货场、物流园区等重点场所非道路移动机械零排放或近零排放示范应用。推动公共领域车辆新能源化，除保留部分应急车辆及新能源汽车无法满足使用需求情况外，新增及更新公交车、出租车（含巡游出租车和网约车）、环卫车辆、公务车辆应全部为新能源汽车。新增及更新城市邮政快递、城市物流配送车辆中，新能源汽车比例不低于 95%。到 2025 年，新能源汽车新车销量占比达 20% 左右。加快充电站（桩）布局，在省级先进制造业开发区、大型商业购物中心、农贸批发市场等物流集散地和公交市政等车辆集中停放地建设集式充电桩和快速充电桩。

3）统筹推进"车、油、路"一体化监管。强化"天地车人"平台数据应用。按时完成国省道路检路查点位标准化设置，加快推进大宗物料运输企业门禁系统建设，开展机动车、非道路移动机械生产、进口、销售环节监督检查，推动 I/M 制度落地实施。加强油品质量监督检查，年销售汽油量大于 5000 吨的加油站应安装油气回收自动监控设备并与生态环境部门联网,2023年底前实施国六车用汽油b阶段标准。开展新生产机动车、发动机、非道路移动机械监督检查和执法,基本消除未登记或冒黑烟工程机械。

2.控制温室气体排放,积极应对气候变化

(1)开展碳达峰行动

1)深入推进碳达峰行动。积极落实省定达峰目标与减排任务,制定商丘市碳排放达峰时间表和工作计划,综合运用相关政策工具和手段措施,持续推动实施。以能源、工业、城乡建设、交通运输等领域和钢铁、建材等行业为重点,深入开展碳达峰行动。

2)加强低碳试点示范建设。积极落实《国家发展改革委关于开展低碳省区和低碳城市试点工作的通知》,普及低碳发展理念和低碳生活方式,实施市级低碳园区、低碳社区和低碳景区的试点工程,引导有条件的区域、城镇、园区、社区积极申报创建新的国家级、省级低碳试点和"近零碳"示范点,探索建立"零碳"试点示范体系,积极探索和总结低碳试点经验。

(2)大力推动碳减排工作

1)控制重点行业温室气体排放。建立低碳能源审查制度,对能源消费量大的固定投资项目严格实施节能审查。推动重点行业绿色化改造,提升工业企业清洁生产水平,控制能源、建材、化工领域工业过程排放的温室气体。加大对二氧化碳减排的重大项目和技术创新扶持力度。

2)大力推进碳排放权交易。积极参与全国和河南省碳排放权交易市场建设工作。夯实碳交易工作基础,按照国家和河南省统一部署,加强重点排放单位温室气体排放报告核查,完善碳排放监测、报告工作体系。依据国家出台的碳排放权交易管理办法,落实各方职责,明确监管措施。加强对参与碳排放权交易市场的企业、投资机构、交易机构等责任主体的监管,切实维护市场交易秩序。

3.深化"三水统筹",提升水生态环境

(1)强化水生态环境系统治理

1)强化"三水统筹"管理。统筹建立水资源、水生态和水环境监测评价体系,实施流域生态环境资源承载能力监测预警管理。保障生态用水,促进水生态保护修复。控源截污,加强水环境污染治理;合理用水,提高水资源利用效率;全面调查,建立水生态基础数据库。

2)持续削减化学需氧量和氨氮等主要水污染物排放总量,加强总磷、高锰酸盐指数排放控制,力争到 2025 年,全市域水环境质量全面改善。惠济河柘城砖桥、废黄河吴屯水库、浍河夏邑业庙断面、浍河永城黄口断面、包河宁陈闸断面、包河昌楼桥、包河永城马桥、沱河老杨楼、沱河永城张板桥、沱河小王桥、王引河祖楼断面等 11 个国考断面和大沙河睢阳区包公庙断面、杨大河李大庄(五马)、永安沟王口闸 3 个省考断面稳定达标;水资源保障能力明显提升,消除浍河、沱河、永安沟部分河段断流状况;水生态恢复工作初见成效,王引河、沱河水生态得到初步改善,废黄河完善的水生态系统得到有效保护。县城以上建成区黑臭水体全面消除;城市饮水安全保障水平显著提升。

(2)保障饮用水环境安全

1)着力保障供水安全。加快"饮水入商"工程建设,有序推进应急备用水源工程建设和配套管网等设施建设。开展水源条件和周边污染源调查评估,依据水资源配置规划、河湖及水库水域岸线保护与利用规划、国土空间规划、防洪规划等,确定饮用水水源地取水口。对于短时间内无法解决水量不足或水质超标问题的饮用水水源地,应当采取补充、更换水源或强化水厂处理工艺等方式保障饮用水安全。

2)持续推进饮用水水源地规范化建设。依法清理集中式饮用水水源保护区内排污口、规模化畜禽养殖和工业企业等。加大饮用水水源、供水单位和用户水龙头出水等饮用水安全状况信息公开力度。建立健全水源环境管理档案,定期开展饮用水水源环境状况调查评估。加强县级及以上地表水型饮用水水源地预警监控能力建设,建立风险源名录,制定并及时更新应急预案,定期开展应急演练。

3)加快推进乡镇及农村饮用水水源保护进程。加强农村水源水质监测,定期开展乡镇级水源常规监测,建立健全部门间监测数据共享机制。组织开展"千吨万人"饮用水水源地基础信息调查、保护范围(区)划定、规范化建设,以及日常水质安全监督管理等工作。按照国家相关标准,确定水源地监测项目并组织实施,并定期向社会公开饮用水安全状况信息。到 2025 年,全面完成乡镇及"千吨万人"饮用水水源地保护区(范围)划定和勘界立标工作。

4)加强饮用水水源地环境监管。利用大数据、地理信息系统(GIS)、移动互联网等新兴技术,建立集动态监测与饮用水水源地监控、评估、管理等业务相结合的饮用水水源地信息化综合监管平台,推动监控数据共享,实现饮用水水源地动态、实时管理。探索开展水源地新污染物监测和防控研究。建立健全饮用水水源地日常监管制度,强化生态环境、水利等部门合作,完善饮用水水源地环境保护协调联动机制,切实提高水源地环境安全保障水平。

(3)持续深化水污染治理

1)加强入河排污口排查整治。落实"查、测、溯、治"四项要求,深入排查入河排污口,逐一明确责任主体,建立信息台账,实施分类整治。建立排污口整治销号制度,形成需要保留的排污口清单,开展日常监督管理。对排查、监测过程中发现排污问题突出的排污口进行溯源,查清排污单位,厘清排污责任。到2025年,完成全市范围内所有排污口排查。根据排污口排查工作成果,按照"取缔一批、合并一批、规范一批"要求,实施入河排污口分类整治。建立排污口整治销号制度,形成需要保留的排污口清单,开展日常监督管理。到2025年,基本完成全市排污口整治。

2)推动工业污染防治。落实"三线一单"生态环境分区管控体系,加强重点区域、重点河流、重点行业和产业布局规划环评,构建以"三线一单"为空间管控基础、环境影响评价为环境准入把关、排污许可为企业运行守法依据的生态环境管理框架,从源头预防环境污染和生态破坏。严禁在淮河流域干流及主要支流临岸一定范围内新建"两高一资"项目。以造纸、氮肥、农副食品加工、皮革、印染、有色、原料药制造、电镀、化工等高污染高耗水行业为重点,深入推进清洁生产审核,开展全流程的清洁生产改造或者清洁化改造,依法对"双超双有高能耗"行业企业实施强制性清洁生产审核,促进传统产业绿色转型升级。推进化工、印染、电镀等产业集群提升改造,提高产业集约化、绿色化发展水平。以省级先进制造业开发区为重点,实施工业企业稳定达标排放,全面推进污水处理设施建设和污水管网排查整治,杜绝企业偷排、污水处理厂污水溢流现象,严格控制工业废水未经处理或未有效处理直接排入城镇生活污水处理系统,严厉打击向河湖湿地等偷排、直排行为。严格规划环评审查,完善现有污水处理厂配套管网,新建、扩建省级先进制造业开发区同步规划建设污水收集和集中处理设施,工业废水全收集、全处理,确保稳定达标排放。

3)提升城镇生活污水治理能力。大力实施污水处理设施补短板工程,加快提升污水直排、污水处理厂长期超负荷运行等区域生活污水处理能力。加快提升新区、新城、污水直排、污水处理厂长期超负荷运行等区域生活污水收集处理能力。强化溯源整治,杜绝污水直接排入雨水管网。推进雨污水管网建设,优先补齐城中村、老旧城区和城乡结合部污水管网设施短板,努力实现雨污管网全覆盖。到 2025 年,城镇生活污水集中收集率大于 70% 。

4)推进污水管网建设和雨污分流系统改造,推动城镇污水管网全覆盖。新建城区的污水处理设施和污水管网,要与城市发展同步规划、同步建设,做到雨污分流。对进水浓度明显偏低的污水处理厂收水范围开展管网排查,实施管网混错接改造、破损修复,到 2025 年,商丘市城市生活污水处理厂进水生化需氧量(BOD_5)年均浓度达到 100 mg/L 以上。

5)鼓励开展初期雨水收集处理设施建设,加强对在建、新建各类建设项目的管理和引导,贯彻"自然积存、自然渗透、自然净化"的理念,建立区域雨水排放管理制度,因地制宜推进海绵城市建设与改造。到 2025 年,商丘市、县城建成区海绵城市建设达标面积分别达到 50%、20% 。

6)加强农田退水工程建设。完善农田水肥利用高效化的灌排体系,对现有农田沟渠塘加以改造,遵循"生态治污、因地制宜"原则,以镇区、行政村周边、规模农田区域、主要道路两侧、主要入湖河道两侧为重点实施区域,选择自然禀赋较好的农村废弃池塘进行生态化工程改造,试点实施农田排水及地表径流工程,建设生态沟渠、污水净化塘、地表径流蓄积池等设施。

4. 统筹地上地下,强化土壤和地下水污染防控

(1)推进土壤安全利用

1)巩固提升农用地风险管控。健全农用地分类管理制度,推动建立农用地、农产品动态安全数据库,推动化肥、农药使用量零增长,加强白色污染治理,完善农用地土壤污染预防、安全利用、风险管控制度。加强重点监管单位土壤环境质量监测工作,建立土壤环境质量动态数据库。定期开展农用地土壤污染风险评价工作,制定土壤风险管理和修复名录,强化农产品临田检测、超标粮食处置,探索建立农用地安全利用长期监测基地。明确未利用地复垦为耕地的土壤环境质量要求。到 2025 年,受污染地块安全利用率保持 100% 。

2）加强建设用地准入管理。持续更新建设用地土壤污染风险管控和修复地块名录，严格准入管理。未依法完成土壤污染状况调查和风险评估的地块，不得开工建设与风险管控和修复无关的项目。加强建设用地规划、出让、转让、用途变更、收回、续期等环节监管，确保土壤环境保护相关政策要求在土地政策中得到落实。加强暂不开发利用污染地块生态管控，确需开发利用的，依法实施管控修复，优先规划用于拓展生态空间。对暂不开发利用的地块要制定土壤污染风险管控方案，划定管控区域，建立标识、发布公告，定期组织开展环境监测。

（2）加强土壤与地下水的协同治理

1）推进地下水生态环境状况调查评估。排查城镇地下水型饮用水水源污染风险，开展地下水型饮用水水源保护区及补给区地下水生态环境状况调查，识别污染源，研判风险等级。结合土壤污染状况调查工作成果，稳步推进"双源"（集中式地下水型饮用水源、地下水污染源）地下水监测，衔接污染源普查和重点行业企业用地调查成果，评估地下水环境风险。

2）加强地下水风险防控和修复工作。持续开展地下水污染源隐患排查工作，所有企业 2～3 年排查 1 次，督促土壤污染重点监管单位开展土壤和地下水污染隐患排查和整改，所有重点监管单位每年自行监测 1 次。结合排查结果，对存在风险隐患和地下水污染的企业，采取必要的防渗改造和风险管控措施。对影响地下水环境安全的污染场地开展综合整治工作，提出相应的污染土壤防治要求。

（3）强化危废收集处置

1）严格落实危险废物收集管理。持续推进全市小量产废单位危险废物集中收集试点工作，提升危险废物环境风险管理基础能力，加强重点工业危险废物产生企业的日常监管，督促危险废物生产者加强环境风险管理，委托有相应资质的危险废物经营单位，按照"资源化、减量化、无害化"原则对危险废物进行安全回收、利用和处理，对其产生的废水、废气必须做好收集处理工作，做到处理达标排放。持续推进省级先进制造业开发区小量危险废物集中收集贮存工作，不断提升全市危险废物规范化管理水平。

2）加强医疗废物应急处理能力建设。更新全市医疗废物处置中心老旧设施，提升医疗废物安全处置能力和污染防治水平。持续做好全市医疗废物废水、废气监管，落实"一对一"监管服务。制定医疗废物应急方案，加强突发事件或疫情下医疗废物应急处置风险防控。

（4）加强农业农村面源污染防治

1）推进"源头减量—循环利用—过程拦截—末端治理"全链条污染防治，以县为单位完善农业产业准入负面清单制度，开展化肥农药减量增效、秸秆"五料化"利用、农膜回收等行动，促进畜禽粪污还田利用，推动种养循环，逐步削减土壤和水环境污染负荷，促进土壤和水环境质量改善。

2）到2025年，实现"一保两治三减四提升"，即农村饮用水水源保护进一步加强，农村污水和黑臭水体得到有效治理，减少化肥农药施用量和农业用水量，提升农村环境整治覆盖比例、农业废弃物资源化利用率、农业农村生态环境监管能力和农民参与度。

2021—2022年商丘自然资源保护开发利用现状和前景展望

王新立①

摘　要:2021年,商丘自然资源保护和利用工作有条不紊开展、成果丰硕,如土地资源助力社会经济发展、矿产资源利用更加合理规范、林湿资源进一步丰富、自然资源领域改革稳步推进、基础支撑能力持续提升、基础测绘支撑能力与信息化水平进一步提升。但同时在自然资源领域也存在一些新的问题,如自然资源保护和利用矛盾突出、自然资源监督管理仍需提速增效、基础支撑能力需进一步提升等。在综合分析基础上,展望2022年,商丘自然资源保护和利用的机遇和挑战并存,仍要优化开发保护利用方式,制定行之有效对策,如稳产增收,筑牢耕地红线;项目为王,做好建设保障;生态引领,塑造美丽国土;双碳导向,转型清洁矿产;求真务实,推进空间规划;以水四定,匹配社会发展等。

关键词:自然资源　开发利用　耕地保护

2021年,商丘积极落实《关于坚决制止耕地"非农化"行为的通知》《关于防止耕地"非粮化"稳定粮食生产的意见》《关于严格耕地用途管制有关问题的通知》《关于加快建立健全绿色低碳循环发展经济体系的意见》和《河南省四水同治规划(2021—2035年)》

---

① 商丘市自然资源和规划局党组书记、局长。

等文件精神,加强自然资源的保护开发利用,取得显著成效。

一、商丘自然资源开发利用的现状

(一)土地资源利用现状

2021 年在"三调"基础上开展了 2020 年度国土变更调查,依据变更调查数据,商丘市 2020 年国土总面积为 1 070 359.29 公顷,土地利用整体呈现"七分田林、两分建设、一点水草"的结构。其中耕地 697 346.38 公顷、园地 21 366.99 公顷、林地 59 111.32 公顷、草地 898.57 公顷、湿地 537.21 公顷、城镇村及工矿用地 216 374.44 公顷、交通运输用地 27 285.6 公顷、水域及水利设施用地 40 324.47 公顷、其他土地 7 114.3 公顷。

(二)矿产资源利用现状

2021 年前三季度,商丘市实现实体煤产量 709.81 万吨,销售收入 64.7 亿元。年内注销采矿权 1 个,为永城市王山建筑石料用灰岩矿;新增探矿权 2 个,分别为河南省永城市刘河煤勘探和河南省永城市芒砀山矿泉水详查。

河南省永城市刘河煤勘探探矿权是河南省自然资源厅挂牌出让的煤探矿权,竞得人为河南神火煤电股份有限公司。该探矿权位于刘河镇北部,毗邻刘河煤矿,勘查面积为 5.308 3 平方千米,有效期为 2021 年 3 月 16 日至 2026 年 3 月 16 日。该探矿权勘查工作完成后预获煤炭资源量 1 149.98 万吨,将解决刘河煤矿资源接替紧张的问题。

河南省永城市芒砀山矿泉水详查探矿权是商丘市自然资源和规划局挂牌出让的矿泉水探矿权,竞得人为河南爱若缔生物科技有限公司。该探矿权位于北部芒山镇,勘查面积为 2.531 8 平方千米,有效期为 2021 年 8 月 27 日至 2023 年 8 月 27 日。该探矿权详查阶段结束后已转为采矿权,实现对矿泉水资源的开发利用。

目前商丘市(不含永城)矿产种类较少,已发现的主要矿产资源有 7 种,分别为:煤、铁、建筑石料用灰岩、新型材料用黏土矿、建筑用砂、地热、矿泉水等,矿产资源分布不均,其中查明资源储量的矿种只有煤炭 1 种,查明煤炭资源量位居河南省第三。尚未有开发利用的矿种。永城市已发现能源矿产、金属矿产、非金属矿产共 17 种。其中能源矿产主要是煤,金属矿产有铁矿及伴生钴矿,非金属矿产有石灰岩、大理岩、花岗岩、白云岩、石英斑岩、膨润土和粘土矿等,水汽矿产主要是地热及矿泉水。载入《河南省矿产资源储量简表》的矿产地 19 个,其中大型 9 个、中型 6 个、小型 4 个;按开发利用状态为开采矿区 8 个、停采 3 个、未利用 8 个,8 个生产矿山开发利用矿种均为煤炭,全部为大中型矿山。煤炭资源主要分布在永城背斜两翼,累计查明资源量 34.16 亿吨,保有资源量 30.95 亿吨,占全省煤炭保有资源量的 8.9%。

(三)森林及湿地资源利用现状

据国家林业局华东林业调查规划院调查,2020 年全市林业用地面积 332.74 万亩,森林覆盖率 17.36%,蓄积量 1 849 万立方米。现有国家公益林 2.02 万亩,分布在民权林场;省级公益林 2 300 亩,分布在永城。

截止到 2021 年底,商丘市内共有国家级湿地公园五处,省级湿地公园三处,国家级森林公园一处,省级森林公园三处,具体情况见表 1:

表 1 商丘市自然公园名单

国家级湿地公园
民权黄河故道国家湿地公园,规划总面积 2 303.5 公顷,公园内湿地面积 2 259.5 公顷。2020 年 9 月,被评为国际重要湿地,填补了我省没有国际重要湿地的空白
河南睢县中原水城国家湿地公园,规划总面积 725.1 公顷,公园内湿地面积 443 公顷
河南虞城周商永运河国家湿地公园,规划总面积 272.7 公顷,公园内湿地面积 117.8 公顷
河南柘城容湖国家湿地公园,规划总面积 1 335.2 公顷,公园内湿地面积 724.5 公顷
梁园黄河故道国家湿地公园,规划总面积 411.86 公顷,其中湿地面积 278.71 公顷
省级湿地公园
河南夏邑县沱河省级湿地公园,规划总面积 243.2 公顷,公园内湿地面积 153.6 公顷
永城日月湖省级湿地公园,规划总面积 661.38 公顷,矢量面积 664.31 公顷
睢阳区大沙河省级湿地公园,规划总面积 322.53 公顷,公园内湿地面积 250.68 公顷
国家级森林公园
商丘市黄河故道国家森林公园,位于河南省商丘市北部,距商丘市区 12 千米。2002 年 12 月国家林业局批准建立,经营面积 838 公顷
省级森林公园
夏邑两河口森林公园,位于河南夏邑县城西南,2017 年 9 月河南省林业厅批准建立,总面积 345.33 公顷
宁陵县葛天省级森林公园,位于宁陵县城北部,2014 年 8 月河南省林业厅批准建立,总面积 3 260 公顷
睢县榆厢省级森林公园,位于睢县西北部,总面积 233.58 公顷

(四)水资源利用现状

根据《2020 年河南省水资源公报》数据显示,商丘市 2020 年水资源总量 24.04 亿立方米,其中地表水 9.28 亿立方米,地下水 15.27 亿立方米。

从供水量来看,当年总供水量 13.463 亿立方米,其中:地表水供水 3.472 亿立方米,地下水供水 9.031 亿立方米,其他供水 0.96 亿立方米。

从用水量来看,当年总用水量 13.463 亿立方米,其中:农业用水 8.463 亿立方米,工业用水 1.961 亿立方米,生活用水 2.494 亿立方米,生态用水 0.545 亿立方米。

从用水指标来看,人均综合用水量 172 立方米,农田灌溉亩均用水量 130 立方米,均低于全省平均水平。

二、商丘自然资源开发利用的成效

(一)土地资源助力社会经济发展

(1)耕地保护进一步完善。2021 年商丘市严格落实中央和省委省政府市委市政府耕地保护工作要求,相继出台了《关于进一步加强永久基本农田保护的通知》、《商丘市违法用地与自然资源约束性指标相挂钩具体操作办法(试行)》、《关于加快推进落实自然资源管理"一网两长"制工作的意见》、《商丘市全面加强耕地保护监测监督工作方案》等一系列保护制度,促进耕地保护工作进一步有效落实。全市储备耕地占补平衡数量指标7.74 万亩,粮食产能指标 7 773.474 9 万千克,连续 22 年实现耕地占补平衡,为落实"藏粮于地"战略,保障国家粮食安全做出了应有贡献。

(2)建设用地供给及时充足。2021 年全市共上报建设用地报件 106 批次、面积 2.34万亩,经批准征收土地 87 个批次、面积 2.07 万亩,省重点项目保障率 100%,位居全省前列,市重点项目除未申请之外的均已保障。全年共计入库土地 0.24 万亩,出库土地 0.41万亩,库存土地 1.42 万亩。全市供应土地 369 宗 3.31 万亩、土地收益 199.53 亿元,其中:市辖区供应土地 100 宗 1.25 万亩、土地收益 119.94 亿元。全市和市本级土地成交价款均破百亿,位居全省前列。

(3)土地利用更加高效节约。年内严格落实"增存挂钩"制度,大力开展开发区"百园增效"行动,成功完成 3 宗 258.25 亩的工业用地"标准地"出让,工作经验被省政府《工作快报》刊发。2009—2018 年已批土地供地率 90.38%、批而未供盘活任务完成率 145.10%、闲置土地处置率 431%,三项任务均位居全省前列。圆满完成自然资源部全国 10 个节约集约试点城市评价,工作经验被《中国自然资源报》刊发报道。睢县产业集聚区土地综合利用效率突显,容积率达到 1.9 以上。

(4)土地执法成效显著。大力开展农村乱占耕地建房问题、土地卫片执法、大棚房"回头看"、违建别墅问题清查整治等专项行动,坚决制止耕地"非农化""非粮化"。土地卫片执法 2021 年前三季度违法比率 1.51%,较去年大幅降低。"一网两长制"巡查率 94.76%,居全省前列。

(二)矿产资源利用更加合理规范

2021 年,商丘开展 2020 年度矿山储量年报编制与审查工作,在生产的 8 家煤矿按期完成了矿山储量年报并通过了专家审查,全市矿产资源储量统计覆盖率达 100%,储量年报合格率达 100%。全市应公示采矿权人、探矿权人均按时在全国矿业权人勘查开采信息公示系统中完成了填报并公示,按时公示率为 100%。开展国家级绿色矿山复查、矿产资源国情调查和第四轮矿产资源规划编制工作,助力矿产资源合理、合规、可持续开采。实施废弃矿山集中整治百日攻坚行动,编制实施了《永城市露天废弃矿山生态修复方案》,对全市 13 处露天废弃矿山开展治理,累计完成治理面积 103.36 公顷,治理率达 94.97%。

(三)林湿资源进一步丰富

(1)森林商丘建设持续推进。2021 年,以森林商丘建设为重点,持续开展国土绿化。年内已完成新造林 5.9 万亩,是年度目标任务 3.97 万亩的 148.6%;已完成森林抚育建设任务 8.36 万亩,是年度目标任务 8.2 万亩的 101.89%。各县(市、区)按照森林特色小镇和森林乡村建设标准进行了组织实施,建成市级森林特色小镇 3 个、市级森林乡村 128 个。

(2)黄河故道湿地保护进一步完善。年内湿地保护率稳定在 17.92%,民权黄河故道国际重要湿地顺利揭牌。编制的《商丘市黄河故道湿地保护条例》于 2021 年 10 月 1 日正式实施,为进一步保护黄河故道重要湿地资源提供依据。

（四）自然资源领域改革稳步推进

持续推进国土空间规划编制，初步完成"三条红线"试划，形成国土空间总体规划初步方案、各县（市、区）村庄分类和布局规划和100个实用性村庄规划编制成果。完成了"十四五"自然资源保护和利用、"十四五"基础测绘、"十四五"国土空间生态修复和森林商丘建设、城区快速路体系、户外广告等专项规划编制工作，为"十四五"规划一张图提供了基础性支撑，为编制下层次规划提供了重要的规划遵循。推进详细规划编制，审查控制性详细规划方案56项。

（1）"放管服"改革持续深化。积极开展放权赋能改革，下放行政职权14项。年内出台了《商丘市自然资源和规划局关于进一步规范市辖区土地储备及供应工作程序的通知》等系列规范性文件，将土地供应组卷、出让合同签订等权限下发至市辖区分局，减少了工作环节，缩短了工作时限，提高了土地供应效率。

（2）不动产登记提质增效。2021年共发放不动产权证书14.32万份，预告登记、预抵押登记证书9.66万份。全面推进不动产登记"一网通办"，不动产登记"交房即发证"常态化开展，"跨省通办"工作先后被《省政府工作快报》、自然资源部、省自然资源厅信息刊发。

（五）基础支撑能力持续提升

2021年，依托"数字商丘"空间地理信息框架、"天地图·商丘"公众服务平台、省厅卫星技术应用中心、河南省北斗导航定位系统等，积极为自然资源管理和经济社会发展提供基础测绘技术支撑。按照年度计划，完成夏邑县两座卫星导航基准站维护升级。启动了2021年度全市测量标志普查工作，开始对民权县、睢县行政区域内测量标志进行全面调查。

三、商丘自然资源开发利用的问题

（一）自然资源保护和利用矛盾突出

（1）耕地保护任务依然艰巨。商丘市2020年耕地总面积697 346.38公顷（1 046.02万亩），相较《商丘市土地利用总体规划（2010—2020年）调整方案》中2020年规划目标少9 033.62公顷（13.55万亩）；永久基本农田保护面积618 306.2公顷，永久基本农田保护率达到 88.67%,限制了其他用地空间;耕地后备资源 1.6 万亩,相较耕保缺口仍然较大。商丘市作为农业主产区,若新一轮的耕地保护任务下达量只增不减,耕地保护压力将会持续加大。

(2)建设用地利用水平仍需提高。中心城区城中村、棚户区尚未完全整治到位,土地市场发展方式单一,年内市辖区多块土地出现流拍现象。睢阳区流拍 6 宗地 282.96 亩,挂牌起始价 9.74 亿元,其中 5 宗土地用途为住宅用地,1 宗为商业用地,供应方式全为挂牌出让。示范区流拍 2 宗地 173.71 亩,挂牌起始价 5 亿元,土地用途为住宅用地,供应方式为挂牌出让。

(3)矿产资源开发利用方向需要转变。商丘市矿产资源供应仍以化石能源为主,以煤炭为代表的矿产资源开采量仍然占有较大比重。地热、矿泉水等清洁矿产勘查力度仍然不高,仍未完全进行规范化开采。风光能源供应比例仍然较小,面向"双碳"目标的清洁矿产能源利用仍在起步阶段。

(4)森林资源底数不清、质量不优。第三次全国国土调查数据显示商丘市的林地面积为 102 万亩,森林督查暨森林资源"一张图"年度更新数据显示商丘市的林地面积为 332 万亩,两个数据相差较大,不利于后续林业工作开展。部分土地整理项目导致林地大量减少,已引起国家林草局和省林业局的高度重视,并对违法使用林地严重的夏邑等三个县区进行了约谈。营造混交林的力度不够,林种树种搭配不合理,总体绿量还不够。由于受自然灾害的影响,部分造林地块有损害现象。

(5)水资源与社会经济发展不匹配。从 2020 年用水结构来看,商丘市将近 2/3 的水资源用于农业灌溉。由于地表水匮乏,常年开采地下水,导致全域地下水超采,以中心城区、永城市城区最为严重。地表水水质常年Ⅳ类以下,难以满足生产生活需求。

(二)自然资源监督管理仍需提速增效

(1)违法占地现象依然突出。一些村民为出行方便,把建房地点选在道路两侧,导致道路两侧部分耕地被占现象屡禁不止、时有发生。每年卫片监测到的违法用地图斑在 2 000 个左右,占全市违法总量的 30%~40%。由于新建住宅不断向村庄外围延伸,形成"空心村",建新不拆旧,"一户多宅"现象普遍。个别地方政府错误地认为民生项目可以边建边报、未批先建,导致手续办理不及时,形成违法。一些乡镇为发展地方经济,不能充分考虑耕地保护和产业发展实际，盲目上马一些规模小、产能低、零星散乱的项目，在未取得合法用地手续的情况下强行建设，有的在后续建设中超出规划，盲目扩大用地范围，致使各种违法占地现象多发。

（2）用地管理程序仍需优化。因各地财政资金紧张，导致区域评估进展缓慢，工业用地"标准地"出让对企业约束较多，各地招商政策优惠力度大，产业用地比较粗放，导致企业不愿意采取"标准地"出让，我市推行工业用地"标准地"出让工作相对滞后。目前，全市仅有睢县出让了3宗工业用地"标准地"。建设项目压矿审批程序复杂，妨碍了项目实施进度。

（3）规划引领作用仍需加强。截至2021年底，商丘市"三级三类"国土空间规划已全面启动，特别是市县级国土空间规划开展已近两年。鉴于国家、省部相关政策一直完善，以及疫情影响，我市国土空间规划项目未按原定计划圆满收官。依托国土空间规划开展的自然资源领域业务受到影响，不同程度顺延。面向自然资源管理的用地审批仍然执行过渡期政策，多规交叉，规划矛盾问题仍然存在。2022年将是国土空间规划收官年，规划初步方案虽已形成，但仍需进一步完善。

（三）基础支撑能力需进一步提升

现有高精度基础地理信息数据仅覆盖城市建成区，其他区域尚未完全覆盖，已无法满足城市发展、规划及乡村振兴战略实施的需求。数据共建共享机制尚需完善，不同层级、部门之间数据要求不同、标准不一，导致成果难以共享和交互使用，阻碍基础地理信息对社会发展决策的支撑。基于"天—空—地"一体化的自然资源监测网络尚未完善，不能有效获取高精度资源环境信息，支撑自然资源领域基础研究。

四、商丘自然资源开发利用展望

（一）2022年重点目标展望

2022年将全面实行田长制、林长制、河长制等自然资源网格化管理制度，面向自然资源管理更加精细化、高效化。基于问题导向、政策导向，2022年自然资源保护和利用的目标如下。

（1）稳产增收，筑牢耕地红线。完成永久基本农田核实整改，耕地"非农化"、"非粮化"、违法占耕问题基本解决,耕地布局优化,粮食稳产增收。

(2)项目为王,做好建设保障。坚持地等项目,能源、交通、水利、产业项目等重点项目用地有保障,土地储备充足,建设用地集约节约水平进一步提升。

(3)生态引领,塑造美丽国土。"绿水青山"进一步转为"金山银山","山水林田湖草沙"得到一体化治理。天更蓝、水更清、土更净,生态质量进一步提升。

(4)双碳导向,转型清洁矿产。化石能源开采更加低碳高效化,能源利用结构更加清洁化,以地热、矿泉水、煤层气等为代表的商丘市优势清洁矿产得到更加充分利用。

(5)求真务实,推进空间规划。"三级三类"[三级:市、县、乡(镇)三个行政级别。三类:总体规划、专项规划、详细规划]国土空间规划基本完成。研究成果更加精细、准确,空间规划内容更加切合商丘市空间发展诉求,基于空间规划带来的正向作用初步显现。

(6)以水四定,匹配社会发展。水资源由约束到促进社会经济发展转变,开发利用短板基本补齐,对农业生产、城镇建设的支撑能力进一步提升。

(二)推进举措

(1)高标准农田建设与补充耕地,采取长牙齿的措施,严守耕地保护红线。根据省政府工作安排,适时签订省—市,市—县耕地保护目标责任书,并实行严格考核、一票否决、终身追究。建立长效机制,压实各级责任,对新增违法违规占用耕地问题"零容忍",制止耕地"非农化"。督促县(区)政府履行耕地保护主体责任,按时保质保量完成卫片整改任务。严格耕地用途管控,从严落实耕地"进出平衡"和"占补平衡"保护好现有耕地。

年内优选部分区域,持续开展高标准农田建设、补充耕地等项目,适时启动耕地年度"进出平衡"工作。加大并规范涉耕项目工程投资,保障项目按时、按质、保量完成。在合理合规前提下,创新优化本地化的工程措施,保证项目取得预期效益。

(2)做好重大项目用地保障。积极配合水利、交通、产业等重点项目用地,优化用地审批程序,提高用地审批效率。

(3)做好国土空间规划。重点做好"三区三线"划定与相关研究专题审议,根据各方意见修改完善规划初步方案。按规定时间节点积极推进商丘市国土空间总体规划、下辖各县(市)国土空间总体规划、各乡镇国土空间总体规划、开发区国土空间规划、村庄规划等重点项目进度,做好审批前准备工作。

（4）开展全民所有自然资源资产清查。在继续做好原有省级试点民权县的基础上，开展土地、矿产、森林、草原、湿地5类全民所有自然资源资产实物量清查，做好市内优势矿种资产清查价格体系建设。结合清查工作开展情况，完成全民所有自然资源资产平衡表试点工作。

（5）开展全市重点区域自然资源统一确权登记。按照省自然资源厅统一部署，有序开展自然资源统一确权登记工作。对市域内森林公园、湿地公园、地质公园等自然保护地开展确权登记相关工作。河流湖泊等水流自然资源确权登记：对市域内流域面积50平方千米以上的69条河流、15座中小型水库、水面面积1平方千米及以上的2个天然湖泊，开展确权登记工作。湿地自然资源确权登记：在自然保护地、水流等自然资源登记单元外，中央政府委托市县政府代理行使所有权、生态功能重要的湿地资源开展湿地资源确权登记工作。探明储量的矿产资源确权登记：依据矿产资源储量登记库、矿产资源利用现状调查数据库（或矿产资源国情调查数据库）、国家出资探明矿产地清理结果、国土空间规划等开展矿产资源确权登记工作。森林自然资源确权登记：对市辖各区和各县行政辖区内，部、省级确权登记范围以外的、尚未颁发林权权属证明的国有林场的森林资源开展确权登记工作。

（6）开展地质灾害年度调查评价与治理。对永城市开采沉陷区进行年度更新，做好新一轮地质灾害防治规划编制工作，结合国土空间规划开展新一批沉陷区治理。

（7）完善基础测绘与地理信息服务。积极推进商丘市基础测绘地理信息数据更新，做好商丘市北斗卫星导航定位基准站运行服务，开展领导工作保障用图编制。

2021—2022 年商丘市大气污染防治攻坚战成效与前景展望

杜长海[①]　王　凯[②]

摘　要:2021 年商丘市以改善空气质量为目标,以打好大气污染防治攻坚战为抓手,突出精准治污、科学治污、依法治污,着力调整优化产业结构、能源结构、运输结构、用地结构和农业投入结构,推动大气污染综合治理、系统治理、源头治理,全面完成空气质量目标,低碳能源比例稳步提升,面源污染管控持续强化,全市空气质量持续改善,各项指标均达到了开展环境污染防治攻坚战以来历史最低浓度。2022 年商丘市大气污染治理以实现减污降碳协同增效为总抓手,以改善环境空气质量为核心,从 9 个方面着力解决民众关心的突出环境问题,力争在重点区域、重要领域、关键指标上实现新突破。

关键词:大气污染防治　精准治污　持续改善　减污降碳

2021 年是"十四五"开局之年,商丘市以改善空气质量为目标,以打好大气污染防治攻坚战为抓手,突出精准治污、科学治污、依法治污,着力调整优化产业结构、能源结构、运输结构、用地结构和农业投入结构,推动大气污染综合治理、系统治理、源头治理,实施细颗粒物($PM_{2.5}$)与臭氧(O_3)协同控制,强化挥发性有机物(VOCs)和氮氧化物(NOx)协

---

①　商丘市生态环境局大气科科长。
②　商丘市生态环境局大气科科员。

同治理,深入开展工业污染综合治理、柴油货车污染治理和重污染天气应急应对工作,积极帮扶企业绿色转型升级,推动环境治理从注重末端向更加注重源头治理转变,全市空气质量持续改善,各项指标均达到了开展环境污染防治攻坚战以来历史最低浓度。

一、2021 年大气污染防治攻坚战完成情况

(一)全面完成空气质量目标

2021 年大气污染防治攻坚战实施方案要求年度空气质量目标值为全市细颗粒物($PM_{2.5}$)平均浓度控制在 51 微克/立方米以下,可吸入颗粒物(PM_{10})平均浓度控制在 78 微克/立方米以下,环境空气质量优良天数比例不低于 60%。截至 2021 年 12 月底,全市 PM_{10} 平均浓度为 71 微克/立方米,同比下降 9.0%,位居全省第 5 名;$PM_{2.5}$ 平均浓度 45 微克/立方米,同比下降 14%,位居全省第 9 名;优良天数累计 269 天,同比增加 27 天,位居全省第 5 名;空气质量综合指数 4.29,居全省第 4 名;综合指数同比下降 11%,改善率居全省第 5 名。PM_{10}、$PM_{2.5}$、优良天数三项指标全面完成省定目标任务,取得历史最好成绩。

(二)产业结构调整取得成效

(1)加快调整优化产业结构,推动产业绿色转型升级。推动不符合城市建设规划、行业发展规划、生态环境功能定位的重点污染企业退出城市建成区,对已列入 2021 年搬迁计划的 5 家企业,要在 2021 年年底前完成退城入园工作。截至 2021 年 12 月底,河南省中联玻璃有限责任公司、商丘市宇畅水泥有限公司、商丘市天瑞水泥有限公司 3 家重污染企业完成搬迁改造验收,并进行了公示。至此,全市 7 家重污染企业的搬迁改造工作已经完成 5 家。

(2)加快落后产能淘汰。严格执行能耗、环保、质量、安全、技术等法规标准。工业和信息化部门牵头组织相关部门制定工作方案,对国家和我省、市明确的落后生产工艺装备和落后产品,开展全面排查摸底,实施落后产能清零行动,巩固落后产能淘汰工作成效,于 2021 年 10 月底前完成淘汰落后产能项目验收工作。加快落后产能淘汰。截至 2021 年 12 月底,全市没有发现不符合国家产业政策的落后产能企业。

(3)推动工业企业绿色发展。实施工业低碳行动,推进钢铁、煤化工、水泥、铝加工、

玻璃、耐火材料制品、煤电等产业绿色、减量、提质发展,开展全流程清洁化、循环化、低碳化改造,加快建设绿色制造体系。2021 年 6 月底前,按照省制定的钢铁、水泥、耐火材料制品、砖瓦窑等重点行业限制类产能装备升级改造工作方案,推进我市限制类产能装备升级改造。2021 年我市共有商丘金振源电子科技有限公司等 5 家企业被确定为 2021 年省级绿色工厂,29 家企业纳入全市绿色制造体系培育企业名单。

(4)持续排查整治"散乱污"企业。健全落实省、市、县、乡四级联动监管机制,压实县(市、区)、乡镇(街道)主体责任,加强环境监管和巡查检查,实行拉网式排查和清单式、台账式、网格化管理,坚决杜绝"散乱污"企业项目建设和已取缔的"散乱污"企业死灰复燃、异地转移。

(三)低碳能源比例稳步提升

(1)严格落实能源消耗总量和强度"双控",推行用能预算管理和区域能评制度,将用能权市场扩大至年综合能耗 5 000 吨标准煤以上的重点用能企业。加强重点用煤企业煤炭消耗控制,各县(市、区)政府要将煤耗指标细化分解到各用煤企业,对未完成年度控煤目标的企业实行停产整治。全市所有新建、改建、扩建耗煤项目一律实施煤炭减量或等量替代,着力压减高耗能、高排放、过剩落后产能煤炭消费总量,全市煤炭消费总量要完成省下达的预期目标。截至 2021 年底我市已建立了能源消费总量、强度"双控"及煤炭消费总量控制月调度预警机制,强化重点用能单位节能管理。有 6 家重点用能企业安装能耗在线监测系统,36 个项目列入重点用能单位节能降碳改造计划,其中 19 个项目列入省改造计划。2021 年全市非电煤炭消费量约 419 万吨,圆满完成省定非电煤炭消费控制目标。

(2)依据现有集中供暖资源和设施,深挖供暖潜力,推动富裕供热能力向合理半径延伸,加快城镇集中供热老旧管网改造。2021 年采暖季前,全市要新建改造集中供热管网 53.6 千米,对供热管网无法覆盖的区域,支持有条件的地方采取地热供暖,全市建成区集中供热普及率达到 76% 以上。2021 年我市中心城区新增集中供热 320 万平方米,超额完成预定目标。推进地热能供暖开发利用,2021 年新增地热供暖能力 20 万平方米。加快推进虞城、夏邑、睢县、柘城生物质热电项目建设,结合地方供暖需求加快配套设施建设,生物质能供暖能力大幅提升。

（3）加强天然气和电力供应保障。强化储气能力建设，要落实"地方政府 3 天、城燃企业 5%"的储气能力目标任务。2021 年我市已建成油气管道 300 千米以上，完成政府 3 天日均天然气消费量储气责任目标。

（4）加快优化能源供给结构。加快发展风电、光伏发电、地热、生物质热电联产等可再生能源。力争实现新增可再生能源发电装机 20 万千瓦，新增可再生能源供暖能力 20 万平方米。截至 2021 年底，我市已开工建设沙盟 500 千伏变电站，完成商丘集美数智产业园 220 千伏Ⅰ商锦线、崔锦线迁改项目核准，启动 2022 年第一批 35 千伏及以下电网项目建设。

（5）推进绿色能源发展，不断优化能源结构。持续加大风电、光伏、生物质热电联产、地热能等非化石能源项目建设力度，全市非化石能源占比达到 12% 以上。大力发展绿色能源项目。重点围绕储能、分布式能源、农村能源示范县、整县屋顶分布式光伏示范县等方面谋划一批可再生能源工程项目。目前，全市可再生能源装机容量达 200 万千瓦以上。

（四）绿色交通建设领跑全省

（1）强化在用车排放监管。加大路检路查和入户执法检查力度，加强路检路查执法检查站点建设管理。2021 年 10 月底前，要完成国省道入省口路检路查点位标准化设置。2021 年 10 月 31 日前，要完成 26 个行业大宗物料运输企业门禁系统建设。全力推进"河南电子通行证一体化平台"建设应用，加大电子警察、卡口系统建设力度，实现全市城市建成区货车入市通行证网上申领全覆盖。对无入市通行证、违法通行的重型柴油货车、生态环境部门抄告的国三及以下等高排放重型柴油货车和监督抽测发现抄告的超标排放车辆，利用"河南电子通行证一体化平台"，加强超标排放车辆通行监管。强化车辆达标排放监管。目前我市已在城市建成区主要进口安装了固定垂直式尾气遥感监测设备 10 套，移动式遥感监测车 2 台；对柴油货车尾气开展检测，并依法对超标车辆进行处罚；已全面完成了淘汰国三及以下排放标准营运中重型柴油货车任务，共淘汰国三及以下排放标准营运中重型柴油货车 18 537 辆。

（2）加强非道路移动机械管控。对中心城区建筑工地非道路移动机械开展尾气排放抽检，严厉查处场内作业机械、车辆超标和冒黑烟问题，对检测合格的车辆发放合格二维码,不合格车辆实施清退。

（3）大力推广使用新能源汽车。2021年新增新能源汽车13 200辆,新建充电站7座、换电站2座,充电桩400个,全市(三区)出租车全部实现"油改气",中心城区公交车辆全部新能源化。

（五）面源污染管控持续强化

（1）深入开展国土绿化行动。坚持把增绿增质增效作为主攻方向,持续推进平原林网化、城市园林化、乡村林果化、廊道林荫化和庭院花园化。截至2021年年底,我市超额完成了造林3.97万亩、森林抚育8.2万亩的绿化目标。

（2）开展扬尘污染综合治理提升行动。严格落实"六个百分之百"扬尘污染防治措施、开复工验收、"三员"管理、扬尘防治预算管理等制度,将渣土物料运输车辆管理纳入日常安全文明施工监督范围,充分发挥科技治尘全天候监管优势,全市5 000平方米以上建筑工地实现扬尘污染防治在线监控。

（3）持续开展城市清洁行动。城市主要道路机械化清扫率100%,道路国省交通干线穿城绕城公路、城市出入口5千米公路机械化清扫率100%。全市大型餐饮服务单位基本实现在线监控。

（4）强化秸秆禁烧监管力度。建立完善"政府负责、部门联动、网格管理"的工作机制和市包县、县包乡、乡包村、村包组四级责任体系,综合运用无人机和卫星遥感、蓝天卫士监控等手段,加强露天焚烧监管,持续发挥"蓝天卫士"科技支撑禁烧作用,继续执行秸秆焚烧扣减地方财力50万元/火点。2021年实现全市"零火点"目标任务,获得省秸秆禁烧先进单位荣誉称号和秸秆综合利用奖补资金45万元。五是持续加强烟花爆竹禁售禁放的监督管理,深入开展烟花爆竹"打非"专项行动,抓紧抓实重点人员、重点部位、重点时段、重点事项,推动宣传教育、销售清零、巡回检查、技防监控、严格执法等各项禁售禁放措施落实,持续巩固烟花爆竹禁售禁放成效。

（六）工业污染治理成效显著

（1）推进重点行业绩效分级管理。规范和加强重点行业企业绩效分级管理工作,培育推动企业"梯度达标",促进行业治理能力治理水平整体升级。2021年年底前,全市范围内基本消除D级企业;落实A、B级企业相关鼓励政策,发挥先进示范引领作用;严格执行C、D级企业污染管控措施,促进全市工业污染治理水平全面提升。截至2021年底,全市共有A级企业1家,B级企业44家,绩效引领性企业15家。

(2)开展工业企业全面达标行动。贯彻落实《排污许可管理条例》,严格执行国家和我省大气污染物排放标准,持续推进电力、钢铁、水泥、铝工业、焦化、碳素、砖瓦窑、铸造、耐材、玻璃、化工、包装印刷行业和其他涉及工业涂装、工业窑炉、锅炉等行业废气污染物全面达标排放,将烟气在线监测数据作为执法依据,加大超标处罚和联合惩戒力度,严厉打击各类大气环境违法行为。开展重点行业企业废气污染物达标排放执法检查,对不能稳定达标排放、不满足无组织控制要求的企业,依法实施停产治理。按照源头预防、过程控制、清洁生产、损害赔偿、责任追究,实现固定污染源全过程管理。2021年全市共完成燃气锅炉低氮改造59家72台,生物质锅炉升级改造11台,全部实现达标排放。

(3)强化重点行业超低排放改造。巩固钢铁、水泥行业超低排放改造成效,2021年我市共完成水泥行业无组织废气超低排放改造1个,未按期完成或评估监测不达标的企业,已按照攻坚方案要求实施了差别化电价、水价政策。

(4)深化工业炉窑大气污染综合治理。按照"淘汰一批、替代一批、治理一批"的原则,深入推进工业窑炉大气污染综合治理,加快实施煤改电、煤改气工程,全面提升铝工业、铸造、耐火材料制品、砖瓦窑等工业窑炉的治污设施处理能力,加强无组织排放管控,对涉及生产过程中的煤炭、矿石等物料运输,装卸储存,厂内转移与输送,物料加工与处理等各生产环节实施无组织排放精准治理,实现全封闭贮存及运输。五是加强生活垃圾焚烧行业污染治理。推进垃圾焚烧发电企业全面完成提标治理,焚烧炉烟气颗粒物、二氧化硫、氮氧化物排放浓度(1小时均值)在基准氧含量11%的条件下分别不高于10、35、100毫克/立方米,采用氨法脱硝、氨法脱硫工艺的垃圾焚烧废气氨排放浓度不高于8毫克/立方米。

(七)VOCs污染治理持续深化

(1)加大油品储运销全过程VOCs管控力度。对全市汽油储油库、油罐车、加油站油气回收设施运行使用情况进行年度抽检,2021年共检测储油库2座,油罐车11辆,加油站124座,依法对存在严重问题的加油站进行了处罚。

(2)深化工业园区和集群VOCs整治。针对石化、化工、涂装工序、包装印刷、家具制造等涉 VOCs 重点工业园区和涉 VOCs 重点企业集群,实施针对性的集中治理。2021 年全市共有 3 家企业开展了泄露检测与修复,24 家企业完成了 VOCs 高效治理工艺改造,实现了细颗粒物和臭氧污染协同治理的目标。

(八)重污染天气应对有效

(1)充分利用生态环境部门国家–省–市三级预测预报技术支持。与河南省生态环境监测中心签订"细颗粒物和臭氧污染协同治理一市一策"技术支持协议,加强夏季 O_3 和冬季 $PM_{2.5}$ 精准预报能力,科学、精准实施区域联防联控。

(2)严格执行重污染天气应急管控。按照工业企业绩效分级情况,及时修订完善我市重污染天气应急减排清单。根据天气形势预测会商结果及省厅要求,及时启动重污染天气预警响应,明显削减了重污染天气峰值,有效降低了全市的污染程度。三是依据应急减排清单管控措施要求,做好工业企业分级管控工作,执行差异化管控政策,杜绝"一刀切"式停限产管控方式,做到减排效果好,企业影响小。2021 年 10 月 1 日至 2021 年 12 月 31 日,我市 $PM_{2.5}$ 平均浓度 62 微克/立方米,同比下降 13.9%;重污染天气 3 天,均完成了国家下达的秋冬季空气质量目标任务。

二、2021 年大气污染防治攻坚存在的问题

(1)重污染企业搬迁改造工作尚未全面完成。全市应完成 7 家重污染企业的搬迁改造工作,2020 年底已经完成 2 家,2021 年底完成河南省中联玻璃有限责任公司、商丘市宇畅水泥有限公司、商丘市天瑞水泥有限公司 3 家企业的搬迁改造验收工作,并进行了公示。梁园区的珍寿实业(商丘)有限公司、商丘市恒兴铸造有限公司 2 家企业受今年洪涝灾害和疫情影响,已经向省政府申请延期至 2022 年 10 月完成搬迁改造工作。

(2)"散乱污"企业仍有死灰复燃的迹象。今年以来,经各县(区)拉网式排查企业 9 102 家,发现"散乱污"企业 119 家,其中关闭取缔 106 家,搬迁整合 6 家,提标改造 7 家。

(3)企业对绿色发展认识不足。需提高企业对绿色发展的认识水平,加快绿色发展的步伐,另外我市企业还存在整体水平较低,在"能效之星"、水效"领跑者"和绿色工厂创建中与其他地市差距较大。

三、2022 年大气污染治理展望

2022 年商丘市大气污染治理要以实现减污降碳协同增效为总抓手,以改善环境空气质量为核心,从 9 个方面着力解决民众关心的突出环境问题,力争在重点区域、重要领域、关键指标上实现新突破。

(1)全市环境空气质量改善指标达到我省下达我市的"十四五"规划时序进度要求。即环境空气细颗粒物($PM_{2.5}$)年平均浓度控制在 48 微克/立方米以下,可吸入颗粒物(PM_{10})年平均浓度控制在 78 微克/立方米以下,5-9 月臭氧(O_3)日最大 8 小时平均浓度超标率控制在 20.9% 以下,环境空气质量优良天数比例不低于 68.5%,重污染天数比例控制在 2.0% 以下。

(2)促进产业绿色转型升级,坚决遏制高耗能、高排放项目盲目建设。积极支持节能环保、新能源等战略性新兴产业发展,坚决遏制高耗能、高排放项目盲目建设;持续推进重污染企业退城搬迁,实施落后产能和"散乱污"企业动态"清零",实施传统产业集群综合整治工程,引导煤气发生炉、冲天炉、砖瓦窑等工业炉窑改造升级和整合退出。

(3)推进能源清洁低碳转型。鼓励支持使用清洁低碳能源优化能源供给结构,大力发展新能源和可再生能源,实施重点用能单位节能降碳改造工程;开展分散、低效煤炭综合治理,加大民用和农用领域散煤替代力度,扎实推进平原地区散煤清零,加快推进全市食用菌企业"双改"工作,严防严控散煤复烧;大力推进节能改造和清洁生产,全面淘汰 35 蒸吨/小时及以下的燃煤锅炉,鼓励支持使用高污染燃料的工业炉窑改用工业余热、电能、天然气等清洁低碳能源。

(4)构建清洁低碳交通运输体系,完成国三及以下排放标准货车淘汰任务。加快铁路专用线建设,大力推进煤炭、矿石、焦炭、建材(含砂石骨料)等大宗货物铁路或水路运输;以公共领域用车为重点,积极推进城市建成区公交车、市政环卫、城市物流、邮政快递、渣土和水泥罐车新能源化,提高机动车船和非道路移动机械绿色低碳水平;稳步推进国四及以下排放标准的柴油货车及采用稀薄燃烧技术燃气货车淘汰工作,完成国三及以下排放标准柴油货车及燃气货车淘汰任务。

(5)深化重点行业污染治理,科学实施精准差异化管控措施。加快推进钢铁、水泥、

焦化行业超低排放改造,持续实施差别化电价政策;深化燃煤自备电厂、平板玻璃、耐火材料、金属冶炼、砖瓦窑、碳素等行业污染治理,建立并动态更新全口径炉窑清单,实施"一炉一策"精细化管理;开展低效治理设施全面提质工程,建立除尘脱硫一体化、简易碱法脱硫、简易氨法脱硫脱硝、湿法脱硝等低效治理设施清单台账,限时完成提升改造;强化重点行业绩效分级"培育工程",指导帮扶企业"梯度达标",科学实施精准差异化管控措施。

(6)强化挥发性有机物(VOCs)综合治理。推进汽车制造、工业涂装、包装印刷、家具制造、钢结构制造、工程机械等行业原辅材料替代,开展简易低效 VOCs 治理设施清理整治,加强 VOCs 源头、过程、末端全流程治理;开展涉 VOCs 产业集群综合整治,制定"一园一策"提升方案,鼓励支持涂装工艺企业集中、活性炭使用量大、有机溶剂使用量多的园区和集群,统筹规划建设集中涂装中心、活性炭集中再生处理中心、有机溶剂回收中心;加大油品储运销全过程 VOCs 管控力度,建立常态化油品监督检查机制,严厉查处在卸油、发油、运输、停泊过程中破坏汽车罐车密闭性的行为。

(7)强化面源污染治理,解决人民群众反映强烈的突出环境问题。实行扬尘重点污染源清单化动态管理,大力推进城市公共道路清扫保洁,有效提升国省道、县乡道路、城乡接合部和背街小巷等各类道路清扫保洁效果,完善降尘监测和考评体系;持续强化秸秆禁烧和烟花爆竹禁燃禁放工作,加强污水处理、垃圾处理、畜禽养殖、橡胶、塑料制品、食品加工等行业恶臭污染综合治理,解决人民群众的突反映强烈的环境问题。

(8)有效应对重污染天气。建立重污染天气应对闭环管理机制 健全全市空气质量预测预报联合会商机制,强化区域大气污染联防联控;聚焦重点区域、重点领域、重点时段,建立锁定空气质量指标高值区分析定重点、溯源查源头、开方促治理、实施提质量的重污染天气应对闭环管理机制;规范重污染天气预警、启动、响应、解除工作流程,全面推行重点行业绩效分级和差异化管控,加强应急减排清单标准化管理,做到"既要空气质量好、又要生产影响小"。

"十四五"期间"蓝天保卫战"进入精准治霾新阶段,对标中央和省目标,结合商丘市实际,2022 年要聚焦打好重污染天气消除、臭氧污染防治、柴油货车污染治理三个标志性战役,进一步量化全市今年攻坚目标任务,推进环境空气质量持续改善,着力解决人民群众关心的突出环境问题。为此我市将加大技术、政策、管理创新力度,提高生态环境治理现代化水平。综合运用法律、经济、行政等政策工具,加大生态环境保护基础能力建设,推动补齐环境基础设施短板,提升生态环境监管执法效能。深化污染防治攻坚战成效考核,综合运用多种手段,督促县(区、市)政府落实属地责任。加大宣传力度,加强与中央、省内主要媒体及新媒体的联系沟通,大力推动公众参与大气环境保护,凝聚深入打好污染防治攻坚战的合力,不断增强民众蓝天白云获得感和幸福感。

"双碳"背景下商丘经济发展的机遇与挑战分析

刘　涛[①]

摘　要:在2020年举办的联合国大会上,中国向世界承诺2030年前实现"碳达峰",2060年前实现"碳中和"。多年来,商丘市大力开展生态文明建设,为低碳经济发展奠定了坚实的基础。虽然低碳经济发展基础较好,但商丘市低碳经济发展依然存在法规政策不健全、绿色金融缺口较大、化石能源为主的能源结构、绿色技术短缺、产业结构偏重、生态系统碳汇能力尚未充分发挥等问题。针对商丘市低碳经济发展中存在的问题,建议从完善法规政策体系、大力发展绿色金融、推动能源体系绿色低碳转型、构建市场导向的绿色技术创新体系、推进产业绿色发展、扩大生态系统碳汇六个方面发力推进商丘市低碳经济发展。

关键词:"双碳"　低碳转型　绿色金融　碳汇

在2020年举办的联合国大会上,习近平总书记代表中国承诺2030年前实现"碳达峰",2060年前实现"碳中和"。2021年中央经济会议把"双碳"目标列为重点任务。国家"十四五"规划和2035年远景目标、政府工作报告都有较多关于"双碳"的内容。《中共商丘市委关于制定商丘市国民经济和社会发展第十四个五年规划和二〇三五年远景目标的建议》明确提出,要加快推动绿色低碳转型发展。

---

① 商丘市情研究中心专职研究员。

我国是发展中国家，正处于城市化、工业化进程之中，产业结构偏重偏传统，能源结构方面"富煤（三种化石能源中，煤的含碳量最高，石油次之，天然气的单位热值只有煤炭碳含量的 60%）、贫油、少气"，经济社会发展较为高碳。目前，发达国家承诺的碳中和时间和中国差不多，但发达国家大多已实现碳达峰，产业转型早已完成，高碳排放的工业比例较低，低碳排放的服务业已经发展起来，有 40~50 年时间去实现碳中和；我们尚未实现碳达峰，我们有不到 10 年时间来达峰，之后要用大约 30 年左右的时间来实现碳中和，所以中国可谓是时间紧、任务重。

一、"双碳"新局下的商丘经济基本状况

（一）产业结构不断优化

"十三五"期间，产业转型明显加快。三次产业结构实现"二三一"到"三二一"的转变。高新技术产业增加值占规模以上工业比重 40%。培育出食品、先进装备制造、纺织服装制鞋 3 个超千亿元产业，制冷、超硬材料、商贸物流等 10 个超百亿元产业。产业集聚区和服务业"两区"连续 5 年居全省前列，服务业实现快速发展。枢纽经济持续壮大，是全国第一个编制枢纽经济规划的地级市。2021 年，商丘市全市生产总值 3 083.32 亿元，比上年增长 4.0%，其中，第一产业增加值 577.20 亿元，增长 6.8%；第二产业增加值 1 152.20 亿元，增长 1.5%；第三产业增加值 1 353.93 亿元，增长 4.9%；三次产业结构为 18.7∶37.4∶43.9；三次产业投资比例为 1.6%∶39.0%∶59.4%。

（二）新能源开发成果显著

"十三五"时期，全市可再生能源开发成果显著，其中风电、分布式光伏呈现爆发式增长，装机规模分别达到 67 万千瓦、91.1 万千瓦，生物质及垃圾发电装机 22.7 万千瓦，可再生能源装机容量占总装机容量的比重达 36%。

（三）生态系统碳汇功能初步发挥

欧洲农田土壤有机碳含量在 1.5% 以上，美国则高达 2.5%~4%。中国耕地土壤有机碳含量普遍偏低：南方地区为 0.8%~1.2%；华北地区为 0.5%~0.8%；东北地区为 1.0%~1.5%；西北地区大多数小于 0.5%。近两年，商丘师范学院的科研团队对商丘市的土壤有机碳含量进行了研究，商丘地区表层、中下层、全层有机碳密度分别为 2.34 千

克/平方米、2.82 千克/平方米、7.89 千克/平方米。

据国家林业与草原局华东林业调查规划院调查,2016 年全市林业用地面积 335.2 万亩,有林地面积 268.98 万亩,疏林地面积 3.29 万亩,灌木林地面积 1.27 万亩,未成林造林地 17.47 万亩,无林地面积 41.51 万亩,森林覆盖率 16.75%。全市活立木蓄积量 1 020.41 万立方米,其中森林蓄积量 762.36 万立方米。全市湿地面积 37.3 万亩,其中天然湿地 22.13 万亩,人工湿地 12.87 万亩。森林覆盖率处在全省乃至全国同类型平原地区之首。

二、商丘市经济低碳发展面临的问题与挑战

(一)法规政策不健全

与低碳经济相关的法律、税收、补贴等制度不健全;作为新的经济模式,形势不断发展,相应的法律、制度也需要随之制定、调整;对新能源、节能环保产业的财政支持力度不够,落后于发达,财政政策要往低碳经济倾斜;尚未制定碳税制度,怎么收、收多少仍需向国外学习借鉴;鼓励绿色消费的制度效果不够显著;补贴要与税收匹配,促进低碳经济发展。

(二)绿色金融缺口较大

绿色金融具有普惠性,金融机构习惯于息差盈利,因此,虽然政府出台许多绿色金融工具,但金融机构、企业的投资积极性依旧不高,投资需求大、投资供给小,供需很不平衡。当前,绿色金融缺口较大,由于投资需求后置的原因,这种缺口可能会进一步扩大。

(三)化石能源为主的能源结构

全市能源结构依然偏煤、煤电主力格局短期内无法改变;产业结构偏重、高耗能行业能耗占比持续上升、煤炭消耗高度集中等问题依旧存在;能源利用方式仍旧较为粗放,高效集约利用水平低,能源领域低碳发展还有很大的空间。2018 年以来,电力生产、纺织、金属、非金属制品、造纸等行业综合能源消费量上升趋势明显,电力需求持续增长,发电煤炭投入量同比大幅增加,规模以上工业煤炭消费量增速明显,给全市煤炭消费总量控制工作带来了较大压力。

（四）绿色技术短缺

我国有比较丰富的清洁能源如风能、水能，太阳能更是近乎用之不竭，但清洁能源利用技术无论是研发还是引进，都需要大量资金，无论是国家层面还是商丘层面，在绿色技术开发或者引进方面的投入都比较有限。全球节能减排技术共 60 多项，中国仅掌握 20 项左右，我国在清洁能源先进技术整体落后于发达国家，作为中国境内一个欠发达非省会城市，商丘在清洁能源技术方面更是较为落后，这就导致目前清洁能源利用不容易在中国、商丘全面推开，我国、商丘市单位 GDP 能耗都较高。

（五）产业结构偏重

2020 年，商丘第二产业增加值 1 152.20 亿元，占三次产业的 37.8%，高于省均值 27.4%，第二产业比重偏高。由表 1 可以看出，2020 年商丘市规模以上工业企业中传统产业（如农副食品加工业、家具制造业）、高耗能产业（石油、煤炭、金属冶炼、电力等相关产业）、高污染产业（造纸和纸制品业、皮革业、纺织服装业、医药制造业等）占比非常高、产值非常大。2021 年商丘市高载能行业投资增长 25.4%，增长速度较快。

表 1　分行业规模以上工业企业主要经济指标（2020 年）

单位：万元

行业	企业单位数	工业总产值（当年价格）	年初存货	产成品
总计	1 564	32 067 764	1 134 489	429 038
煤炭开采和洗选业	1	777 403	40 988	9 206
非金属矿采选业	4	53 192	486	255
农副食品加工业	177	3 612 486	177 522	43 619
食品制造业	90	2 044 720	72 306	34 407
酒、饮料和精制茶制造业	45	653 543	90 826	42 863
纺织业	80	1 828 278	53 281	20 351
纺织服装、服饰业	153	3 335 883	60 367	21 419
皮革、毛皮、羽毛及其制品和制鞋业	92	1 813 905	54 230	29 016
木材加工和木、竹、藤、棕、草制品业	42	415 696	27 037	15 721
家具制造业	21	136 256	3 297	1 277
造纸和纸制品业	15	164 387	1 572	822

续表1

行业	企业单位数	工业总产值（当年价格）	年初存货	产成品
印刷和记录媒介复制业	29	339 548	6 821	2 941
文教、工美、体育和娱乐用品制造业	21	196 891	7 589	4 767
石油、煤炭及其他燃料加工业	10	47 713	658	483
化学原料和化学制品制造业	51	1 759 264	117 038	34 996
医药制造业	47	1 427 631	39 960	21 741
化学纤维制造业	5	57 465	2 524	1 299
橡胶和塑料制品业	51	425 015	13 881	5 958
非金属矿物制品业	215	3 039 742	81 641	27 034
黑色金属冶炼和压延加工业	12	1 703 851	23 812	4 870
有色金属冶炼和压延加工业	20	964 459	70 445	33 285
金属制品业	66	553 470	7 962	4 042
通用设备制造业	63	849 647	46 718	19 105
专业设备制造业	52	383 484	28 380	13 066
汽车制造业	20	699 333	14 027	3 024
铁路、船舶、航空航天和其他运输设备制造业	11	400 295	9 620	3 473
电气机械和器材制造业	37	733 717	17 717	10 251
计算机、通信和其他运输设备制造业	34	930 032	13 770	3 378
仪器仪表制造业	52	1287 781	28 834	12 569
其他制造业	9	96 863	1 968	1 311
废弃资源综合利用业	4	46 028	507	409
电力、热力生产和供应业	18	1 130 067	13 069	633
燃气生产和供应业	7	102 585	4 853	1 215
水的生产和供应业	10	57 137	786	234

数据来源：《商丘统计年鉴·2021》

（六）生态系统碳汇能力尚未充分发挥

（1）森林资源总量不足、分布不均。商丘市是一个少林地市，森林资源总体不占优势。全市林业用地面积335.2万亩，森林覆盖率16.75%。全市森林资源总量不足，发展空间有限，难以满足经济发展对生态环境质量增长的需求。随着林业生态建设不断推进,全市大部分立地条件较好的宜林地已基本完成造林绿化,剩下的可谓难啃的"硬骨头"。

(2)树种单一、森林质量不高。普遍存在树种组成单一、群落结构简单、龄组结构不合理等问题,以杨树为主的用材林占比过大,超过全市林木的80%,被老百姓戏称为"杨家将";生态林、公益林、水源涵养林占比较小,不足20%;阔叶林多、针叶林少,落叶树多、常绿树少,小树多、大树少,中、幼龄林占80%以上,大径材林木不足20%;单位面积森林蓄积量仅为每亩3.5立方米,远低于全国水平。平原林业和农田防护林有所滑坡。

(3)用地矛盾突出、资源保护压力大。近年来,各类建设项目向林地转移趋势明显,占用征收林地需求增加,生态保护与经济发展争地矛盾明显。平原地区人多地少,造林保存和管护难度大。

(4)土壤碳含量低。商丘师院最新研究表明,商丘土壤有机碳含量低于全国平均水平,更低于欧洲水平,无法与美国相提并论,当前商丘土壤有机碳含量呈上升趋势。欧美国家土壤有机碳含量高于中国有许多方面的原因:欧美国家粮食生产压力相对较小,农业生产有秸秆还田、轮作、休耕、施加有机肥等措施,大量有机物回归土壤,土壤有机碳含量自然会增加。长期以来,商丘农田秸秆被农民运回家中作为柴草使用,有的用来喂养牲畜,没有运走的秸秆大多就地燃烧,农田一般不进行休耕,含有机碳多的表土在雨季会流失。在多种原因的共同作用下,商丘市农田土壤有机碳亏欠严重。近年,秸秆禁烧措施的实施、农村用能结构的变化促进了土壤有机碳的积累,土壤有机碳含量逐步增加。

三、商丘市低碳经济发展的对策与建议

(一)完善法规政策体系

(1)强化法规政策支撑。落实国家促进绿色设计、强化清洁生产、发展循环经济、严格污染治理、推动绿色产业发展、扩大绿色消费、落实环境信息公开、应对气候变化等方面法律法规制度,制定土壤污染防治、固体废物污染环境防治、排污许可管理、乡村环境保护和治理、节约用水、土地保护、爱国卫生等方面的地方性法规、规章。强化政策法规实施,严厉打击违法违规行为。强化审判、检查、行政等部门的合作,形成合力。

(2)健全绿色收费价格机制。把污水处理收费政策落到实处。建立谁污染谁付费制

度。建立健全与垃圾产量、垃圾种类挂钩的生活垃圾收费制度。持续落实环保电价政策,完善高耗能、高污染和产能严重过剩行业差别化电价政策。建立健全科学的农业水价形成机制,实行农业用水总量和定额管理,基本建立精准补贴和节水奖励机制。到2025 年,完成农业水价综合改革任务。继续落实好非居民用户差别电价、差别水价和居民用户阶梯电价、天然气价、水价等绿色价格政策。培育绿色交易市场机制,深化排污权、用能权、用水权、碳排放权交易改革,引导资源流动,降低交易成本,促进绿色低碳发展。

(3)加大财税扶持力度。继续利用国家、省、本市财政资金、政府专项债等支持环境基础设施、绿色产业发展、能源高效利用、资源循环利用等项目建设。简化办税流程,优化纳税服务,建立健全税收促进节能环保产业发展的长效机制。继续落实节能节水环保、资源综合利用、合同能源管理、环境污染第三方治理、新能源汽车车辆购置税、车船税等税收优惠政策,加强部门合作,配合做好水资源费改税各项工作。

(二)大力发展绿色金融

发展绿色信贷和绿色直接融资,加大对金融机构的考评力度,将绿色信贷占比纳入业绩评价体系。鼓励设立绿色产业发展基金。加大气候投融资发展,对于低碳项目和企业提供长期限优惠利率融资。支持保险机构开展绿色保险业务,推进实施环境污染强制险制度,加快建立健全保险理赔服务体系。鼓励符合条件的企业或机构发行绿色债券、碳中和债券。支持符合条件的绿色产业企业上市融资。

(三)推动能源体系绿色低碳转型

"十四五"期间及以后较长时间,商丘市要进一步降低单位 GDP 能耗,实施总量、强度"双控"。调整能源结构,减少对化石燃料的依赖,减少煤电的使用,不断发展绿色能源(氢能、风能、太阳能、水能、核能、天然气、沼气等)。大力发展可再生能源,争取到2025 年,我市非化石能源占能源消费总量比重提高 5 个百分点以上。加快天然气基础设施建设和互联互通,争取到 2025 年,全市天然气长输管道里程达到 300 千米以上。

(四)构建市场导向的绿色技术创新体系

(1)鼓励绿色低碳技术研发。围绕绿色低碳、大气污染防治、循环利用、清洁能源、生态修复等实施科技攻关。发挥企业主体功能,支持企业与政府部门、科研院所和产业园区的合作。鼓励企业参与财政支持的绿色技术研发项目。建立一批绿色技术创新中心和示范基地，尝试建立大型仪器共享平台。

（2）加速科技成果转化。组织推荐国家重大环保装备技术名录和环保装备技术规范管理企业，优先将先进绿色环保产品列入首台（套）重大技术装备政策支持范围。做好创新装备的示范应用，发挥国家科技成果转化引导基金、国家绿色发展基金的撬动、引领作用，引导资金支持科技成果转化。支持企业、科研院所、高等学校设立孵化器、创新基地，进行绿色技术交易。参照国家绿色技术推广目录，做好新技术的推广应用。

（五）推进产业绿色发展

（1）推进工业绿色升级。严格管理高污染、高排放项目，遏制其盲目发展，严格新项目准入门槛，推进制造业绿色、低碳高端化发展，加快淘汰落后产能。加快传统产业（钢铁、煤化工、水泥、铝加工、玻璃、耐火材料等）绿色化改造。推进绿色设计，打造绿色制造体系。到 2025 年，新创建绿色工厂 20 家、支持鼓励绿色工业园区、绿色供应链管理企业的创建工作。推进排污许可与生态文明建设相关制度融合，加强工业过程中危废的环境监管。持续排查"散乱污"企业，实施网格化管理，依法依归分类关停取缔、搬迁、整改。

（2）加快农业绿色发展。持续开展土壤污染防治攻坚战；持续抓好秸秆禁烧，不断提高土壤碳储量。建设"三品一标"标准化基地，适度开展无公害农产品、绿色农产品和有机农产品生产。完善农田林网建设，提升农业生态系统的抵抗力稳定性。发展林业循环经济，提高林产品资源转化率和附加值。科学发展增殖渔业，完善黄河故道和其他水域的禁渔管理制度。促进农业与旅游、文化、教育等的融合发展。推广节水技术，提升农业用水效率，减少水资源用量。提升农药包装袋、营养液包装袋、农膜等的回收利用率。科学施肥，绿色防控，减少化肥和农药用量。到 2025 年，全市绿色食品、有机农产品数量达到 150 个；畜禽粪污综合利用率达到 83% 以上，秸秆综合利用率达到 91% 以上，废弃农膜实现基本回收；每年深松耕地面积 150 万亩以上，新发展高效节水灌溉面积 20 万亩；主要农作物化肥利用率稳定在 43% 以上。

（3）提高服务业绿色发展水平。以绿色发展理念为指导，加快商贸企业绿色转型，培育绿色流通主体。培育壮大一批共享经济（出行、住宿、信息服务、会展等领域）龙头企业。实施大中型数据中心、网络机房绿色发展，实现信息服务绿色发展。严格落实国家和商丘限制标准,控制挥发性有机物和臭氧污染,解决当前大气污染防治领域突出问题和矛盾。快递行业包装做好瘦身工作,逐步提升电子面单覆盖率,邮政网点逐步降低不可降解塑料包装、塑料胶带、塑料编织袋的使用率,逐步投放快递包装回收装置。外卖行业不断提高可降解包装材料比例,尽量减少包装用料。零售、餐饮、会展等领域同样要限制甚至逐步禁止一些不可降解材料的使用。

(4)壮大绿色环保产业。商丘是典型的农业大市,具有丰富的旅游资源,电商发展条件优越,区位、交通优势突出,节能环保产业技术优先,生物医药产业初具规模。通过对商丘现有的产业进行尽量全面的排查、筛选,发现一些产业不仅具有扎实的基础,而且环境污染较小、发展潜力较大。建议以绿色发展理念为引领,做大做强农业绿色产业;大力开发旅游资源,实现旅游业快速成长;充分利用产业、交通优势,加快电子商务发展;充分利用区位优势和交通优势,加快建设现代物流业;紧跟市场需求,大力发展节能环保产业;加强科技创新能力,提高生物医药产业前进动力。

(5)提升产业园区和产业集群循环化水平。在产业园区、产业集群的规划、涉及、投资、建设上牢固树立绿色发展理念,集约利用土地、水、能源等资源。依法依规做好环评,严格准入,源头控制。优化供能结构,尽可能提高环境友好型能源(风能、太阳能、生物质能等)的比例。借鉴"无废城市"的做法,提升固体废物综合利用率,减少固废产出。

(六)扩大生态系统碳汇

要实现碳中和的目标,一方面要减少碳的排放,另一方面要增加碳的吸收。植物光合作用吸收气态二氧化碳,制造出非气态的有机物,所以植被层本身就是一个碳库。植物的枯枝落叶落到地表,植物的根系在土壤中分解,植物的根系在土壤中分泌含有碳元素的物质,所以开展退耕还林(草)一段时间之后,土壤有机碳含量一般会有较大幅度的提升。在生态系统中,土壤是主要碳库,约占生态系统碳储量的3/4,是大气碳库的两倍,植被碳库的2~3倍,所以退化土壤的固碳潜力非常大。

2020年12月18日,商丘市人民政府印发《森林商丘生态建设规划(2018—2027)》,规划基准年为2017年,规划期为2018—2027年,前期为2018—2022年,后期为2023—2027年,展望到2030年。《森林商丘生态建设规划(2018—2027)》明确提出:围绕"五年增绿城市乡村,十年建成森林商丘"的目标,重点推进"一带一网两环五区多廊道"绿化建设，着力优化生态布局，拓宽生态空间，增加绿化用地，挖掘绿化潜力，提升绿化水平。"一带"即黄河故道生态林带；"一网"即农田防护林网络；"两环"即商丘中心城区环城林带和县（市、区）环城林带闭合圈；"五区"即城区、镇区、景区、库区、产业集聚区绿化；"多廊道"即高铁、普铁、高速、国道、省道、县道、重要河流生态廊道建设。统筹推进森林、湿地、流域、农田、城市五大生态系统建设，如期实现森林商丘的建设目标；到 2030 年，森林覆盖率稳定在 22% 以上，森林蓄积量达到 1 055.4 万立方米。

当前，商丘要加快森林商丘建设步伐，贯彻落实森林商丘生态建设后期规划，加快生态系统自然恢复和人工修复，逐步提高林地碳汇；持之以恒抓好秸秆禁烧，增加农田土壤碳汇；加快湿地生态系统自然恢复和人工修复，提升湿地生态系统碳储量。

商丘明清黄河故道生态保护和高质量发展报告

林文献①

摘　要:2019 年 9 月 18 日,习近平总书记在郑州主持召开了"黄河流域生态保护和高质量发展座谈会",将黄河流域生态保护和高质量发展上升为重大国家战略。商丘发挥比较优势,积极融入和服从"黄河发展国家战略",在促进生态环境保护与高质量发展方面,进行了积极探索,取得了一定成就。推进商丘黄河故道生态保护和高质量发展,要牢固树立"一盘棋"思想,需要从扩大故道生态环境容量,增加故道水资源储备能力,强化基础设施,增强故道支撑力,注册并擦亮"故道绿色农产品"品牌,挖掘、激活、传承黄河文化等多方面入手不断提升商丘明清黄河故道的生态承载力、文化品牌力、经济发展力。

关键词:黄河故道　生态保护　高质量发展

习近平总书记对黄河的事情非常重视。从 2019 年 8 月至 2021 年 10 月,五次考察黄河。2019 年 9 月 18 日在郑州亲自主持召开的"黄河流域生态保护和高质量发展座谈会",将黄河流域生态保护和高质量发展上升为重大国家战略。"明清黄河故道"(以下称黄河故道)是大黄河的重要组成部分。商丘发挥比较优势,积极融入和服从"黄河发展国家战略",在促进生态环境保护与高质量发展方面,进行了积极探索,取得了一定成就。

---

①　虞城县计划生育协会四级调研员、副研究员。

但同时也存在不少问题和一定短板，需要商丘在今后的发展中，站位黄河故道流域，立足市情，将绿色发展理念贯彻到经济社会发展的全方位，深入推进生态文明建设，让绿色成为高质量发展的基调和底色。

一、黄河故道商丘段概况

据史料，历史上黄河决口、改道十分频繁。下游堤防在 1949 年之前决口 1 590 次，改道 26 次。平均"三年两决口，百年一改道"。从金大定二十年（1180）开始，就以商丘为治河指挥中心，修筑南北两岸大堤。元、明两代又先后在商丘指挥治理多年。直至明万历二十年（1592），动用沿河 5 万民工历时 16 年，在原有基础上筑起此堤，从此使黄河定于一道。结束了 400 年黄河多道并行、泛滥为灾的局面，治河方告成功。

清咸丰五年（1855），黄河再次改道北上，留下了这条"明清黄河故道"。故道西起河南省兰考县，东至江苏省滨海县入海口，流经豫鲁皖苏 4 省 8 市 27 个县（市、区），全长728 千米，最宽处 40 多千米。黄河故道曾作为黄河主河道行水 727 年（1128—1855），加上改道后至今的 167 年，有 894 年的历史。沿线人口有 2 600 多万，形成了一条积淀深厚的历史文化长廊。故道流经商丘 4 个县（区）136 千米，是整个黄河故道良好自然生态和人文历史厚重的典型河段。这条故道被国内、外旅游专家赞叹为"古老的水上长城""北国水乡""绿色长城""迟到的发现"。商丘境内保存完好的 134 千米黄河大堤，高 13 米，底宽 100 余米。黄河故堤是商丘人民治理黄河、战天斗地的精神丰碑，她蕴含的精神价值不亚于古老的万里长城。

故道沿线有丰富的湿地资源，其中民权县"黄河故道国家湿地公园"已成为"国际重要湿地"（全省唯一，全国仅 64 处），即晋升为"世界湿地公园"。民权申甘林带森林覆盖率高达 79.7%，被称作"河南塞罕坝"，成为故道沿线一颗璀璨的绿色明珠。据河南省林科院专家计算，黄河故道"民权林场"年总固碳量 2.25 万吨，价值 2 250 万元；林带每年保护农田 120 万亩，可增收 3 600 万元；每年涵养水源、净化水质价值可达 9 600 万元……初步估算，林场年生态服务价值达 6.96 亿元，约为直接经济效益的 35 倍。

黄河故道梁园区段已建成"国家级森林公园"，常年空气质量监测，负氧离子含量每立方厘米 3 380 个，是世界卫生组织标准的 2 倍还多。

黄河故道是天然的"动植物种质资源库"。特定的环境资源为动植物的生存、繁衍提供了天然的栖息地,这里动植物资源丰富,分布有世界极危物种青头潜鸭,2017年被授予"中华青头潜鸭保护地"(全球仅1 426只,民权县黄河故道国家湿地公园有266只)、国家一级保护动物东方白鹳、被称作"植物界的大熊猫"的孑遗植物中华水韭等。

二、商丘黄河故道生态保护和高质量发展的必要性

商丘黄河故道历史文化底蕴深厚,生态资源丰富,高质量发展的重要性和必要性极强,推动黄河故道生态保护和高质量发展是商丘高质量发展不可或缺的重要一环。

(一)天时:主动融入国家战略加速商丘发展,机不可失

"黄河流域生态保护和高质量发展,同京津冀协同发展、长江经济带发展、粤港澳大湾区建设、长三角一体化发展一样,是重大国家战略。[①]"这是习近平总书记9月18日在郑州主持召开黄河流域生态保护和高质量发展座谈会并发表重要讲话中特别强调的。黄河故道区(泛黄河流域)与现在的黄河流域地理相近、人文相亲、经济相连,沿线堤防、河道及相关文化遗存形成黄河文化的重要内涵,是丰富黄河流域生态环境资源和讲好黄河故事、保护传承弘扬黄河文化的重要载体。《中共商丘市委关于制定商丘市国民经济和社会发展第十四个五年规划和二〇三五年远景目标的建议》指出,商丘市要主动对接融入中部崛起、黄河流域生态保护和高质量发展等重大国家战略,谋划相关大型项目,以项目为支撑,强力推进明清黄河故道生态廊道建设。

(二)地利:珍惜"黄河故道"这一历史馈赠,传承发展

黄河故道即是大自然的对商丘的馈赠,也是勤劳的先人对商丘的馈赠,是商丘重要的"生态屏障"、重要的"生态农业产业带",其"生态价值"不可小觑。

在加速"生态文明"建设的今天,把商丘黄河故道这一"古老的水上长城"和"天然氧吧",建成"生态廊道"、经济廊道、"文旅融合产业带""商丘后花园",对于落实商丘市第六次党代会提出的把商丘建成"宜居宜业、生态美丽、和谐幸福"新家园,价值是至关重要的。

---

① 习总书记提到的五大国家战略关系中国未来. 新华社,2019-07-20.

(三)人和:适逢政通人和生态文明建设时,时不我待

在"绿水青山就是金山银山"生态发展理念日益深入人心的今天,故道沿线的干部群众,对于黄河故道的高质量发展早已热情十足。国家提出 2030 年前实现碳达峰,2060 年前实现碳中和。要实现碳中和,一方面要减少碳的排放,另一方面要增加碳的吸收固存。黄河故道湿地面积大,湿地生态系统兼有陆生生态系统和水生生态系统的特征,由于边缘效应,湿地生态系统具有丰富的生物多样性,被称为"鸟类的乐园"。良好的生境是生物多样性基础,在黄河故道开展生态恢复、构建多样化的生境是保护乡土物种、扩大珍稀物种种群(青头潜鸭、东方白鹳、中华水韭、野菱等)、留住过往物种的有效途径。加快恢复受损的故道生态系统,有助于提高植被碳储量和土壤碳储量,对于增加商丘区域碳汇(吸碳)、彻底打赢"蓝天保卫战"具有难以替代的作用。

(四)落脚点:推进商丘高质量发展的重要途径之一

"经济社会高质量发展",从生态环境保护角度看,就是:发展对生态环境的干扰和胁迫、破坏等,控制在生态环境承载力范围之内,生态空间得到保留,生态结构得到保持,生态功能良性发挥,环境质量得到改善或维持,资源得到高效充分利用。

"十四五"时期,是谱写新时代中原更加出彩的商丘绚丽篇章的关键时期,是推动高质量发展、加快由大到强的转型攻坚期。受历史、自然条件、规划不统一、开发不科学等多种原因的影响,从目前总体情况看,故道沿线(流域)社会、经济发展相对滞后。抓死抓牢黄河故道生态空间保留、生态结构保持、生态功能良性发挥、环境质量改善或维持、资源高效充分利用,能更加有效提升商丘高质量发展的生态环境承载力。因此,推动黄河故道流域高质量发展,是"十四五"时期乃至以后很长一段时间推进商丘高质量发展的重要方面。

三、商丘黄河故道生态保护和高质量发展的主要问题

近年来,"一廊提升"为商丘黄河故道生态保护和高质量发展打下了一定的基础,但与故道沿线经济发展水平较高、科学保护治理利用的苏北段黄河故道相比,却有较大差距。商丘黄河故道生态环境及经济发展依然存在较多的问题和不足。

（一）生态环境脆弱

（1）树种单一。沿河绿化宽度参差不齐,标准不一;造林树种单一,杨树依旧是造林的主体;林种单一,缺少混交林,致使病虫害隐患极大。

（2）乡土树种遭冷落。个别地方树种选择不合理,不重视乡土树种种植,一味追求外地"洋"树种,结果"水土不服"。如一些常绿树种(如香樟)不适合在商丘黄河故道沿岸生存,出现大面积淹死、冻死现象。

（3）生态植被破坏状况堪忧。近年来,随着高效农业、畜禽养殖业的发展,破坏生态林的现象屡屡发生,部分河段森林面积日益减少;一些已淤平或即将淤平的河道,水退人进,已被开垦为农田,高标准造林必然要求大面积退耕,在严守18亿亩耕地红线的背景下,人河争地矛盾较为突出。

（二）淤积、破损、污染兼具

（1）中泓水道淤积严重。郑阁水库以下至马楼水库、石庄、王安庄水库与山东省菏泽市的曹县、单县以故道河道的中心为界,由于统筹协调不到位,过水通道至今没有贯通。加之分段拦截,河道、水面被分割成多块,形成"肠梗阻",严重影响下游水库的引水补给。

（2）水库库容萎缩显著。1958年兴建"三义寨引黄工程",1992年建设"新三义寨引黄工程",商丘先后在黄河故道内筑坝拦蓄建成了任庄、林七、吴屯、郑阁、马楼、石庄、王安庄7座中型水库。7座梯级水库发挥了巨大作用,是商丘市重要水源地。但由于引黄必引泥沙,经过60多年的运行,泥沙沉积造成水库库床淤积壅高,库容大幅减少,调蓄供水、水质净化、生态环境等功能严重退化。除淤积之外,库区还存在围堤侵占现象,使蓄水能力大幅降低。

（3）大堤破损严重。自黄河改道后,黄河故道大堤缺乏维护,破损严重。一些集体或个人在大堤上乱垦乱种、取土、筑坟、开挖步口,故道大堤大部分险工段处于失控状态,不仅削弱了故道大堤的抗洪能力,而且严重破坏了历史文化遗产。

（4）废退围堰鱼塘生态修复不到位。为保证水库水质和饮用水安全,部分县区已对围堰养鱼塘进行清退,但清退后的鱼塘至今保持原样,池塘内水体独立,不与周边池塘、河流水体连通,杂草丛生。

（三）故道基础设施老化滞后

商丘黄河故道沿线没有贯通全线的主干道,滩区多为自然形成的小路,不利于保护、治理、利用；不少河段缺乏连接两岸的桥梁，交通极为不便；部分河段的堤防工程几乎损毁殆尽；水利基础设施数量偏少，部分陈旧老化，满足不了引水、蓄水、抵御洪涝灾害等的要求；不少河段缺少监测、监管等方面的应有设施；黄河故道民权段成为水源地之后，不再为两侧农业灌溉供水，两侧农业灌溉面临"水荒"问题，需要更新完善水利设施来解决。

（四）农林牧渔发展无序，生态保护意识淡薄

故道沿线部分地区土壤贫瘠，洪、涝、旱、沙等灾害交错发生，自然生态环境较为脆弱，农业和林业发展的基础较为薄弱。农业和林业发展较为无序，尤其是在黄河故道滩区内养鸡、养鹅、养牛、养猪、水产养殖等，养殖业棚舍建设随意性大，发展不规范，对大气、水、土壤都有一定程度的污染。有的地方道路不畅通，不利于畜禽废物和动物尸体的及时收集与无害化处理。大部分养殖户不能按照要求对畜禽粪便进行无害化处理，一些水产养殖户大量投放饵料，造成水体氨氮、总磷超标，造成水质恶化、水体藻类暴发。

（五）水资源短缺，利用效率偏低

水资源是生态保护和高质量发展的基础条件，但目前河商丘水资源短缺，水资源利用效率偏低，成为制约发展的瓶颈。一是人均水资源占有量低。由于黄河故道是一条东西横亘商丘北部的"地上悬河"，像一条"分水岭"，致使商丘与故道以北的山东两地间形不成贯通的河流，商丘境内的河流大多发源于黄河故道南大堤南侧，流向东南方向。商丘没有大江大河过境，多年平均水资源总量 19.8 亿立方米，人均水资源量 280 立方米，亩均 240 立方米，分别不足全省和全国平均水平的 2/3 和 1/8，大大低于联合国规定的人均500 立方米的严重缺水下限，属重度缺水地区。二是水污染带来的水质型缺水。人为环境污染，导致洁净地下水缺乏。三是水资源利用效率偏低。农业灌溉水有效利用系数和工业用水重复利用率偏低，城市管网漏失率偏高，生活用水还存在浪费现象。商丘从1958 年开始"引黄""修水库"，但水资源依然难以满足需求，缺口依旧很大。特别是 2001年小浪底工程建成调水调沙后，黄河河底高程下降，使引水变得异常困难。为此，商丘实施了"引江济淮工程"，商丘市"城市供水工程"（南水北调豫东支线项目）也已列入《河南省南水北调水资源综合利用专项规划》。在市区供水优先的情况下，县区水库效益不能正常发挥，县区引水异常困难，供水难以保障。

（六）文化资源的转化不强

商丘是文化资源大市，但不是文化强市，文化在产业发展和品牌建设方面与高质量发展还有不小差距,故道文化产业发展和品牌建设更应没有提到重要议事日程。一是文化产业总量偏小,商丘丰厚的历史文化资源与相对较小的文化产业发展体量不相匹配,文化产业在新旧动能转换过程中的作用还没能得到充分发挥。二是文化资源未能充分合理开发。由于对文化资源的定位不准和创意不足,大量文物和非物质文化遗产还停留在展厅里,或被国外和省外一些机构开发利用。如历史传说花木兰,就被美国拍成电影,国内影视行业的大 IP 项目也很少见到商丘乃至河南的文化元素。三是品牌影响力弱。商丘缺乏知名文化品牌。2021 年"全国文化企业 30 强"中,河南只有"中原出版传媒投资控股集团有限公司"一家上榜,但不来自商丘。

(七)协作缺力度,管理欠硬度

(1)责任不明,管理欠"效"。生态保护和高质量发展涉及全域生态保护、文化传承保护、水资源节约集约利用、产业高质量发展等多个领域,分属生态环境局、水利局、自然资源与规划局、交通运输局、农业农村局、发改等多个部门管理,由于历史遗留、职能交叉、权限划分等因素,形成了多头管理格局,使生态保护和高质量发展工作难以形成有合力的管理机制,影响区域生态保护和经济发展的完整性。

(2)豫鲁边界问题久拖难决。黄河故道左右岸跨越豫鲁两境,上下游涉及豫皖边界,水域管护岸线纠纷及水事矛盾较大。多年来,对于黄河故道的综合保护、利用和管理而进行的跨省协调,缺少实质效果,几乎成了制约黄河故道发展的"顽疾",亟待解决。

四、推进商丘黄河故道生态保护和高质量发展的建议

治理黄河故道,重在保护,要在治理。推动黄河故道流域生态保护和高质量发展,要牢固树立"一盘棋"思想,要有"功成不必在我,功成必定有我"的胸襟和担当,齐心协力开创黄河故道流域生态保护和高质量发展新局面。

(一)扩大故道生态环境容量

(1)铁腕治污。一是阻断黄河故道滩区污水进入故道中泓水道的路径。黄河故道水污染问题表象在河里,根子在滩区。入河排污口排查整治是推进水污染治理的关键一招。二是强化沿线乡村生活污染和面源污染治理。在乡村振兴中,加快乡镇污水处理厂建设。大力推广测土配方施肥,减少化肥用量,提高化肥利用效率,逐步增加有机肥用

量。大力推广农作物病虫综合防治技术，建立健全安全用药制度，开展生物防治措施的示范和推广。三是控制畜禽、水产养殖污染。结合供给侧结构性改革，适度发展生态农业和有机农业，大力建设无公害农产品、绿色食品、有机食品生产基地。

（2）把牢环评关。从源头上控制污染企业的进入，对于影响生态环境质量的项目坚决不批，对于不利于生态环境保护的项目要逐步搬迁。提升生态系统的自净能力。把自然恢复和人工修复结合起来，培育健康的生态系统，逐步提升生态系统的自净能力。

（3）着力擦亮"生态廊道"品牌。"体型庞大的故道生态林带"是平原地区难得的"稀缺资源"，一定倍加珍爱。要严格执行征、占用林地审批和林木限额采伐制度，落实森林资源管理目标责任制，严厉打击破坏森林资源、侵占林地湿地等违法犯罪行为。确保"生态廊道""体型"不削减，"容貌"不憔悴，"贡献"永持续，"品牌"能久远。

（二）增加故道水资源储备能力

（1）力争"群龙治水"，抓好水资源节约。在科学论证的前提下，推进"新三义寨引黄续建工程"的实施和节水改造，推进黄河故道水生态修复与治理工程，实施故道梯级水库扩容。商丘市黄河故道水生态修复与治理一期工程项目已于2021年4月获批，做好黄河故道水生态修复与治理二期工程的申报，加强退出鱼塘的生态修复。加快推进引江济淮水、南水北调引水工程，争取在商丘早日形成当地水、黄河水、引江济淮水、南水北调水等"群龙治水"的良好格局，有效解决制约商丘发展的水资源不足问题。

坚持以水定城、以水定地、以水定人、以水定产。实行最严格水资源管理制度，严格计划用水和用水定额管理，将集约节约用水贯穿于水资源开发利用、治理配置、管理保护的全过程。

（2）整修、贯通中泓水道。因地制宜，合理拓宽、开挖黄河故道已近淤平的中泓水道，实现商丘段中泓水道全线贯通，全面恢复黄河故道行水、调水和蓄水功能，为下游水库调水提供可能。

（3）有的放矢修整故道堤坝。科学规划建设水库堤坝和河道堤岸，因地制宜补齐大堤缺口段，加固大堤薄弱段，建设中泓水道两岸子堤，提升黄河故道行水、蓄水、泄洪能力，为潜在的泄洪需求（黄河辅助流路或强降雨）做准备。

（4）加强地下水管理和保护制度。积极推进地下水综合治理和城乡供水一体化、饮用水源地表水置换地下水项目,加强监管和执法。加强洪水资源化。由"控制洪水"转向"管理洪水",由"泄洪为安"变为"蓄洪利用",提高洪水的资源化利用。

(三)强化基础设施,增强故道支撑力

(1)修复完善故道沿线水利设施。因地制宜,新建或修复老化的水利设施,在清淤扩容、贯通中泓水道的基础上,完善相应的水利设施,加强险工段排查治理,开展农田水利建设,强化节水技术推广,提升水资源承载能力。

(2)打造故道方便快捷的现代交通网络。修建商丘境内贯通故道东西的主干道,在适宜的路段建设文旅"绿道",把沿河主干道与周边高速、国省道、县乡公路、镇村公路及沿线主要旅游区连通起来,全面提升沿线交通网络;以必要为前提,以适宜通船为标准修建拱桥。以方便快捷的交通网络为沿线农产品输出、游客休闲旅游、乡村振兴等提供支撑。

(3)建设监测、监管等基础设施。在故道全线不同的河段科学设立监测中心、观鸟台、修筑木栈道、安装标识牌和宣传牌、购置电动巡护车和望远镜,建设游客服务中心与宣教广场等。

(四)注册并擦亮"故道绿色农产品"品牌

(1)出台《商丘黄河故道绿色农产品产业带发展纲要》。在尽快划定"黄河故道保护区边界线"的基础上,以战略眼光,全程打造商丘段"黄河故道绿色农产品产业带"。中科院植物研究所研究员、中国科学院大学岗位教授蒋高明说,黄河故道要生态发展、绿色发展。在种养殖活动中,引导大家尽量使用生物的方法去生产,减少物理和化学手段的使用,尤其是化学手段。用生物技术替代农药、化肥等的使用。要充分利用黄河故道的水资源,实现水生植物和动物的天生天养。要打造农业品牌。

"十四五"期间,商丘要力争把黄河故道打造成区域驰名的"绿色农产品产业带",政府统一注册"故道绿色农产品"商标;市委市政府出台《商丘黄河故道绿色农产品产业带发展纲要》,在持之以恒加大宣传力度和政策支持力度的前提下,久久为功,逐步把黄河故道打造成国内国际驰名的"绿色农产品产业带",让"明清黄河故道"成为"绿色农产品"的"代名词",富一方百姓。

(2)走产业化林业发展之路。积极争取项目和资金,力争把黄河故道打造成豫鲁苏

皖交界地区最大的生态公益林和国家木材战略储备林基地。一是大力发展优质乡土树种，建设速生丰产林和工业原料林基地。二是大力发展苗木花卉产业。改善树种结构，促进林种、树种多样化。三是大力发展林下经济。四是实施林业品牌发展战略。发展精细加工，提高木材加工能力，拉长林业产业链条，提高效益和市场竞争力。五是加强林业产业联合会、花卉协会建设。发挥龙头企业、行业协会、农民林业专业合作社的重要作用，带动林业产业发展。

（3）发展优质林果业。在黄河故道原有的林果基地 的基础上，加大老品种科学改良力度，以苹果、梨、葡萄、樱桃等为主要栽培树种，积极推广优质新品种植，推进名优经济林基地建设。

（五）挖掘、激活、传承黄河文化

（1）对接融入"黄河国家文化公园"建设。商丘市要立足实际，最大限度争取政策支持，将黄河故道商丘段与兰考段"打包"，力争一起纳入"河南省黄河国家文化公园"这一重要建设项目。

（2）编纂故道丛书，弘扬故道文化。强化商丘黄河故道文化研究，全面梳理商丘段古黄河的历史脉络，编纂商丘黄河故道系列丛书。讲好故道故事，以国家殷商之源文化大遗址考古公园为龙头，对散布在黄河故道沿线的火文化、商文化、微子文化、圣人文化、汉梁文化、忠烈文化、红色文化等串点连线，全线、全景、全业展现"殷商之源"黄河文化的无穷魅力。研究帝喾之子契、元代贾鲁、明代刘大夏、清代潘季驯等治理黄河的事迹和经验，依托黄河故道深入挖掘黄河文明精神内涵和时代价值，延续黄河历史文脉，推出一批黄河故道文化的艺术作品、专著、和新媒体节目。建立"黄河故道文化和旅游资源公共数据库"。推动黄河故道文创产品走入普通大众日常，融入城市建设。推动故道文化"走出去"，加强国内国际交流，建设"黄河故道文化合作交流中心"。

（3）擦亮"商丘黄河故道"品牌及"商丘"品牌。定期召开高规格的论坛，高标准举办黄河故道文化主题线上线下活动，持续办好"中国户外活动知名品牌"——"中国—商丘明清黄河故道湿地花海徒步穿越活动"（2010年创办、每年春天在虞城田庙万亩梨园"梨花节"期间举行，因疫情影响暂时停办）。要积极为"黄河故道"正名，不要再让"废黄河"出现在相关媒体报道和百度、高德地图之中。要切实做好"黄河故道大堤"申遗及"黄河故道"申报"世界灌溉工程"工作。

唱响"商丘"品牌,让"商丘"名字尽快出现在CCTV-1《午间新闻》的"天气预报"之中(比商丘人口少很多的"亳州"竟在其中),让更多的人频繁听到"商丘"音、频繁看到"商丘"景,进而知道"商丘事"、爱上"商丘市"(包括"商丘古城")。

(4)实施"商丘黄河故道文化博物馆"建设。黄河故道反映了黄河的变迁,具有重要的历史价值和时代价值。要站位中华文明和黄河文明的高度,着眼黄河文化的保护弘扬传承,重点阐释并利用黄河故道具有标志意义的遗址、遗迹、遗物、遗产、非物质文化遗产、民风民俗,加快对遗址、遗迹的修复和保护。

尽快规划启动"商丘黄河故道文化博物馆"建设,让728千米明清黄河故道沿线的豫鲁皖苏4省8市27个县(市、区),在商丘找到"归属感"。

(六)文旅融合,助力乡村振兴

在商丘市2020年"黄河故道生态保护和创新发展"论坛上,江南大学校长助理张光生说"要转变传统旅游观光模式,打造生态旅游廊道。发展生态旅游不仅有利于当地环境保护,更能促进地方经济的发展。要将生态旅游与发展生态产业、推进绿色消费和发展循环经济密切联系起来。"

(1)建设"黄河故道文旅融合发展产业带"。深入利用文化资源,准确把握文化产业对发展黄河故道生态经济的重要价值,推进"文化"与"旅游"深度融合,释放文旅融合发展的巨大潜能,做到"能融则融、应融尽融"。一是要对沿黄河故道文化旅游发展布局进行优化,提升游览的便捷性;二是要打造一批以"故道固定文化"为主题、具有以"商丘文化"为特色的旅游品牌线路;三是建设"黄河故道文旅融合发展产业带",促进一、二、三产有机融合,助推乡村振兴。

(2)打造"接地气"的新农村。乡村规划要围绕"城""人""魂"三字。新的乡村应该包含城市交通的便捷度、生活的幸福度、教育的优越度,要让农村人享受到城市人的生活质量。要发挥村民的主体作用,积极鼓励村民参与推动乡村规划和乡村建设。

(3)打造"接人气"的美丽农村。要突出以人为本,达到吸引乡村中青年人回巢,吸引城市人到乡村去的效果。乡村文化要振兴,最关键的是中心城镇的振兴,要依托地方的自然和人文资源,充分运用乡土植物,积极的挖掘适合本地区的乡村聚落景观,塑造地域性的、特色性的田园风貌。鼓励和支持社会资本参与生态保护和修复。

（七）建立支撑高质量发展的权威机构

（1）成立协同合作机构。黄河故道生态保护和高质量发展的成效如何，领导机构的稳定和权威与否，至关重要。建议市级成立由发改、自然资源与规划、水利、农业农村、生态环境、交通、执法部门、文化广电旅游等相关职能部门组成的、长期、固定、权威的"协同合作机构"（全市相关县市区参照成立），由市级领导牵头，有固定的人员、固定的办公场所，建立宏观决策协调机制，统一规划、管理、部署、协调故道生态保护和高质量发展的有关事宜。协同机构加强与山东菏泽、国家黄河水利委员会的协调。协同工作机构下设办公室，定期召开联席会议，负责研究解决故道生态保护和高质量发展过程中的重大问题，协调各级政府、部门之间的关系，监督、检查各县（市、区）政府及相关职能部门履职尽责情况，奖优罚劣，稳步实施，压茬推进。

（2）提升制度协同。在黄河故道生态环境保护方面，行政手段、市场手段、社会化手段的协同非常关键，充分发挥各县市区的比较优势，共同参与故道生态保护和高质量发展中各项工程的建设和运营管理，建立合理的成本分担和利益共享机制，促进合作各方良性互动，互利共赢。

（3）推进产业协同。充分考虑故道流域各县市区高质量发展的空间差异性，根据各自发展优势，因地制宜探索差异化、特色化的发展路径，促进各地分工合作，实现资源互补与功能融合。

（八）重视普法，强化立法，严格执法

地方立法具有统筹社会力量、平衡社会利益、调节社会关系、规范社会行为、化解社会矛盾的补充性功能作用。

（1）认真实施《商丘市黄河故道湿地保护条例》。2021 年 7 月 8 日，商丘市第五届人民代表大会常务委员会第二十九次会议审议通过《商丘市黄河故道湿地保护条例》；2021年 7 月 30 日河南省第十三届人民代表大会常务委员会第二十六次会议批准此《条例》。在实际工作中，要扎实推进《条例》的贯彻落实。

（2）建议制定《商丘市明清黄河故道保护条例》。黄河故道牵涉面很广，很有必要再继续出台相关的地方性法律、法规、规章等。如：建议尽快制定、颁布《商丘市明清黄河故道保护条例》等(《长江保护法》已经出台,国家正在起草制定《黄河保护法》),以便于在实际工作中有法可依,有章可循,取得成效。

(3)搞好普法宣传。认真做好《环境保护法》《野生动物保护法》、国家《黄河流域生态保护和高质量发展规划纲要》、国务院《关于鼓励和支持社会资本参与生态保护修复的意见》《商丘市黄河故道湿地保护条例》等法律法规、政策文件的宣传,加大对破坏黄河故道生态、文化、遗址、遗迹等违法行为的打击力度,抓好反面典型并大力宣传,形成震慑,以有力推进黄河故道生态保护和高质量发展,让黄河故道造福商丘人民。

永城市"国家生态文明建设示范区"
建设经验及启示

黄娅荔① 韩 慧②

摘 要:2021 年,永城市被生态环境部命名为国家生态文明建设示范区,标志着永城经济社会绿色发展迈上了一个新的台阶。永城市拥有"汉兴之地、能源之都、面粉之城、生态之市、长寿之乡"五张城市名片,通过打造矿山治理修复、矿山生态修复,人居环境提升、城乡融合乡村振兴、产业绿色转型、资源型城市转型升级等一批"永城样板",实现了从贫困县到全国百强县的华丽转身,铸就了"永争一流,众志成城"的城市精神。永城市创建"国家生态文明建设示范区"的启示是必须高位推动、强化组织领导,必须统筹兼顾、坚持系统观念,必须一以贯之、持续深入攻坚,必须民生为本、重在创建惠民。

关键词:永城市 绿色发展 国家生态文明建设示范区

2021 年,永城市被生态环境部命名为"国家生态文明建设示范区",标志着永城经济社会绿色发展迈上了一个新的台阶。作为河南省最早启动生态创建的县市,永城在矿山生态修复、城乡融合乡村振兴、产业转型升级等方面所打造的"永城样板"和走出的资源型城市"生态再造、绿色转型"的生态文明创新之路,成为贯彻落实习近平生态文明思想

---

① 商丘市生态环境局永城分局副主任科员。
② 中共商丘市委党校永城分校高级讲师。

和协同推进高质量发展与高水平保护的鲜活案例和典型经验,为其他正在申报或准备申报"国家生态文明建设示范区"的县市提供不同时期的政策参考。

一、永城市创建"国家生态文明建设示范区"的基础优势

永城市位于河南省最东部,地处豫鲁苏皖四省接合部,素有"豫东明珠、绿城水乡"之称,拥有"汉兴之地、能源之都、面粉之城、生态之市、长寿之乡"五张城市名片,实现了从贫困县到全国百强县的华丽转身,铸就了"永争一流,众志成城"的城市精神。

1. 文脉悠长、文化厚重,是千年古邑、汉兴之地

孔子周游列国,经芒砀山避雨晒书,留下千古佳话。汉高祖刘邦斩蛇起义,以永城芒砀山为根为源,开创了大汉王朝四百年帝业。西汉梁国自梁孝王刘武始,八代九王在芒砀山辟建地宫,建造墓室,规模宏大。梁孝王王后陵被誉为"天下第一石室王陵"。2017年,芒砀山汉文化旅游区被评定为国家5A级旅游景区。

2. 资源丰富、物华天宝,是能源之都、面粉之城

永城地下煤炭分布面积1 328平方千米,储量63.9亿吨,是全国六大无烟煤基地、全国七大煤化工基地,永煤集团、神火集团两大中国500强企业坐落境内。磁铁矿、水泥灰岩、膨润土、高岭土、白云岩、石英斑岩等矿产资源丰富。小麦产量常年稳定在18亿斤以上,年加工面粉60亿斤,被授予"中国面粉城"称号,成功举办九届中国·永城面粉食品博览会。

3. 活力四射、充满生机,是实力之城、奋进之城

永城交通便利,区位优越,北依陇海、东傍京沪、西临京九,郑徐高铁、连霍高速、盐洛高速、德上高速和国道G311、G343穿境而过,市区距商丘和徐州机场不足100千米。城乡交通通达,基本实现"庄庄通、户户通"。光纤宽带遍布城乡,是全省第一批启动5G网络建设的县级市。三洋铁路、沱浍河航运、引江济淮等重大工程项目有序推进,综合交通体系逐步形成。化工、装备制造、食品和新材料"3+1"主导产业集群加快形成。2021年,地区生产总值预计突破720亿元、增长9.0%,一般公共预算收入50.58亿元、增长7.0%。连续13年跨入全国百强县(市),2021年位居第64位。入围全国投资竞争力百强县,位居第61位,排在河南省5个入围县(市)的第1位。

4.生态优美、宜居宜业,是生态之市、长寿之乡

第七次人口普查初步核算永城城镇化率是54%。目前建成区绿化面积2365公顷,城区绿化覆盖率43%、人均绿地面积15.52平方米,实现了300米见绿、500米见园的生态效果。以人工之手雕琢城乡自然之美,构建了"两湖四带一湿地三十公园"城区生态圈、"一山九川七廊道"全域绿色生态体系,先后荣获省级"生态示范市"、全国中小城市生态环境建设试验区。

二、永城市创建"国家生态文明建设示范区"的主要做法及经验

(一)健全工作推进机制,在河南省最早启动生态示范创建

永城市早在2005年就启动了生态创建工作,是河南省最早启动生态创建的县市。在创建过程中,永城市加强创建组织领导,强化规划引领,建立完善生态文明制度体系,严格落实生态环境法律法规,建立健全生态文明建设示范市创建工作机制。

(1)强化规划引领。永城市将国家生态文明建设示范市创建作为全市"六城联创"的重要内容,成立了以市委书记等主要市领导为首,包括相关局委及各乡镇(街道)主要负责人为成员的创建指挥部和办公室,制定印发了《永城市国家生态文明建设示范市创建实施方案》,建立健全工作例会、进度通报、督查考核等工作制度,为生态文明建设示范市创建工作提供坚强的机制保障。按照《国家生态文明建设示范市县管理规程》《国家生态文明建设示范市县建设指标》的要求,高标准组织编制了《永城市国家生态文明建设示范市规划》。同时,还组织编制了《永城市矿山地质环境恢复与综合治理规划》等专项规划和方案,为永城市市生态文明建设提供有力支撑。

(2)建立完善生态文明考核体系。建立完善生态文明建设考核办法,生态文明建设工作占党政实绩考核的比例达到45%。全面推行河长制,全市纳入"河长制"管理河流69条,建立了市乡村三级河长体系,形成"3+8+10"河长制总体布局,延伸河长制管理范围,将河长制管理从大河延伸至所有河湖、小微水体等,做到河湖大小水体全覆盖、无死角。各级河长履职尽责,市级河长每季度巡河不少于一次,乡级河长每月巡河不少于两次,村级河长、河管员坚持日常巡河。全面推行生态环境信息公开,生态环境信息公开率达到100%。

（3）严格落实生态环境保护责任制。一是制定印发《关于建立环境保护"党政同责、一岗双责"管理体制的实施意见》，按照"党政同责、一岗双责、失职追责"的要求，建立完备的、责任清晰的环境监管网格体系，完善各级党委政府负总责、相关部门共同监管、片区责任到人、工作任务具体、信息反馈流畅、奖惩渠道明晰的环境监管机制。二是积极开展领导干部自然资源资产离任审计工作，于2020年11月开展了对永城市马牧镇原党委书记黄鹤同志、龙岗镇党委书记孙立峰同志、蒋口镇原党委书记朱宏伟同志任职期间自然资源资产离任审计工作。三是划定生态保护红线和"三线一单"，制定《永城市产业聚集区发展规划》《永城市产业集聚区发展规划（调整方案）》等相关规划并开展了规划环评工作。

（二）强化矿山治理修复，打造矿山生态修复"永城样板"

近年来，永城市积极探索构建"政府主导、政策扶持、社会参与、开发式治理、市场化运作"的矿山地质环境恢复和综合治理新模式，初步建立了政府、企业、社会共同参与的保护与治理新机制，通过政府、社会和多元融合"三个模式"的有效实践，做到既还好"旧账"又不欠"新账"，累计完成采煤塌陷区治理面积6.8万亩，新增建设用地5 600亩，采煤塌陷稳沉治理率高达95%以上，永城矿区生态环境修复治理在取得显著效果的同时也逐步积累了丰富的经验。

（1）加强城市周边沉陷区生态修复。按照"示范引领、政府撬动、社会参与、合作共赢"的理念，积极开展城市周边沉陷区集中连片治理。坚持高起点规划、高标准设计、高质量建设、高效率推进，以生态保护为主线，以满足人民日益增长的对生态环境的需求为目标，将沉陷区治理纳入城市建设规划，实施集中连片统一治理。累计完成投资20亿元，实施了东西城区间采煤塌陷区矿山地质环境治理示范工程，形成了6平方千米的水域、6平方千米的生态绿地、6平方千米的建设用地和6平方千米的生态农业区，建成了"一湖托两城、生态惠民众"，集生态恢复、观光旅游、商住建设于一体的大型日月湖生态湖区，相继被评为国家级水利风景区、省级湿地公园、省级矿山公园等荣誉称号。同时，按照"开发一处、建成一片、受益一方"的设计思路，永城市还在西城区通过对城郊煤矿沉陷区治理修复，实施了沱河湿地公园项目，占地2 500余亩，精心培植20 000棵乔木、22万平方米灌木花草，打造成为集观赏、休闲、娱乐健身于一体的综合性湿地公园。推进农业主产区沉陷区生态修复。以优先妥善做好深陷区村民的搬迁安置为重点，采取变"先塌陷，后搬迁"为"先搬迁，后塌陷"，提前对原散乱的村庄集中治理、集中安置，变"生态环境脏乱差、处处是危房的采煤沉陷区"为"布局合理、配套齐全、环境优美的现代化安置社区"，彻底改变了人们生活在"水深火热"之中的局面；同时采取以"复垦耕地+居住用地+鱼塘+高效生态农业用地"为主的治理新模式，打破村、乡组界，统一规划，通过熟土剥离、挖深垫浅、固体充填等技术手段，2008 年以来，先后建成了陈四楼煤矿张大庄、城郊煤矿刘岗、新庄煤矿黄水寨等一批农业产业采煤沉陷区综合治理示范区，形成了一批集现代农业、休闲采摘、生态养殖、观光旅游于一体的综合性休闲农业生态园，实现了采煤沉陷区综合治理和经济创收的双赢。对采煤沉陷区治理开发、农村土地流转、现代农业建设、农村城镇规模化建设具有较强的借鉴意义。

（2）做好废弃灰岩矿山生态修复。针对芒砀山开山采石造成的大量废弃矿坑，以及留下的危岩、陡崖、崩塌等地质环境破坏问题，永城市积极谋划推进芒砀山地质公园建设，投资近亿元，建成了总面积约 50 平方千米以石灰岩、花岗岩地貌为主，以典型地质遗迹、采矿遗址、矿山环境治理景观为辅，与历史文化相互辉映的地质地貌型的芒砀山省级地质公园。自 2014 年 4 月揭碑开园以来，芒砀山地质公园先后成功举办了中国地质公园第 30 届年会、首届奇石展销会，在全市中小学中开展了研学游活动和地质科普进校园等活动，公园已累计接待游客 100 余万人次，取得了良好的社会效益、经济效益、环境效益和生态效益，当初满目疮痍的芒砀山现已成为真正意义上的"青山、金山"，相继荣获"河南省科普教育基地"、"河南省地质旅游示范基地""国家 5A 级景区"等荣誉称号。

（3）大力推进绿色矿山建设。近年来，永城市加快推进绿色矿山建设工作，在原四批国家级绿色矿山试点单位典型引路的基础上，构建了"政府统筹、部门实施、企业主建、问题磋商"的工作机制，认真落实河南省绿色矿山建设地方标准，通过企业自评、第三方评估、省级推荐，2019 年，辖区内在生产大中型矿山全部建成了国家级绿色矿山，2020 年永城市被评为国家级绿色矿业发展示范区。

（三）加强人居环境提升，打造城乡融合乡村振兴"永城样板"

永城市充分发挥中心城区龙头引领作用，强力推进公园城市建设；聚焦农村人居环境短板，实施"四大革命"，推进"四大提升"，形成以城区龙头、乡镇支点、村组腹地，抓纲带目、纲举目张的城乡融合乡村振兴发展新格局,人居环境明显提升。

(1)公园城市建设全省领先。永城市在河南省率先启动公园城市建设,深入实施百城建设提质工程,累计完成投资 280 亿元,先后建成日月湖、还金湖、沱南生态广场、沱滨植物园以及雪枫河、汪楼河和城市轻轨风景带、城西生态湿地公园,初步形成"两湖四带一湿地三十公园"的城区生态圈,城市建成区绿化覆盖率达 43%、建成区绿地率达 38%、城市人均公园绿地面积达 15.52 平方米,高于国家人均标准 6.52 平方米,实现了 300 米见绿、500 米见园的生态效果;提级"环卫双五标准"创建,实行作业承包责任制,将城区科学划分成 6 个捡拾保洁责任区,分为 1 级、2 级、3 级三个级别,并制定了"四扫全保、三扫三保、三扫两保"的 3 级清扫保洁标准,由 1300 余名清扫保洁员和 60 余部清扫车全天16 小时全天候巡回清扫保洁,实现了城市环境卫生"白天晚上一个样,有无检查一个样、节假日平时一个样、大街小巷一个样";创新实施了实施不走泥路、水路、急路、黑路"四路"工程,城市功能日趋完善,城市颜值更加精致,城市魅力更加凸显,城市综合承载能力连年攀升;城区雨污分流覆盖率达到 96.01%,城区污水处理率达到 96.37%,城市供热、供气、供水普及率分别提高到 64%、95.95% 和 99.58%;荣获两届全国文明城市、两届全国双拥模范城市、三届国家卫生城市、连续 10 年保持国家园林城市,成功创建全国无障碍环境示范市;"永城不大,美丽如画;魅力永城,有山有水有文化"的美好愿景加速实现。

(2)实施"四大革命"。针对农村环境基础设施短板,加快推进农村厕所、保洁、道路、乡风"四大革命",美丽乡村成为宜居宜业宜游的美丽家园。一是"保洁革命"形成清扫收集转运处理良性运行机制,永城市垃圾焚烧发电厂、生物质能发电厂、医疗废弃物处理中心等全面运营,全市统一在各村组配设了密闭式垃圾集中收集点,在乡镇配建了环保型垃圾中转站,将各村庄垃圾统一转运到市垃圾处理终端统一无害化处理,永城市被评为"全国农村生活垃圾分类和资源化利用示范市""全省农村人居环境整治先进市";二是"厕所革命"基本实现常住户无害化卫生厕所全覆盖,市财政投入资金 1.5 亿元,撬动各类社会资金 1 亿元,完成改厕 24.84 万户,永城全市统一建立了常态化的运行维护机制,2018 年 12 月,全省农村改厕工作推进会在永城召开,总结推广永城经验;三是"乡风革命"形成了敬老尚俭、移风易俗主流价值引领新格局,以"零彩礼集体婚礼""敬老尚俭工程""六评一创"等作为重要抓手,推动形成文明乡风、良好家风、淳朴民风;四是"道路革命"基本实现乡村硬化道路庄庄通户户通,财政投入 7 亿元,撬动社会资金 10 亿元,硬化通村通组道路 1 230 千米，入户路 2 395 千米。

（3）推进"四大提升"。一是推进人居环境提升，全市 29 个乡镇 727 个行政村一体规划，梯次推进。2020 年，以危旧房屋"清零"变"四园一场"为突破，建设一类村，即"四美乡村"183 个，占 25.2%；二类村 191 个，占 26.3%；三类村 291 个，占 40%；建成"美丽镇区"19 个占 65.5%；建成省级人居环境示范村 32 个；二是推进农业产业提升，新建高标准农田 45.7 万亩，规模居全国县级第一；新建物联网控制、智能化管理高效节水灌溉万亩示范方 6 个；发挥 100 万亩富硒土壤资源，聚焦富硒系列农产品开发，筹划建设永城富硒食品产业园；三是推进农民收入提升，培育农业产业主体，以 8 个农业产业园区、2 176 个家庭农场、1 998 个农业合作社为抓手，壮大村级集体经济，促进农民持续增收致富，750 个村级集体经济组织全部完成了集体产权制度改革；四是推进社会治理提升，深化乡村自治实践，村级层面建立多功能党群服务中心，市级层面建立社会综合治理暨社会矛盾调处中心，集合综治、公安、司法、社会力量，形成共建、共治、共享的社会治理体系；全市建成 4 个"全国民主法治示范村"、19 个"全省民主法治村"、360 个"市级民主法治示范村"；演集镇时庄村入选"全国乡村治理示范村"。

（四）推动产业绿色转型，打造资源型城市转型升级"永城样板"

永城市坚持"1146"总体思路和目标定位，聚焦"三个一"发展目标，聚力"1267、3510"产业发展规划，大力推进资源型城市转型升级，综合实力和发展质量持续提升，产业结构持续优化，替代产业培育成效明显。

（1）综合实力和发展质量位居全省前列。2021 年是"十四五"开局之年，地区生产总值预计突破 720 亿元、增长 9.0%，一般公共预算收入 50.58 亿元、增长 7.0%。规上工业增加值 212 亿元、增长 12.5%，固定资产投资 276.6 亿元、增长 11.6%，社会消费品零售总额 248.69 亿元、增长 12.3%；金融机构存款余额 714.7 亿元、增长 10.5%，贷款余额 379.4 亿元、增长 3.8%；城乡居民人均可支配收入 27211 元、增长 9.0%，城镇化率达到 52.91%，提升 1.6 个百分点。连续 13 年跨入全国百强县（市），2021 年位居第 64 位。入围全国投资竞争力百强县，位居第 61 位，排在河南省 5 个入围县（市）的第 1 位。

（2）产业结构调整成效显著。全市三产结构实现由"二三一"向"三二一"的历史性转变从，2021 年三次产业结构调整为 13.0∶42.9∶44.1，第三产业占比较 2015 年提高

8.6 个百分点;累计关停燃煤机组 1270MW、电解铝产能 52 万吨,煤化工、铝精深加工、装备制造、食品等四大主导产业集群不断壮大,市场竞争力、行业话语权持续增强,市产业集聚区晋升为全省唯一一家"四星级产业集聚区";在全省率先引入应用 5G 技术,龙宇煤化工、科源电子铝箔等 22 家企业实施 5G 智能化改造,建设应用场景 42 个,建成全省第一个"5G+ 化工"专网合作项目,新桥煤矿荣获国家首批智能化示范建设煤矿,实现企业上云 170 家,闽源钢铁入选国家绿色工厂名单;粮食产量常年稳定在 27 亿斤以上,永城面粉、永城富硒食品两大品牌享誉全国。

(3)替代产业培育成效明显。强化创新驱动,"十三五"以来高新技术产业增速 28.1%,战略性新兴产业增速 19.7%,累计发展国家级高新技术企业 11 家、国家级科技型中小企业 62 家;2021 年,高新技术产业增加值同比增长 21.3%,占规上工业增加值的比重为 33.1%。大力发展现代服务业,文化旅游、现代物流、现代金融、电子商务等成效显著,商务中心区晋升为省四星级服务业"两区",正日益成为全市现代服务业发展的新高地、经济发展的增长极;文化旅游业快速发展,拥有国家 5A 级旅游景区 1 家(芒砀山旅游区)、4A 级旅游景区 1 家(淮海战役歼灭战纪念馆)、3A 级旅游景区 2 家(演集乡村旅游景区、太丘生态民俗文化旅游景区),省级生态旅游示范镇 2 家,省级特色旅游村 4 家,全国休闲农业与乡村旅游示范点 1 家,省级乡村旅游休闲示范农庄 1 家,芒砀山、日月湖、时庄等旅游景区成为网红打卡地。加快能源结构调整,新能源投产规模达到 42.99 万千瓦。

(五)强化污染治理攻坚,生态环境质量位居全省前列

近年来,永城市突出精准治污、科学治污、依法治污,强力推进大气、水、土壤等环境污染防治攻坚,大力推进森林城市建设,生态环境质量持续改善,位居全省前列。

(1)空气环境质量持续改善。深入推进蓝天保卫战,依法科学治理大气污染。一是强化企业深度治理,燃煤发电机组全部实行了超低排放改造,2 家水泥粉磨站、1 家煤化工企业和 10 座工业炉窑完成提标治理,46 家表面涂装和 23 家包装印刷企业完成了 VOCs 治理,80 家加油站全部完成双层罐或防渗池改造,全市 124 家砂石料厂、砖瓦窑厂、煤矸石厂、工业堆场和混凝土搅拌站等"四场一站"企业实施了"一密闭、五到位"规范化治理,339 家涉气企业完成了非电行业深度治理、重点行业无组织排放治理、工业炉窑专项治理、VOCs 项治理、锅炉综合治理、铸造行业深度治理等"六项治理"。闽源钢铁集团完成清洁生产改造,烧结、炼铁、转炉炼钢清洁生产达到国内先进水平,热压延工序达到国际清洁生产领先水平。二是深入开展"三散"治理,加强燃煤散烧治理,施工工地、线性工程严格落实"六个百分之百"标准、"三员"管理制度、开复工制度;出台道路保洁精细化管理方案,将城区周边 7 个乡镇纳入严管范围,实施全天候、全区域巡回清扫保洁;建立白天巡逻和晚上夜查制度,对城区道路货运车辆和施工工地进行 24 小时不间断巡查,严厉查处渣土运输不规范、货运车辆抛撒带泥等行为,同时加强柴油车污染防治。三是加强日常监管,采取"双随机"抽查、网格内交叉互查等方式严格监管全市企业,严格督促乡镇和企业落实环境污染防治责任,对发现的环境违法问题,坚决立案处罚。2021 年,全年 PM10 年均浓度为 72 微克/立方米、下降 14.3%;PM2.5 年均浓度为 41 微克/立方米、下降 8.9%;空气质量优良天数为 281 天、增加 14 天。三项指标在商丘市(县、区)中均排名第一。

(2)水环境质量持续改善。大力推进水污染防治攻坚,有效促进了水环境质量的进一步好转。一是加强河流综合治理,对浍河黄口断面、包河马桥断面、沱河张桥断面等国省控断面上游 5 000 米、下游 500 米及河道两侧各 500 米范围内的村庄开展专项排查,深入开展河岸垃圾、水面漂浮物清理打捞及沿河旱厕整治,严查沿河餐饮娱乐业、涉水企业,并将沿河村庄全部纳入农村环境综合整治范围,最大限度防范沿河区域污染源对河流水质造成影响,2018 年以来,永城市浍河黄口断面、沱河小王桥断面和包河永城马桥断面水质均达到考核任务目标;二是加强饮用水源地保护,积极开展城市集中饮用水水源地专项排查整治,列出问题清单,逐一提出整治目标、整治措施和完成时限,明确责任单位、责任领导和责任人,确保排查整治工作落到实处。2018 年以来,城市集中饮用水源地水质达标率 100%,水污染防治工作连续多年位居全市第一方阵。

(3)土壤环境质量保持稳定。组织推动各项土壤污染防治措施落实,严格评估考核追责,净土保卫战成效明显。一是全面开展重点行业企业用地土壤污染状况调查。对全市 70 家重点行业企业开展全面调查,其中核实不查企业 29 家,其余 41 家企业均由第三方专业机构完成信息采集、内审工作,信息采集完成比例 100%,并顺利通过市级质控、省级质控。二是加强涉重金属排放等污染源监管,更新全市土壤环境重点监管企业名单,确定全市无重金属污染源、无涉重金属事件。同时,已全部完成 7 处疑似污染地块土壤环境调查,结果均为未受污染地块。三是严格固体废物环境监管,加强涉危废企业年度申报和危险处置监管;积极开展农药包装废弃物回收处理试点,7 个试点乡镇建立和规范贮存间,督促安全转移处理各类农药包装废弃物 54.430 吨。2018—2020 年,全市土壤环境质量总体保持稳定,受污染耕地安全利用率 100%,污染地块安全利用率 100%。

(4)森林城市建设成效显著。永城市持续推进全域绿化,夯实绿色发展底色。一是持续推进林业生态工程建设,完成廊道造林 5.8 万亩,林网造林 1.5 万亩,村镇造林 2.0 万亩;形成了郑徐高铁、连霍高速、济祁高速、永登高速、G311 国道等一批精品亮点工程;以推进庭院花园化、乡村林果化和农田林网化为目标,实施村庄绿化美化,开展村庄街道、庭院等增绿行动,成功创建省级森林乡村 18 个,全市林草覆盖率达到 25.86%;二是创新政府出资造林、企业牵头造林、政策支持造林、政府引导结对造林、广泛宣传发动义务造林等五种植树模式,破解国土绿化难题;"政府出资造林"由市财政出资,通过招投标方式对芒砀山景区、日月湖景区等进行花木栽植绿化,对高铁等道路沿线进行补植绿化;"企业牵头造林"按照共建、共享、共有原则,实行股份制造林绿化;"政策支持造林"鼓励"能人""大户"、合作社承包河流、滩涂等承包造林;"政府引导结对造林"由政府牵线"做媒",育苗专业户和农户结成发展"对子",由育苗专业户提供经济树苗,农户提供土地,结对子栽植;"广泛宣传发动义务造林"积极开展国土绿化主题宣传和全民义务植树活动,栽植各类树木 120 亩,发动群众房前屋后造林 470 余亩。三是全面推行林长制,实施"一网四长"管理,市委书记、市长分别担任一级总林长、副总林长,统筹协调全市工作落实情况;市四大家相关领导担任二级林长,市林业主管部门选定一名班子成员或相关科室负责人担任网格员;乡(镇)长担任三级林长。将全市 765 个行政村划分为四级网格,村支书为四级总林长,村"两委"班子成员为四级林长,做到"凡是有树的地方,都有各级林长监管"。

(六)做好环保宣传教育,公众生态文明意识快速提升

多年来,永城市持续加强生态环境宣传教育,营造浓厚生态文明示范创建氛围,公众对生态文明建设的满意度、参与度持续提高。

(1)营造浓厚创建氛围。把生态文明建设示范创建和生态文明宣传工作纳入市各部门和各乡镇(街道)责任目标,充分发挥电视台、广播电台、微信平台等新闻媒体主渠道作用,开辟专栏,多形式、多方面、多层次宣传生态文明相关知识,追踪报道环境事实新闻,讴歌创建中先进人物和典型事迹,关注关系民生的环保热点、难点问题,督促企业污染治理。利用"4·22 世界地球日""6·5 世界环境日"等宣传契机,通过摆设宣传版面、悬挂横幅、发放生态环境保护法律法规、环保知识手册等,鼓励环保志愿者参与宣传活动,让广大群众亲身感受生态环保的浓厚氛围,自觉树立现代、文明的生态环保理念。

（2）统筹推进系列相关创建。永城市持续大力推进文明城市、园林城市、卫生城市、生态县（市）、双拥模范 城（县）等"六城联创"工作,取得了显著成效,得到各级领导和群众的认可,荣获全国文明城市、国家卫生城市、国家园林城市、全国双拥模范城、河南省级生态县（市）等,创成国家级生态乡镇 5 个、省级生态乡镇 29 个,省级生态村 86 个、市级生态村 480 多个;创建全国文明村镇 2 个、国家卫生乡镇 5 个。

（3）加强生态文明教育培训。在全市中小学开设环保课堂,把生态文明内容纳入课堂教学;开展校园系列环境教育活动,通过升旗仪式、主题班会、环保征文、环保演讲比赛、知识竞赛等,使广大师生积极参与国家生态文明建设示范市创建活动。把生态文明建设作为党员干部思想与工作的重要内容,2018 年以来举办多期领导干部教育培训班,对全市各单位副科级以上干部全部进行了培训,实现全市副科级以上在职党政领导干部全覆盖。通过各种渠道,积极宣传生态文明理念,使公众对生态文明建设的满意度达到95.4%、参与度达到 93.5%。

二、永城创建"国家生态文明建设示范区"的启示

（1）坚持高位推动。永城市坚持把创建国家生态文明建设示范市工作作为"一把手"工程,高规格成立以市委书记为第一指挥长,市长为指挥长,市委副书记为常务副指挥长的创建指挥部,强化创建工作的组织领导,做到工作有方案、年度有计划、责任有清单,考核有奖惩,在全市形成了整体联动、运作高效、完整配套的创建工作机制和体系。

（2）做好统筹兼顾。推进生态文明建设一定要正确把握生态环境保护和经济发展的关系,探索协同推进生态优先和绿色发展新路子。生态环境保护的成败归根到底取决于经济结构和经济发展方式。要坚持在发展中保护、在保护中发展,不能把生态环境保护和经济发展割裂开来,更不能对立起来。为了统筹发展,2021 年底,永城市委市政府谋划

了"1267、3510"产业发展架构("1"是在农业经济方面,打造 1 平方千米的富硒食品产业园;"2"是在工业经济方面,打造化工新材料和金属新材料两个千亿级产业集群;"67"是在城市经济方面,日月湖景区打造国际房车营地、文艺演艺中心、高端民宿、奥特莱斯地下购物广场、金色沙滩、标准化足球训练基地 6 大经济业态,赋予芒山镇高铁商务商贸、文旅产业、温泉休闲度假、人民动物园、会展中心、高校园区、房地产 7 大城市功能;"35"是在全域旅游方面,打造芒砀山旅游区、日月湖景区、水上森林公园 3 个 5A 级景区,及淮海战役陈官庄纪念馆、抗大四分校实训基地、崇法寺公园、酂城造律台、僖山景区 5 个 4A 级景区。"10"是在城乡融合发展方面,实施 10 个一体化工作机制),力争在全省县域高质量发展进程中率先全面实现现代化。这些项目的选择和推进无不体现了生态优先和绿色发展的原则,并极其合理的处理了生态环境保护和经济发展的关系。此外,生态文明建设这一系统工程还要求我们综合运用行政、市场、法治、科技、教育等多种手段来构建生态环境治理体系。

(3)持续深入攻坚。生态文明示范创建是一项长期、复杂、艰巨的重大工程,这要求我们在建设的过程中建立和完善生态文明制度体系,形成生态文明建设长效机制。永城市自 2005 年启动生态示范创建已历时 16 年,矿山的生态修复也好,塌陷区的改造也好,产业的更新换代也好都是需要长时间的持续投入的,所谓积跬步以至千里,聚点滴方成长河,没有十年、二十年的持续努力,没有形成相应的制度体系和长效机制,是不可能有卓有成效的,创建国家生态文明建设示范市必须一以贯之,持之以恒,久久为功。

(4)坚持民生为本。习近平总书记指出:"良好生态环境是最普惠的民生福祉"[1],永城市牢固树立民生为本理念,坚持生态惠民、生态利民、生态为民,把解决突出生态环境问题作为民生优先领域,把人民群众对良好生态环境的向往作为奋斗目标,以生态文明示范创建为载体,持续打好环境污染防治攻坚战,为人民群众赢来碧水、蓝天、净土,人民群众对生态环境的获得感、幸福感和安全感显著增强。

---

① 岳小乔.习近平十谈"绿色发展":良好生态是最普惠的民生福祉[N].人民日报客户端,2018-04-12.

乡村振兴篇

2021 年商丘市巩固拓展脱贫攻坚成果发展现状与趋势分析

曹志磊①

摘　要:党的十九大提出了乡村振兴战略。乡村振兴不是另起炉灶,而是在脱贫攻坚成果的基础上继续推进。商丘市所辖的 6 个县是国家级或省级贫困县,是脱贫攻坚任务较重的省辖市之一。自 2013 年以来,商丘市积极落实中央和省委省政府的脱贫要求,咬准目标、精准施策、精准发力、苦干实干,如期打赢脱贫攻坚战。当前阶段的核心任务是如何实现巩固脱贫攻坚成果与乡村振兴有效衔接,继而把重心转移到乡村振兴上来。

关键词:脱贫攻坚　发展现状　巩固拓展　趋势

商丘市位于豫鲁苏皖四省接合部,下辖 6 县 3 区和 1 个省直管县级市,总面积 1.07 万平方千米,是巩固脱贫攻坚成果任务较重的省辖市之一。所辖县(市、区)中,6 个巩固脱贫成果任务较重,分别是虞城县、睢县、民权县、宁陵县、柘城县、夏邑县,4 个巩固脱贫成果任务相对较轻,分别是永城市、示范区、梁园区、睢阳区。商丘市共有 920 个贫困村、25.22 万个贫困户、66.27 万贫困人口,脱贫攻坚任务艰巨。

经过多年持续不断的努力,商丘市的脱贫攻坚工作取得了全面胜利。商丘市 6 个贫困县全部顺利实现脱贫摘帽,920 个贫困村全部退出贫困序列,24.8 万个贫困户、64.9 万

---

① 商丘市乡村振兴局综合科一级科员。

贫困人口全部脱贫,贫困群众生活条件得到大幅度提升。商丘市脱贫攻坚工作2017年、2018年、2019年、2020年连续四年获得河南省成效考核"好"的等次,连续四年获得全省财政扶贫资金绩效考核"优秀"等次。多个国家级、省级脱贫攻坚现场会先后在商丘市召开;多次在河南省各类会议上进行了典型发言;各县(市、区)多次代表河南省迎接国家考核、督查、暗访以及第三方评估,均取得了好的成效,为河南省争得了荣誉。商丘市8名同志和2个单位荣获全国脱贫攻坚先进个人和先进集体,受到党中央、国务院隆重表彰;80名同志和54个单位荣获全省脱贫攻坚先进个人和先进集体,受到省委、省政府隆重表彰。

一、商丘全面打赢脱贫攻坚战的主要经验

总体来说,商丘市在脱贫攻坚工作中,探索形成了"55468"模式。

(一)"五大责任"统领脱贫攻坚全局

(1)扛牢脱贫攻坚主体责任。脱贫攻坚期,商丘市委、市政府坚持每月至少召开一次市委常委会议、政府常务会议,研究部署脱贫攻坚工作,定期召开脱贫攻坚工作推进(领导小组)会议,具体安排推进脱贫攻坚工作。市委书记、市长等市厅级领导率先垂范,始终坚持采取不打招呼、不设路线,直接进村入户的方式,暗访调研脱贫攻坚工作,现场办公。

(2)压实各级脱贫攻坚责任。商丘市切实落实好市厅级领导责任、县级主体责任、乡村具体实施责任、驻村帮扶责任、各行业部门政策落实责任,每年都签订《脱贫攻坚责任书》,立下"军令状",多次开展脱贫攻坚责任述职评议工作,真正形成横向到边、纵向到点的"网格化"责任体系。

(3)夯实行业部门责任。及时成立市脱贫攻坚14个重大专项指挥部,积极发挥牵头抓总和组织推动作用,各部门相继完善出台多项具体实施方案和行业扶贫政策。

(4)发挥驻村帮扶责任。全市共选派驻村第一书记1 882名,驻村工作队3 132个,各级选派帮扶责任人6万余人,实现贫困村驻村工作队全覆盖、贫困户帮扶责任人全覆盖。

(5)持续强化监督责任。市人大、市政协不定期监督脱贫攻坚工作,围绕脱贫攻坚工

作进行专题调研,多次召开脱贫攻坚人大质询会、政协双月座谈会、脱贫攻坚党外人士情况通报会等,发挥监督促进作用。

(二)"五大体系"推动脱贫攻坚工作

(1)建立组织体系。市、县、乡、村四级都成立了脱贫攻坚指挥部和专项工作组,在全省率先提出了党委副书记任指挥部政委,政府主抓副职任指挥长的脱贫攻坚指挥系统。建立了"周碰头、月点评、季汇报、半年观摩、年度考核"的工作推进机制。

(2)完善政策体系。针对脱贫攻坚的工作实际,商丘市先后研究出台了综合性政策文件100余份,建立了完善的脱贫攻坚政策系统。

(3)健全规划体系。商丘市以"十三五"脱贫攻坚规划为统领,制定了10余个专项工作计划,做到目标明确、责任清晰。

(4)创新精准识别体系。实施了"652"精准识别工作法,做到贫困人口"六个清"、村挂"五张图"、户建"两本账";全市范围开展"五个一"精准识别行动;创立了贫困村"9+1"档案盒。

(5)督导考核奖惩体系。始终坚持"四不两直",对全市脱贫攻坚工作进行常态化督导暗访,发现问题及时指出,下发督办函,并对问题严重的,开展即时提醒谈话和约谈,督促整改取得实效。

(三)"四大渠道"拓宽贫困群众收入

(1)打好产业扶贫硬仗。确定了"5个2"产业扶贫总体发展规划,构建起了"龙头企业+合作社+贫困户""合作社+能人+贫困户""龙头企业+基地+贫困户"等多种产业化扶贫经营模式,形成了"政府主导、部门配合、金融支持、企业参与、农民主体"的产业扶贫格局。

(2)打好就业扶贫硬仗。商丘市先后举办"春风行动""就业援助月""就业扶贫日"就业扶贫"百日攻坚行动"等各类帮扶活动,举办招聘专场387场次,提供就业岗位26万个,实现有就业能力和就业愿望的贫困劳动力19.8万人全部就业。

(3)打好金融扶贫硬仗。商丘市成立10个县级金融服务中心、177个乡级金融服务站、3 488个村级金融服务部,实现贫困县、贫困村金融服务全覆盖。对所有贫困户评级授信,设立3.45亿元风险补偿金,商丘市2021年新增小额信贷2.17亿元,新增户贷率

2.06% ;历年累计贷款 83.58 亿元,历年累计户贷率 33.50% 。小额扶贫贷款额度居河南省第一。累计发放精准扶贫企业贷款 20.77 亿元,贷款额度位居河南省第一。

(4)打好消费扶贫硬仗。建立健全消费扶贫工作推进机制,成立消费扶贫重大专项指挥部,先后出台消费扶贫政策近 10 项,先后举办大型市级各类消费扶贫展销活动 10 余场。

(四)"六大举措"确保脱贫攻坚成色

(1)扎实做好健康扶贫。以"预防、服务、减支、保障"四位一体工作模式为总抓手,先后出台一系列针对贫困人口的普惠特惠保障救助政策,形成"3+3+N"政策体系,全面实施县域内贫困人口先诊疗后付费和"一站式"结算。

(2)扎实做好教育扶贫工作。全面落实建档立卡贫困家庭学生保障和资助政策,实现"三个全覆盖",确保不让一个建档立卡贫困家庭学生因贫失学。

(3)扎实做好危房改造工作。农村"四类人员"危房改造工作坚持实现"三个全覆盖",即危房改造动态清零全覆盖、农村破旧房屋整治全覆盖、破旧房评定和危房鉴定全覆盖。

(4)扎实做好安全饮水工作。始终把全市农村居民饮水放在突出位置,先后实施了 147 个贫困村的安全饮水工程,完成总投资 6.23 亿元。

(5)扎实做好兜底保障工作。充分发挥兜底保障政策,全面推动一个扩面、一个扣减、两个渐退、三个纳入,创新四个兜底模式,确保兜住底、兜准底、兜稳底、兜好底。

(6)扎实做好基础设施和公共服务提升工作。全市 920 个贫困村全部实施了"九大工程"项目,920 个贫困村全部成为美丽乡村,92.3% 的贫困户实施了"六改工程",所有行政村实现了通路、通车、通邮。累计实施农村改厕 90 万户,覆盖全部贫困户。实现了村村通动力电全覆盖、户户通电全覆盖、农田机井通电全覆盖。

(五)"八大创新"提升脱贫质量

(1)开展"五大行动"全面巩固提升脱贫质量。开展"四个不摘"专项治理行动、领导干部责任再强化专项行动、对照指标争先创优专项行动、产业扶贫大突破专项行动、防返贫风险数据监测专项行动,通过专项行动全面巩固提升全市脱贫攻坚工作质量。

(2)开展"三·五"基层工作日活动助推脱贫攻坚。每月 5 日、15 日、25 日,市县乡三级 4 899 名干部一对一联系 4 822 个行政村(社区),重点围绕脱贫攻坚、信访稳定、基层党建三项重点工作,着力解决好人民群众最关心、最现实的利益问题。

(3)创新产业扶贫新模式。商丘市相继创新了"村集体+乡村科技人才+贫困户"三位一体带贫模式、"1333"带贫模式、"四统一"带贫模式、"村集体+扶贫车间+企业+贫困户"利益联结带贫机制。

(4)建立扶贫车间信息化平台。商丘市率先在河南省建立市、县扶贫车间信息管理中心,实现扶贫车间、县脱贫攻坚指挥部、市脱贫攻坚指挥部之间的视频监控互联互通,市、县协同监测,乡、村抓好整改,用信息化手段加强扶贫车间的一体化管理。

(5)惠民扶贫"大数据"监察平台保驾护航脱贫攻坚。积极推进惠民扶贫资金(项目)大数据监察平台建设,发挥精准监督作用,规范基层权力公开运行。商丘市已安装终端查询机 2 922 台,覆盖所有贫困村。

(6)通过"五抓五促"强力推动扶贫领域信访问题专项治理。通过抓思想认识,促责任落实;抓标本兼治,促资源整合;抓政策宣传,促渠道畅通;抓源头治理,促息诉罢访;抓业务培训,促能力提升。经过专项治理,商丘市在河南省百万人口信访量占比全省最低。

(7)积极开展扶贫扶志扶智行动。采取以工代赈、孝善基金、爱心超市、星级评定、落实奖补政策、"双培双带"等具体措施,通过加强政策引导、典型示范,不断激发贫困群众内生动力。

(8)探索孝善养老新模式。商丘市积极推广"子女自愿交纳赡养费+财政补贴+帮扶单位资助+爱心企业和爱心人士捐助"的孝善敬老模式,建立健全正面激励、道德约束、示范带动、舆论监督等机制,引导子女主动承担赡养老人的义务,让农村贫困老人老有所养。

二、商丘巩固拓展脱贫攻坚成果具体举措

(一)做到四个"坚持",确保政治责任"大落实"

(1)坚持落实主体责任不放松。脱贫攻坚取得全面胜利后,商丘市仍坚持定期召开市委常委会、市政府常务会、专题调度会、推进会议,研究巩固拓展脱贫攻坚成果与乡村振兴有效衔接工作。2021 年,商丘市召开相关会议达 20 余次。

（2）坚持发挥领导小组作用不停滞。继续发挥脱贫攻坚领导小组作用，坚持工作调度机制，建立了《巩固拓展脱贫攻坚成果与乡村振兴有效衔接责任清单》，进一步明确各行业部门工作责任和任务，确保责任清晰、任务明确。同时，根据工作需要，将脱贫攻坚领导小组更名为巩固拓展脱贫攻坚成果领导小组，市委书记任第一组长，市长任组长，市委办、市政府办、市乡村振兴局等 40 个市直部门为成员单位，确保责任落实和工作落实不断档。

（3）坚持狠抓帮扶责任落实不松懈。商丘市坚持和完善驻村帮扶工作机制，继续坚持常态化帮扶工作机制不变、帮扶队伍不撤，确保各项扶贫工作在巩固提升脱贫攻坚成果的基础上向乡村振兴平稳过渡。2021 年，商丘市已完成驻村工作队轮换，共派驻 1 779 个驻村工作队，驻村工作队队员（含队长）5 613 人。

（4）坚持完善工作政策体系不间断。2021 年以来，先后出台了《关于实现巩固拓展脱贫攻坚成果同乡村振兴有效衔接的实施方案》《防止因灾因疫情返贫致贫巩固拓展脱贫攻坚成果若干政策措施的落实方案》等 20 余项政策，为巩固拓展脱贫攻坚成果提供了坚实政策保障。

（二）落实政策举措，做到两不愁三保障成果"大提升"

（1）着力巩固拓展健康扶贫成果。商丘市基本医疗有保障"三个 100% 和两个 90%"的目标落实到位，所有脱贫村的村卫生室均达到标准化、规范化，并至少有一名合格乡村医生，脱贫人口家庭医生签约服务率 100%，脱贫人口医疗费用实际报销比例和脱贫人口县域内就诊率均达到 90% 以上。2021 年，全市脱贫人口 30 种大病患者已救治 1.14 万人次，救治率 100%；全市 24 家二级以上公立医院、158 家乡镇卫生院、12 家社区卫生服务机构实行了"先诊疗后付费"医疗服务模式，累计结算 17.3 万人次。

（2）着力巩固拓展教育扶贫成果。建立了巩固"两不愁三保障"学生资助工作排查月报告制度，保持资助工作"三个全覆盖"，确保贫困学生应助尽助，从根本上杜绝教育资助政策落实不到位问题。

（3）着力实施危房清零。在全市开展农村危房改造"六查两确保"专项行动，聚焦危房改造清零目标，开展大摸底、大排查活动，共完成危房改造 482 户，争取中央和河南省补资金 964 万元。

(4)着力保障特殊群体。对农村符合救助条件的低收入人口应保尽保,全面落实特困人员及临时救助政策,全面落实特殊群体救助政策,全面做好残疾人两项补贴资格认定申请"跨省通办"工作,解决了残疾人申领补贴"多地跑"等难题。2021年,全市认定农村低保对象27.01万人,发放救助资金4.55亿元。认定特困人员2.98万人,发放资金1.73亿元。临时救助2.25万人次,发放救助资金2 374万元。发放残疾人生活补贴7.8万人,资金3 767万元,残疾人护理补贴9.84万人,资金4 784万元。

(三)强化监测帮扶,实现返贫致贫风险"大消除"

(1)加强"三类人群"防返贫动态监测和帮扶工作。健全"三类人群"防返贫防新致贫动态监测及帮扶工作机制,实行动态管理。2021年底,全市共有"三类户"2.13万户5.48万人,已消除返贫致贫风险1.21万户2.98万人,风险消除户数占56.98%。

(2)建立行业部门间防返贫监测预警机制。各行业部门每月对比信息数据,对存在致贫返贫风险的按程序纳入"三类人群"进行监测和帮扶。

(3)做好防返贫监测动态调整和信息采集工作。依托全国防返贫监测信息系统,集中开展易返贫致贫户摸排,进一步夯实防返贫监测帮扶工作。

(4)积极消除洪涝灾害影响。虽然商丘市受洪涝灾害影响较小,但仍及时出台了《防止因灾因疫情返贫致贫巩固拓展脱贫攻坚成果若干措施的落实方案》,动员全市乡村干部、驻村工作队、驻村第一书记、帮扶责任人等基层力量,开展防返贫动态监测集中排查。商丘市未发生因灾返贫致贫现象。

(四)拓宽增收渠道,做足群众增收"大文章"

(1)做实产业帮扶基础促增收。加大产业资金投入,大力支持龙头企业、合作社、家庭农场等新型经营主体发展,围绕本地优质资源"一乡一品""一村一业"打造优势产业基地。2021年,全市共安排产业项目278个,开工率100%、竣工率96.04%。项目共涉及资金13.43亿元,资金拨付13.05亿元,拨付率为97.16%。累计带动脱贫户33.23万户,带贫88.25万人次,户均增收2 300余元。

(2)建立长效收益机制促增收。为加强村级光伏电站的运营管理,商丘市实行"周监测"和"月通报"制度,促进光伏电站发挥最佳带贫效益。商丘市现有944个村级电站,2021年累计上网电量2.68亿千瓦时,供电公司支付电费1.01亿元。同时,加大扶贫车间生产管理,成立了市县两级扶贫车间信息管理中心,全天候、全方位监测管理,形成市、县协同监测,乡、村抓落实的工作格局。2021 年底,商丘市扶贫车间开工 844 个,开工率达 95%。

(3)延续金融扶持政策促增收。大力开展小额信用贷款,做好过渡期脱贫人口和享受政策监测户的小额信贷工作,做到"应贷尽贷",增强可持续发展的内生动力。全市小额贷款 2021 年新增 4.12 万户,新增贷款总额 10.61 亿元,全市总贷款余额户贷率为 20.7%。累计发放精准扶贫企业贷款 27.38 亿元,位居河南省第二。

(4)落实稳岗就业促增收。持续做好脱贫人口、农村低收入人口的就业帮扶,拓宽就近就业渠道,对返乡留乡人员通过发展农业生产、组织参加以工代赈项目、发展扶贫龙头企业和扶贫车间等方式,多渠道促进就地就近就业。全市 2021 年目标任务数为 22.11 万人,实际完成 23.15 万人,完成目标进度为 104.74%,安排公益岗位 7.48 万人。

(5)加大消费帮扶促增收。通过开展"积极购买扶贫产品,我为商丘献爱心"消费扶贫活动、消费扶贫"年货节"等各类活动,动员全市各级各部门、企事业单位、社会组织、民营企业和社会各界爱心人士,用实际行动支持扶贫工作。2021 年,全市累计销售扶贫产品 50 亿元。

(五)加强项目资金监管,促进资金使用效益"大提高"

(1)加强项目库建设。根据巩固脱贫攻坚成果需要,调整完善项目,重点谋划产业类项目。2021 年,共入库项目 2 365 个,资金规模 46.1 亿元。

(2)加快项目实施和资金拨付。实行衔接资金项目情况月报制度,加快项目实施进度和资金拨付进度。截至 2021 年底,实施项目 887 个,已完工 833 个,完工率为 93.9%。对接财政资金 27.34 亿元,支出 23.3 亿元,支出进度为 85.2%。

(3)加强扶贫资产管理。各县(市、区)均成立了扶贫资产管理领导小组,制订了扶贫资产实施方案及相关资产管理制度,建立了全市相对规范统一的扶贫资产管理台账,全市共确权登记 2013—2020 年扶贫项目资产 97.83 亿元。

(六)坚持举一反三,抓好各类问题"大整改"

商丘市始终把做好问题整改工作当作提升工作水平的重要措施,坚持举一反三,一体整改落实。

（1）切实做好2020年国家考核省级党委和政府反馈问题整改。成立了2020年国家考核省级党委和政府反馈问题整改专班,针对反馈的10条问题,商丘市认领9条,制定了《整改方案》,明确整改责任单位及整改时限,问题已全部整改到位。

（2）切实做好国家乡村振兴局暗访调研反馈问题整改。针对反馈问题,坚持问题导向,研究切实可行的整改措施,及时推动整改工作落实。2021年,2个个性问题和举一反三排查出的7类968条问题,均已全部整改完成。

（3）切实做好省督查暗访问题整改。及时将省督导组反馈问题转发各县（市、区）和市直相关行业部门,在本区域、本系统进行整改落实。

（七）坚持机制创新,推动工作水平"大提升"

（1）创新"三边"活动,巩固拓展脱贫攻坚成果。为严格落实好"四个不摘"、巩固拓展脱贫攻坚成果、不发生规模性返贫致贫现象,在全市范围内开展了"边走访、边排查、边帮扶"活动。累计组织动员2.1万名党员干部走访3 007个村20.55万农户,对排查发现的问题及时解决,及时消除风险。

（2）创新开展"五查五确保"活动。为保持过渡期内主要帮扶政策总体稳定,实现巩固拓展脱贫攻坚成果同乡村振兴有效衔接,组织开展了"五查五确保"专项行动（即:查防返贫监测和帮扶,确保不出现一户返贫现象;查"两不愁三保障",确保问题清零;查脱贫户收入情况,确保收入稳定增长;查扶贫项目资产管理,确保管好用好;查信访舆情,确保群众诉求得到有效解决）。商丘市累计进行3次专项自查排查,并将排查问题全部整改到位。

（3）创新六项工作推动机制,迅速提升攻坚状态。建立县乡村组四级包村到户的网格化机制;建立工作遍访机制,确保县、乡、村三级实现"五个必到";成立收入保障专班、政策落实专班、项目资金推进专班、行业信息比对专班、村容村貌户容户貌提升专班、督导指导专班等推进机制;建立县乡工作日调度工机制;建立督导指导机制,成立专项督导和驻地督导指导组,每周在《商丘日报》刊登工作情况和主要指标情况;建立奖惩问责机制,对成绩好的提拔重用,对工作不作为、成绩差的严肃处理。

（八）凝聚强大合力,提供巩固成果"大保障"

（1）健全常态化驻村工作机制。对驻村第一书记和工作队员及时进行轮换调整,实行月考核、月总结、月通报的工作方式，倒逼驻村第一书记沉下来、蹲下去、安下心、扑下身子，真抓实干。

（2）强化干部培训。2021年，商丘市采用现场培训和网络学习相结合的方式举办各类培训班44期，现场教学17次，累计培训干部1.89万人次，圆满完成了全年的培训计划。

（3）加大舆情处置力度。商丘市充分利用市级涉贫舆情监测平台，密切关注涉贫舆情动态。2021年共办理省交办舆情件6件，督促有关县（市、区）和行业部门加强应对处置，促进了一批舆情问题的解决。

（4）强化扶贫信访处理。紧扣"畅通群众信访渠道，密切党群血肉联系"原则，认真落实领导包案制度、协调推进制度和定期通报制度，坚持"早发现，早介入，早化解"的工作理念，及时消除不安定因素，取得了良好的效果。2021年共办结省级以上有效信访件57件，下发扶贫领域信访通报10期，及时解决了群众的困难与合理诉求。

四、商丘巩固拓展脱贫攻坚成果工作展望

（一）在做好动态监测帮扶上下功夫

对符合条件的脱贫不稳定户、边缘易致贫户、突发严重困难户按照标准和程序及时纳入监测对象，做到应纳尽纳。根据监测对象的风险类别、发展需求等，精准落实帮扶措施。全面推行"防返贫保险"，做到早发现、早干预、早帮扶。进一步完善县、乡、村、户四级巩固拓展脱贫攻坚成果档案资料。

（二）在加大产业就业帮扶力度上下功夫

一方面，做好特色产业培育和发展。加大资金投入，重点打造西瓜、食用菌、五金工量具、打火机等年产值过亿的特色优势产业。抓龙头带动，大力培育新型经营主体。持续发挥扶贫车间、光伏电站的作用，完善信息监测系统。出台相关政策，对于特色产业发展较好的县（市、区）给予一定的产业奖补，发挥典型示范作用。另一方面，加大就业帮扶力度，拓宽脱贫群众就业渠道。不断推进"人人持证，技能河南"建设行动，重点落实好就业培训、公益岗位、创业贷款补贴和乡贤返乡创业等各类促进脱贫劳动力就业创业的优惠政策。

（三）在做好金融扶贫帮扶上下功夫

继续用好小额信贷政策,实现"应贷尽贷",增强可持续发展的内生动力。同时,适时开展信用等级评定,激发农户参与金融帮扶热情。推进精准扶贫企业贷,更好发挥帮带作用。

（四）在加强扶贫项目资产后续管理上下功夫

督促落实县级扶贫项目资产后续管理主体责任,根据不同类别扶贫项目资产属性,落实各级行业主管部门监管责任。规范后续管护运营和收益分配使用,对公益性资产加强后续管护,强化经营性资产运营管理、做好风险防控,对到户类资产加强指导帮扶,确保扶贫项目资产持续发挥效益。

（五）在深化行业社会帮扶上下功夫

坚持做好驻村帮扶和定点帮扶工作,充分发挥驻村工作队和定点帮扶单位作用,坚决压实驻村帮扶和定点帮扶责任。做好消费帮扶工作,广泛动员社会力量参与消费帮扶工作,开展消费帮扶系列活动,促进脱贫地区农副产品销售。

（六）在完善督导考核机制上下功夫

严格落实"四个不摘"要求。进一步压实各级责任。建立长效常态督查机制。围绕重点工作,每季度至少开展一次专项督查活动。开展大排查大走访大整改活动。围绕"责任落实""政策落实""工作落实""巩固成效",持续补短板、强弱项、促提升,确保脱贫成果得到持续巩固。发挥好评估"指挥棒"作用,出台《商丘市 2022 年度巩固脱贫成果考评实施方案》,组织开展全市 2022 年巩固脱贫成果考评工作。

（七）在持续加强干部培训上下功夫

以巩固拓展脱贫攻坚成果同乡村振兴有效衔接的最新要求和最新政策为重点,针对全市乡村振兴一线干部持续开展理论知识和业务能力的培训,不断提高乡村振兴一线干部的工作能力。

（八）在营造衔接推进乡村振兴的良好氛围上下功夫

加大宣传力度。充分利用报纸、电视、刊物、网络等媒体,深入开展巩固脱贫攻坚成果和乡村振兴工作成效和先进典型的宣传。妥善处理群众涉贫信访舆情,为商丘市巩固拓展脱贫攻坚成果工作提供风清气正的舆论环境。

2021 年商丘市农业产业化重点龙头企业发展现状与趋势分析

郝伟彬[①]

摘　要:2021 年,在商丘市 219 家市级以上农业产业化龙头企业中,发展运行基本正常的企业 216 家,商丘农业产业化重点龙头企业发展取得显著成效。但是,商丘农业产业化重点龙头企业发展也存在严重问题,如相当数量企业总体规模不大,综合实力和带动能力不强;产业化经济体之间利益联结机制不完善,农民获利少;融资难是制约龙头企业发展的瓶颈。这主要是经济下行压力影响,行业竞争激烈,环保压力大、企业内部因素等方面造成的。展望 2022 年,商丘农业产业化重点龙头企业要完善政策措施,强化人才支撑,强化市场营销,推动对外开放,提高技术创新能力。

关键词:农业产业化　重点龙头企业　现状　趋势

按照《农业农村部乡村产业发展司关于开展全国农业产业化发展情况调查的通知》(农产综函〔2022〕12 号)和省厅通知要求,对全市农业产业化重点龙头企业发展情况进行了调查,全市 219 家市级以上农业产业化龙头企业中,发展运行基本正常的企业 216 家。2021 年对商政〔2019〕6 号文件公布的 172 家(实际是 163 家,2020 年已有 9 家企业升级为农业产业化省重点龙头企业)农业产业化市重点龙头企业进行了监测,监测合格

---

①　商丘市农业农村局乡村产业发展科科长。

企业 78 家,不合格企业 85 家。随着我市农业产业化经营不断发展,又涌现了一批发展势头好、带动能力强的龙头企业,经各县(市、区)推荐 64 家企业新申报市重点龙头企业,最后监测认定市级农业产业化重点龙头企业 142 家。

一、商丘农业产业化重点龙头企业发展基本现状

以龙头企业、农民专业合作社、生产基地为核心的农业产业化经营高质量发展,以科迪食品、诚实人实业、金豆子蔬菜、贵友实业等为代表的大批本土知名企业健康成长。商丘市级以上重点龙头企业 219 家(国家级 9 家、河南省级 68 家、商丘市级 142 家)。2021年 216 家龙头企业实现营业收入 412.68 亿元,较去年增长 7.3%;净利润 19.5 亿元,较去年增长 3.1%;上缴税金 3.7 亿元,较去年下降 4.6%;固定资产净值达到 115.17 亿元,较去年增长 1.5%。210 家龙头企业从业人数达到 10.8 万人,其中农民从业人数 8.2 万人,带动农户 62 万户。

商丘有 5 个国家级脱贫县,分别是民权县、睢县、宁陵县、柘城县、虞城县。5 个国家级脱贫困共有商丘市级农业产业化重点龙头企业 122 家(国家级 5 家、河南省级 36 家、商丘市级 81 家),2022 年 5 个国家级贫困县龙头企业实现营业收入 237.2 亿元,其中有90 家龙头企业带动脱贫户 1.79 万户,带动增收 8 686 万元。

(一)农业产业化国家重点龙头企业发展运行正常

商丘原有农业产业化国家重点龙头企业 6 家,其中虞城县 2 家(科迪集团、金豆子蔬菜)、睢阳区 1 家(诚实人实业集团)、示范区 1 家(农产品中心批发市场)、柘城县 1 家(如意面业)、永城市 1 家(华星粉业);2021 年底,商丘金平安面业有限公司(柘城县)、河南神人助粮油有限公司(民权县)、河南麦客多食品有限公司(永城市)被认定为农业产业化国家重点龙头企业。目前,9 家企业发展运行正常。

(二)农业产业化河南省重点龙头企业大部分企业发展运行正常

目前,商丘农业产业化省重点龙头企业 68 家,其中永城市 16 家、夏邑县 9 家、虞城县12 家、梁园区 2 家、睢阳区 5 家、柘城县 4 家、宁陵县 4 家、睢县 5 家、民权县 11 家。目前,65 家企业发展运行正常,3 家企业因资金困难等因素,导致经营不正常,将被取消省级龙头企业称号。

（三）农业产业化商丘市重点龙头企业 142 家企业发展运行正常

截至 2021 年底，商丘市政府公布的农业产业化市重点龙头企业 142 家，淘汰已不符合农业产业化市重点龙头企业标准的企业 85 家，新申报认定 64 家。其中永城市 14 家、夏邑县 17 家、虞城县 22 家、梁园区 10 家、睢阳区 12 家、柘城县 16 家、宁陵县 7 家、睢县 14 家、民权县 22 家、示范区 8 家。

（四）积极申报第七批农业产业化国家重点龙头企业

2021 年 5 月，根据《河南省农业农村厅关于组织开展第七批农业产业化国家重点龙头企业申报工作的通知》，选定河南省福润食品有限公司、商丘金平安面业有限公司、河南神人助粮油有限公司、河南麦客多食品有限公司 4 家企业推荐申报第七批农业产业化国家重点龙头企业，申报材料 6 月份上报省农业农村厅。7 月底商丘金平安面业有限公司、河南神人助粮油有限公司、河南麦客多食品有限公司经省厅评审推荐上报农业农村部，10 月 12 日农业农村部对拟认定为农业产业化国家重点龙头企业的 413 家企业名单进行了进行了公示，3 家企业成功入选。2021 年底农业农村部、发改委等部门联合发文公布第七批农业产业化国家重点龙头企业名单，商丘新增 3 家农业产业化国家重点龙头企业，农业产业化国家重点龙头企业总数达到 9 家，增长 50%。

（五）争取农业产业强镇示范建设项目

2021 年，推荐了柘城县牛城乡、睢阳区勒马乡申报农业产业强镇项目，3 月 21 日将材料上报到省农业农村厅财务处、乡村产业发展处。3 月 25 日柘城县牛城乡申报农业产业强镇项目材料通过农业农村厅专家评审并上报农业农村部，4 月初通过了农业农村部初审。5 月，柘城县牛城乡申报农业产业强镇项目获得农业农村部批复，7 月份 300 万元资金下拨，剩余 700 万元资金待项目完成验收后补发。2018 年以来，申报国家级农业产业强镇项目 5 个，每个资金 1 000 万元 ~ 1 300 万元，由农业产业化龙头企业牵头实施，国家财政资金主要用于龙头企业新建项目设备采购补贴。

（六）帮助农业产业化龙头企业解决困难

2021 年 4 月 13 日，召开了商丘农业产业化重点龙头企业座谈会，了解企业发展中遇到的困难和问题，研究破解难题的对策和措施。根据会议要求，认真梳理了农业产业化龙头企业实际困难 25 条，列出任务清单，建立台账，下发了《商丘市农业产业化经营工作领导小组关于解决部分农业产业化龙头企业困难和问题通知》(商农产组〔2021〕1号),要求各县(市、区)、各成员单位认真履行支持龙头企业发展的措施,帮助解决相关困难和问题。各县(市、区)、各成员单位积极行动,大部分问题得到有效解决。目前,已帮助企业融资4450万元,有效解决困难问题20个,部分解决问题2个,有3个问题因不具备条件等短期无法解决,也经相关部门积极与企业沟通采取了变通措施。

针对企业提出的由于疫情防控带来的困难问题,及时指导帮扶。针对企业提出的由于疫情防控带来的运输不便,立即将市疫情防控指挥部60号通知转给各县区,各县区农业部门积极沟通,公布了办证机构咨询电话,指导企业到交通等部门申领民生物资通行证,据不完全统计,7~9月疫情期间,指导企业申领本地民生物资通行证500多个,指导企业通过交通、商务、工信等部门申领河南省民生物资通行证60个,通过农业部门申领河南省民生物资通行证100个,使企业的原料和产品进出得到了较好保障;针对企业提出的用工紧张问题,及时将问题报告商丘市政府,并通过"万人助万企"工作机构进行了协调,缓解了企业用工困难。

二、商丘农业产业化重点龙头企业运营困难分析

相当数量企业总体规模不大,综合实力和带动能力不强。企业中"大龙"少、"小龙"多,70%的企业生产经营方式落后,管理水平较低,技术创新能力、市场开拓能力、品牌打造能力和利用资本市场进行扩张的能力弱。大部分企业仅能应用常规技术进行农产品的初级加工,研发能力差,科技含量和附加值产品不高,严重妨碍了企业做大做强和市场开拓。

根据《商丘市农业产业化市重点龙头企业认定和运行监测管理办法》(商农产业化〔2018〕1号)要求,2019年通过监测,淘汰已不符合农业产业化市重点龙头企业标准的企业63家,2021年淘汰已不符合农业产业化市重点龙头企业标准的企业85家。商丘市级农业产业化重点龙头企业目前为142家,呈下降趋势。

(一)经济下行压力影响大

国际金融危机爆发至今已经14年了,再加上2020年以来新冠肺炎疫情影响,世界经济增长乏力,中国经济也受到下行的压力,商丘的农业产业化龙头企业都是民营企业,亦

难幸免,遭受了较大冲击和影响。

从商丘市级以上龙头企业情况看,这种影响从 2014 年开始显现,且愈演愈烈,主要表面在四方面:一是总体生存环境越来越糟糕。因为民营企业在获得社会资源要素能力及抗风险能力等方面远不及国有企业,加剧了资金、技术、人才向国有垄断行业快速流动,进一步导致民营企业用工难、融资难和融资贵。而且,为了生存,民营企业相互之间同质、低质竞争有陷入恶性循环之危;尤其在财政收入增长放缓状况下,一些地方政府优惠税收及财政支持政策难以到位,使民营企业整体生存前景变得暗淡或难料。二是产品成本更高,利润会更薄。由于人口红利拐点到来,用工荒会更加肆虐民营企业,加上融资变得困难,加大其他途径高利融资可能性,使企业为招募工人及生产支出更高工薪福利及资金使用价格。三是出口创汇能力减弱,"走出去"变得高不可企。由于世界经济疲软,国内外消费需求不振,民营企业整体生产会处于一个萎缩下行通道;尤其是外贸出口创汇企业将受到更大冲击,一些民营企业在遭受经济严冬之时,"走出去"不仅变得力不从心,而且会更加丧失国际市场竞争能力和信心。四是破产倒闭数量增多,民营企业面临一次重新洗牌。由于整体经营环境不利,不少民营企业或因缺乏转型和创新能力而倒闭,或因缺乏生存竞争力而被迫停产,或因债台高筑无法经营而跑路关门,或因参与非法经济活动而被政府强制关闭等等,正如大浪淘沙,无异对民营企业来一次新的、无情的行业布局。

(二)企业融资存在困难

商丘市级以上龙头企业融资大多存在"融资难",一是创业成长型的龙头企业。这类企业普遍存在自有资金少、负债率高、融资条件不成熟等特点,因而融资渠道较为狭窄。这类企业主要是年产值 1 亿元以下的小企业,近年以来基本没有得到银行贷款,流动资金十分困难。二是规模扩张型的龙头企业。这类企业生产扩张愿望强烈,用于扩大生产规模和设备更新的资金需求量大。这类企业主要是年产值 1 亿~5 亿元的中型企业,如百分、饮之健、双龙、冷谷红等,近几年虽然仍能得到贷款,但规模大不如前。2015 年以前,商丘的大部分中型企业本着做大做强的指导方针,为企业设计宏大的规划。各金融部门非常支持,担保公司应运而生,企业之间互保、联保形式多样,抵押方式简单快捷。所以在当时企业贷款容易,发展速度快,企业摊子铺得大。但由于投资速度远大于盈利速度,企业加大投资后,在短时间内只能在银行贷款资金支持下发展,逐年逐步还贷款,减少贷款。企业承受不住一次性抽减大量贷款。以百分公司为例,中国银行于2015年7月份抽回贷款资金2 000万元,12月份浦发银行抽走贷款500万元,至今两年时间未再贷给一分钱。之后,其他银行在做续贷过程中追加抵押物,将企业和个人的资产均抵押到银行。2017年7月底,公司在柘城农信社的许诺下还上500万元贷款,一直不给续贷,使公司流动资金周转出现严重危机。还款前银行都是信誓旦旦保证还款后3~5天一定续贷下来,等款还上以后,银行以各种理由往后推,提出各种企业根本就难以做到的条件,刁难企业,拒绝企业。使企业在本来的困难之中雪上加霜。2015年公司本来计划中行和浦发行的两笔贷款能续作下来,在北京、上海、深圳、武汉、郑州等大城市分别成立办事处,投入了一定的人、财、物力,聘请蔡明做代言,准备大力推广石磨面粉。但由于抽走3 000万元的贷款,使企业一下子进入了资金周转困难的境地,没有了后续投入,市场出现了上不去还下滑的局面,前期的投入也等于失败。2018年10月,企业有500多万元贷款到期无法偿还。2020年百分公司被取消河南省级农业产业化龙头企业资格。民权冷谷红也因资金困难等原因,于去年停产,将在2022年河南省级龙头企业监测中被取消河南省级农业产业化龙头企业资格。三是季节收购型且缺乏抵押担保物的龙头企业。这类企业主要从事农副产品收购、加工和销售,资金需求季节性强、时间急、需求量大,在收购旺季资金供需矛盾较为突出。2015年以后,农发行停止了企业粮食收购贷款,粮食加工企业主要靠拍卖粮库的陈粮生产,加工成本上升,品质下降。

"融资难"原因是多方面的,一是企业自身对融资的依赖度高,商丘市级以上龙头企业固定资产只占总产值的15.3%,而原料采购资金占总产值的33%,农产品加工企业的利润率为6.1%,也就是说企业的固定资产抵押贷款(一般为6折)只能解决原料采购资金的1/3,再加上全部利润也只能解决原料采购资金的一半。根据正在进行的农业产业化市重点龙头企业监测和认定情况显示,近三分之一的市重点龙头企业处于停产、半停产状态。二是金融体制滞后加剧龙头企业"融资难"。龙头企业融资渠道单一,融资结构不合理。龙头企业直接融资与间接融资的比例失调,过度依赖信贷的现象十分明显。在调查企业中,2016年信贷融资占到95%以上,而股票和债券融资几乎为零,其他为企业间借款和个人借款。支农金融体系、信贷制度等不能完全适应龙头企业融资需求特点。目前银行业金融机构对龙头企业的支持虽呈政策性、商业性和地方性金融机构共同参与的多元化格局,但仍主要集中在农行、农发行和农信社等涉农金融机构。2016 年,三家机构对龙头企业累计信贷投入额占金融机构的 62.9%。而由于这些资金供应主体本身存在着一些现实困难和问题,客观上限制了其对龙头企业的投入。民间金融发展不畅。受前几年非法集资的影响,民间借贷规模和范围大幅减少,在龙头企业融资中发挥的作用很小。2016 年,调查企业的民间融资额,仅占融资总额的不到 3%。保险对农业和龙头企业的风险补偿功能不足,使龙头企业经营风险难以规避。由于农业保险风险大、赔付率高,农业保险发展较慢。培植龙头企业的外部环境和金融生态环境不够完善,使金融部门对龙头企业融资存在顾虑。银行不认可龙头企业的评定。部分龙头企业信用观念淡薄,逃废银行债务等现象时有发生,部分社会中介机构短期行为严重,出于自身利益的需要,随意为企业出具年度会计报表、审计报告和资产评估报告等文件,担保体系不健全,担保基金规模小、担保费用高、放大倍数低、反担保条件高、现金出资比例低等问题普遍存在;企业办理抵押贷款和银行处置抵债资产过程中,存在收费部门多、收费种类多、收费标准高、办理时间长等问题。

（三）行业竞争激烈

面粉及面制品是商丘农产品加工业的主要行业,商丘有面粉、淀粉加工企业 196 家,方便食品制造企业 82 家,年产小麦粉 500 余万吨,淀粉及淀粉制品 2.82 万吨,方便面 50.9 万吨,糕点 1.5 万吨,饼干 4.8 万吨,焙烤食品 362 吨,速冻米面食品 61.4 万吨。小麦粉日产 300 吨以上龙头企业 26 家,其中五得利商丘面粉公司二期工程 2021 年 10 月建成投产,建成后日产规模将达 6 000 吨,年加工面粉能力 200 万吨以上。原料小麦除个别强筋麦品种外,90% 以上来自本地。

面粉是小麦深加工产品之一,前几年发展势头很好,但近年来商丘面粉加工企业却举步维艰,主要原因是前几年一哄而起,盲目上马,低端重复建设造成的产能过剩。商丘市面粉业商会 2011 年调查显示,商丘取得 QS 认证的面粉加工企业 103 家,总加工能力按平均日加工单机 200 吨计算即为每天 2 万余吨,年加工能力达 700 万吨,再加上大量未认证企业,商丘现有小麦粉加工规模已远超过当地的小麦产量。2014 年五得利商丘面粉公司投产后,市场竞争白热化。近几年,国家托市收购小麦,农发行停止了企业粮食收购贷款,粮食加工企业主要靠拍卖粮库的陈粮生产,商丘面粉加工企业和山东、河北企业原料成本一样,原有的价格优势消失,再加上运输成本,在东北经营多年的传统市场全部丢失,只能转攻西南云贵川市场,但西南并非面食为主,市场规模无法和东北相比。市场规模小、产能低、设备落后、品质不稳、市场竞争激烈导致2015年、2016年大部分面粉加工企业连续亏损,面粉加工业被银行划为高危行业,贷款困难。2018年以后形势更加严峻。五得利商丘面粉公司负责人表示,尽管五得利是全球最大的面粉加工企业,拥有技术、设备、销售、规模等多方面优势,但过度竞争仍使总公司高层对面粉加工业前景不看好,正在着手进行转型,五得利商丘面粉公司二期工程建设延期开工,就是对设备、工艺进行重新设计,以适应转型要求。粮食部门2022年3月份对商丘75家面粉加工企业进行摸底,面粉日设计加工能力37 910吨,在黄淮四市排名第一,在河南省名列第一;加工专用面粉的企业54家,专用面粉日设计加工能力18 960吨,在黄淮四市排名第一。

此外,商丘农业产业化龙头企业还面临环保压力大等困难,近几年,随着大气污染综合治理力度加大,企业全部实施了煤改气,企业能源成本成倍上涨,还不时被限产、停产。

企业大部分是未建立现代企业制度,仍是家族式企业管理模式。企业财务制度不规范,账目混乱,产权不明晰,银行对贷款存在后顾之忧。

三、商丘农业产业化重点龙头企业发展路径分析

到2025年,力争引进10个以上大型农业产业化龙头企业,力争培育年产值超百亿元的企业集团1~2家,力争培育上市企业2~3家,河南省级以上农业产业化重点龙头企业达到80家以上,国家级农业产业化重点龙头企业达到10家。

(一)完善政策措施

(1)加强财政支持。各级财政要多渠道整合和统筹支农资金,在现有基础上增加扶持农业产业化发展的相关资金,切实加大对农业产业化和龙头企业的支持力度。

(2)强化金融服务。鼓励银行业金融机构加大信贷支持力度,为农产品生产、收购、加工、流通和仓储等各环节提供多元化金融服务。政策性金融机构要在业务范围内适当扩大农产品加工担保业务规模,完善银担合作和风险分担机制,为农产品加工企业融资增信。积极开展厂房抵押和存单、订单、应收账款质押等融资业务,创新"信贷+保险"、产业链金融等多种服务模式。支持符合条件的农业产业化龙头企业上市融资、发行债券。

（3）完善用地政策。稳步探索在符合规划和用途管制前提下,允许农村集体经营性建设用地出让、租赁、入股,建立与国有土地同等入市、同权同价、流转顺畅、收益共享的入市机制;合理安排并预留部分新增建设用地计划指标,积极支持农业产业化项目、乡村旅游等用地需求;稳步推进城乡建设用地增减挂钩试点和增减挂钩节余指标异地调剂使用工作开展,多渠道解决涉农企业项目用地问题;充分运用设施农用地备案政策,解决直接用于经营性养殖的畜禽舍、工厂化作物栽培或水产养殖的生产设施用地及其相应附属用地。

（二）强化人才支撑

充分发挥各级组织人事部门的作用,帮助企业引进先进适用的金融人才、管理人才、营销人才,并享受当地政府人才引进待遇。有关部门要加强对龙头企业经营管理和生产基地服务人员的培训,组织业务骨干到科研院所学习进修。鼓励和引导高校毕业生到龙头企业就业,对符合基层就业条件的,按规定享受学费补偿和国家助学贷款代偿等优惠政策。

（三）强化市场营销

鼓励和引导龙头企业参与农产品交易公共信息平台、现代物流中心建设,支持龙头企业建立健全农产品营销网络,促进高效畅通安全的现代流通体系建设。大力发展农超对接,积极开展直营直供。支持龙头企业参加各种形式的展示展销活动,促进产销有效对接。

（四）推动对外开放

强化与东部发达地区同质企业的合作,加强招商引资,使发达地区相应产业内移,到商丘独资或合作办企业。招商引资引进的项目享受市、县(区)产业集聚区同等奖励政策。鼓励和支持农业产业化龙头企业实施"走出去"战略,积极开拓国际市场,参与国际市场竞争。支持农业产业化龙头企业开展对外贸易,扩大农产品出口。

（五）提高技术创新能力

鼓励龙头企业加大科技投入,建设国家级和河南省级重点实验室、工程技术研究中心、企业技术中心等各类研发中心,加强与科研院所和大专院校合作,培育一批市场竞争力强的科技型龙头企业。通过国家科技计划和专项资金等支持龙头企业开展农产品加工关键和共性技术研发。鼓励龙头企业开展新品种新技术新工艺研发,落实自主创新的各项税收优惠政策。鼓励龙头企业引进国外先进技术和设备,消化吸收关键技术和核心工艺,开展集成创新。发挥龙头企业在现代农业产业技术体系、国家农产品加工技术研发体系中的主体作用,承担相应创新和推广项目。

商丘市农村人居环境整治经验和启示

杨友欣①

摘　要: 农村人居环境整治是全面推动乡村振兴战略,实现乡村宜居的重要抓手。商丘市坚持"绿水青山就是金山银山"的发展理念,树立问题导向,强化补短板强弱项,制定了系统的农村人居环境整治机制和举措,农村"脏乱差"现象得到根本扭转,涌现了一批美丽生态宜居村庄,群众精神面貌焕然一新,获得感、幸福感进一步提升。在推进农村人居环境整治重点工作中,要强化各职能部门责任,形成改善农村人居环境的强大合力;要加强农村基层党组织建设,充分发挥村级党组织战斗堡垒作用;要把规划放在重要位置,突出规划引领的引领作用;要与产业、文化相结合起来,形成特色发展;要提升群众的积极性,充分发挥群众主体作用。

关键词: 农村人居环境整治　乡村振兴　经验启示

农村人居环境整治是全面推动乡村振兴战略,实现乡村宜居的重要抓手,商丘市坚持"绿水青山就是金山银山"的发展理念,制定了系统的农村人居环境整治机制和举措,农村人居环境整治扎实开展,成效明显。

一、商丘农村人居环境整治主要做法

以村庄清洁行动为抓手,聚焦农村垃圾治理、污水治理、农村改厕、村容村貌提升等

---

① 商丘市农业农村局农村人居环境指导科科长。

工作,树立问题导向,强化补短板强弱项,农村"脏乱差"现象得到根本扭转,涌现了一批美丽生态宜居村庄,群众精神面貌焕然一新,获得感、幸福感进一步提升。

(一)开展村庄清洁行动,打造干净卫生生活环境

(1)持续开展村庄清洁行动春季战役、夏季战役、秋季战役、冬季战役。把村庄清洁行动作为改变农村"脏乱差"面貌的重要抓手持续深入推进,以"三清一改"(清垃圾、清河道沟渠、清畜禽粪污,改变影响农村人居环境的不良习惯)为主要内容,围绕"立足清、聚焦保、着力改、促进美",明确不同时节工作重点,对村庄主次干道、房前屋后、背街小巷开展全面大扫除、大清洁、大整治,2021年,全市出动人员40万人次,设备6 000余台次,清理村内水塘7 468口,清理村内沟渠5 750千米,清理畜禽养殖粪污107.67万吨,全市有90%的行政村开展村庄清洁行动较好。

(2)开展农村人居环境集中整治行动。2021年11月26日,根据全省统一部署,商丘市启动农村人居环境集中整治行动。围绕整治乱堆乱放、乱倒乱扔、乱搭乱建"六乱",开展清垃圾、清污水、清塘沟、清违建、清杂物、清残垣断壁"六清",实现净起来、绿起来、亮起来、美起来"四起来"目标,市委、市政府出台了集中整治工作方案,建立了工作专班统筹推进,成立了5个督导组,每周暗访,每月通报,掀起了农村人居环境集中整治高潮。截至2022年4月上旬,全市集中整治行动累计清理垃圾堆、带20.4万处、整治乱搭乱建3.9万处,清理残垣断壁3.3万处,整治"空心院"2.7万个,绿化4.02万亩,新建森林乡村231个,开展绿化的行政村4 479个,占行政村总数的99.1%。

(3)积极与春节和疫情防控相结合。在春节期间群众返乡,垃圾猛增的情况下,增加垃圾清运频次,强化工作监管,保障了群众过一个干净欢乐祥和的春节。加强农村生活垃圾的清理转运,减少生活垃圾滞留时间。加强消毒防疫工作,针对农村生活垃圾堆放点、垃圾桶、公厕和环卫作业车辆等地方进行消杀处理,尽可能地切断病毒传播途径。引导农户开展家庭内外环境大扫除大清扫,指导群众加强畜禽养殖管理,减少人畜共患病传播风险。为全市疫情防控工作打下了农村基层基础防线。

(二)抓好农村垃圾治理,健全城乡一体环卫体系

(1)做好垃圾清理转运。按照"户分类、村组收、乡镇运、县处理"模式,采取政府购买服务或自己组建保洁公司的方式,所辖10个县(市、区)均建立了城乡一体的农村垃圾收运处置体系。全市 4 583 个行政村按照人口 3‰以上的比例配备保洁人员 4.2 万人,配备配齐收集转运设施设备,垃圾收运车加装 GPS 等电子设备,随时监控垃圾收集转运情况。农村垃圾收集转运体系覆盖行政村达到 100% 。

(2)加强农村垃圾县级终端处置设施建设。市级、永城市、夏邑县、睢县、柘城县、民权县垃圾发电厂建成并投入运行,商丘市垃圾处理由"填埋为主"向"焚烧发电"转变,解决了垃圾出路问题,全市每年清理垃圾杂物 100 多万吨,彻底告别了垃圾围村、垃圾遍地现象。制定下发了《商丘市 2021 年农村生活垃圾分类和资源化利用工作方案》,预计到 2025 年,试点县乡和有条件的村庄基本实现农村生活垃圾分类、资源化利用全覆盖。永城市、民权县纳入全国、全省农村生活垃圾分类和资源化利用试点县(市、区)。

(三)统筹推进农村厕所革命和污水治理,补齐群众生活品质短板

(1)农村户厕改造持续推进。2018 年以来,全市持续推进农村户厕改造,建立健全了农户申请、问题反映处理、后续服务保障机制,推广建设完整上下水道水冲式厕所、三格式化粪池或双瓮式厕所、户建化粪池+大三格式化粪池厕所,截至 2022 年 3 月底,全市已改无害化卫生厕所近 80 万户,商丘市农村地区告别了"一个土坑两块板、三尺土墙围四边"和"冬天如厕冷、夏天蚊蝇多"的如厕时代,推动了农村地区的生态文明建设,促进了农民健康文明生活方式的养成,减少了疾病传播,群众的满意率达到 90% 以上。2018 年 12 月 3 日,全省农村改厕工作推进会在商丘市召开。

(2)提升改厕质量。2021 年以来,商丘市常态化开展了农村改厕"回头看"、改厕问题排查整改、改厕集中整治提升行动,对农户厕所实行拉网式排查,不漏一村、不遗一户,对小问题立行立改确保质量,无法立行立改的限期整改,实行销号管理,户厕问题整改率达到 90% 以上。

(3)建立改厕后续管护机制。坚持建管并重,建立长效管护机制,全市共设立乡镇农村改厕管护服务站 100 多个,配备完善了抽污转运处理设施,公布了维修电话和市县乡三级投诉电话。探索粪污资源化利用五种模式被省工作简报专门编发推广。2019 年 11 月,国务院农村人居环境督查组对商丘市的农村人居环境整治和厕所革命工作给予了充分肯定,2019 年 12 月 2 日,"中国农网"给予了报道,"人民网"等多家媒体转载。

(4)梯次推进农村生活污水治理。开展厕所粪污和生活污水一体治理,提高生活污水综合利用和无害化处理能力。重点推进乡镇政府所在地、水源保护地和有条件村庄农村生活污水治理。全市167乡镇,建设污水处理设施的有77个,占46%。在建设污水处理厂的同时,通过建设排水沟渠、生态湿地、沉淀池形式等,实现了规范排放,确保了生活污水有效管控。开展房前屋后塘沟治理、清淤疏浚,逐步消除农村黑臭水体。

(四)着力提升村容村貌,建设美丽生态宜居村庄

(1)规划统领。按照城郊融合类、集聚提升类、特色保护类、整治改善类、搬迁撤并类五类型,全市10个县(市、区)完成了县域范围内的城乡总体规划和村庄分类布局规划。

(2)示范引领。依据各地自然资源禀赋、历史文化传承、人口规模、产业基础、经济发展条件,每年抓好一批示范村。2019年来,全市重点推进了236个省级"千村示范、万村整治"示范村创建,打造了一批全市乃至全省的样板典型。"美丽环境"加速向"美丽经济"转化,推动"田园变公园、农房变客房、乡村变景区、劳作变体验",打造了文旅结合、农旅融合的新业态。全市相继建成了永城时庄文化艺术村、民权任庄生态旅游村、虞城县美丽孝善郭土楼村、睢阳区张菜园红色旅游村、夏邑孙聚寨产业发展村等一大批具有豫东特色、生态优良、乡愁浓厚的样板村庄。示范带动、学有榜样、以点带面、全面推进,其他村庄加快实施基础设施和公共服务设施建设,推动旧村换新颜,建设了一批绿色生态村庄,农村环境从一处美变成处处美,从一时美变成长期美。

(3)创建先行。开展"五美庭院"创建活动。推进"一宅变四园"行动,盘活了村民院内闲置土地,利用庭前院后废弃空地,把宅院变为树园、花园、果园、菜园,全市"五美庭院"达标26.42万户。组织开展"星级文明户"评选等活动,增强了农民保护人居环境的荣誉感。通过修订完善村规民约、与村民签订门前三包责任书等方式,明确了村民的保洁义务,发挥了群众主体作用。农村人居环境整治由村庄公共空间向农户单元延伸。商丘市先后两次被评为全省农村人居环境整治先进市。6个乡镇被命名为全省第一批"美丽小镇",6个村获"全国美丽休闲旅游乡村"称号,17个村获"省级乡村旅游特色村"称号。

商丘市是农业大市,与城镇相比,农村人口多,农民收入低,农村基础设施薄弱,农村公共服务建设滞后等问题还比较突出。大多数村庄没有污水收集处理设施,部分村庄道路没有硬化,通组通户道路不完善;部分村庄环境整治标准低,村容村貌较差还;随意建房造成有新房没新村，农村风貌不协调；一些集镇区市场经营管理无序。

二、商丘农村人居环境整治经验启示

（1）要发挥村级党组织战斗堡垒作用。农村基层组织建设是党的全部工作和战斗力的基础。村庄环境整治比较好的村庄，基本上基层组织建设都比较强，基层组织软弱涣散的村庄整治情况就比较滞后。因此，改善农村人居环境，必须大力加强农村基层党组织建设，牢牢抓住加强农村基层党组织建设这个"牛鼻子"，不断增强农村基层党组织的创造力、凝聚力和战斗力。要把农村人居环境整治作为检验基层党组织战斗力的主战场，引导党员干部发挥先锋模范作用，引导、激励、鞭策农村党员在农村人居环境整治中亮身份、领责任、展风采、争先锋，充分发挥广大党员干部的"领头雁"效应，带动广大群众自觉参与和支持农村人居环境整治工作，才能不断开创出整治工作的崭新局面。

（2）要坚持规划引领。一是突出规划龙头作用。制定科学的规划是全面推进农村人居环境整治的基础性工作，美丽乡村建设初期要把规划放在首要位置，坚持"不规划不设计，不设计不施工"。规划先行，有效避免了行动的盲目性和无序性。要确保建设效果，绘制好"施工图"，就要对全域乡村进行摸底调查、全面规划、系统设计，划定生产、生活、生态空间，突出乡土特色和地域特点。二是先谋划后规划。村庄建设前，要广泛征求群众意见，特别是发挥农村老党员、老教师等乡贤人士作用，对村庄建设进行谋划，形成初步意见后，提交村两委班子和乡镇党委政府讨论，在乡村谋划的基础上提交规划部门对村庄进行规划编制设计，这样编制的美丽乡村建设规划接地气、群众认可，建成的美丽乡村可持续。永城市、民权县按照先谋划再规划建成的永城市演集镇时庄村、民权县花园乡赵洪波文化民俗村等一批美丽村庄已经成为网红村，每天吸引大量游客前来观光旅游。三是加强乡村规划管控。引导群众按照规划建房，政府无偿提供建房图纸，突出当地传统民居特色和时代特征，避免大拆大建、有新房无新村、建房混乱现象。四是示范引领。通过点上示范、线上开发，逐步向整体推进、全域提升扩展，有效发挥示范引领、带动和辐射作用，推动农村人居环境整治全面实施。

（3）要与产业、文化相结合。一是与产业发展相结合。要把产业发展作为农村人居环境整治的重要支撑，积极推进"一村一品"，发展特色种植养殖业，建设农业产业园区，产业与村庄建设联建互动,互动双赢,目前有产业基础建成美丽乡村占1/3以上。二是与村庄的历史文化相结合。把村庄传统历史文化作为美丽乡村的魂、根,充分挖掘传承,建成了一批孝道文化传承村、红色革命村、民俗文化村、特色文化专业村等,一些美丽乡村相继建起了村史馆、农耕文化馆,旨在留住根脉,记住乡愁,传承文化,教育后人。三是与文明村镇相结合。把美丽乡村建设作为文明乡镇、文明村评选的重要内容,不仅提高了村容村貌、镇容镇貌,也提升了村镇文明程度。

(4)充分发挥群众主体作用。农村人居环境整治主体是农民,怎样建、建什么,群众最有发言权,群众积极参与才能达到事半功倍的效果。一是动员群众积极参与。组织动员农民群众积极参与村庄整治活动,同时发挥乡贤作用,充分挖掘乡贤资源,调动和激发广大乡贤的积极性,吸引他们资源返乡、资金返乡、技术返乡等,发挥乡贤教化乡民、反哺桑梓、泽被乡里、温暖故土的重要作用,凝聚人心,促进和谐。二是完善村规民约。将美丽乡村建设、人居环境整治纳入村规民约,规范村民行为,用"门前三包"约束性制度促进户户参与。三是开展群众性创建活动。广泛开展"十星级文明户""五美庭院"创建等工作,全市创建星级文明户65万余户。颁发流动红旗、"开展小手拉大手"等活动,激发了群众参与创建美丽乡村建设的热情。四是抓好宣传工作。充分利用网络、媒体、广播电视、村头大喇叭等,宣传农村人居环境整治政策措施、典型事例、营造良好人居环境整治氛围,强化农民的主人翁意识,树立良好的卫生意识和生活习惯。

(5)要建立完善工作推进机制。一是建立"周暗访、月通报、季观摩、年考评"工作机制。坚持每周暗访,每月进行排名通报,对影响较大的问题进行媒体曝光和通报批评,并持续跟踪问效;每季度市党委、人大、政府、政协领导带队观摩打分排序,形成了相互学习、相互追赶的良好氛围;年终依据暗访、通报、观摩和平时情况对各县(市区)进行综合考核,严格奖惩。二是创新督查机制。党委、政府两办督查室与农业农村部门定期开展督查问效;农业农村局班子成员联系分包县(市、区),与县(市、区)同奖同罚。市领导不定期开展督导暗访,对存在问题现场交办,限期整改。尤其是在近期开展的农村人居环境集中整治行动工作中,市集中整治专班办公室成立5个督导组,每周一暗访一通报,有力发挥了督导"利剑"作用,推进了农村人居环境集中整治向纵深开展。

乡村振兴视角下的商丘市移风易俗实践做法与对策建议

王全周① 谢 芳②

摘 要:商丘市把移风易俗作为乡村文明建设的重要内容,扎实开展"推动移风易俗 树立文明乡风"活动,通过重点抓好示范带动,不断建立健全各项规章制度,以民风带家风,以家风促乡风,引导群众革除陈规陋习、崇尚文明新风,让文明新风融入农村生产生活的各个方面。可以通过加强宣传教育引导、树立共建共享理念,大力弘扬时代新风、加强思想道德建设,深化文明家庭创建、促进社会文明进步等方式进一步扎实推进移风易俗进入千家万户。

关键词:乡村振兴 移风易俗 文明新风

近年来,针对脱贫攻坚任务艰巨和农村红白事操办攀比风严重的社会现象,商丘市围绕"提高农村精神文明建设水平、推进新型城镇化建设、助力乡村振兴"的目标,把移风易俗作为乡村文明建设的重要内容,作为巩固脱贫攻坚成果的杠杆以斩断农民因婚致贫返贫的恶根,扎实开展"推动移风易俗 树立文明乡风"活动,以民风带家风,以家风促乡风,革除陈规陋习,助力脱贫攻坚。通过多年来的持续发力,商丘市移风易俗工作得到中央、省委领导同志的肯定,受到《人民日报》、新华社、中央人民广播电台、《光明日报》《农

---

① 中共商丘市委常委、宣传部部长。
② 中共商丘市委宣传部政策法规研究室主任。

民日报》《河南日报》《大河报》等 50 家国家级、省级媒体关注和深入采访报道。

一、商丘市移风易俗基本情况

商丘市下辖的夏邑、虞城、柘城、睢县、宁陵、民权六个县全部是贫困县，虽已全部摘帽，但巩固脱贫攻坚成果任务艰巨。面对农村红白事操办攀比风这块脱贫"绊脚石"，商丘市决心把"移风易俗"作为巩固脱贫攻坚成果的杠杆，做好"加减法"，用"移风易俗"金钥匙打开社会文明、群众减负"两把锁"，进而斩断导致农民因婚致贫返贫的"穷根"。商丘市多次召开农村精神文明建设暨移风易俗工作经验交流会，采取实地考察、开会座谈、交流经验等多种形式，安排各县（市、区）相互学习借鉴。还印发了《商丘市推动移风易俗树立文明乡风工作方案》，在媒体上刊发了《致广大干部群众的一封移风易俗公开信》等。

移风易俗工作在商丘大地全面铺开，初见成效，渐入佳境，先后受到中央和省委领导的批示，认可并肯定了商丘移风易俗工作取得的成效。商丘市"推进移风易俗树立文明乡风"工作受到中宣部领导的肯定与表扬，连续两次批示为商丘市在此项工作中的做法"点赞"。河南省委领导在全省农村精神文明建设工作经验交流会上指出："在移风易俗方面，宁陵等县的做法值得借鉴，宁陵县的彩礼不超过 3 万元，'四菜一汤'等做法，深受群众欢迎。"就"推动移风易俗·树立文明乡风"活动，时任商丘市委书记王战营批示："倡树文明风尚，坚持不懈，久久为功！""树立良好社会风气，是推动社会主义核心价值观在农村落地生根的必然要求，是完成脱贫攻坚任务的重要抓手。商丘市上下坚持重在正面引导、重在道德养成、重在群众自觉的原则，先行先试，大胆创新，取得了扎实成效。"

二、商丘市移风易俗创新举措与经验做法

习近平总书记强调，要弘扬新风正气，推进移风易俗，培育文明乡风、良好家风、淳朴民风，焕发乡村文明新气象。商丘市积极开展"推动移风易俗·树立文明乡风"活动的经验，通过重点抓好示范带动，不断建立健全各项规章制度，以民风带家风，以家风促乡风，引导群众革除陈规陋习、崇尚文明新风，让文明新风融入农村生产生活的各个方面。

（一）试点先行，创新引领，破除陈规陋习

（1）强化宣传，营造良好社会氛围。商丘市广大干部群众的理解支持，是做好农村移

风易俗工作的重要基础。睢县从扩大正面宣传教育入手，做好"十个一"活动，即一个专栏、一张光盘（磁带、微电影）、一个道德讲堂、一组文化墙、一张清单、一次培训、一个宣讲团、一次相亲大会、一场集体婚礼、一次广场文体活动，着力营造婚事新办、丧事简办的社会氛围。宁陵县在电视台、电台、网站、微信、微博等媒体开辟专栏、专题，大力宣传移风易俗新风尚。开展"移风易俗新时尚·文明宁陵正能量"社会主义核心价值观主题活动系列访谈，对各乡镇和县直各单位"一把手"进行电视采访，在媒体上设立曝光台和举报电话，曝光违规操办行为。柘城县充分发挥乡镇基层党校的主阵地作用，对全县 22 个乡（镇、办事处）党员干部、驻村第一书记、村"两委"班子成员和各村红白理事会会长进行移风易俗专题培训，要求党员干部转变观念，自觉破除陋习，带头厉行节约。柘城县坠琴剧团自编自演《特殊婚礼》《请闺女》《张麻子葬母》《彩礼风波》等反映农村索要高价彩礼、铺张浪费题材的戏曲在各村巡回演出 380 多场次，以戏说事，用戏明理。同时，还拍摄以高价彩礼为题材的公益微电影《雷哥定亲》《彩礼纠纷》等，春节前后集中向适龄青年推送。虞城县委宣传部、文广旅游局编排了《婚礼的风波》微话剧，通过农村宣传栏、广播、文化小广场等阵地进行宣传，把 10 多万份"推动移风易俗树立文明乡风倡议书""移风易俗宣传册""移风易俗年历"发到农民手中。

（2）村民自治，发挥红白理事会作用。商丘市围绕完善村民自治，引导群众讨论修订村规民约时注入移风易俗内容。全市 4 787 个行政村（社区）全部成立村民议事会、红白理事会、道德评议会、禁毒禁赌会，建立健全监督执行和激励机制，实现群众自我教育、自我约束。由村党员干部、乡贤、老干部、老教师或德高望重的"五老"人员担任红白理事会负责人，倡导红事新办，白事简办，全面监督工作落实，逐步改变原先大操大办、讲排场、比阔气的不良风气。红白理事会在农村白事上发挥着重要作用，在消除陈规陋习，推进移风易俗中扮演重要角色。通过试点，得到了群众的普遍认可和接受，移风易俗工作全面推开，村民普遍享受到俭办带来的实惠。虞城县率先破除老人过世后入土留坟的传统思想，用种鲜花栽景观树代替坟头，全村 111 座坟头从人们的视野中消失；利民镇赵楼村红白理事会开展红白事统一规范管理，统一标准、统一聚餐，节约办事成本。睢阳区，一个村红白理事会成员 4～6 名，支部书记、村委主任必任成员。冯桥镇安楼村红白事标准四菜一汤每桌 260～300 元。夏邑县王集乡陈庄村红白理事会重点对办事待客范围、就餐桌数、饭菜烟酒标准等方面进行大幅限制，倡导广大群众自觉勤俭节约，文明简朴操办婚丧嫁娶等事务;原来待客上桌十盘菜,现在经过村民代表大会决议改为两荤两素"四大盆"。民权县南华街道办事处屈庄红白理事会由群众推举出德高望重、热心服务、公平公正、崇尚节俭、有一定礼仪特长的人士组成,按照统一标准、流程和仪式,免费帮助群众全程操办红白事。

(3)活动引导,推动群众转变观念。春节前后,宁陵县、柘城县、睢县分别举办商丘市移风易俗"零彩礼"集体婚礼,市、县领导出席集体婚礼,并为他们证婚,活动简朴热烈、文明祥和。元宵节期间,柘城县举办相亲大会,成功为700对青年搭建了鹊桥,还相继举办高端相亲会、月亮湾单身交友会45场,促成男女青年上千对。柘城县成立红娘协会,并为红娘颁发证书,规定牵线成功彩礼限制在2万元以下,并规范婚庆公司服务项目,组织有私家车的村民轮流免费提供结婚服务,减少了群众开支;为适龄男女解决实际问题,举办相亲会和集体婚礼,为适龄男女牵线搭桥、提供婚庆服务等。目前,参加集体婚礼已经为很多适龄青年所接受,有的新婚夫妇还为参加集体婚礼更改结婚日期。

(4)典型带动,选树先进促进民风。试点中,商丘市把选树先进典型作为引领民风的抓手,采取村级推荐、乡镇初评、县级总评等方式,开展"移风易俗""乡贤孝贤""道德模范""星级文明户""好媳妇、好婆婆""文明家庭"等10项评选活动,推进中华传统优良家风家教在乡村的推广普及,用身边事教育身边人,形成了人人讲文明、户户争荣誉的良好氛围。民权县花园乡魏庄开展星级文明户创评后,村里兴起"追星"潮;野岗镇平岗村经常性表彰"好媳妇、好婆婆";北关镇四海营村女孩唐莉莉订婚时,面对男方60万元的巨额彩礼,只是象征性地收下了1万元。梁园区推行"喜事新办、丧事简办"。"婚事新办"即依法办理婚姻登记,废除陈规陋习,不讲排场、不讲阔气、不大摆宴席。"仪式从简",并严格控制参加宴席的人员和花费标准;积极推行集体婚礼、旅游结婚等新型婚礼模式;摒弃滥发请柬、大摆宴席、天价彩礼、高额礼金等陋习,严禁在公共场所乱贴红纸、过度"闹婚"、大量燃放烟花鞭炮等不文明行为。"其他喜庆事宜小办"即生育、庆寿、定亲、升学、乔迁等喜事小办,禁止互相攀比、大操大办和借机敛财,倡导健康文明的交往方式和合理的消费理念。"丧事简办"即坚持厚养薄葬,做到老人在世时子女多孝敬,让老人安度晚年。人亡故后一律火化,在尊重民俗的情况下,一切从简,文明祭祀,做到不穿白孝服,不扎纸活,不用响器,不唱戏,不用高音喇叭播放哀乐。简化丧礼程序,控制丧事规模,缩短丧事天数,杜绝出大丧、办长丧、大摆宴席。推行戴黑纱白花、随礼不座席、就餐一碗菜。

(二)全面铺开,持续推进,移风易俗见成效

开展"推动移风易俗 树立文明乡风"活动,是深入贯彻落实习近平总书记系列重要讲话精神特别是关于加强精神文明建设重要指示的具体举措,是贯彻落实河南省第十一次党代会和商丘市第六次党代会精神、在广大农村加强社会主义核心价值观建设的有效载体。

(1)部门联动,形成工作合力。在试点先行的基础上,为促进商丘"推动移风易俗·树立文明乡风"活动的深入开展,市政协在2017年第一次双月协商座谈会便确定由市政协主席带队到各县(市、区)进行调研,并邀请市文明办、市委农办、市民政局、市农业局、市扶贫办、市妇联等多家单位一起参与协商座谈,分析存在的问题、研究对策措施、形成协商专报,报市委常委会研究具体推进措施;成立由市委宣传部牵头,将市纪委、市委组织部等24个部门参与的移风易俗工作领导小组,对每个部门进行任务分工,要求各部门明确职责、抓好本部门工作的落实,形成推动移风易俗工作的合力;实行部门联席会议制度,定期研究解决问题,通报各县(市、区)工作情况和民意调查结果,及时掌握基层工作情况和取得的成效。

(2)教育引导,提高农民素质。"推动移风易·树立文明乡风",根本任务就是要培养高素质的新型农民。在农村,通过随处可见的宣传文化墙、挂历、书法作品等有效载体。广泛深入开展社会主义核心价值观教育,使其家喻户晓,深入人心。加强理想信念教育,深入开展中国特色社会主义和中国梦的宣传教育,开展国家意识、法治意识、责任意识宣传教育,引导农民群众听党话,跟党走;加强文明乡风宣传教育,推动形成辛勤劳动之风、节俭节约之风、诚实守信之风、孝老爱亲之风。

(3)抓好阵地,转变群众观念。移风易俗是在尊重、传承传统风俗习俗基础上,移"歪风"、易"低俗",在实际工作中注重发扬好传统,形成好风尚,其关键是教育引导群众转变观念,自觉认同和践行新的行为规范。商丘市发挥农村教育阵地作用,运用农村道德讲堂、善行义举榜、农村宣传栏、广播、文化小广场等阵地开展教育采取文艺演出、公益广告、文化墙等老百姓喜闻乐见的形式,宣传移风易俗的目的意义,宣传经村民讨论形成的村规民约,引导群众自觉追求真善美,摒弃假恶丑,用社会主义核心价值观规范自己的言行。

（4）强化社会宣传，营造浓厚氛围。商丘市采取宣传挂图、倡议书、明白纸、大喇叭、宣传车等方式，移风易俗的宣传已经进村入户，入脑入心，采取微博、微信、手机客户端、微电影等新兴传媒方式开展宣传教育，提高针对性和感召力。同时加大舆论监督力度，对大操大办、薄养厚葬、封建迷信等反面典型，在新闻媒体上反复进行曝光，形成警示效应。加强移风易俗公益广告宣传，策划推出一批公益广告，在新闻传统媒体和新兴媒介上广泛刊播，着力构建移风易俗大宣传格局，加大各级各类媒体宣传力度，宣传报道移风易俗典型做法和工作成果，提高广大干部群众对移风易俗的认同感和参与度，营造浓厚社会氛围。

（5）建立"一约四会"，做到有章可循。积极抓好村规民约的制订和红白理事会建设。市、县（市、区）、乡（镇）、村（社区）切实履行好党管意识形态第一责任人的职责，积极作为，跟进工作，指导村红白理事会对本村婚丧等事宜的办理流程、标准要求等做出明确规定，纳入村规民约。把德高望重、群众威信高、公道正派的党员干部、"五老"人员、新乡贤孝贤等充实到理事会中，切实发挥好红白理事会的积极作用。还建立健全村民议事会、禁毒禁赌会和道德评议会，打牢村民自治的制度基础，推动村民自治有规可依，有章可循。

（6）文明创建，推动乡风文明。健康向上的文化，在改善农村风气、教化群众思想上的作用至关重要。商丘市以"文明乡镇""文明村""文明校园""文明家庭"创建为总抓手，丰富创建载体，移风易俗已纳入测评体系。突出"以文化人"。推出一批群众喜闻乐见、具有特色的文艺精品，组织开展群众乐于参与、便于参与的节日民俗活动、文化娱乐活动和经典诵读活动，使优秀传统文化和传统美德活起来、传下去，潜移默化地引导农村形成新习俗、新风尚。组织开展志愿服务，引导群众开展送温暖、献爱心活动，邻里守望，相互帮助。

（7）创新方式，突出工作实效。在推进乡风文明建设中，商丘市依托"美丽乡村·文明村镇""美丽庭院"等创建活动，引导群众自觉摒弃不良习俗，大力实行典型带动，以选树先进典型引领民风，打造"平民英雄"。在全市宣传工作会议上，商丘市大力表彰移风易俗的3个先进县区、18个先进乡镇、30个先进村。各乡镇、村开展"十星级文明户""移风易俗光荣户""文明家庭""好婆婆、好媳妇"等评选活动，同时加大基层农村"商丘好人"的推荐、评选、发布力度，树立起"好人好名、好人好报"的价值导向。注重关键少数人员示范引领，倡导全市党员特别是党员干部严格执行中央和省委、市委有关规定，带头遵纪守法、文明节俭办事，自觉抵制陈规陋习和大操大办之风。注重基层推动，发挥"第一书记"和"三·五"基层工作日包村干部的作用，带头建立农村移风易俗示范村。

（三）攻坚克难，坚持不懈，久久为功成风尚

多措并举、多方努力下，移风易俗在商丘大地上结出累累硕果。省委农村工作领导小组通报表彰农村人居环境整治三年行动先进单位，商丘市被授予农村人居环境整治先进市，柘城县和虞城县被授予农村人居环境整治先进县，民权县被授予厕所革命先进县。成绩的取得源于清晰的工作思路和持久的坚持不懈。

（1）明确工作目标。推进移风易俗、建设文明乡风，是实施乡村振兴战略一项非常重要的工作，是培育和践行社会主义核心价值观的必然要求，也是当前农民群众最为关心的现实问题。为了有效遏制农村陈规陋习，树文明新风，中央农办牵头，联合中央组织部、中央宣传部、中央文明办、农业农村部等11个部门，共同印发《关于进一步推进移风易俗 建设文明乡风的指导意见》，对当前和今后一个时期的文明乡风建设工作做出了全面的部署安排。商丘坚持不懈推动移风易俗才能达到预期目标，根据《河南省推动移风易俗树立文明乡风三年行动计划》《河南省乡风文明建设三年行动计划》，制定《商丘市推动移风易俗树立文明乡风三年行动计划》《商丘市乡风文明建设三年行动计划》，全市所有村要普遍将移风易俗纳入村规民约，普遍建立起红白理事会并切实发挥作用，在遏制婚丧嫁娶铺张浪费、破除封建迷信和陈规陋习方面取得明显成效，农民群众对移风易俗满意度达80%以上。全市农村红白理事会工作实现制度化、规范化、常态化，婚丧嫁娶新风尚的形成。2021年，婚丧嫁娶中的不良风气得到根治，移风易俗成为农民的自觉行动，群众对移风易俗满意度保持较高水平，"文明、和睦、互助"成为乡村精神文明的标志。当前，在全市广大农村已经基本实现了中共中央提出的人居环境、乡风民风、文化生活"三个美起来"的奋斗目标。

（2）突出工作重点。商丘市移风易俗的重点聚焦在"婚丧嫁娶"大操大办上，这是推动移风易俗工作的抓手和突破口。加大道德建设力度，培育孝悌和睦家风，倡树厚养薄葬、婚事俭办新风尚，反对盲目攀比，农民群众的人情负担减了下来，农村的新风正气树了起来。抓住关键环节，持续做好宣传。广泛宣传移风易俗的重要意义和经村民讨论形成的村规民约经验做法,群众认识到移风易俗的必要性和重要性;组织开展好村风、好家训宣传教育活动,发挥最美家庭的示范引导作用。

(3)强化制度约束。充分发挥"一约四会"作用,在充分讨论、广泛征求意见的基础上,内容、程序、执行都能为农民群众普遍接受,在德高望重、公道正派的老党员、老干部、老教师参与下,形成广泛的正能量。坚持正面引导与依法治理相结合,下大力气整治农村黄赌毒、封建迷信、非法宗教等突出问题,会同相关部门加大丧葬市场管理力度,全面落实殡葬服务项目、收费标准、服务内容、服务程序、服务承诺、服务监督"六公开"制度,进一步提升服务水平。

(4)深化创评活动。持续深化群众性精神文明创建活动,深入开展"十星级文明户""文明家庭""好婆婆、好媳妇"等创评活动,拓展道德讲堂等阵地建设,开展群众乐于参与的节日民俗活动,优秀传统文化已经潜移默化地引导农村形成新习俗、新风尚。组织开展文明村镇创建工作,推动文明城市创建向所辖镇村延伸拓展,带动城乡一体共建。全市县级以上文明乡镇创建率95.8%,县级以上文明村创建率69.3%,乡镇政府所在地行政村创建县级以上文明村达到88%。强化社会监管。坚持干部带头,引领群众积极参与,落实好党员干部操办婚丧事宜报告制度,加强对党员干部操办婚丧嫁娶活动的纪律约束,自觉接受群众和社会监督。加大全市工作督导力度,通过明察暗访、社会调查等形式加强日常监督,确保移风易俗产生良好社会效果。

三、商丘市移风易俗的对策建议

(一)加强宣传教育引导,树立共建共享理念

把握时代要求,深入开展社会主义核心价值观的宣传教育,针对性地开展自力更生、艰苦奋斗和厉行节俭、反对铺张浪费等优良传统的宣传教育,采取正反案例对比等形式,引导群众树立健康高雅、节俭文明、喜事新办的理念。在各级媒体"一报一台一网"开设专题专栏,加强对农村封建迷信和陈规陋习危害性的宣传报道。采取社区电子显示屏、户外公益广告、文化宣传栏、微博微信等多种形式,加大对农村文明新风的宣传力度。拓展农家书屋、广播室、文化活动室、道德讲堂等精神文明阵地,积极组建"志愿者服务队伍",倡导开展送温暖献爱心活动,充分利用农闲和传统节庆日,开展群众喜闻乐见的文

化活动,用健康向上的文化生活丰富群众的业余时间,占领群众的思想阵地。

(二)大力弘扬时代新风,加强思想道德建设

不断完善农村思想道德"三评三讲"活动,做到"婚丧喜庆讲文明",定期开展道德讲堂活动,深入开展"我推荐、我评议道德模范、身边好人、文明和谐家庭"等活动,传播文明风尚,丰富村民业余文化生活,弘扬中华民族传统美德,增强农民的发展意识,引导农民争当脱贫致富、共同致富的带头人。积极倡导健康时尚的文明乡风,开展乡风评议,建立和完善乡风文明建设管理机制及评比奖励机制,引导村民自觉遵守和维护村规民约,实现自我管理、自我教育、自我服务、自我约束。让更多的农民群众了解到封建迷信的危害性,做到文明办丧事、节俭办喜事,使农民树立"我要文明"的思想观念,潜移默化引导形成爱国爱家、相亲相爱、向上向善、共建共享的社会主义价值取向。

(三)持久推进移风易俗,建立健全制度保障

建立健全村民议事会、红白理事会、禁毒禁赌会、道德评议会等群众自治组织,并配备坚强有力的领导班子,把工作责任落实到人,形成在村党支部领导下的各基层组织协调运行、民主管理的新体制。各乡镇、村都要制定、完善关于移风易俗的具体规定、具体措施和乡规民约,以规范人们的行为。各级团组织、妇联、工会要重点做好妇女、青年的思想工作,呼吁他们带头移风易俗,倡导带技术出嫁、集体婚礼、厚养薄葬等文明新风。民政部门要严把丧葬改革关,大力提倡建立骨灰堂和公墓。工商、政法部门要积极配合,坚决取缔从事扎制封建迷信用品的业户。

(四)深化文明家庭创建,促进社会文明进步

结合农村现有的生产生活方式和风俗习惯,坚持群众创、群众评、群众选的原则,统一标准、统一部署、统一程序开展"十星级文明户""五好文明家庭""最美家庭"及道德模范、引导农民群众讲文明话、做文明人、当文明户。通过"我们的节日"等重要节庆,传承发展中华优秀传统文化、开展"传家训、立家规、扬家风"活动,涵养家风文化。结合全国道德模范和河南省道德模范评选推荐活动,广泛推选孝敬父母、关爱子女、夫妻和睦、家庭关系和谐的先进典型为孝老爱亲模范候选人,把评选推荐活动延伸为学习宣传先进典型、强化新时代公民道德建设、倡导社会文明风尚的过程,扎实推进移风易俗进入千家万户。

商丘市种业发展现状及趋势分析

刘　涛[①]　倪雪峰[②]

摘　要:种业是农业的"芯片",是国家战略性、基础性产业,种业发展状况关乎粮食安全和农业发展。长期以来,商丘市高度重视种业发展,采取了许多有效措施,全市种业发展取得了长足进步。但商丘种业还存在创新能力较弱、新品种井喷带来系列问题、市场监管存在薄弱环节、政策财政支持比较有限、企业队伍实力不强等问题。需要从提升自主创新能力、做好新品种管理与推广、增强监管执法力度、强化政策财政保障、扶持企业做大做强几个方面发力推进商丘市种业高质量发展。

关键词:种业　粮食安全　自主创新

截至 2020 年末,商丘市总人口 1 009 万,常住人口 782 万,耕地面积 1 080 万亩,农业人口七成左右,为典型的农业大市。据商丘市统计年鉴,2020 年,粮食种植面积 1 638 万亩,主体为小麦(904 万亩)和玉米(640 万亩),小麦产量 447 万吨,玉米产量 274 万吨;猪牛羊禽肉总产量 48 万吨,其中猪肉产量 24.71 万吨,牛肉产量 3.55 万吨,羊肉产量 4.50 万吨,禽肉产量 15.35 万吨。禽蛋产量 55.54 万吨,牛奶产量 28.31 万吨。商丘市属黄河冲积平原,土壤肥沃,四季分明,非常适合小麦种植,是国家粮食生产核心区。近 5 年,商丘市粮食总产量高达 90 亿斤,占全河南省的 1/8,全国的 3%,有"豫东粮仓"之美誉。目

---

① 商丘市情研究中心专职研究员。
② 商丘市农林科学院助理研究员。

前,商丘小麦用种量大,每年高达 2.2 亿斤左右,本地小麦制种面积 20 万亩,种子年产量 2.4 亿斤以上,除满足本地需求之外,还销往江苏、安徽、山东等地。目前,商丘市主要农作物良种覆盖率超过 98%。商丘盛产小麦、玉米、棉花、油料、林果、蔬菜、畜产品,永城枣干、夏邑食用菌、柘城三樱椒、宁陵金顶谢花酥梨、民权河蟹等享誉全国。永城市、夏邑县、柘城县、宁陵县、民权县分别被命名为"中国面粉城""中国食用菌之乡""中国辣椒之乡""中国酥梨之乡""中国河蟹之乡"。

兵马未动,粮秣先行。当今世界并不太平,战争、瘟疫等总是会在世界的某些地方爆发,粮食供给依靠外部等于把命运交到别人手中。习近平总书记在多种场合多次强调粮食安全的重要性,做出许多重要指示,如"手中有粮、心中不慌""中国碗要装中国粮""确保谷物基本自给、口粮绝对安全"等。2022 年 4 月 10 下午,习近平总书记在三亚调研时强调,种子是我国粮食安全的关键。只有用自己的手攥紧中国种子,才能端稳中国饭碗,才能实现粮食安全。总书记还强调"要下决心把我国民族种业搞上去,抓紧培育具有自主知识产权的优良品种,从源头上保障国家粮食安全"。种业包含新品种培育、生产、加工、推广、销售等,是国家战略性、基础性产业,种业发展状况关乎国家和商丘的粮食安全和农业发展。全面、深入掌握商丘种业发展现状、弄清当前种业发展过程中存在的问题与不足,针对性提出可行的对策,对于推动商丘市种业现代化发展和乡村振兴具有十分重要的意义。

一、商丘市种业发展现状

"国以农为本,农以种为先"。商丘市既是一个农业大市,也是一个种子消费大市。在由农业大市向农业强市跨越中,种业担负着基础性作用。长期以来,商丘市委、市政府高度重视种业发展,采取了许多有效措施,全市种业发展取得了长足的进步。

(一)良种繁育亮点纷呈

当前,商丘市的育种单位主要有商丘师范学院、商丘职业技术学院、商丘市农林科学院、民权农场、种子企业等,育种单位勇于创新、刻苦钻研,在新品种繁育方面取得了突出的成绩。2018 年,商丘职业技术学院作为第二完成单位参与完成的《高产优质小麦新品种郑麦 7698 的选育与应用》获得国家科学技术进步奖通用项目二等奖。国家科技奖自

2000 开始颁发，这是商丘市第一次获奖，出现在了育种领域。由商丘市农林科学院完成的"广适抗逆优质'商花'花生新品种选育与应用"项目，获 2020 年度河南省科技进步二等奖。位于商丘市的河南省大京九种业有限公司的"青贮专用型玉米种质创新及系列品种选育与应用"科技成果荣获 2021 年度河南省科学技术进步奖三等奖。

2011 年，农业部批建了商丘市国家级农作物品种区域试验站，目前该站已选育出新品系 10 余个，其中商麦 167 于 2018 年通过国家审定，商麦 156 于 2020 年通过国家审定，填补了商丘历年来无国审小麦品种的空白，两个新品种以 600 余万元价格售给种企，体现了新品种巨大的市场和社会价值。由于成绩突出，区域试验站站长朱伟先后当选省学术技术带头人、河南省农科系统先进工作者等，并于 2021 年 6 月在省"两优一先"表彰中被授予"河南省优秀共产党员"称号，这既是对他个人的肯定，也是对商丘市农林科学院区域试验站育种能力的肯定。

(二)拥有河南省首家国家级农作物原种场

民权农场是河南省第一家国家级农作物原种场，其支柱产业是良种繁殖，特别是小麦良种繁殖优势突出。2016—2020 年，短短四年时间，民权农场繁育小麦品种 100 多个。近年来，民权农场不再仅仅局限于小麦良种繁殖，逐步开始了花生、大豆新品种的繁殖，育出的两个抗旱、耐瘠薄、高油酸花生新品种已通过省级验收并获得两项专利。农场积极开展新品种展示，仅 2020 年一年就展出优质小麦品种 20 多个。拥有德国进口的种子生产线设备、完善的仓储设备和先进的种子检测中心，道路、灌溉、物联网监测站等基础设施不断完善，智慧农场建设网格化管理系统已经初步建成，节水农业、数字农业逐步推进。实施"种、肥、药"一体化模式管理。经过反复摸索，民权农场已逐步形成了"育、繁、推，产、供、销"的经营路子。

(三)三个国家级制种大县和区域性良种繁育基地县

2022 年 2 月，农业农村部下发《关于公布国家级制种大县和区域性良种繁育基地认定结果的通知》，永城市、虞城县、宁陵县分别被认定为国家级大豆制种大县、国家级小麦制种大县和国家级花生区域性良种繁育基地县。近几年，永城市大豆制种年均 1 512 千克；根据去年制定的目标，虞城县计划在 2025 年底建成 35 万亩高标准小麦繁殖基地，年育种量达到 14 800 万千克；宁陵县现有规模以上种企业 6 个，年销种子近 2 000 万斤。

（四）科研实力不断增强

浏览商丘师范学院育种相关专业（农学、生物学等）的教师简介，可以发现许多博士学位教师毕业于中国科学院植物相关院所，还有许多国内"985 工程"、"双一流"建设高校。商丘职业技术学院通过平常招聘和"招才引智"引进了不少优秀科研人员。商丘市农林科学院近年不断招聘硕士研究生，甚至还招聘了一些博士，科研实力不断增强。新成立的商丘科学院近年计划根据商丘产业发展需求招聘博士，种子产业发展可能也会获得引进人才的机会。企业的科研实力也比较强，以河南省大京九种业有限公司为例，2010 年该公司科研中心被认定为河南省企业技术中心，下设玉米研究所和小麦科研站、花生科研站三个机构，拥有科研用地 200 多亩。每年投入科研经费 100 多万元，同时在北京、商丘、海南设立了 3 个玉米试验站，为公司的商业化育种奠定了良好的基础，极大增强了企业发展的后劲，目前还承担有多个国家、省、市级科研项目。近日，燧皇种业实验室正式挂牌。

（五）监督监管不断加强

商丘市种子管理站主要提供农作物种子市场管理、品种管理、质量管理、良种繁育、品种试验示范。商丘市各县（区市农业局）也都有种子管理站，配备了种子执法人员。商丘市种子质量监督检测中心成立于 2000 年，隶属于商丘市种子站，2006 年、2011 年、2016 年、2022 年四次通过省农作物种子质量检验机构资格复查评审。自 2016 年以来，该中心切实加强硬件设备建设，加大资金投入，完善相关体系条件，切实提高检验人员业务素质，全面提升服务能力水平，累计检测各类农作物样品 2 600 份，准确率达 99.9%，为全市农业生产用种安全，推动现代种业发展，保障粮食安全提供了有力技术支撑。通过强化种子执法管理、规范经营秩序、安全有序收购等措施不断规范种子生产经营市场。成立了种子生产经营秩序专项整治行动领导小组，严格基地管理，严厉打击冒牌、私留倒卖种子等违法行为，种子产业发展愈加健康。2021 年 7 月开始，商丘开启了为期半年的种业知识产权专项整治，主要打击侵权套牌行为。2022 年 3 月，商丘开启全市农资打假专项治理行动，种子领域是重点关注的农资领域之一。2022 年商丘市继续开展种业监管执法年活动。

二、种业发展中存在的问题

(一)创新能力较弱

平台与优秀人才匮乏。作为商丘唯一公办本科院校,商丘师范学院至今没有博士点和硕士点,科研创新能力和其他地方高校还有较大差距,因为学科发展不够强,缺少先进的仪器设备,对优秀博士的吸引力有限。商丘市农林科学院近两年尝试引进了几位博士,但大部分留不住。商丘科学院刚刚成立,待遇、影响力不足,对优秀科研人员的吸引力有限。

现代育种技术应用不充分。常见的育种方法有杂交育种、诱变育种、单倍体育种、多倍体育种和基因工程育种,由于平台、仪器设备、资金、人才等因素的限制,当前商丘的育种方法主要还是传统的杂交育种,相对于现代化的育种方法,杂交育种具有周期长、产出不确定、变异少、对育种人经验依赖性高等缺点。

(二)新品种井喷带来系列问题

2016年之前,国审品种较少,随着新《种子法》《主要农作物品种审定办法》(农业部令〔2016〕第4号)和《关于开展同一适宜生态区品种引种备案工作的通知》(豫农种植〔2016〕49号)规定的实施,新品种申报标准、渠道逐步放宽,河南省、商丘市也逐步放宽了育种政策,政策利好激发了育种的积极性,新品种数量出现井喷现象。以玉米为例,2017年国审品种171个,2020年国审品种迅速增加到802个。新品种海啸般涌现,繁荣的背后存在品种同质化严重问题,真正有突破性的品种数量依旧有限。随着供给大幅增加,新品种市场逐步变为买方市场,价格大幅下降,销售愈加困难。对于种子企业来说,种子推广竞争愈演愈烈,各个种子企业推广的渠道、方法雷同,新品推广困难重重。另外,市场品种太多,农民也面临选种困难的问题。

(三)市场监管存在薄弱环节

商丘种业市场存在违法抢购、套种、私自倒卖等现象,有的甚至未审先推,在监管力量薄弱的偏远地区和农村问题更为突出。新品种保护力度有待进一步加强,侵犯知识产权的行为一定程度上影响了育种主体、种业经营主体创新和推广的积极性。一些经营者法律意识淡薄,不能及时进行生产经营备案,给后续的管理带来不便。种业行业涉及种植、畜禽、水产等多个子行业,企业分大、中、小、微型,种业市场环境复杂,经营者的素养千差万别,行业监管难度较大。种子管理执法人员编制少、人手短缺,专业技能和知识水平方面也或多或少存在一些不足,基层工作量大、任务重,导致种业市场监管存在薄弱环节。

(四)政策财政支持比较有限

政策上存在种子保险制度不健全、重大科研项目的政策导向不明显、对于创新的激励机制不够科学有效等。资金方面,种子工作部门属于事业单位,财政经费基本是其全部经费来源,这些经费只能保障一般常规支出,开拓性、创新性开展工作显得捉襟见肘。商丘市农作物新品种培育、引进、考核、示范、展示、推广等基本都是各级种子工作部门在做,种子工作部门有试验站,试验站土地多是租用农民土地,开销不小。基础设施建设、仪器设备、种业市场监督执法、种子资源保护收集、用工等也需要不少的支出。所以,资金保障不足一定程度上影响了种子工作部门的工作开展。

(五)企业队伍实力不强

截至 2019 年初,商丘共有种子批发企业 279 家,"育繁推一体化"企业匮乏,无上市公司。绝大部分种业企业没有研发团队,科研仪器设备落后,大部分种业企业研发能力弱,品种同质化问题严重,缺少核心竞争力。加工设备、基地基础设施老化。"散、弱、小"种业企业较多,基本都是代理、代销,生产上无品种权,销售上没有定价权,利润较薄。2020 年,商丘市农作物种子业商会未按规定参加上一年度检查,商丘市民政局给予了警告,对其进行了通报批评。一些企业管理不够专业,凭经验,不少是家庭式生产经营管理模式。

三、商丘市加快现代种业发展的对策建议

(一)提升自主创新能力

(1)搭建好科研平台。高标准建设燧皇种业实验室,提高高校、科研院所、种子企业种子育种实验室、基地建设水平,在经济条件允许的情况下购置一些现代育种方法需要的仪器设备。河南农业大学有协同创新中心,值得我们借鉴,高校、科研院所、种企可以结合起来,建立协同创新中心,发挥各自的优势,实现资源、技术、人才等方面的互补。

(2)注重人才培养和引进。做好现有科研人员的教育和培养,建立产学研结合的专业育种团队,邀请国内外育种顶尖团队参与商丘育种。通过挂职、技术顾问、短期合作、技术入股等形式柔性引进种业优秀人才。发挥省派博士服务团的作用。许多商丘籍博士在世界一流、国内一流高校或科研院所工作,研究比较前沿,技术较为先进,可以探索互赢的合作模式,提升商丘种业水平,推进商丘种业发展。

(3)充分运用现代育种方法。诱变育种、单倍体育种、多倍体育种和基因工程育种相对于传统的育种方法具有许多优势,如育种周期短、基因突变多、更加精准等,这些技术在育种先进地区、层次高的高校或科研单位都已经非常成熟,一些新招聘的研究生也都掌握了这些育种方法,但由于缺乏仪器设备无法开展此类育种。所以我们需要增加先进设备,逐步提高现代育种方法占比。

(二)做好新品种管理与推广

(1)建立健全新品种考评体系。建立全市统一的品种试验示范评价体系,建立统一的考评结果信息发布平台。按照高产、抗性强、适合机械化等的导向对新品种进行多年、多区域评价。政府部门根据考评结果发布用种建议,促进高产、优质品种在更大范围内使用,帮助农民解决眼花缭乱、选择困难的问题。

(2)启动退出机制。种业也要进行优胜劣汰,对于考评结果不好的品种、农民广泛种植效果不好的品种、长期种植退化的品种等要发布风险提示,禁止其进行虚假宣传,建议或强制其退出种业市场,确保农民用种安全,实现农业健康发展。

(3)种子企业要做好新品种推广。品种数量的多少对于种子企业来说就是个数字,企业要根据种子的表现、数据、自己的经验选出优秀品种进行重点推广。要找准适宜的市场区域、挖掘用户的需求、根据竞争对手的品种布局,明确定位。建立强大的营销队伍、丰富营销手段等对于新品种推广来说也十分重要。

(三)增强监管执法力度

(1)做好新品种知识产权保护。做好知识产权权益维护方法的教育培训和相关法律的普法宣传,依靠行政执法、仲裁、调节等手段切实保护新品种的知识产权。

(2)强化对种业经营主体的监督。加强种子企业和种子市场监督,重点做好生产经营档案、包装标签、生产经营备案、购销台账等的监督,网络渠道种业经营的监管也不能忽略。

（3）强化监督执法。强化侵权、造假、无证经营、违规生产经营转基因种子等方面的案件查处,狠抓反面典型,严厉打击,以儆效尤。

（4）建设一支能打胜仗的行政执法铁军,加强法律法规、知识技能、执法流程等的培训,提升执法监督的能力和水平。明确执法管理队伍的性质、编制和经费,实施属地管理,提供更多经费支持,改善交通、办公、办案和检测条件。五是做好硬件保障。工欲善其事必先利其器,检测机构的硬件设施要不断更新换代,淘汰老、旧、差、落后的仪器设备。

（四）强化政策财政保障

强化政策保障,提高财政投入。探索建立种子保险制度,降低逆境(寒潮、大风、洪涝、病虫害等)对种子生产造成的损失,提高种植户抵御风险的能力。政策上要重点照顾创新能力强的单位、企业,单位企业内部要在政策上照顾创新能力突出的部门、团队和个人。重大科研项目向已实现"育、繁、推、销"一体化的龙头种企倾斜,助力创新型种子企业做优做强。鼓励高校、科研院所、种子企业联合,实现产学研结合起来。创新人才激励机制,甚至可以学习企业(如华为)的一些奖励办法,激发广大种业工作者干事创业的积极性,以荣誉和与贡献匹配的报酬留住优秀甚至卓越的种业工作者。通过政策、财政手段引导育种单位和企业加强与生物技术先进的高校、科研院所、企业加强合作,推进现代育种方法在商丘市育种产业的应用。建立公共财政对种子种苗公益性建设的投入机制,确保种质资源普查与保护、种子检验检测、种子市场监管、新品种试验示范、海南鉴定与加代繁育基地等公益性建设投入。建立新品种审定补助政策,对通过国家、河南省审定的农作物新品种,给予一定的资金奖励。

（五）扶持企业做大做强

大部分种业小微企业由于缺少科研力量、基础设施、品种、人才,难以支撑从资源到品种,再到种子生产、加工和种子营销的整个链条,达不到现代种业的高标准要求。从发达国家、发达地区经验看,核心的种业企业通过整合、兼并小而散的种业企业,从而壮大规模,提升整体实力,实现"育繁推一体化",是一个最有效的途径。商丘可以借鉴这种模式培育较大种业集团和龙头企业。对于一些有科技含量的企业要重点扶持。

四、对未来商丘市种业发展的预测

随着时代的进步,种业发展也呈现出新的特点。一是在数字化时代,信息化育种成为新的趋势。信息化在育种中有着广泛的应用:种质资源管理,数据采集,系谱分析,试验设计,参试进程管理等。市内高校、农科院、农场、种子企业在这几方面也会不断现代化、信息化。二是现代科学技术运用将越来越普及,随着人才队伍的提升、仪器设备越来越全,单倍体育种、多倍体育种、基因工程育种、诱变育种等将越来越多地出现在商丘育种行业里,市内本科院校在仪器设备、科研氛围、理论水平方面一般更具有优势,拥有或者有条件成立分子实验室,在分子育种方面可能会走在全市前列。随着燧皇种业实验室的正式建成,商丘育种主体之间的合作将进一步加强,协同创新能力将进一步提高。三是种业企业的发展也会出现分化,创新能力强、管理先进的优势企业将更有市场竞争力,没有核心竞争力的种子企业将面临被淘汰出局的窘境。

乡村旅游助力乡村振兴的路径及启示

——以永城市芒山镇为例

郭文娟[①]　王晶晶[②]

摘　要：永城市芒山镇地处豫鲁苏皖四省交界处，依托特有的汉文化历史资源，建成"国家 5A 级旅游景区"芒砀山汉文化旅游景区，"国家级特色小镇"芒山镇汉风小镇，已经成为颇具区域影响力的汉文化旅游品牌。多年来，芒山镇坚持规划引领和重点发力相结合，强化路径保障和资金投入，努力将政策举措和优势资源统筹起来，以汉文化旅游产业为主导，不断推动乡村旅游全面发展，带动了镇区的观光农业、手工加工业、商贸服务业的迅速发展，促进了小镇经济转型升级。城镇功能和基础设施建设逐步完善，积极打造宜居宜游环境，以旅游产业助力乡村振兴探索出了一条"芒山特色"的有效途径。

关键词：乡村旅游　乡村振兴　永城芒山

乡村旅游作为助推乡村振兴的重要抓手，是一个多重要素有机耦合的系统工程。永城市芒山镇作为"全国重点镇""全国发展改革试点镇""全国休闲农业与乡村旅游示范点"，同时也是"河南省经济发达镇行政体制改革试点镇"，找准发展定位，坚持规划引领和重点发力相结合，强化路径保障。在汉文化旅游产业发展的带动下，促进小镇经济转

---

①　中共商丘市委党校永城分校讲师。

②　中共商丘市委党校永城分校讲师。

型升级,与镇区生态环境、文明乡风、基层治理和农民创收增收有机耦合、互促互强。芒山镇在原有镇区基础上打造的特色小镇——汉风小镇,已成为颇具区域影响力的汉文化旅游品牌,观光农业、手工加工业、商贸服务业等发展迅猛,特色商业街区逐步繁荣,基础设施健全,生态环境宜游宜居。

一、永城芒山镇乡村旅游发展的基本现状

(一)芒山镇基本概况

河南省永城市芒山镇位于永城市东北部,苏鲁豫皖四省交接之处。东与安徽省萧县接壤,西与夏邑县毗邻,北靠条河镇,南接薛湖镇。芒山镇为华北平原的组成部分,镇域绝大部分是平原,镇域南北长 11.8 千米,东西宽 12 千米,总面积 71 平方千米,其中芒砀群山占地约 14 平方千米。芒山镇城区紧邻旅游风景区,南距永城市 32 千米,东距历史文化名城徐州、西距历史文化名城商丘各 100 千米。芒山镇历史悠久,始载于公元前 400 年春秋战国时期,称芒邑。秦代为砀郡,秦汉时砀县、砀郡均设置于此。刘邦斩蛇后隐于芒砀,招贤纳士举兵诛秦灭项定鼎汉朝,因此芒山镇被誉为"汉兴之地"。唐代称保安镇,清初称清努镇,后改称山城集。1913—1935 年为九区公署驻地,1952 年复归永城县,1958 年建芒山人民公社,1984 年改为芒山乡。1985 年撤乡,建芒山镇。依托汉文化旅游的主导产业,芒山镇在原有镇区的基础上打造了特色小镇——汉风小镇。2017 年,芒山镇汉风小镇成为"国家级特色小镇"。

芒山镇文化旅游资源有以下几个特点:一是文化遗产特性高、神秘性强。芒山旅游区群山环抱,自古有"山城"美誉,有汉高祖斩蛇碑、夫子庙"松抱碑"等景点。二是汉代文物众多,规模宏伟,品位高、价值大。芒山镇作为中国汉文化遗存五大富集区(西安大兴、四川郫汉、永城芒砀山、江苏徐州、扬州天山)之一,拥有大小汉墓数十座,数量巨大,规格甚高。三是文化品位高、影响大。境内,梁孝王及王后墓是我国国内发现的最大的地下宫殿,具有极高的历史、艺术、科学价值。柿园汉墓壁画历史悠久、篇幅宏大、保存完整、艺术价值高,堪称精品。

(二)芒山镇区建设情况

芒山镇自 21 世纪初以来就注重规划建设,确立了"文化名镇与旅游立镇"复合型发

展模式,对小区、街道进行了独具汉代风格的单体设计,加大对环山居民的搬迁力度,整治碱河(现状镇区段)、建设新区商业街、修建主要道路、完善社会服务设施,城市形象得到了进一步提升,各项社会事业得到了快速发展。

随着芒山镇城镇建设步伐的加快和旅游开发强度的加大,要求城镇旅游承载能力必须有相应的提升。另外,新型农村社区建设、景区建设、旧城改造、新区建设、高铁站前区建设等也要求芒山镇必须有总体规划作为指导。在此背景之下,永城市芒山镇为了推进城镇化建设,保证芒山文物风景区、芒山旅游服务特色商业区和郑徐站前区建设的相互协调,特制定了《永城市芒山镇总体规划(2012—2030)》,这一规划为后来芒山镇汉风小镇的建设奠定了坚实的基础,尤其是以下几个方面影响巨大:①注意城乡空间的融合,实行全域规划,做到规模结构合理、功能互相补充、分工合作密切。②以有机更新理念改造旧区,实施"城市更新计划"。对旧区进行合理的功能定位,将旧区建设为城市的特色商业区、旅游文化产业集聚区的综合服务区。③遵循基础设施优先原则。加强区域统筹,落实上位及相关规划对区域市政基础设施和交通网络系统的布局安排,预留建设用地,控制基础设施廊道。四是遵循特色化发展原则。发挥芒山特有汉文化的历史资源优势,结合周边区域寻求差异化与特色化的发展途径。

(三)芒山旅游区建设情况

2006 年芒砀山旅游区成为国家 4A 级景区,但其截至 2015 年,对外开放的旅游观赏区只有保安山景区、夫子庙景区,其他如大汉雄风还处于建设阶段,大部分的景区仍处于待开发状态,当时可以游览的旅游景点和可供体验的旅游产品都较少,核心吸引力未形成,其深厚的文化内涵底蕴未体现,且景区的基础服务设施较不完善,整体上看,景区仍有很大的提升空间。2015 年,为了进一步开发旅游资源,延伸旅游产业链条,提升经济效益,构建芒砀山旅游区旅游经济体系,制定了相关规划。融合先进发展理念以及对市场需求的分析研判,使得芒山镇的主导产业进一步蓬勃发展。

(1)树立文化传承理念。主动满足文化复兴需求。汉文化作为中国五千年历史文化的重要枝蔓之一,其对后世文化艺术发展起着重要的影响。规划立足于助推汉文化运动的复兴,实现中华文化的传承,充分挖掘汉文化的精髓和内涵,构筑芒砀山旅游区全面辐射的文化链条,呈现给游客一场饕餮的文化盛宴。

（2）树立体验经济理念。主动满足休闲度假需求。"文化的深度不一定等同于旅游的高度"，因此体验成为芒砀山旅游区提升和转型的关键要素，通过丰富的旅游产品吸引力和独具创意的旅游活动设计让游客在游览过程中体验真实的场景氛围。

（3）树立复合旅游理念。主动满足多元化需求。扩充芒砀山旅游区观光内容，进一步增加生态旅游、乡村旅游等景区产品，通过多元化的旅游商业业态布局，实现复合型的旅游功能体验，以延长游客停留时间，丰富游客体验，达到延长芒砀山旅游区价值链条、促进一、二、三产业有效融合的效果，实现芒砀山文化价值的最大化。

二、永城芒山镇旅游助力乡村振兴的经验启示

（一）因势利导，统筹谋划整体设计

永城市委、市政府高度重视芒山镇的发展，将芒山镇定为永城市副中心城市，专门研究出台支持文件，按照国家发展改革试点镇、河南省行政经济体制改革试点镇的要求，扩大了芒山镇的经济社会管理权限和行政执法权限，在土地使用上给予芒山镇"用地指标全市统一调配""对芒山镇建设用地优先安排用地指标""土地出让金地方留存部分全额返还芒山镇"等一系列的政策支持。永城市政府还通过财政贴息、增加转移支付等形式加大财政投入，支持芒山镇公共服务设施建设和特色产业发展。组织编制了《芒山镇总体规划》《芒山镇控制性规划》《芒砀山旅游总体规划》等。针对高铁辐射带动、乡村旅游发展、特色小镇培育等实际情况，委托上海同济城市规划设计院对芒山镇规划进行修编。针对彰显特色小镇的文化底蕴、文化为魂的形态形象，委托河南省规划设计院编制了《芒山镇镇区风貌提升规划方案》，对镇区、高铁站至镇区沿线、围景区村庄等重要节点都实施了汉风改造。以享誉世界的汉文化遗存为依托，以优良的山水生态建设为先导，严格按照创新、协调、绿色、开放、共享五大发展新理念进行规划建设，规划明确将芒山镇定位为世界有影响力、中国最具特色的汉文化旅游小镇。

（二）找准定位，做好文化传承发展

政府不断加大投入对文化遗产进行保护、修缮，同时以汉文化为主题，凸显汉兴之地的历史地位，对镇内的历史文化资源进行深入整理、挖掘，加强与高校、科研院所的合作，探索芒砀山汉文化产、学、研紧密结合的有效路径。保护传承芒山石雕、芒山石砚、芒山

泥响、豫剧四平调、芒山庙会、刘邦斩蛇传说等芒山镇特有的非物质文化遗产。政府通过各级、各类扶持资金支持这些非遗项目和代表性传承人，搭建了交流展示平台，在保护中动态活化，扩大芒山非遗项目的影响力。成立了汉文化研究会，对与芒山密切联系的汉文化整理推广；借助传承千年的古庙会，展示传统技艺和民俗手工艺，使汉文化传播锦上添花；开展穿汉服、习汉礼、赏汉舞、食汉宴等汉代礼仪体验活动，在全国率先完成了开笔礼、成童礼、成人礼、汉式婚礼、敬老礼等礼仪活动的展示与体验。组织恢复了古傩，芒山傩班目前是河南省唯一能开展完成汉傩舞的团队，2016年代表河南省参加了全国傩舞大赛，经常开展傩舞全国巡演活动；响应国家"一带一路"战略，举办中智文化交流，为汉文化世界推广打造国际平台；创立汉文化产业基地，推动汉文化与产业结合，为产业实现可持续发展营造孵化空间。2017年2月，芒砀山旅游区荣膺"国家5A级景区"，同年申请"国家级特色小镇"之时，全镇主导产业产值在省、市同类行业镇中位列第一。

（三）加大投入，优先发展主导产业

芒山镇汉风小镇主导产业为汉文化旅游产业。旅游产业振兴，小镇方能振兴。永城市委市政府和芒山镇政府全力支持推进主导产业优先发展是汉风小镇形成和发展的根基所在。20世纪90年代末，政府采取严厉措施果断封山，对历史文物采取保护措施，而后快速转型，全力支持发展旅游业，在政策和财力方面提供各种支持。凭借丰富的汉文化资源和灵活的体制机制，芒山镇打造了以历史遗迹观赏、山水观光和汉文化体验为主体的文化旅游产业，形成了保安山、夫子山、大汉雄风三大汉文化景区；汉兴园、陈胜园、地质公园三大主题公园和一个汉文化传播体验服务中心。2011年以来，政府开始着手对镇区、景区的基础设施进行整体提升。投资5 000余万元，建成了梁孝王陵客服中心、环山路，投资12 000万元修建夫子山玻璃栈道并投入运行，投资30 000万元建设了僖山地质公园生态文化游览区项目，投资8 000万元修建了高铁站至景区的景观通道和碱河桥梁等系列工程，成功把芒砀山景区打造成国家5A级景区，并实施汉兴文化和汉礼仪文化品牌战略，以汉文化为核心，打造文化旅游、文艺演出、休闲娱乐、综合服务等文化产业。芒山镇还多次举办了颇有影响力的文化活动：中国芒山"一带一路"中智文化交流活动，参与人数20万人；吉尼斯世界纪录芒山行，参与人数3万人；中国小镇摄影节，参与人数20万人；全国傩舞巡演，参与人数3万人；杏花节、桃花节、采摘节等生态农业体验活动，参与人数11.5万人。在以汉文化为核心的特色文化产业带动下,全镇经济转型升级,现代农业、观光农业、手工制作业、商贸服务业等发展迅猛,特色商业街区逐步繁荣。

(四)规范管治,提升完善城镇功能

(1)完善镇区公共服务。成立了特色小镇建设领导小组,把特色小镇建设纳入党委政府的重要日程,进一步明确特色小镇建设、运营和管理主体,完善配套公共服务政策。镇区现有幼儿园(所)3所、小学5所、初中2所、职业中等专业学校1所;中心卫生院1所、敬老院1所、光荣院1所,新型合作医疗全面覆盖。文化站、广播电视站、邮政电信的服务范围逐步扩大;金融保险业发展较快,有4家银行、3家保险公司入驻;物流业发展较快,6家物流企业设点。镇政府设有便民服务中心、矛盾调处中心、社会福利和劳动保障部门,同时设置村级服务平台,更好地为群众服务。

(2)推进多元创新。创新城镇化投融资机制,拓宽资金筹措渠道,鼓励社会资本通过特许经营模式参与基础设施投资和运营;成立芒山镇旅游发展公司、芒山村镇建设发展有限公司,促进项目建设;成立国有资产营运公司,为镇政府重大项目提供融资平台。积极探索"公司+农村专业合作社"的社会管理模式,发展民宿、农家乐餐馆等乡村旅游。积极探索农民以土地入股的形式,建设旅游配套设施。创新管理模式,引导社会组织参与城镇公共事务管理,推进政府购买服务。

(3)建立人才引进机制。建立有效的人才引进、培养和使用机制,组建汉文化培训基地芒山书院,利用芒山镇职业中学、永城市职业学院培养汉礼仪和旅游专业人才,经考核优秀者优先在芒山镇使用。开展镇区餐饮、宾馆等从业人员的汉代礼仪培训和汉文化进中小学等活动。

(4)强化综合管治执法。成立了芒山镇村镇建设发展中心、芒山镇规划委员会和多部门多行业组成的综合执法大队,实现规划审批科学、管控有力。突出抓好交通秩序、市场秩序、文化秩序、旅游秩序、卫生秩序、环境秩序、建筑秩序整治等七项集中整治,做到了街道门头匾额、标识牌、经营秩序、交通秩序"四规范"。

(5)提高闲置低效用地效率。利用工矿废弃土地,对有利用价值的关闭企业陶瓷厂、水泥厂厂房予以保留,作为文化体验基地。在原关闭水泥厂废弃地上建设的地质公园,已成为国家5A级景区景点之一。积极开展空心村整治,几年来共复垦土地100多公顷,

300 多户拆迁户在镇区得到安置并实现了就业。同时加大对违法用地、违法建房的整治力度,坚决遏制"两违"乱象。

（五）生态优先,打造宜居宜游环境

（1）凸显汉文化底色。保证资金投入,对工程质量高标准、高质量、严要求。以"灰瓦、白墙、红腰带"为主要建筑风格,修复镇区古建、改善配套基建,建设汉风街、凤城路等传统街区,严格控制建筑高度,街区不超过二、三层,屋脊、檐口、门窗都彰显了浓郁的尊重自然、顺应自然、天人合一的汉文化特色。汉风街、凤城路传统街区和柿元村的石头村落各具特色,形成了得天独厚的特色资源。

（2）打造景观建设。建成休闲娱乐广场 7 个、中心花园 4 个、建设街头绿地景观 20 多处、标准化公厕 12 座,广场安装健身器材 310 多套（件）,配置共享单车 500 辆,方便居民和游客出行和休闲娱乐。全镇依山而建,镇区绿地面积 3.86 平方千米,绿地率 27.57%,绿化覆盖率 46%,人均公共绿地面积 41 平方米,形成了镇村一体,树种多样,立体交叉,四季常青的优良生态环境。

（3）提升基础设施。制定了小镇管理办法、环境卫生管理办法等规章制度,使小镇管理进入规范化轨道。同时大力开展文明、卫生单位和村镇创建活动,让文明蔚然成风,不断提升整体形象。完成全镇道路升级,三横四纵一环山路 8 条街道和旅游环线实现了路面硬化、绿化亮化。全面推进"五化六厂（场）两站一厕"建设,取缔了马路市场。实施了天然气入户、弱电入地等隐蔽工程,完成了全镇自来水和镇区污水管网系统。投资 1 000 多万元建设了日处理污水能力 3 000 吨的污水处理厂,出水达到一级 A 标准,污水处理率达到 95%。年投入 460 万元委托重庆新安洁公司实施垃圾清理转运全域保洁。

三、永城芒山镇旅游存在的发展短板

（1）个性化特色不鲜明。随着周边古镇开发和文化旅游的增多,古街还原和遗址修复难免陷入千篇一律的照搬重复,造成旅游同质化,失去了小镇的特色。芒山镇在汉文化的传承上,虽有"穿汉服、习汉礼、赏汉舞、食汉宴"的汉文化体验活动,但对本身"汉文化"的挖掘并不突出,体验层次较低,很难给游客留下深刻感受。在文旅功能上开发不够,对周边产品和副食品的开发投入、研发不足,没有满足周边大中城市中高收入人群的特定需求,沉浸式体验和参与度不够。要想增强发展后劲,突出重围凸显特色是必须攻克的难题。

(2)品质项目投入不足。芒山镇特色小镇规划设计涵盖范围过大,囊括了镇区、景区、农区,不能体现"小而精"的要求,缺乏个性化、沉浸式体验的旅行产品。虽然建设了美食一条街,增建了玻璃栈道等项目,部分景区景点仅仅关注于近期和短期效益,过度依靠景区、景点的门票收入创造旅游收入,没有充分考虑特色小镇的发展前景和整体规划,没有真正地把文化优势、活力产业、品质服务等融为一体,有温度有品质的项目投入上明显不足。

(3)休闲旅游规划不足。近两年,尤其是受疫情影响和冲击,时间短、近距离的休闲游、亲子游成为主流。芒山镇规划设计的修编上,需要契合市场需求做出及时调整,在精致旅游和极致体验上做足功夫。但是当前旅游线路的推荐和宣传仍在以文化景点为主,缺乏对市场形势的敏锐度,休闲线路设计和选择不多,游客多为一日游,留不住庞大的客流量,很难发挥出文旅的溢出效应,特色民居、农家乐和当地特色美食多为家庭式经营,缺乏规模化、产业化发展,卫生健康条件和舒适度体验较低,给农民创收增收的后续动力不足。

(4)财政体制不顺畅。芒山镇作为国家特色小镇和全国重点镇,相应的配套政策没有得以落实,建设工作中缺少上级指导性文件,摸着石头过河。同时,镇级财政困难,城镇化水平还有待提高,镇区商业业态成熟度还不够。按照财力与事权相匹配原则,监理规范、稳定的分税制财政体制和基本财力保障机制,应建立健全特色小镇与"一级政府、一级财政"相适应的财政管理机构和职能,配齐配强管理人员,全面推进乡镇财政规范化建设。

四、永城芒山镇旅游助推乡村振兴的对策建议

(一)革新思维模式,精细发展规划

思维之于人犹如根茎之于木,不能摆脱观念的束缚,就如同树木的根茎困于肤寸之隅,无法突破瓶颈获得发展。推进乡村休闲产业发展,首要是改变人的落后观念,革新人的思维认识,形成提高认识、主动接受、积极重视、加快融入的气象。一方面,乡村振兴离

不开产业兴旺的支撑,当前各地探索实施的"田园农业旅游""休闲度假旅游""农家乐旅游""民俗风情旅游"等模式已经产生了巨大的经济效益,被证明是可行可靠的发展路径,因此,要通过宣讲教育提高人们认知新事物、接受新模式的程度,使人们的思想由被动排斥转变为主动接受、积极重视,通过对传统乡村发展模式的改造,再拟发展新规划,加快融入现代农业产业体系。另一方面,特色小镇的建设投入大,周期长,要充分发挥市特色小镇联席会议的作用,协调各职能部门,在创新社会管理、制定发展计划、营造发展环境和提升公共服务等方面,切实履行各单位各部门职能。对涉及经济、文化、政治、民生等大问题,必须由政府设立专门机构实施,并实行政策倾斜。对人员配置、资金投入、土地征用、安全保障等,由专门结构去统筹、协调,为小镇建设扫除障碍和隐患。

(二)改善环境要件,助推筑巢引凤

"工欲善其事,必先利其器"。国内外的大量文献均证实,农村基础设施能够有效促进农民增收。基础设施是乡村休闲产业发展壮大的载体,是保障乡村宜居的抓手。长期以来,基础设施落后是制约农业农村发展的一块突出短板,优化改善硬件条件是振兴乡村的必要条件。农村基础设施涵盖农村交通、能源、通讯、水利等诸多方面。从功能上区分,农村基础设施可划分为涉及生产、生活及生态等的三类,对发展乡村休闲产业而言,完善生产类基础设施是基本,优化生活类基础设施是关键,补齐生态类基础设施是核心。基础设施建设要遵循一定的规律,分清轻重、抓好主次。一要先谋后动。不能盲目上马,要坚持科学规划、稳步实施、体系建设的基本原则;二要循序渐进。交通要先行,配套设施要跟上;三要效率当先,基建资金的使用需精打细算、统筹安排,确保用在刀刃上。

(三)坚持因地制宜,突出地域特色

深入挖掘文化要素的基本点在因地制宜,着力点在突出地域文化基因特色。文化的传承源于时间的积淀,每个地区都有各自不同的"秉性",怀揣不同的故事,烙有迥异的历史胎记。发展乡村休闲产业必须立足于本地实际,用发展的、辩证的、联系的眼光寻找乡村文化内蕴的闪光点。用现代的眼光观察历史,从一个地区几千年的赓续变迁中寻找历史印记,将这些留痕以现代的方式呈现出来,融入休闲产业之中,吸引现代人在游乐中去思考、品味、体验和感受。作为财富的形式,文化产品是"内在财富"和"外在财富"的统一体:既有经济价值的物质承载,又内含文化的精神价值。用历史的思维审视现代,不同

的时代,人们的喜好不尽相同,但根植在特定文化中的内核不会因时间久远而消失,这也是一些特有文化之所以具有蓬勃生命力的原因所在。用历史的思维方式去浓缩、提炼本地文化精髓,在乡村休闲产业中再现其活力。

（四）引入社会资本,强化对接耦合

在振兴乡村的战略进程中,除了担负主导者、建设者的职责外,政府还应积极扮演引导者、协调者的角色,通过 PPP 等模式,促进市场资源和力量注入乡村休闲产业。2018 年中央一号文件指出,要"开拓投融资渠道,强化乡村振兴投入保障",要"充分发挥财政资金的引导作用,撬动金融和社会资本更多投向乡村振兴"。乡村振兴关系国计民生,地方政府要引导和推动社会资本、技术等要素向农业产业流动。促进市场投资,解决钱的问题。政府财政力量毕竟盘子有限,而振兴乡村,发展产业所需要的资金规模巨大,财政拨款的缺口需要社会力量的补充。综合多种形式,创新投融资机制,鼓励社会多元参与是解决乡村休闲产业资金投入的可靠途径。其间,应广辟资金渠道,谋求战略性合作,鼓励各类企业、个人,以多种方式参与特色小镇的基础设施建设、房地产建设、配套工程建设,形成特色小镇建设合力和资金的有效保障机制。借势社会力量与市场对接,确定消费偏好,解决休闲产品定位的问题。市场嗅觉敏锐,深谙消费者偏好,依托市场信息分析,将人们的需求与乡村休闲产业精准耦合起来,可以有效规避投资风险,确保休闲产品收益。要创投融资机制,鼓励社会资本通过特许经营模式参与基础设施投资和运营,壮大村镇建设发展有限公司,推进农民专业合作组织与文旅集团的合作。

（五）加强人才培养,打造休闲品牌

乡村振兴,关键在人。人是最重要的资源要素,无论服务的提供还是品牌的建设与维护皆离不开人。有研究表明,人力资本对收入水平及增长起决定性作用 。因此,发展好农村休闲产业,最基本的是要聚集一批有眼光、有见识、有知识、有能力、能执行的人才,进而由点及面,形成内外合力。汇聚人才既要扩大增量,也要提升存量,坚持双轨并行。外来引才,要吸引新乡贤、新农人等返乡创业,使较为成熟的发展思路与本地优势结合起来,将资源落地在乡村。就地育才,破解农业人才引不来、留不住困境的一个方法是通过专业化培训,造就一批懂农业、爱农村,能够扎根农村的新人,培育一批可以助推乡村休闲产业崛起的本土力量。在这一过程中,政府要着力为高层次人才打造一个创新创业的良好氛围和众创空间，在住房、收入等方面为人才提供优惠政策和补贴，并为高层次人才的长期更好发展提供一系列便利条件。地方政府应助推特色小镇与高校建立联系，与相关高校签订毕业生实习、就业定向协议，形成长期稳定的合作关系。

民生保障篇

2021年商丘就业形势分析及预测

王　冰[①]　蒋晓光[②]　邵建伟[③]

摘　要: 2021年,商丘市坚持把就业作为最大的民生摆在优先位置,紧紧围绕实现更高质量更加充分就业,认真贯彻党中央国务院、河南省委省政府稳保就业决策部署,全面强化就业优先政策,落实稳保就业举措,全力做好"六稳"工作、落实"六保"任务。特别是新冠肺炎疫情发生以来,商丘通过政策指引、技术培训、扶持市场主体、创新体制机制等措施千方百计稳定和扩大就业,2021年全市就业形势稳中向好,但也存在一些亟须解决的困难和矛盾。

关键词: 就业形势　稳中向好　充分就业

就业是民生之本、财富之源和社会稳定之基。2021年,商丘市对就业工作始终高度重视,坚持把就业作为最大的民生摆在优先位置,紧紧围绕实现更高质量更加充分就业,认真贯彻党中央国务院、河南省委省政府稳保就业决策部署,全面强化就业优先政策,落实稳保就业举措,特别是新冠肺炎疫情发生以来,全力做好"六稳"工作、落实"六保"任务,千方百计稳定和扩大就业。

---

① 商丘市人力资源和社会保障局局长。
② 商丘市人力资源和社会保障局就业促进办公室主任。
③ 商丘市人力资源和社会保障局办公室主任。

一、2021 年商丘市就业形势稳中向好

尽管 7 月底至 9 月初受新冠病毒德尔塔毒株输入影响,商丘市再次发生新冠肺炎疫情,防控形势一度复杂严峻,管控措施不断升级,经济社会一段时间内按下了暂停键,给就业工作带来较大影响,但随着疫情很快得到有效控制和管控措施的解除,生产生活恢复正常,就业形势很快好转,向好态势没有改变。2021 年末城镇登记失业率 3.82%,控制在年度目标 4.50% 以内,全市就业形势总体平稳、稳中向好。

(一)主要就业指标均超额完成

2021 年,全市城镇新增就业人数 8.68 万,完成年度目标任务 5.5 万人的 158%;城镇失业人员实现再就业人数 2.62 万,完成年度目标任务 1.31 万人的 200%;就业困难人员实现就业人数 0.85 万,完成年度目标任务 0.47 万人的 181%。

(二)农村劳动力转移就业平稳有序

商丘是农业大市,随着农业机械化、现代化的普及,农村剩余大量劳动力。外出务工是商丘市农村劳动力就业的"重头戏"。农民工就业稳,整体就业形势才稳,经济才会稳,社会才会稳。为促进外出务工人员高质量就业,2021 年全市开展农村劳动力技能培训 7.65 万人,完成省定目标 4.2 万人的 182.14%。2021 年新增农村劳动力转移就业 3.75 万人,完成年度目标任务 3.3 万人的 114%;年末农村劳动力转移就业总量达到 246.12 万人。

(三)返乡下乡创业初具规模

乡村振兴最重要的是人才振兴。在大机遇、大市场、大政策的支持下,农民工返乡创业和有意投资农村的人才下乡创业成为新趋势。2021 年,商丘市返乡下乡创业新增 1.55 万人,完成年度目标任务 1.12 万人的 138.2%。

二、商丘市保持就业形势稳定的原因分析

2021 年,国内外形势错综复杂,国际贸易摩擦的负面影响、经济下行的客观规律、新冠疫情的巨大冲击,等等,经济大环境比较紧张,劳动力需求存在极大的下降风险。在种

种不利因素下,全市稳就业保就业取得了不俗成绩,就业形势始终保持稳定,主要得益于以下六个方面。

(一)坚持多措并举,保障用工扩大就业

通过建立企业用工保障机制、及时发布企业用工信息、组织开展助企用工系列招聘活动、开展用工调度等多种措施保障企业用工需求。全年通过商丘人才网、手机 APP、二维码等信息平台发布企业用工需求岗位信息 6 万余条,先后组织开展了就业援助月、春风行动、民营企业招聘月、金秋招聘月等系列"助企用工"专项行动,通过线上招聘、网络直播带岗招聘、线下专场招聘、乡镇巡回招聘、村组定点招聘等多种形式全力保障市内企业用工需求。先后发放政策宣传资料 10 万余份,举办各类招聘会 140 场次,提供岗位4.5万个,帮助企业招聘到岗 12 834 人。为贯彻河南省委省政府和省人社厅"万人助万企"活动部署要求,帮助企业有效应对疫情影响,加快推进企业复工复产,解决企业用工难题,市人社局先后举办两场"抗疫情 促就业 万人助万企"网络直播招聘会,商丘光彩大市场、五得利集团商丘面粉有限公司、商丘牧原生物科技有限公司等 588 家企业参加直播招聘,提供岗位 10 582 个,达成初步就业意向 5 750 人。

(二)积极落实政策,助企纾困稳定就业

制定了《关于转发豫人社〔2021〕8 号文件强化部分减负稳岗扩就业政策措施的通知》(商人社〔2021〕32 号)。狠抓了阶段性降低失业保险、以工代训扩围等政策的落实,同时认真落实创业担保贷款政策,帮助创业人员和小微企业防范创业资金链断裂风险,提供应急续贷帮扶。全年阶段性降低失业保险费 1.37 亿元,以工代训 5.07 万人次,发放补贴 1014.9 万元,发放创业担保贷款 6.12 亿元。

(三)坚持"四个强化",鼓励创业带动就业

在稳住外出务工就业基本盘的同时,把握农村劳动力"外出务工潮"向"返乡创业潮"转换趋势,积极推进商丘市由"输出一人、致富一家"的劳务经济向"返乡一人、致富一方"的回归经济转变,大力开展"双乡双业双雁"活动。

(1)强化政策引领。4 月份,出台了《商丘市人民政府关于推动返乡入乡创业高质量发展的实施意见》(商政〔2021〕3 号),明确了 5 个方面 36 条具体扶持措施。主要对政策与重点、载体与措施、引导与服务、奖励与选树、组织与实施等做出尽可能细化和具体的规定。同时,将国家和省、市有关支持返乡创业的各类政策系统梳理为创业补贴、金融支持、税费减免等 7 个类别 62 条,汇编成《商丘市支持返乡入乡创业政策指引》下发各地,形成政策集成。对有创业愿望的农民工提供创业培训、项目推介、小额贴息贷款、创业补贴、导师咨询等"一条龙"服务,帮助自主创业,带动更多农村劳动力就近就地就业。

(2)强化平台建设。把返乡创业平台和载体建设作为发展回归经济的重要抓手和服务举措,充分发挥国家返乡创业试点县和省返乡创业示范县的引领作用,以 10 大产业集聚区聚合,各类产业园、孵化园、电商园专区承载,乡村扶贫车间容纳,供销网点、农贸市场吸附等,着力培育行业引领型、产业聚合型、三产联动型、能人带动型"四型"返乡创业模式,引导返乡创业企业、资金、人才、技术等要素形成产业化、园区化、集群化聚集,使各类园区成为返乡入乡创业快速发展的主要载体,形成涵盖市、县、乡、村多品类、多业态集合的返乡入乡创业体系。按照"受办一体,上下贯通、一网互联,一网通办"思路和"简化程序,提高效率,公开透明,便民利民"要求,建成了商丘市返乡创业综合服务网,形成网络、手机 APP、服务大厅、部门受办"四位一体"的承办平台。2021 年全市建成返乡创业园 29 个,吸纳入驻企业 1 069 家。

(3)强化典型示范。按照"四个一批"要求,大力开展创业典型评选活动,先后评选市级返乡创业示范园区 10 个、市级返乡创业示范项目 15 个、"商丘返乡创业之星"20 名。全市有河南省农民工返乡创业示范园区 9 个、示范项目 21 个。10 月份,以"澎湃发展动力、助力商丘发展"为主题,举办了第五届"豫创天下"创业创新大赛商丘分区赛暨大众创业优秀项目选拔赛,对获奖的 20 个项目分别给予 2 000 至 50 000 元不等的项目补助。商丘市涌现出了王茜、胡业勇、李国礼、储献委等一大批返乡创业先进典型和力量钻石、龙港湾、金豆子、豫东牧业等一大批带动能力强、辐射范围广的返乡创业龙头企业,其中力量钻石股份有限公司于 9 月 24 日实现深交所 A 股上市,是商丘市第一家返乡创业上市企业。

(4)强化推进机制。商丘市建立了从"市长"到"村长"("村主任")的四级"一把手"抓返乡创业组织指挥体系。坚持双月统计、双月通报和联席会、调度会等制度,形成一级抓一级、层层抓落实的工作推进机制。实行三单推进工作法:分类明确农民工、高校毕业生、复退军人、科技人员等返乡下乡情况的动态登记,形成主体构成清单;分类登记创业实体和项目,形成业态构成清单;分类了解创业人员真实需求,明确扶持措施,形成任务分工清单。同时严格考核督导,把返乡创业工作纳入政府绩效考核,签订返乡创业目标责任书,建立统计、监督考核指标体系。随着工作持续推进和各项政策措施的实施,商丘市返乡创业工作呈现出了"归雁"群体逐年增多,"头雁"作用发挥不断增强,"归雁、头雁"效应逐步显现的发展态势,正在从自主创业迈向政府引导、产业集聚、提质发展的新阶段。商丘市现有返乡创业人员19.3万人,创办各类市场经营主体18.1万个,带动就业100多万人。

(四)积极拓展渠道,突出抓好重点群体就业

(1)突出抓好农村劳动力转移就业。劳务输出是商丘市农村劳动力就业的基本盘,外出务工人员常年保持在240万人以上。为做好农村劳动力就业工作,我们在春节期间,通过异地协作,向宁波、义乌等地专车点对点输送55辆次2 500余人,先后协助返岗42.5万余人。同时,积极加强和输入地信息对接,强化跨区域劳务合作,开展农民工外出就业监测,在已经与省外近三十个地市签订劳务合作协议的基础上,进一步深化拓展与长三角、珠三角、京津冀、新疆等重点地区的长期合作关系,着力在招才引智、招商引资、乡村振兴、行业企业互联互通等方面开展更广泛合作,通过要素共享、市场互换,稳定外出务工人员就业与收入,全年保持了农民工就业大局平稳。

(2)突出抓好高校毕业生就业。把高校毕业生就业作为就业工作的重中之重,积极落实高校毕业生就业创业促进计划和基层成长计划,深入实施2021届普通高校毕业生就业创业促进行动,全力促进高校毕业生就业。①搭建招聘平台服务就业。积极搭建高校毕业生与用人单位供需服务平台,多频次举办线上线下高校毕业生招聘会。②挖掘政策性岗位安置就业。全市共挖掘机关事业单位公务员、选调生、事业单位人员及教师、医务人员以及"三支一扶""教师特岗计划""医学特招计划"人员招录(聘)计划6 969人。③拓展市场化岗位吸纳就业。要求国有企业加大招聘力度,安排不低于50%的岗位招聘高校应届毕业生。用好国家减负稳岗扩就业政策,鼓励企业吸纳就业。市县各类园区都要开辟专门的场地、岗位,吸引更多的高校毕业生入园创业就业。④鼓励支持灵就业。通过支持新就业形态发展,落实财政、税收、金融、社保补贴、创业补贴、创业担保贷款等优惠政策,鼓励高校毕业生等各类群体灵活就业,全年灵活就业高校毕业生3 190人。⑤全力做好离校未就业高校毕业生实名制登记和跟踪服务。全市2021届离校未就业高校毕业生实名登记服务目标任务 13 828 人,截至 12 月底,就业 12 189 人,就业率 88.14%,跟踪 13 826 人,跟踪率 99.99%,发放实名登记离校未就业高校毕业生一次性求职创业补贴 1.95 万元,开展职业培训 1 688 人次,就业见习 218 人。⑥强化创业扶持和困难帮扶。全年开展创业培训 1.62 万人次,为 40 名选择创业的高校毕业生发放创业担保贷款 740 万元,审核发放 2022 届高校困难毕业生求职创业补贴 4 775 人 955 万元,公益性岗位安置 26 人。

(五)强化职业培训,提升技能促进就业

围绕"人人持证、技能河南"建设,把开展职业技能培训作为推动万人助万企活动走深走实和破解企业用工结构性矛盾的重要抓手,立足提质增效,积极推进全民技能振兴工程,大力开展职业技能提升行动,引导和组织各类培训机构,多渠道多形式举办职业技能培训满足企业技能人才需求。11 月 22 日,商丘市职业技能培训中心和商丘市职业技能评价中心在商丘师范学院揭牌,拉开了商丘市大规模开展职业技能培训的序幕。全年完成补贴性职业技能培训 11.05 万人次,农村劳动力技能培训 4.93 万人次,创业培训 1.62 万人次。

(六)加强就业资金管理,规范支出保障就业

进一步完善就业补助资金拨付机制,加快支付进度,实现经办业务、申请资金、拨付资金统一由"河南省互联网+就业创业"信息系统完成。将就业补助资金纳入财政直达资金管理,加强资金管理使用监督检查,确保资金安全高效运行。完善落实就业补助资金年度收支计划及执行情况按月调度制度,跟踪资金使用情况,强化全过程绩效管理,提高资金使用效益。2021 年全市就业补助资金收入 19 430.39 万元,其中:上级财政补助 16 229万元,上年结余 3 171.67 万元,其他收入 29.72 万元。全年就业补助资金支出 17 845.23 万元,其中:职业培训补贴 4 000 万元、社会保险补贴 1 334.1 万元、岗位补贴 10 634.98万元、创业补贴 220 万元、就业见习补贴 350 万元、求职创业补贴 955.81 万元、一次性吸纳就业补贴 0.8 万元、就业创业服务补助 126.79 万元、其他支出 222.75 万元,年末结余 1 585.16 万元,较上年结余减少 1 586.51 万元。

三、商丘市就业工作面临的突出问题

虽然 2021 年商丘市总体的就业工作取得了不错的成绩,但是必须清醒地看到,当前全市就业工作仍然面临着一些问题,需要采取措施予以克服。

(一)结构性矛盾依然突出

就业的结构性矛盾指在劳动力供求总量大抵相当的情况下,劳动力供给与需求的不匹配现象,也就是劳动者难以实现就业的同时,部分企业却出现"招工难"。受到经济下行压力、国际需求不振、国内需求尚待提升的影响,以及经济发展方式转变、产业结构转型升级的客观要求,大量劳动密集型企业生产萎缩或者转型升级,导致传统制造业岗位需求显著减少,必然带来大批的失业人员。而这些失业人员的素质、能力、知识水平普遍没有达到一些新兴产业和高技术产业发展的要求,即使有强烈的就业愿望,也很难在劳动力市场找到相适应的就业岗位,导致部分劳动者就业不稳定、就业质量不高。同时,高技能人才、专业技术人才规模、素质、结构还不能很好适应经济社会发展需要,造成新兴产业和高技术产业面临着人才短缺的困境。从全年情况看,商丘市内企业缺工问题呈现常态化趋势,缺口 4 000 人左右,由于商丘市外出就业总量较大,加上新增劳动力总量减少和 35 岁以下农村劳动力大部分选择到发达地区就业,商丘市未外出和新返乡人员龄层普遍偏大,用工供需结构性倒挂问题凸显。

(二)部分企业难以吸引人才

商丘市市内企业薪酬水平、社保待遇普遍偏低,目前用工待遇较徐州等周边地区少300~800 元,薪酬待遇对务工人员吸引度不够,导致大量劳动力,尤其是优质劳动力外流。

(三)农村劳动力转移就业质量不高

由于文化素质和技能水平较低,农村劳动力转移到城镇就业一般从事"粗、重、脏、累、差"的低层次工作,劳动时间长、工资待遇低、社会保障不足,且工作稳定性弱、权益保障差、维权困难,种种不利因素的积累,导致农民工生活体验差、价值感不强,缺乏安全感。

(四)普通高校毕业生就业压力仍然较大

随着地方高校数量的增多和规模的扩大,普通高校毕业生的数量持续增长,未就业毕业生的数量也在持续增长。当前,高校毕业生初次就业率偏低,慢就业、缓就业现象增多,有效就业难度加大。就商丘市 6 所高校来说,商丘师院 2021 届毕业生,研究生报考率达 46%，专升本报考率达 92%。永城职业学院报考专升本学生 920 人，占毕业生总数的 34.37%，较 2020 年增加十个百分点。商丘医专参加专升本考试的毕业生 3 490 人，占毕业生总数的 70%，商丘工学院暂不就业率较 2020 年增加 3.9 个百分点。造成这一现象的原因主要：①经济大环境不够乐观，岗位需求减少；②高校专业和课程与社会现实脱节，具备的能力素质不适应岗位的需要；③新生代的高校毕业生就业期望值较高，普遍有"就业不将就"的心态。

四、2022 年就业形势分析

就目前情况预测，2022 年影响就业的不确定、不稳定因素依然较多。经济发展面临需求收缩、供给冲击、预期转弱的三重压力；常态化疫情防控面临"外防输入、内防反弹"的巨大压力，必然对经济形成一定的制约；就业总量压力持续增加尤其是高校毕业生数量创新高；就业结构性矛盾短时期内不会消失。种种因素叠加而成的大环境无疑会给就业带来严峻挑战，稳就业任务更加艰巨繁重。

（一）疫情对就业的影响仍在持续

无论国外还是国内，疫情仍在持续蔓延，为了最大限度地保障人民的生命健康，疫情防控依然不能放松。严格的防控措施势必会牵制经济发展，对就业工作尤其是培训、招聘、外出务工就业也会产生极大的不利影响。当前部分行业和企业生产经营还没有恢复到疫情前的水平，就业市场用人需求还存在不确定性，部分中小企业扩大吸纳就业的能力下降，工作岗位数量变少。

（二）原材料大幅涨价对中小企业造成冲击

2021 年以来，受多种因素影响，石油、钢材等原材料和国际运输集装箱价格持续上涨，给商丘市部分企业生产经营带来较大影响。如，商丘宇畅挂车制造有限公司是一家以生产各种汽车挂车、罐式车为主的车辆制造企业，企业原有员工 140 余人，另受疫情影响和行业激烈竞争，企业订单、营收、税收较去年同期减少四成左右，受钢材价格持续上涨影响，价格由去年的 3 500 元/吨上涨到 7 000 多元/吨，涨幅翻了一番多，导致企业生产成本上升，生产经营压力加大。目前该企业不仅生产经营受到较大影响，用工人数也由原来的 140 人减少到 79 人。河南丰之茂环保制冷科技有限公司是一家以生产制冷剂为主的企业,由于受国际运输集装箱价格上涨影响,比过去上涨 2 000 美元左右,运输成本暴涨,导致企业不敢接国外订单,订单减少、收入减少,效益下降,企业为了继续生存,就会选择裁员。

(三)毕业生规模持续增加

由于高校扩招,高校毕业生人数屡创新高,2021 年全国高校毕业生首次突破 900 万人,达到 909 万人,2022 年毕业生将超过 1 000 万人,达到 1 076 万人。就商丘来说,2021 年市内大中专毕业生突破 4 万人,2022 年将再创新高,做好高校毕业生就业工作任务艰巨。

(四)延迟退休政策短期内的挤出效应

随着社会经济发生显著变化,人均寿命显著提高,人口老龄化趋势加快形成,现行退休年龄偏低的情况已与当前经济社会环境不相适应。"十四五"规划提出,实施渐进式延迟法定退休年龄,这就意味着,延迟退休政策将要正式实施。延迟退休在短时期内会对就业产生一定的挤出效应。

五、进一步促进就业创业的意见建议

(1)促进商丘经济高质量发展。继续坚持经济发展就业导向,以实现更加充分更高质量就业为目标,优先发展带动就业能力强的行业产业,在调整经济结构、优化产业布局、促进区域发展、实施重大项目中,注重对就业影响评估,在促进经济高质量发展中不断扩大就业容量,提升就业质量,促进充分就业。

(2)持续推出助企惠企政策。企业是就业的主体,企业有活力,就业才能有保障。进一步加大对市场主体的支持力度,出台实施精准性更强、力度更大的惠企政策,帮助企业纾困解难,促进企业发展。

(3)全方位支持返乡创业。把支持返乡创业和回归经济发展作为就业工作的一项重要内容。进一步强化政策支持、资金扶持、典型引领、平台载体建设、体制机制保障,把返乡创业工作进一步做大做强,结合地域特色,打造地域品牌,推进创业带动就业,引导富余劳动力在家门口就业创业,实现人回乡、钱回流、企业回迁,为乡村振兴注入强大动力。

(4)大力推进职业技能培训。积极实施"人人持证,技能河南"建设和全民技能振兴工程，大规模培养技能人才。进一步加强职业技能培训，加大培训补贴力度，提高培训质量，增强从业者技能水平和就业能力，促进供需匹配，有效破解就业结构性矛盾。

2021年商丘中心城区市政公用事业发展现状及前景展望

潘奇兵①

摘　要:2021年,商丘市政公用事业围绕"路畅、地净、水清、人文、生态、智慧"12字工作目标和"谋划精准、建设精致、管理精细、城市精美""提速、提质、提效、提能"工作定位及"谋长远、盯项目、健机制、强内功、树标杆"工作措施,积极克服疫情的不利影响,持续发力、主动作为,中心城区基础设施建设步伐持续加快,城市承载能力明显增强,人民群众有了更多的获得感、安全感和幸福感。展望未来,市政公用事业将在市场化运作和投融资体制等方面进行积极有益的探索,以求进一步提高治理能力,完善治理体系,不断提升供给水平与服务质量,实现"城市让生活更美好"的大美愿景。

关键词:公用事业　基础设施　民生工程

市政公用事业是由政府主导,企事业和民营资本参与,具有基础性、公益性和垄断性特性,其建设水平是衡量经济社会发展程度的重要指标,所提供的产品和服务质量直接影响人们的生产生活水平,是城市经济社会可持续发展的基础。

市政公用行业不仅是城市运行的"生命线",更是市民生活的"保障线"。特别是随

---

① 商丘市城市管理局宣传科科长。

着城市化快速推进，城市容量的不断扩大，商丘对市政公用事业投入了大量的人力、物力和财力，并在市场化运作和投融资体制等方面进行了一些有益探索和成功实践，市政公用事业发展呈现出政府主导、市场运作、主体多元、服务优化和社会参与的良好发展态势，市政公用事业产品的供给和公共服务的质量有了长足进步。

一、基本情况

2021 年，围绕"路畅、地净、水清、人文、生态、智慧"12 字工作目标和"谋划精准、建设精致、管理精细、城市精美""提速、提质、提效、提能"的工作定位，持续发力、主动作为，城市基础设施建设步伐加快，市政公用事业快速发展，城市承载能力明显增强，人民群众有了更多的获得感、安全感和幸福感。

(一)路畅目标基本实现

(1)市政道路。按照域外畅通、域内快捷、联通环城路、打通断头路和"窄马路、密路网"的原则，中心城区新建续建道路共 37 条、桥闸 5 座，完成投资约 3 亿元，实施涉铁立交项目 8 个，完成投资约 6 300 万元。道路网密度达 7.12 千米/平方千米，人均城市道路面积达 16.38 平方米。

(2)地下管网。按照雨污分流理念，针对中心城区内的道路管网，结合积水点改造，对重点区域内的管网实施改造，逐步完善雨污分流。根据《商丘市污水处理厂"一厂一策"整治方案》推进雨污混接错接改造，对污水处理厂收水区域内道路排水管网再次梳理，优化污水处理厂收水区域排水管网。全年排查问题管网约 280 千米，整改问题管网约 110 千米；排查错接混接 2 069 处，整改错接混接 385 处。实施强电管网约 9 000 米、通信管网约 9 000 米。

(3)城市照明。完成黄河路、平原北路、文化西路、前进路等 26 条路灯新建工程，安装路灯 3 210 盏，敷设电缆约 5.1 万米，变压器 26 台。对神火大道(民主路—北海路)184 套红灯笼景观灯亮化提升改造，同时对此段锈蚀的灯杆进行了刷漆美化，实施了府前路(神火大道—归德路)288 盏路灯改造提升工程。中心城区实现亮化全覆盖，实现了"路通灯亮"，平均亮灯率 99.2%，设施完好率达 98% 以上，保障了行人、车辆夜间安全便利出行，塑造了洁净、亮丽的城市照明形象。

(二)环卫水平显著提高

(1)清扫保洁。围绕"地净""双五双十"目标,打造"精细环卫",全面提升城区环卫工作水平。在严格落实"十净五无""双十标准"的基础上,重点加强慢车道、人行道的冲洗、洗扫作业,加大道路洗扫、洒水、路面冲洗和人工保洁作业机制;坚持每日人工普扫保洁、每日环卫机械作业、每日 5 次机械作业频次、快速捡拾垃圾、每日擦拭清掏垃圾箱(桶)、周一周四清洗护栏花箱、周二周三冲洗人行道和非机动车道、周五巡捡绿化带、每日上门收集垃圾等九项制度,"地净"目标基本实现。中心城区环卫作业车辆从 27 台到1 682 台,主次干道机械化清扫率达到 100%。

(2)设施建设。积极推行"公厕革命",中心城区公厕共计 670 座,其中环保公厕 367座、土建公厕 274 座、装配式 29 座。生活垃圾中转站 92 处,每天转运生活垃圾 1 000 ～1 200 余吨,全年清运生活垃圾 36 万余吨。

(三)垃圾治理统筹推进

(1)建筑垃圾资源化利用。建筑垃圾资源化利用项目处置能力已达 200 万吨,资源化利用率达 65%,建筑垃圾资源化利用全国试点顺利通过验收,被科技部评为"绿色建筑与建筑工业化"重点专项科技示范城市。

(2)生活垃圾焚烧发电。设计垃圾焚烧发电规模 2 400 吨/日,分两期建设。一期工程已运行,日处理能力 1 200 吨,全年累计接收处理生活垃圾 52 万吨,协助政府紧急处理医疗废渣约 3 800 吨,接收处理垃圾量达年设计处能力 121%。年发电量 1.88 亿千瓦时,上网电量达 1.6 亿千瓦时。

(3)生活垃圾分类工作。积极推进生活垃圾分类试点工作,创造了商丘垃圾分类新模式,已覆盖户数 9.5 万余户,覆盖率 30% 以上。"垃圾分类智能回收箱体""环卫洗扫多功能冲洗装置"等 5 项新型实用技术获得国家知识产权专利。

(4)其他项目建设。现有生活垃圾填埋场 1 座,已封场。启动了餐厨垃圾处置项目。

(四)生态环境明显改善

(1)治水治污。按照"控源截污、内源治理、生态修复、活水保质"的要求,持续开展黑臭水体治理,开工运河、忠民河、古宋河、康林河、万堤河、蔡河、包河 7 条河道 17 个标段的带状公园建设。累计完成整理地形 21 万平方米,栽植苗木 1.7 万棵、模纹 23 万平方米、草皮 8.8 万平方米,园路 9 000 米,广场、园路铺装约 4.6 万平方米,完成投资约 21 000 万元。实施完成积水点改造 15 处、闸坝建设续建工程(南京路忠民河闸、万堤河与运河交汇处闸、中水河与包河交汇处闸、洪滨路中水渠闸)4 个,完成投资约 2 600 万元。中心城区正式运营的 7 座污水处理厂总设计规模 56.5 万吨/日,实际日均污水处理量分别为 18.28 万吨、5.24 万吨、1.13 万吨、5 万吨、4.1 万吨、0.85 万吨、9.93 万吨,日均污水处理总量约 44.5 万吨,出水水质均达到国家一级 A 标准,生活污水集中处理率达 98% 以上。2021 年新建第三污水处理厂二期工程,设计规模 10 万吨/日,正在进行土建工程。第九污水处理厂及配套管网工程一期,设计规模 5 万吨/日。

(2)园林绿化。实施便民公园、街头游园、道路绿化、河道景观带和湿地公园等市管绿化项目建设 20 个,其中黄河路、北海路、清凉大道等 15 条道路绿化项目已基本完工,完成 13 个公园绿地升级改造、道路改造提升工程、绿化补植工程。累计栽植乔木 2.1 万余株,花灌木 1.7 万余株,模纹地被 55 万余平方米,累计完成投资 4.8 亿元。三区实施绿化项目 75 个,完成投资 3 亿元。截至 2021 年底,市中心城区绿化总面积为 4 172 万平方米,其中公园绿地面积为 1 827 万平方米,市区绿化覆盖率达到 43.0%,绿地率达到 38.8%,人均公园绿地面积达到 13.86 平方米/人。"三绿指标"进入全省第一方阵。

(五)公共服务保障能力大幅提升

(1)公共供水。实施引水入商工程,稳步推进第四水厂改扩建、续建工程及路河水厂建设工程,中心城区建成供水管网约 1 200 千米,供水能力达到了 28 万吨/日(市水务公司供水能力为 25 万吨/日,市经济技术开发区供水有限公司公共供水能力为 3 万吨/日),其中地表水供水能力达到了 20 万吨/日,公共供水普及率达到 98.56%。同时,积极推进节水城市创建工作,被评为省级节水城市。

(2)城镇燃气。实施引气入商工程,天然气安全稳定运行,燃气管网累计 1 700 余千米,覆盖了陇海铁路以南、京九铁路以西、睢阳产业集聚区、梁园产业集聚区的大部分区域以及商丘城乡一体化的示范区的部分区域。民用户接驳 1.1 万户,五小工商户接驳 270 户,完成销售气量 1.4 亿方,确保了 40 万户居民、3 160 多家工商业和 1.4 万多辆汽车用户天然气的正常供应。燃气日供气能力达到 240 万立方米,实际供气 80 万方,服务用户 39.55 万户。燃气普及率为 99.6%。

（3）集中供暖。实施引热入商,强化热源、热网建设,环城热网即将建成,引热入商债券项目申报成功,热源建设持续稳定,实现了供热面积三年500万平方米连级跳,目前实际供热面积1 600万平方米,供热入户面积2 200万平方米,清洁能源供暖382万平方米,其中中深层地热能32万平方米,天然气供暖140万平方米,空气源热泵供暖210万平方米。供暖主管网铺设600余千米,已供暖小区520余个,供热普及率达80.3%。中心城区在引热入商、引水入商的时候统筹考虑商虞一体化、商宁一体化,预留了供热、供水端口。

（六）改造治理维护深入开展

（1）老旧小区改造。将老旧小区改造作为改善城市人居环境、消除城市二元结构、推进城市品质提升内涵发展的重要举措和抓手,从"需"上下功夫、从"实"上做文章、从"新"上求突破、从"久"上见成效。截至年底,省定1.53万户老旧小区改造任务实际完成1.95万户,完工率128%。

（2）窨井盖治理。积极开展窨井盖普查确权和治理提升工作,及时消除发现重大安全隐患。经普查,全市录入窨井盖共计28万余座,问题窨井设施共计17 225座,在省定11 000个问题窨井盖整治任务基础上自我加压,明确提出"三年任务、两年完成",2021年共计完成13 000个问题窨井设施的治理。在全省民生实事评比中,商丘市位列第一。

（七）智慧城管建设不断加强

与网格化管理相结合,将智慧城管系统深入到基础单元网格。目前,市建成区内约160平方千米内信息采集已实现精细化、全覆盖、零缝隙。5G场景应用试点建设工作已完成,可满足各种行车状况下全天候执法取证工作的需求。加强数字城管信息采集和案件处置力度,自数字城管系统运行以来,平均每年受理各类城市管理案件约40万件,信息采集覆盖率现已达到98%以上,案件派遣正确率达到96%以上,按时核查率达到100%,结案率约96%,用数据分析、用数据决策、用数据指挥的智慧城管正在走向成熟。

（八）精细化城市管理持续推进

（1）城市管理工作精细精致。推动城市管理和城市创建常态长效化工作,持续开展城市综合考评,日巡查、周排名、月评比,重要时间节点组织开展日考评。数字化城管平台的作用充分发挥,采取重心下移,以区为主的办法,形成了市、区、办事处三级城市管理网格，"大城管"格局逐步形成，各项管理职能和执法管理人员下沉到各级网格，接受数字城管指挥中心信息派遣，迅速到达指定位置解决问题，基本形成了快速处置机制。

（2）背街小巷治理常态常新。督导三区按照背街小巷提升改造方案"六化一秩序"（硬化、净化、美化、亮化、绿化、文化、秩序）标准，实施完成市区1 813条背街小巷巩固提升工作，背街小巷逐步实现常态化管理。

（3）停车设施建设见缝插针。市区公共停车场55个、泊位7 881个；专用停车场70个、泊位4 295个；道路内停车道路24条、泊位48 333个；人行道道牙石以上至门店之间区域机动车停车位95 315个，非机动车停车位39 528个。商丘市城区智慧停车场工程项目建议书、可研报告、环评等前期手续已获批复。

二、经验做法

（一）破解机制体制难题，整体发展步伐加快

积极破解机制体制难题，建立周例会、周考评、早晚督查、重点工作专项督查督办、奖励激励、数字化城管监督考评等6项工作制度和责任落实、时间倒推、市区会商、联席会议、绿色施工、企业承诺、巡回督导、严格奖惩等8项工作机制，以目标、问题、结果为导向，坚持"个性问题不过夜、共性问题不过天"，通过"时间倒排、任务倒逼、责任倒追"，确保工作目标如期推进。特别是"十三五"期间，中心城区累计实施市政公用事业项目1 455个，总投资约359亿元。新建改造道路646条（段）、桥梁39座、背街小巷1 813条；河道疏浚里程137千米；新建汉梁文化公园、运河公园、商都公园、华夏游乐园等公园、游园、绿地93处；新建改造二污、六污、八污等污水处理厂，日处理污水能力达56.5万吨；新建生活垃圾焚烧发电厂、民生电厂、建筑垃圾处置厂，垃圾处理由原来的日处理600吨，提高到现在的1 800吨；改造第四水厂、新建路河水厂，水气暖管网新增1 737千米，新增用水用户7.9万户、燃气用户13万户、供暖入网面积达2 100万平方；新建改造公厕、中转站670座、92座，购置环卫车辆1 682辆，拥有量和覆盖面积均超过部颁标准；老旧小区改造475个，惠及人口15万人；新建管廊约12千米、强电排管约83千米、弱电排管65千米、弱电入地15万米；城市道路保洁面积由2015年的1 563万平方米增长到现在的2 173万平方米；绿化管护面积由2015年的292万平方米增长到现在的461万平方米；河

道管护面积由 2015 年的 9 万平方米增长到现在的 16 万平方米。市政公用事业建设步伐加快,供给能力不断提高。

(二)破解投融资难题,市场运作成效明显

融资难、融资贵是制约市政公用事业发展的"瓶颈"。为了有效破解这一瓶颈问题,依据住房和城乡建设部《市政公用事业特许经营管理办法》,结合商丘实际,在市政公用事业市场化改革方面进行了积极探索和尝试,采用"BOT"模式,重庆康达环保、北京碧水源、商丘新发、商丘康润等企业相继进入商丘污水处理领域,投资、建设、运行了第一(二期)、第二、第三、第五(一、二期)、第六(一、二期)和第八污水处理厂;采用"PPP"模式,中电环保投资运营商丘生活垃圾焚烧发电厂,中冶天工、中建七局、商丘市政总公司承建清凉寺大道、黄河路、神火大道南延、庄周大道等 33 条市政道路和 8 座涉铁立交;采取特许经营权授予的方式,新奥燃气、昆仑燃气进入商丘天然气市场,恒源热力、信商热力、博森热力分别进入集中供热市场。同时组建了商丘市市政建设投资有限公司,把原来由政府直接举债为主的投资方式,转变为由建设性投资公司向社会融资为主的市场化方式,从根本上改变了城市基础设施建设的投融资机制,形成了多元投资的新格局,吸引社会资本参与,激活了市政公用事业建设的"一池春水"。

三、存在问题

(一)城市基础设施建设有短板

(1)环城路还没全面建成。市区环城路共需实施庄周大道、商都大道、兴业大道、清凉大道 4 条道路,总里程约 67 千米。目前,庄周大道已完成 6.3 千米、商都大道已完成 18.2 千米、兴业大道已完成 11.4 千米、清凉大道已完成 16.9 千米,共计还有 14.25 千米(其中庄周大道 2.8 千米、商都大道 2 千米、兴业大道 8.5 千米、清凉大道 0.95 千米)没有完成(因基本农田、铁路部门 190 号文、拆迁清障等)。

(2)快速路还未现实启动。快速路专项规划市规划部门已多次研究,但还未最终确定。根据自然资源和规划部门提供的规划意见科学组织、合理安排,尽快推进快速路建设。

(3)断头路还未彻底消除。如平原北路、归德北路、睢阳北路、长江西路、团结西路、八一西路等均因资金问题而未能实施。

(4)路通灯亮还未全部实现。因项目批复、资金未下达等,致使方域路(紫荆路—文庙路)、华夏南路(华商大道—迎宾路)、水源路(梁园路—凯旋路)等18条道路路灯工程未开工建设,"一键亮灯"智慧照明控制系统未能实施。

(二)城市公共服务水平有差距

(1)水质水压问题依然突出。目前实际需求量为44.5万吨/日,日公共供水能力为28万吨,仍有16.5万吨缺口,供水能力不足;商丘地处高氟区,地下水氟化物和矿物质含量高,造成公共供水氟化物含量较高;第四水厂位于市区西北部,承担全市80%区域供水任务,供水距离长达20余千米,在用水高峰期时东南区域管网末梢时而出现水压偏低问题。

(2)燃气公司经营仍需理顺。两家燃气公司的经营业务还有遗留纠纷问题,部分小区、工商业户未能实现供气全覆盖。目前,中心城区现有天然气门站仅2座,设计供气能力270万方/日,供气量70万方/日,管网覆盖率89.4%,用气缺口10万方左右;缺口部分气源使用液化天然气气化补充。

(3)供热热源热网尚需丰富。民生电厂作为唯一热源点,担负着重要的保障任务,最大供暖面积为1 700万平方米,丰源热源厂作为调峰热源,供热能力为460万平方米,合计2 160万平方米,再加上中深层地热能供暖、空气源热泵供暖等清洁供暖模式由于缺少政策支持,推进缓慢,远远不能满足需求。截至2021年底,中心城区集中供热入网面积2 300万平方米,由于2022年大棚改项目陆续交付入住(约3 150万平方米),供热面积将大幅度增加,需求空间巨大,热源单一还没解决,集中供热形势极为严峻。根据住建部和省住建厅关于推进供热计量工作要求,目前,新建建筑和既有居住建筑安装热计量表554.4万平方米,占实际集中供热面积的30%。

(三)城市管理精细精致有不足

(1)停车场建设进展缓慢。目前,城区智慧停车场工程项目建议书、可研报告、环评等前期手续已获批复,计划在中心城区范围内统一规划、分年度实施16条路内智慧停车、22处公共停车场和智慧停车管理平台建设,共建设10 012个停车泊位,其中路内停车泊位6 134个、路外公共停车场泊位3 878个。由于项目选址较多、用地性质复杂,缺少停车场专项规划、用地审批难等原因,导致暂未能实施。

(2)停车乱收费问题依然突出。城区部分临时停车场属于私圈私占公共资源、无建设或建设不规范、收费标准不一、只收费不管理、无法起到维护静态交通秩序等,市民意见很大。目前三区城管部门按照纪检监察部门要求,在各区政府(管委会)安排部署下,与交警等部门协作,已积极开展停车乱收费问题排查清理。

(3)出店占道经营时有反弹。"空中蜘蛛网"、乱扯乱挂、乱贴乱画等常态化治理还没有形成。出店经营、占道经营属于城市管理中最易反弹现象,给执法工作带来较大难度。"空中蛛蛛网"、乱扯乱挂、乱贴乱画等问题也是城市管理中易反复出现的问题,目前主次干道"空中蛛蛛网"、乱扯乱挂、乱贴乱画等问题已基本消除,但在背街小巷、小区、城乡结合部还不同程度存在,虽多次集中整治,但由于城市管理长效化机制不够完善,上述问题时有反弹。目前,经过调研已起草了相关文件,通过出台制度、完善措施,逐步推动城市管理常态化。

(4)地下市政设施和部分地面设施普查工作还未开展。经与周边地市沟通交流,不包含强弱电、供水、供热、燃气等地下设施普查,仅建立排水管网地理信息系统(GIS)、排水管网排查、混接错接整改、病害治理等问题就约需 2.44 亿元。由于投资巨大,资金来源尚未确定,加之实施主体不明,导致地下市政基础设施普查尚未开展。

(四)城市防汛排涝工作有压力

(1)城市防汛压力较大。如:城市雨污水管网老化、建设标准低,特别是老城区多数管径偏小,老化严重;由于各种市政公用建设工程集中修建,各项工程对城市雨污水管网造成不同程度扰动,导致管网排水能力下降;城区河道防洪标准较低,城区内低外高,强降雨过程城区河道水位高于雨水出水口,形成泄洪瓶颈。加之雨污合流大量存在,大雨以上降雨时道路污水外翻。环保管控,也增加了城市道路雨水管网的收排压力。

(2)雨污分流改造未完。雨污分流管网共需要改造 2 041.87 千米,已经实施改造 1 936.75 千米,尚有 105.12 千米未实施。

(3)桥闸改造仍要继续。城区约有 238 座桥梁、26 座闸,其中已改造 14 个,基本实现了桥下行船走人。为确保河水引得来、留得住、放得出,计划建设 14 座闸坝工程,目前已建设 11 座,还需建设 3 座闸坝。

(4)海绵城市方案未出编制。由于资金等客观因素,全域化系统推进海绵城市建设实施方案尚未编制,只能随着每年建设项目碎片化开展,成效不明显。目前,达到海绵城市建设要求的面积约 32.37 平方千米。

(五)污水处理中水利用有弱项

(1)中水利用需充分。中心城区正式运营污水处理厂 7 座,产生尾水约 44.5 万吨/日(一级 A 标准),城区建成投用尾水管网约 57.8 千米,其中:国电(民权)发电有限公司、中电(商丘)热电有限公司、环卫洒水、河道生态补水合计利用尾水约 4 470 万吨/年,利用率约 35%,还需逐步建设污水处理厂中水水质提升配套湿地。

(2)收水划分需完善。第一污水处理厂处于满负荷运行状态,相邻区域的第二污水处理厂负荷率不足 55%;第五污水处理厂基本处于满负荷运行状态,相邻区域的第六污水处理厂负荷率不足 45%。由于未实施污水管网互联互通工程,污水处理智能化调配未能实现,造成污水收集能力与处理能力不相匹配。

(3)进水浓度需改进。《河南省污水处理提质增效三年行动方案》明确要求,以排水管网清污分流和雨污混接改造为主要抓手,对进水生化需氧量年均浓度低于 120 毫克/升的城市生活污水处理厂进行"一厂一策"整治,实现提质增效。目前,由于雨污分流改造未实施,造成第一、二、三、五、六、七污水处理厂进水 BOD5 平均浓度均低于 120 mg/L。

(六)营商环境有关工作有难点

(1)备案审批过程不顺。市工程建设项目供排水、供气、供热接入工程(从用户建筑区规划红线连接至公共管网工程)施工时,涉及的市政建设类或砍伐城市树木等行政审批事项,均需提前办理建设工程规划许可(前置条件),但因工程量较小,不能在发改委立项备案,市自然资源和规划局不予办理建设工程规划许可,导致供排水、供气、供热接入工程涉及的市政建设类或砍伐城市树木等行政审批无法办理,进而造成供排水、供气、供热接入工程施工进度滞后。

(2)政企平台对接不畅。供水、供气、供暖企业自建系统不能与河南省政务服务平台、并联审批平台、多规合一平台连接,无法完成水气暖企业提前了解报装用户信息。

(3)政务服务质效不强。虽然对企业服务进行了行政指导,但是工作还够不细致,仅限于书面通知为多,主动帮企业想办法、出主意、解困难的行动较少。如:在大气污染防治中,对施工工地违反"六个百分之百"标准施工的企业仅限于指出覆盖不到位问题,就如何覆盖、按什么标准覆盖等,深入一线实地指导还欠缺;企业整改后还是达不到标准,仍需二次覆盖,给企业造成一定程度的人力物力浪费。

四、提升举措

2022 年,持续推进"十大工程、十大治理、十项执法",实现"续建工程六月基本收官,新建工程十月基本建成"的工作目标,努力把商丘打造成为有温度、有质感的文明之城、文化之城、生态之城、精美之城。

(一)围绕"短板提速",强力推进在建既定项目

明确目标任务,强化责任意识,完善续建工程项目建设进度台账,精心组织,加强调度,按照时间节点,倒排工期,挂图作战,全力推动项目建设进程。铁路立交、高速立交力争实现"六通三建",环城路"小循环"清凉大道、迎宾路、中亚大道、商都大道、庄周大道力争实现通车,黄河西路、北海西路高速口顺接,平原南路高速口优化改造完成;内河水系真正实现引得来、留得住、用得上、放得走,死水变活水,河畅、路顺、水清、岸绿、景美变为现实;水气暖实现长江黄河两水并用,热源热网短板补强,燃气安全实现智能管控;污水处理实现污水提质增量,垃圾处理实现"零填埋、全处理、充分利用"。垃圾填埋已列入了中央环保督导,各县(市、区)任务非常艰巨。在污泥处置方面,中心城区及各县(市、区)都是短板弱项,是今年攻坚的重点。垃圾发电二期建成,污泥处置启动,餐厨垃圾处置项目投用,垃圾分类智能,绿化亮化实现园林精美,一键亮灯,亮化成景。

(二)围绕"内涵提质",持续推进重点民生工作

研究制定城市更新实施意见,探索城市更新机制、模式和政策制度,实施一批民生示范项目,持续推进老旧小区改造、窨井盖治理、垃圾分类,把实事办好、好事办好。实施智慧停车场项目,解决停车难、停车乱问题。全面提升城市排水防涝能力,启动城市排水防涝综合规划修编,改造积水区域,一期改造 21 个。

(三)围绕"弱项提强",重点实施市政道路工程

全面开展城市体检评估,找准短板弱项。学习借鉴香港等地经验,优化城市路网结构,加强市政道路交通体系建设,构建"窄马路、密路网",打通一批断头路、卡脖路,建城区路网密度力争达到8千米/平方千米。继续做好既定的"环路成型"和工业路东延、商都大道南延、华商大道西延等建设工作,完成梁园路、金桥路、工业大道在建工程。

（四）围绕"管理提效",提高科学管理治理水平

树立全周期理念,以绣花功夫推进城市管理精细化,完善提升标准,重点加强老城区、背街小巷、城乡结合部等薄弱区域精细化管理,持续开展专项治理行动、城市清洁行动和U型空间治理,实施第三方监管机制,让城市更干净、更整洁。巩固提升扬尘和餐饮油烟治理成效。完善标准体系,对线性工程和大型餐饮服务单位等重点领域,加强综合治理、智慧管理。推进城市管理智能化,开展市政基础设施普查,绘制城市地下管网一张图、智慧管理一张网。提高综合管廊排管综合利用效率,推进强弱电管线入地。在城市地下市政基础设施普查的基础上,建立城市市政设施综合管理信息平台,为城市管理和城市防汛科学调度提供坚实保障。加快数字城管向智慧城管提升,搭建城市运行管理服务平台。推进城市管理法治化,加快城市绿化条例、城区河道管理条例等立法进度。落实"八五"普法规划和行政执法责任制,加强执法队伍正规化建设,完善城市管理执法标准规范,开展干部培训、大练兵大比武大竞赛和行政执法不满意问题整治,创建一批服务型行政执法示范单位和标兵单位。建立问题发现、反馈、整改闭环管理机制,及时发现处置城市建设管理中的突出问题和违法违规行为,开展十项专项执法。

（五）围绕"服务优质",提升公共服务保障能力

重点围绕源、厂、网建设,优化热源、水源,增加空气泵热源等清洁能源覆盖面积,实现集中供热面积2 000万平方米。加大自备井关闭及执法力度,实现供水管网全覆盖,力争供水30万吨。协调水利等相关部门加大自备井关闭力度,创建国家节水城市,加强城市再生水利用,实施供水管网更新改造和分区计量,降低供水管网漏损。

（六）围绕"环境优美",深度实施生态建设工程

（1）推进"精美河湖"。持续推进城镇污水处理提质增效及污水处理设施三年提升计划,按照市委市政府生态水系治理目标,加快生态水系及运河古宋河生态湿地公园建设,加大闸坝工程、雨污分流、混接错接改造、海绵城市建设力度,实现河道带状公园联网。提高黑臭水体整治标准和治理效果,落实河长制,保持"长制久清"。

（2）推进"精美园林"。持续实施好9个带状公园项目和周商永运河湿地公园建设,以均衡布局为原则,督导三区积极建设便民公园、口袋公园,实现群众"出门见园、开门见绿",实现"园林到园艺",启动创建国家生态园林城市。

(3)推进"绿色照明"。实施北海路等21条道路路灯新建工程。实施商都广场亮化、310转盘亮化、街头绿地亮化、运河水系亮化、亮化智能控制升级及市区节点亮化工程,实现"路通到灯亮"。

2021 年商丘水利建设现状和前景展望

吕志锋[①]

摘　要:水利兴则天下定。商丘是一个传统的农业城市,城市的发展离不开水利,乡村的振兴更离不开水利。2021 年,商丘市坚持规划引领,着力项目建设,实施涉水项目 67 个,完成投资 52.65 亿元,为推动新阶段水利高质量发展迈出有力步伐。商丘市水利建设存在着水资源禀赋条件总体不佳、水资源保障能力不足、水利基础设施网络体系不完善、水利建设资金缺口大等问题,未来还需要统筹推进水源、水权、水利、水工、水务"五水综改"和水资源、水生态、水环境、水灾害系统治理"四水同治",持续提升水资源保障能力。

关键词:商丘　水利建设　水资源　水利工程

商丘市地处南北气候过渡区,属淮河流域,分属洪泽湖、涡河、南四湖三大水系,多年平均降雨量 726 毫米,流域面积 30~100 平方千米的河流 110 条,流域面积 100 平方千米以上的大中型河流 42 条,湖泊 2 座。建成水闸 479 座(其中大中型水闸 44 座)、水库 15 座(其中中型水库 7 座:任庄、林七、吴屯、郑阁、马楼、石庄、王安庄水库),总蓄水能力 4.2 亿立方米;建成"中、南线结合"的三义寨引黄供水工程,年最大引黄河水量 3.4 亿立方米;建成农村饮水安全集中式供水工程 322 处,农村自来水普及率达 96% 以上,形成了较

---

① 商丘市水利局办公室副主任。

为完善的防洪、除涝、灌溉、供水等水利工程体系,为商丘市粮食连年稳产高产和经济社会高质量发展提供了有力的水利支撑和保障。

一、2021 年商丘市水利工作建设现状

(一)坚持问题导向,着力专班运作

聚焦工作重点难点,研究成立全面从严治党、意识形态、项目建设、在建水利工程推进、精神文明创建等 11 个工作专班,强化组织领导,压紧压实责任,实行领导班子成员双周工作报告、专班办公室主任双月工作汇报、局属各单位季度汇报点评制度,累计双周报告 23 次、双月工作汇报 5 次、季度汇报点评 3 次,督导督查专班下发工作提醒函、监督建议书等"两函四书"19 份,有力有效推进各项工作。

(二)坚持规划引领,着力项目建设

1. 编制完成"十四五"水安全保障规划

总体规划南水北调工程、供水保障能力建设工程、防洪提升工程、主要河湖及区域生态环境治理保护修复工程、水利信息化及其他五大类 109 个项目,匡算总投资 314 亿元;规划储备项目两大类 86 个,匡算总投资 110 亿元。

2. 积极做好重点水利工程项目前期工作

(1)南水北调中线商丘供水工程。商丘市供水工程已列入《河南省南水北调水资源利用专项规划》,取水口门可行性论证取得了阶段性成果,已上报省水利厅待批。经过实地查勘,初步拟定位于许昌市长葛市的 17 号口门,申请年调水量 2 亿立方米。

(2)引黄调蓄工程。商丘市纳入《河南省引黄调蓄工程规划方案》共有 10 处,新增调蓄库容 6173 万立方米,总调蓄库容达到 1.59 亿立方米。2021 年 2 月 18 日,市政府第 159 次常务会议研究决定由市发投公司筹资实施黄河故道一期水生态治理项目(任庄、林七、吴屯三座水库清淤扩容工程),市水利局积极配合做好了技术支撑。

(3)水利薄弱环节建设项目。2021 年 8 月,上报省发改委九大类 169 个项目,匡算总投资 173 亿元,被省发展改革委确定为首批灾后重建基础设施项目,向社会及金融机构推介。

水利发展资金项目：经过积极申报，已下达中央和省级资金 2 亿元，涉及 10 个中小河流治理工程和两批农村饮水工程维修养护工程、农业水价综合改革项目等。

3.加快推进在建重点水利工程项目

（1）引江济淮工程。主体工程总投资 42.24 亿元，已累计完成投资 34.7 亿元，占总投资的 81.2%；路河水厂及配套管网工程和柘城、夏邑、永城 3 个县（市）配套工程总投资 39.72 亿元，已累计完成投资 21.29 亿元，占总投资的 52.6%。

（2）赵口引黄灌区二期工程。主体工程总投资 7 200 万元，配套工程总投资 7 886.9 万元，已基本完工。

（3）四水同治项目。53 个项目实际完成投资 38.69 亿元，占年度投资计划的 104.25%。

（4）引黄中线干渠沉沙池清淤工程。清淤长度 3 千米，清淤土方 75 万立方米，完成投资 1 000 万元。

（5）三义寨引黄抗旱应急泵站。完成投资 4 800 万元，总装机流量 18 立方米/秒，使引黄河水实现自流引水和泵站提水双配套。

（6）灾后恢复重建项目。确定的水库、供水工程、河道、水闸等 4 类 11 处水毁修复项目已按期完工，共完成投资 560 万元。

（三）坚持人民至上，着力水旱灾害防御

2021 年，商丘市遭遇了入汛早、雨量大、汛情急、秋汛强、历时长的多次强降雨，平均年降雨总量较常年偏多四成，市水利局坚持做到安排部署到位、责任落实到位、隐患排除到位、预案完善到位、水情分析到位、应急保障到位、工程调度到位，实现商丘市 15 座水库无一垮坝，主要防洪河道堤防无一决口，人员无一伤亡，最大程度减轻了水灾害损失。同时，着力做好抗旱工作，根据黄河实时流量，自流引水和泵站抽水相结合，全年引入黄河水 1.3 亿立方米。

（四）坚持严格监管，着力管水治水

（1）严格落实河湖长制。各级河长巡河 22.3 万次，整治"四乱"问题 363 个，实现从"有名有实"走向"有力有为"。河湖长制工作、水土保持工作在取得 2020 年度"优秀"等次基础上，2021 年度有望继续保持"优秀"等次。

（2）实施最严格水资源管理制度。大力开展节约用水管理工作,对 899 户取水单位下达了用水计划,对 166 家重点取用水户安装了地下水远程监控系统,设立地下水监测站(点)272 个。强力开展地下水超采治理专项行动,按要求封停自备井 304 眼,压采地下水量 508.9 万立方米。

（3）加强水土保持监管。完成 444 个图斑复核工作,批复水土保持方案 23 件,依法征收水土保持补偿费 1 390 万元。全力做好农村供水保障,实现脱贫地区和脱贫人口饮水安全问题动态清零,完成农村饮水安全维修养护投资 2 058 万元,维修工程处数 48 处,商丘市农村自来水普及率达到 96% 以上。市农水技术和水土保持监测指导站被省委、省政府评为河南省脱贫攻坚先进集体,商丘市水利局被省政府评为"红旗渠精神"杯先进单位,被河南省水利厅评为农村饮水安全脱贫攻坚先进集体。

二、商丘市水利工作建设存在的问题

（一）水资源匮乏,深层地下水位持续下降

商丘市水资源禀赋条件总体不佳。商丘市水资源总量 19.8 亿立方米,人均水资源量 280 立方米,亩均 240 立方米,分别不足全省和全国平均水平的 2/3 和 1/8,大大低于联合国规定的人均 1 000 立方米缺水下限。商丘市区及虞城、民权、宁陵、睢县、夏邑、柘城县和永城市全部为深层承压水一般超采区(其中市区、永城市为严重超采区),超采面积 1.07 万平方公里。近五年(2016—2020 年)商丘市平均供用水量 14.57 亿立方米,其中地表水 4.64 亿立方米,地下水 9.93 亿立方米,地下水占总供水量 68.2%,地下水是商丘市的主要供水水源。农业用水占总用水量的 63.0%,是商丘市主要用水户。目前,只有民权县城区、商丘市中心城区供水使用引黄水,其他区域城乡供水均为地下水,城乡生活供水井井深 350~550 米,深层地下水年均超采 1.18 亿立方米。2020 年以来,水利部通报 6 次,会商 2 次。随着商丘市社会经济快速发展、城市化进程加快,农业、工业、生活、生态用水需水量逐年增加,用水需求和水资源紧缺的矛盾已十分突出,据预测,如果不增加引黄量,2025 年商丘市将缺水 5.5 亿立方米,2035 年将缺水 6.71 亿立方米。

（二）引黄越来越困难,保障能力不足

三义寨引黄供水工程是目前商丘市唯一引水工程,分配年引黄水量指标 2.8 亿立方

米,由于黄河连年调水调沙,黄河主流河道河底下切2.5米以上,在黄河主流流量小于1 300立方米/秒时已不能自流引水(原流量300立方米/秒可自流引水),引黄河水越来越困难,加之任庄、林七、吴屯等7座黄河故道梯级水库已运行60多年,淤积严重,调蓄能力大幅减少,无法做到丰蓄枯用,虽经多方努力,但引水量逐年下降,2018年、2019年引水量为2亿立方米,2020年引水量为1.7亿立方米,2021年引水量为1.3亿立方米,引黄水量指标不能充分利用,且黄河来水过程与用水过程不匹配。

(三)水利基础设施网络体系尚不完善,需加快补齐防灾减灾短板

商丘市水利工程大多修建于20世纪六七十年代,经过几十年的运行,工程老化严重,病险问题突出,维修养护经费投入不足,长期带病运行。惠济河柘城李滩闸、大沙河睢阳区包公庙闸等28座中型四类病险水闸需拆除重建。惠济河、沱河等主要防洪河道部分河段存在淤积,排水不畅,防洪功能降低。宁陵县八曹沟、清水河老道等部分小型河道不同程度存在河道淤积的问题,部分小型水闸存在闸门漏水、启闭不灵活等问题。没有形成引排顺畅、蓄泄得当、丰枯调剂、多源互补、可调可控的河湖库水网络体系。

(四)水利投资渠道单一,水利建设资金缺口大

商丘市水利建设主要依靠争取上级财政资金项目实施,虽然每年商丘市都积极申报中央和省预算内资金,但由于商丘市境内无大江大河,受国家水利投资政策影响,近年来中央和省级下达商丘市的资金大幅减少。商丘市是农业大市,经济基础比较薄弱,特别受疫情影响,市县财政困难,谋划的南水北调中线商丘供水工程、引黄调蓄工程、大中型水闸除险加固工程等重点水利项目,急需创新水利投融资机制,破解公益性项目建设资金筹措难题。

三、商丘市水利建设前景展望

(一)全力做好水旱灾害防御

(1)组织开展郑州"7.20"特大暴雨灾害追责问责案件以案促改活动。认真汲取郑州"7.20"特大暴雨灾害教训,全面剖析自身存在的问题和不足,召开专题民主生活会和组织生活会,列出具体事项、提出整改措施。按照郑州"7.20"强降雨洪水特点,对商丘市进行抗击暴雨洪水模拟推演。主要防洪工程逐一开展溃坝和溃决风险分析,制定专题应对方案。

（2）持续开展水利工程安全隐患排查排除工作。针对排查的19类172项203个安全隐患,建立台账,明确责任,限期整改。采取定时和驻守督导的方式,紧盯水利工程安全隐患排除工作,严格督导,落实周报告制度,督促各县(市、区)完成安全隐患排除工作。

（3）修订完善水旱灾害防御应急预案。按照"一库一策、一闸一策、一河一策"的要求,继续修订各类应急预案。加快商丘市15座中小型水库防汛抢险应急预案和水库大坝安全管理应急预案的评审报批,做好商丘市水旱灾害防御应急预案,水利工程度汛方案等预案的修订,做好预案的宣讲和演练,确保预案实用可操作。

（4）科学调度水工程。综合采取"拦、泄、排"等措施,统筹水库、水闸、河道、泵站等水工程联合调度,合理控制河道、水库水位,精细调控水工程,充分发挥水工程体系防灾减灾作用。

（5）强化技术支撑。商丘市各县(市、区)水利部门成立水旱灾害防御技术专家组和应急抢险队,针对平原地区防汛特点,紧紧围绕堤防查险、冲刷破坏、管涌渗漏、滑坡滑塌等险情,开展抢险救灾知识培训。

（二）统筹推进"五水综改""四水同治"

（1）水源改革。水源改革是指水资源利用和保护,重点解决水资源优化配置和有序利用问题。进一步强化水资源保护,形成"用好地表水、保障生态水、涵养地下水、多用再生水"的有序用水新格局,构建集约高效的水资源配置体系。通过提升引黄供水工程能力、建成引江济淮工程、实施南水北调中线商丘供水工程,形成地表水、地下水、客水等多种水源供水格局,并通过周商永运河为连接线,构建南北互济、东西连通科学调度的水资源保障体系。

（2）水权改革。水权改革是指水资源确权和交易,重点解决水权市场和水权制度建设问题。开展水资源确权登记,推进区域确权,明确县级行政区域水资源使用权;推进用水户确权登记,强化取水许可证办理,以取水许可核定水资源使用权;推进农业灌溉用水办理水权证后确定水资源使用权;推动工业、服务业水资源使用从"无偿取得"向"有偿取得"转变;推动水权回购,健全水权交易价格形成机制。鼓励以市场化方式开展水权收储与处置业务,探索具备条件的区域间、用户间水权的直接交易。

（3）水利改革。兴修水利工程，重点解决两手发力建设水利工程的新型建管模式问题。坚持"项目为王"，用足用好各项支持政策，加快构建兴利除害现代水网体系。加快建设四大引水入商工程（引江济淮工程、南水北调中线商丘供水工程、引黄供水工程、周商永运河修复工程），着力解决水资源匮乏和深层地下水位持续下降问题。加快推进28座中型病险水闸除险加固工程，惠济河洼地治理工程，惠济河重点河段治理工程，中小河流治理工程，着力补齐防灾减灾短板。尽快筹建市水投公司，着力破解公益项目资金筹措难题。

（4）水工改革。水工改革是指水利工程管理和队伍建设，重点解决创新水利工程运行管理机制和提高水工队伍市场竞争力等问题。下一步，按照市委、市政府决策部署，积极稳妥推进事业单位重塑性改革，做优做强商丘市水管单位，配足配齐水利专业技术人员，推进水利工程标准化管理，持续提升管理水平。

（5）水务改革。水务改革是指城乡供水一体化和供排一体化，重点解决水务产业一体化的实现路径问题。按照城乡一体、统筹规划，整合县域水务资源，重点推进大水源、大水厂、大管网建设，积极推进农村供水"四化"（规模化、市场化、水源地表化、城乡一体化），谋划新建地表水厂15处，铺设管网1 366千米，供水水源主要由南水北调水和引江济淮水覆盖，其中：梁园区、睢阳区由南水北调水、引江济淮水双水源供给，民权县、睢县、宁陵县、虞城县和示范区主要由南水北调水供给，柘城县、夏邑县、永城市主要由引江济淮水供给。

按照《河南省"四水同治"规划（2022—2035年）》要求，启动编制商丘市"四水同治"和"1+10"规划。对已谋划的2022年五大类54个四水同治项目，充分发挥上下联动和部门协同作用，加大督促检查力度，持续提升水资源配置、水生态修复、水环境治理、水灾害防治能力。

（三）持续提升水资源保障能力

以商丘市生态保护和高质量发展的战略需求为核心目标，综合商丘市生态环境条件、人口空间分布和城镇体系演变的总体趋势，进一步明粮食主产区、水源涵养区、水土保持区、城市化承载区等区域，优化配置水资源，提升水资源保障能力。

（1）落实"四水四定"（以水定城、以水定地、以水定人、以水定产）。强化水资源刚性约束,完善水资源开发、配置、利用等规划体系,为水资源保障提供科学合理的方案,精打细算用好水资源,从严从细管好水资源,全面提升水资源集约节约安全利用能力和水平。严格水资源管理制度考核,建立节水目标责任制,推进将节水作为约束性指标纳入地方党政领导班子和领导干部政绩考核,以强监督、严考核实现硬约束。

(2)转变治水理念。统筹实施水灾害科学防治、水资源高效利用、水生态系统修复、水环境综合治理,构建兴利除害现代水网。

(3)控制用水总量目标。全面落实《地下水管理条例》和国家、省节水行动,深入推进节水型社会建设,完善水资源开发、配置、利用等规划体系,实施水资源消耗总量和强度双控,地下水水位和水量双控,严格控制用水总量目标,2025年总量控制目标16.96亿立方米,2030年用水总量控制目标17.566亿立方米。

(4)增加外调水资源量。黄河水2.8亿立方米,引江济淮水3.6亿立方米,南水北调水2亿立方米。

(四)深入推进河湖长制

彻查险工险段、堵点卡点,建立问题、任务、责任"三个清单",坚持整改问题并逐项制定整改措施,明确时限,压实责任,挂图作战,先除险保畅通,再完善,完成阻水严重的违法违规建筑物、构筑物等突出问题清理整治,保障河道行洪通畅。巩固提升"河长+检察长"制、"河长+警长"制等工作机制,依法依规开展清理整治工作,进一步健全党政负责、检察监督、司法保护、行业监管、公众参与等河湖管理保护新机制,加强日常巡河,把"河长+"工作机制落实落细,纵深推进河湖"清四乱"常态化规范化,努力建设"河畅、水清、岸绿、景美"的美丽河湖。

2021—2022 年平安商丘建设情况和前景展望

王光华①

摘　要：2021 年，商丘市以打造平安建设强市为目标，全市维稳信访形势总体可控，社会治安防控措施不断强化，政法队伍教育整顿全面推进，扫黑除恶斗争战果丰硕，社会治理水平不断提升，平安商丘建设迈上新台阶。商丘社会政治大局总体平稳、持续向好，但作为人口大市、农业大市、兵源大市，各类利益矛盾互相交织，各类不稳定不确定因素增多，平安商丘建设面临新的风险和挑战。2022 年全市将全力维护国家政治安全和社会大局稳定，常态化推进扫黑除恶斗争，持续开展矛盾隐患排查整治，全面加强社会面管控，切实提高基层治理社会化、法治化、智能化、专业化水平，努力建设更高水平平安商丘。

关键词：平安强市　创新社会治理　高水平平安商丘

2021 年，商丘以全力保平安、护稳定、促和谐为主线，忠诚履职、开拓进取，圆满完成了全国全省"两会"、十九届六中全会、省第十一次党代会、市第六次党代会等重要敏感节点安保任务，平安商丘建设迈上新台阶。

---

① 商丘市委政法委常务副书记。

一、2021年平安商丘建设取得的成绩和经验

(一)维稳信访形势总体可控

以打造平安建设强市为目标,以开展防范化解影响安全信访稳定矛盾问题"百日攻坚"活动为抓手,组织开展庆祝"建党100周年"安保大清查大巡防大整治、矛盾纠纷大排查大化解暨命案防范"百日行动"、涉疫情矛盾纠纷集中排查化解等专项行动,大力实施人民调解"百千万工程",矛盾纠纷化解率始终保持在93%以上。强化特定利益群体稳控化解专项治理,落实"四定四包"责任制,认真做好教育疏导、稳控化解和防范处置工作,实现了特定利益群体总体上可防可控。认真落实重大决策社会稳定风险评估制度,强化事关群众切身利益的重大政策、重大项目、重大活动事前评估,组织开展社会稳定风险评估36起,从源头上预防和减少了社会稳定风险。创新实施周点评月通报、研判预警、督查督办、信访稳定"三单"制等信访维稳工作新机制,商丘市赴京进省访总量下降明显。扎实开展"进百家门、知百家情、结百家亲、办百家事、解百家忧、暖百家心""六百"活动,组织万名政法干警走村入户,做好政策法律宣讲、信访问题化解、重点人群服务管理、服务企业大走访等工作,全年共开展宣讲活动413场次,受众47 869人,解决信访问题122个,深入927家次企业开展大走访,帮助企业排查风险隐患114个,解决法律问题88个,打通了联系服务群众"最后一公里"。严格落实意识形态责任制,按照"三同步"工作机制要求,制定了工作方案,加大正面宣传和舆论引导力度,营造了清朗的政法网络空间。

(二)社会治安防控措施不断强化

坚持严打严防、整体防控,完善"商丘卫士杯"工作机制,扎实开展"云剑行动""雷霆行动""平安守护""民转刑"命案专项行动,严厉打击各类违法犯罪活动,持续提升常态化打击效能,商丘连续5年实现现行命案发一破一;筑牢监狱安全防线,连续19年实现"四无"目标,连续24年安全生产零事故、零死亡,刷新了安全周期,商丘市监狱被评为"全省监狱工作安全先进单位"。部署开展打击治理电信网络新型违法犯罪专项行动,2021年上半年打击电信诈骗犯罪工作取得全省平安建设考评第1名并在全省联席会上作经验介绍。着力加强群防群治,形成了以派出所监控平台为中心、治安巡防队为主体、治安志愿者为补充的群防群治社会防控网络,深入开展校园及周边专项整治行动,有效

防范各类涉校案事件发生，共检查学校食堂2 386家次、集体供餐单位36家次、校园周边餐饮经营者2 804家次，排查隐患问题269个；组织开展"3·28全国中小学生安全教育日""'5·12'防灾减灾安全教育"等专题活动，教育师生共计60多万人次。深入开展公共安全隐患大排查大整治专项行动，制定了整治方案，明确了整治重点，组建专项督导组深入乡镇（街道）、村（社区）、企业和基层监所开展督导检查。共检查排查场所173万个、发现问题隐患102万个、通报单位833家、挂牌督办单位159家；共排查"九小场所"、沿街门面60 914处，拆除防盗网20万平方米，砌墙隔离6 567处。

（三）平安建设根基不断夯实

坚持源头治理、依法治理、系统治理、综合治理，落实控新治旧、标本兼治基本要求，深入开展"三零"平安创建工作，成立高规格领导小组，制定了"三零"工作方案，对照工作标准，扎实开展风险隐患排查整治、信访问题化解、社会治安防控、事故源头预防等工作，查漏洞、补短板、强弱项，努力实现矛盾不上交、平安不出事、服务不缺位。严格落实特殊人群服务管理措施，对刑满释放人员、社区矫正人员、易肇事肇祸精神障碍患者等重点人群，采取"五包一"措施；常态化开展预防未成年人溺亡专项治理，突出重点危险水域、重点防控对象、关键防控时段，落实"五有三警示"工作要求，"看住水""管住人""拉上网"，不断改进完善人防、物防、技防措施，严防未成年人溺亡事故发生。共排查河道、坑塘、水库18 565处，设置警示标牌22 655个，配备救生设施5 739个，组织水域巡查人员13 552人，发放《致中小学生家长的一封信》和《告家长书》180余万份、防溺水安全宣传册101万余份，开展应急演练120余场次。着力推进"雪亮工程"建设，利用视频监控+"蓝天卫士"布设"商丘天眼"，实现了全市所有党政机关、重点部位、重要路段、行政村全覆盖。

（四）服务发展大局更加主动

自觉把政法工作放入商丘全市发展大局中谋划、部署和推进，着力优化法治化营商环境，制定出台了《关于加强法治化营商环境建设的若干意见》。开展法治化营商环境建设专项行动，聚焦河南省委提出的"两个确保"和"十大战略"，推动优化法治化营商环境20条意见、政法部门40项承诺贯彻落实。深入开展"万人助万企""万警助万企""企业服务日""送法进企业""涉诉企业大走访""六百"活动，着力打造宽松、包容、亲商、助商、安商的良好发展环境,提升依法服务企业能力水平。组织开展《商丘市优化营商环境条例》知识竞赛,持续解决影响营商环境执法司法突出问题;持续深化放管服改革,大力推进智慧法院、智慧检务、智慧公安、智慧司法等建设,扎实开展"减证便民"行动,积极推广"网上办、刷脸办""不见面审批"等,组织 9 个律师服务团为 90 家企业进行法治体检,出具体检报告 29 件。持续推进公共法律服务"实体、热线、网络"平台融合发展,2021 年,通过"12348"公共法律服务热线为人民群众解答各类法律咨询 23 715 人次,留言回访率99.95%。率先在河南省组织开展法治乡镇(街道)创建评选活动,进一步夯实法治建设的根基。大力实施县、乡、村法治文化阵地"211"工程,制定下发了《商丘市公共法律服务体系建设实施方案》,积极推动"法律八进",举办"商丘法治大讲堂""百名法学家百场报告会"《民法典》等系列宣传教育活动,其中宪法宣传进校园做法被焦点访谈栏目专题报道。

(五)政法队伍教育整顿全面推进

加强党对政法工作的绝对领导,部署开展政法队伍教育整顿活动,先后 6 次召开教育整顿领导小组会议,4 次召开省驻点指导组联席会议,16 次召开整顿办主任会议、案件调度会,完成了"三个环节""四项任务",实现了河南省委提出的"三个基本"工作目标。教育整顿期间,商丘全市集中开展学习活动 1 988 次,政法机关推出爱民服务承诺 40 项,出台便民利民措施 294 条,"我为群众办实事"21 265 件,解决矛盾信访问题 10 216 个,进一步筑牢了政治忠诚,提升了执法司法质效。认真履行全面从严治党责任,以高度政治自觉、思想自觉、行动自觉抓实党风廉政建设,大力推进政治建警、从严治警、素质强警、从优待警,落实教、学、练、战一体化培训机制,政法队伍革命化、正规化、专业化、职业化建设水平进一步提升。

(六)扫黑除恶斗争战果丰硕

把扫黑除恶专项斗争作为重要政治任务,坚持系统治理、依法治理、综合治理、源头治理相结合,持续加压推进依法严惩、打财断血、打伞破网、源头治理、长效常治等工作。把常态化开展扫黑除恶斗争作为推进平安建设强市的重要抓手,列入平安建设 11 个专项之一,从队伍建设、资金投入上给予大力支持。继续将扫黑除恶斗争情况纳入平安商丘建设考评体系,作为领导班子和领导干部综合考评的重要内容。2021 年商丘市已办结线索群众回访满意率 100%；省扫黑办挂牌督办的线索已全部办结，按期办结率 100%；向重点行业发送"三书一函"49 份，整改率 100%，商丘市营商环境持续向好，市场主体活力充分激发。

（七）社会治理水平不断提升

探索实施"六个一"社会治理模式（即一项制度强保障、一个中心管协同、一组平台连民生、一条系统到基层、一张网络促治理、一套机制督考评），积极探索构建具有时代特征、区位特点、商丘特色的"党建+一中心四平台"社会治理新模式，多次召开工作推进会、现场办公会等，推动市社会治理综合服务中心硬件和软件建设取得明显成效。整合治理资源，强化跨部门横向流转运作和区域协作，整合村（社区）警务室、矛盾纠纷调解中心、信访接待大厅、公共服务中心等基层平台力量，制定完善 13 项县乡两级制度体系，纳入信息系统事项清单 10 大类 59 大项 350 小项，完成市县两级机构编制核定工作。健全乡镇（街道）政法委员统筹协调工作机制，整合公安派出所、人民法庭、司法所等资源，调动基层党支部、村组、社区、网格、楼栋等基层力量，发挥"五老"人员、"一村（格）一警一法律顾问一支民调队伍"优势，构建网格化管理、精细化服务、信息化支撑、开放共享的基层管理服务平台。建立全科网格，探索科学高效的网格化管理模式，商丘全市共划分全科网格 16 594 个，配备网格员 16 736 人，进一步夯实"党建+一中心四平台"运行基础，2021 年，商丘市 197 个乡镇（街道）全部设立四个平台并实体化运行，统一受理群众诉求、政务服务、综合执法和应急管理事项，努力实现"矛盾不上交、平安不出事、服务不缺位""群众诉求最多跑一地"工作目标。

二、推进平安商丘建设存在的问题

2021 年，商丘社会政治大局总体平稳、持续向好，但作为人口大市、农业大市、兵源大市，各类利益矛盾互相交织，各类不稳定不确定因素增多，平安商丘建设面临新的风险和挑战。

（一）维护公共安全方面压力不减

消防、交通运输、食药品安全等公共安全领域隐患点多面广，部分单位内部安全防范不严、措施落实不到位。当前，常态化疫情防控形势依然严峻，加剧了商丘疫情防控的压力和风险。社会治安管控压力较大,刑事犯罪多发高发,"盗抢骗"等多发性侵财犯罪时有反弹,特别是电信诈骗等新型网络犯罪高发多发,严重影响了人民群众生命财产安全。另外商丘治安防控体系建设有待进一步深化推进,"雪亮工程"建设投入严重不足,特别是农村视频监控覆盖率偏低,没有达到省平安建设领导小组提出的行政村联网监控点不低于6路的任务要求。

(二)基层平安建设存在薄弱环节

农村派出所、法庭、司法所等基层站所信息化、智能化水平有待进一步提高;社会治理综合服务中心人员配备不到位、建设进展不平衡,乡村两级矛盾调解员、网格员、法律顾问等基层队伍奖励激励机制有待进一步健全,矛盾纠纷排查化解还需进一步深化,工作成效有待进一步提升。

(三)队伍活力需要进一步增强

随着党史学习教育活动和政法队伍教育整顿的深入开展,平安建设队伍不断优化,战斗力、凝聚力不断增强,但部分单位队伍仍存在活力不强、积极性不高、精神状态不佳问题。有的创新意识不够,求稳怕乱,缺少开拓勇气创新思维。

三、推进平安商丘建设的对策建议

(一)积极防范化解各类社会矛盾风险

深入开展重大决策社会稳定风险评估,加强矛盾纠纷排查化解,把各类不稳定因素解决在萌芽、化解在基层。统筹做好各类特定利益群体工作,建立健全经常性社会心理服务疏导和预警干预机制,防止引发"民转刑"和个人极端案(事)件。深入开展重复信访和信访积案专项治理,突出抓好房地产领域信访积案专项治理,把各类不稳定因素解决在萌芽、化解在基层。

(二)着力提升维护公共安全效能

加强公共安全风险源头防范,健全公共安全隐患常态化排查整治机制,强化危险化学品、建筑施工、交通、消防、特种设备等安全隐患常态化治理,加强对寄递物流、危爆物品等行业全流程、全环节、全要素监管,抓好学校、医院、商场等公共设施安全防护,坚决遏制重特大公共安全事故。加强突发公共事件应急能力建设,制定完善应急处置预案,加大应急物资储备,强化综合实战演练,提高快速反应和应急处置能力。

(三)建立健全立体化社会治安防控体系

坚持人防、物防、技防相结合,打、防、管、控一体推进,深入开展防范和打击电信网络诈骗违法犯罪专项行动,严厉打击涉枪涉爆、黄赌毒等突出违法犯罪,特别是疫情防控期间哄抬物价、扰乱医疗秩序等违法犯罪,提高破案率、减少发案率。以"零上访、零事故、零案件"为目标,全面开展基层平安创建活动。以"雪亮工程"建设为牵引,不断深化公共安全视频监控联网建设,深入推进社会面智能安防建设,实现对平安建设的全领域覆盖、全流程质控、全方位赋能。深化市级社会治理综合服务中心实战应用,全面构建"一村(格)一警"新模式,持续深化"一村(居)一法律顾问"长效机制,广泛开展多层次多领域平安创建活动。改进平安建设工作考评办法,加强考评结果运用,对"民转刑"命案多发、地域性犯罪突出、群众安全感偏低,以及发生重特大刑事治安案事件的,要通报、约谈、挂牌督办直至一票否决。强化预防未成年人溺亡措施,加强和完善心理服务体系建设,加强校园及周边环境治理,坚决防范未成年人溺亡和校园周边安全事故发生。

(四)常态化推进扫黑除恶斗争

坚持一体化专业化办案机制,形成打击合力,通过大数据、云计算等信息化手段深入研判涉黑涉恶犯罪新动向,从重点人员、重点场所、重点领域及警情案件系统中排查涉黑涉恶线索,及时发现掌握乱生恶的动向、恶变黑的信号,实现发现在早、处置在小,避免坐大成势。认真贯彻落实《反有组织犯罪法》,并纳入各级领导干部学法重点。分批接续深化重点行业整治,依法严惩"沙霸""矿霸"违反犯罪,启动教育、医疗、金融放贷、市场流通等新的四大行业领域整治,严厉打击涉黑恶违法犯罪。积极探索新形势下专群结合、依靠群众的新路径,广泛宣传动员全社会关心支持常态化扫黑除恶斗争。继续将扫黑除恶斗争情况纳入平安商丘建设考评体系,作为领导班子和领导干部综合考评的重要内容。

(五)发挥职能优势服务保障经济社会发展

聚焦河南省委提出的"两个确保"和"十大战略",找准服务经济高质量发展的结合点,推动落实优化法治化营商环境 20 条意见、政法部门 40 项承诺,深入开展"万人助万企"、"万警助万企"活动,持续优化法治化营商环境。加强重点领域法治保障,创新推进"河长+检察长+警长"工作机制,支持环境公益诉讼,建立司法机关和行政机关联动沟通机制,为生态环境、推动乡村振兴建设法治护航。不断优化政法公共服务,加强法律服务供给,整合法律服务资源,着力构建覆盖城乡、便捷高效的公共法律服务体系。开展非法集资专项治理,分类施策消化存量,加强预警遏制增量,全力维护群众合法权益。要积极参与防范化解重大风险,严防经济金融风险演化为社会风险,为经济社会高质量发展营造良好的外部环境。

(六)着力提升基层治理体系和治理能力现代化水平

认真落实中央关于加强基层社会治理体系和治理能力现代化的意见,推动自治、法治、德治、数治"四治融合",以"党建+一中心四平台"建设为抓手,着力推进权力下放,赋予乡镇(街道)更多行政执法权限和服务事项,切实为群众提供"一站式"服务;全力推进市县乡三级社会治理综合服务中心和乡级"四个平台"规范化建设,完善党委领导、政府负责、民主协商、社会协同、公众参与、法治保障、科技支撑的社会治理体系,建设人人有责、人人尽责、人人享有的社会治理共同体。

商丘市中医药发展报告

商丘市中医药发展课题组

摘　要：近年来，商丘市紧紧抓住中医药发展的重要机遇期，加速发展中医药事业、打造中医药特色品牌、营造中医药文化氛围，中医药服务能力和水平显著提高。已基本搭建以市中医院为龙头和支撑，县（市）中医院为骨干，社区卫生服务中心、乡镇卫生院和村卫生室为基础的中医药服务网络，充分发挥了中医药在预防保健和疾病治疗中的优势，中医药事业的良好开展，有效地满足了人民群众多层次、多样化的医疗服务需求。下一步，要加快完善覆盖城乡的中医医疗服务体系，建立和完善中医药优秀人才评价和奖励机制，稳步推进重点专科（学科）建设再上新台阶，培育壮大中药材市场，加强中医药文化传播，营造浓厚的中医药文化氛围。全面促进商丘中医药事业高质量发展。

关键词：中医药　服务能力　预防保健　医疗服务体系

中医药学包含着中华民族几千年的健康养生理念及其实践经验，是中华文明的一个瑰宝，凝聚着中国人民和中华民族的博大智慧。近年来，商丘市中医药事业发展良好，有效地满足了人民群众多层次、多样化的医疗服务需求。同时也存在诸多不足之处，需要进一步加大改革力度，强化政策支持，完善激励机制，推进重点学科建设等。

一、商丘市中医药发展基本情况

《中华人民共和国中医药法》颁布实施，《中共中央、国务院关于促进中医药传承创新发展的意见》《关于加快中医药特色发展的若干政策措施》《中共河南省委、河南省人民政府关于促进中医药传承创新发展的实施意见》《中共商丘市委、商丘市人民政府关于促进中医药传承创新发展的实施意见》的相继印发,商丘市中医药工作领导小组的成立及其职能的有效发挥,加速了商丘中医药事业高水平发展。市卫健系统认真贯彻执行新时期卫生与健康工作方针,加速发展中医药事业、打造中医药特色品牌、营造中医药文化氛围,中医药服务能力和水平显著提高,成为保障人民群众生命健康、促进社会和谐稳定的"助推器"。

截至2021年底,全市共有中医、中西医结合医院37家,其中三级中医院2家,分别为三级甲等中医医院商丘市中医院和社会办中医医院柘城中医院;二级中医医院8家和一级中医医院27家。全市中医院开放床位5 619张,其中公立中医院开放床位3 601张,社会办中医院开放床位2 018张。全市共有乡镇卫生院和社区卫生服务中心177家,目前已建设完成中医综合服务区(中医馆)155家,占比87.57%。其中睢阳区郭村镇西街卫生院、宁陵县张弓镇中心卫生院等16家基层卫生院中医馆被省卫健委授予"示范中医馆"称号。与安徽亳州交界的永城市、夏邑县、虞城县14个乡镇中药材种植面积5万多亩,主要品种有何首乌、赤芍、杭白菊、白芷、留兰香、油牡丹、白芍、白术、佩兰、菊花、元胡、夏天无、猫爪草、藏红花、昆仑菊等,总产量4万多吨。截至2021年底,医师电子注册中医类别医师2 926人,其中河南省名中医2人,商丘市市名中医77人。全市医院建成河南省特色中医专科10个(分别为民权县中医院生殖健康与不孕症科和脑病科、梁园区中医院糖尿病科、睢县中医院肺病科、柘城县中西医结合医院脑病科、夏邑县中医院脾胃科和康复理疗科、宁陵县中医院中医外治科、虞城县中医院中医肛肠科、柘城中医院儿科)、省重点中医专科2个(分别为商丘市中医院肛肠科和骨伤科),正在建设省重点中医专科3个(分别为商丘市中医院针灸科、商丘市中心医院中西医结合内科、睢县中医院骨伤科)。商丘市中医院勇当区域中医龙头,2021年门急诊量达到46.57万人次,出院患者为2.24万人次。我市已基本搭建以市中医院为龙头和支撑,县(市)中医院为骨干,社区卫生服务中心、乡镇卫生院和村卫生室为基础的中医药服务网络,充分发挥了中医药在预防保健和疾病治疗中的优势,中医药事业的良好开展,有效地满足了人民群众多层次、多样化的医疗服务需求。

二、商丘市中医药发展的主要做法

(一)凝聚力量、聚力发展,逐步完善中医药服务设施并健全服务体系

(1)中医医疗机构基础设施明显改善。在国家政策、资金的大力支持下,近年来我市中医医疗机构基础设施建设平稳驶入"快车道"。目前,市中医院门诊楼改扩建工作已完成,投资8亿多元的市中医院新院区建设即将竣工,预计今年年底完成老院区往新院区的整体搬迁工作。宁陵县中医院、夏邑县中医院新院区主体工程已陆续完工,正在装修及完善配套设施中,梁园区中医医院已搬迁新址。虞城县中医院、柘城县中西医结合医院新院区建设有序推进中。

(2)中医药服务体系逐步健全。党的十九大以来,我市中医医疗机构建设步伐明显加快。目前,全市各二级及以上综合医院均按要求设置了中医诊室或科室,积极推进中医药预防、保健服务工作。柘城县人民医院被省卫健委指定为我市非中医类别医师学习中医试点单位,也是我市目前唯一一家试点综合医院。三是基层医疗服务体系逐步健全。宁陵县张弓镇中心卫生院、夏邑县韩道口镇中心卫生院、柘城县胡襄镇卫生院、睢县河堤乡卫生院等乡镇卫生院有副高职称中医师,中医药服务能力强。如宁陵县张弓镇中心卫生院有中药饮片386种,年中医药诊疗人次可达2万人次。

(二)服务健康商丘、助力乡村振兴,充分发挥商丘市中医药特色优势

(1)在医联体建设中切实加强中医药工作。着力推动县级中医医院在县域内牵头组建紧密型医联体,促进中医药优质资源下沉基层,切实发挥好中医药在治未病、疾病治疗和疾病康复中的重要作用。县级中医医院牵头组建医共体,通过推动医共体内服务能力共提、人才梯队共建、健康服务共管、优质资源共享,整体提升县域中医药服务能力和水平。截至2021年底,全市共有县域二级公立中医医院7家,参与医共体建设的5家。其中睢县中医院与睢县6家乡镇卫生院建立健康服务集团;夏邑县中医院与夏邑县9家乡镇卫生院建立县域医共体;民权县中医院与民权县王庄寨乡卫生院建立了紧密型医疗共同体建设关系;宁陵县中医院与宁陵县4家乡镇卫生院签订县域医疗共同体建设协议,与全县15家卫生院建立中医专科联盟;柘城县中西医结合医院与柘城县11家卫生院签订战略合作协议书。

（2）基层中医药服务能力显著提升。2017—2021年市政府投入补助资金291万元用于基层中医药服务能力提升工程，此举不仅提高了基层中医药服务能力，而且对商丘市中医药事业的发展起到了很大促进作用。如虞城县杜集镇、谷熟镇、稍岗乡等卫生院承担了辖区残疾人康复任务，充分发挥中医药在残疾人康复方面的特色优势，为辖区残疾人提供康复医疗、康复培训、社区康复指导等工作，助力健康商丘建设。

（3）积极推进中医药预防、保健服务工作。引导全市二级及以上中医医院设置治未病科、老年病科和康复科，充分发挥中医药在疾病预防、康复、保健方面的优势和作用。市中医院建立完善治未病科、老年病科和中医康复治疗中心；睢县中医院、宁陵县中医院、商丘仁和中医院等中医医院积极探索医养结合的服务模式，将老年病的养生保健和就诊服务与老年人的养老需求结合起来，开拓医养结合服务病区。

（4）全力做好新冠肺炎疫情防控，守护人民群众生命健康。新冠肺炎疫情发生以来，商丘市严格按照党中央、国务院和省委省政府决策部署全面建立健全中西医协同机制，强化中西医联合会诊制度，全面全程使用中医药。在2020年初的疫情防控阻击战中，全市共向疫情防控一线医务人员、交警、门诊就诊患者等易感人群发放免费预防中药汤剂3万余人次。商丘市确诊病例集中救治定点医院——商丘市立医院在患者治疗中，按照每15名患者配备一名中医师辨证施治的要求给患者提供中医药服务。会同康复科医生综合运用艾灸、中医养生保健操八段锦、康复锻炼操等配合中西药治疗促进患者快速康复。经过共同努力，全市确诊91例新冠肺炎患者全部使用了中医药联合西医治疗，中医药使用率达100%，中药汤剂介入率达到95%以上。2021年8月商丘市在新冠肺炎疫情防治中，市卫健委协调各级各类医疗机构中医药资源，第一时间为集中隔离点配备中医师，配送中药预防汤剂，切实做好密接、次密接等集中隔离人员的中医药预防工作。截至2020年9月6日，累计隔离的8 505名群众中有8 366人使用了中药汤剂预防，占比达98.37%，切实做到了"应服尽服"；累计为医务人员、交警、民警、社区工作者等一线工作人员和隔离群众等发放免费中药预防汤剂33.6万余人次，有力保障了疫情防控一线中药预防汤剂"愿服尽服"。此外，全市中医药系统累计完成病毒核酸单采31.2万余人次、集中采样295万余人次的任务，助力了全市疫情防控早日取得胜利。

（5）"把脉"中药材产业优势，助力产业扶贫并接续推进乡村振兴。十九大以来，商丘市把中药材产业发展作为助力产业扶贫，推进乡村振兴的重要着力点。充分发挥生态环境优势和紧邻药都安徽省亳州市的区位优势,结合辖区群众种植中药材的习俗和丰富的管理经验,因势利导、因地制宜,通过"政府推动、协会引领、合作社和农户参与"的方式开出脱贫"良方",助推中药材种植产业发展,成为农民致富增收的"新引擎"。如夏邑县以马头镇为中心带动业庙乡、罗庄镇、济阳镇、中锋乡、会亭镇等 14 个乡镇的何首乌、赤芍、杭白菊、丹参、白芷、留兰香、桔梗、油牡丹等中药材区域化种植,种植面积 4 万亩,总产量4.4 万吨,总产值 3 亿多元;虞城县界沟镇的万亩优质白芍、白术、玄参、何首乌、佩兰、南败酱、菊花、元胡、夏天无、猫爪草、昆仑菊等中药材种植基地及 10 千米包河中药材生态观光教育实践长廊,将中药材种植与乡村休闲观光旅游、中医药养生健康文化知识普及推广等融合起来,极大地促进了农民增收致富。

(三)强化人才队伍建设、夯实重点专科发展,多管齐下促发展

(1)注重人才的选拔培养。市政府及相关职能部门紧紧抓住并充分利用河南省 369人才项目,以满足临床需求为重点,加大加快人才引进培养力度。截至目前全市中医医疗机构已累计引进博士研究生 2 名,硕士研究生 100 余名。商丘市中医院 2020 年成功申报成为商丘省中医助理医师规范化培训基地。截至目前,全市共培养县级中医院各类骨干近百名、中医类别全科医生 242 名、中医药疫情防控骨干 72 名、仲景工程青苗人才 21名、市杏林新苗人才 93 名。十九大以来,全市已有 24 名通过师承学习中医的人员依法通过国家医师资格考试并注册。2019 年以来商丘市已有 7 名基层卫生技术人员通过了确有专长考核,具备了报名参加国家医师资格中医类别考试资格。2021 年以来市政府将基层卫生技术人员中医药知识与技能培训纳入政府民生实事,计划用三年时间对至少5 400名基层卫生技术人员进行中医药知识与技能培训,目前已培训 1 824 名。2021 年 9 月市卫健委启动了商丘市青年中医药传承人才培养项目,遴选了 108 名青年中医药人才(15名青苗、93 名杏林新苗)通过拜师、师带徒的模式加快培养。

(2)重点专科建设实现新突破。强化人才引领和专科带动,2020 年商丘市组织开展了商丘市名中医和中医名科评选活动,评选出 35 名市级名中医、30 名青年名中医和 12名基层名中医以及 16 个中医名科。商丘市持续推进省重点中医专科和省特色中医专科建设。民权县中医院脑病科、夏邑县中医院脾胃科分别于 2020 年、2021 年通过省特色中医专科强化项目验收,被命名为"河南县级重点中医专科"。市中医院建立了石学敏院士工作站、成功申报省级区域肛肠专科诊疗中心和省级区域骨伤专科诊疗中心培育项目，搭建了商丘市人才培养的重要平台。

(四)以中医药文化宣教为重要抓手,积极营造良好的中医药文化氛围

近年来商丘市在加强推广中医药适宜技术与方法的同时,强化中医药宣传工作,不断深入挖掘殷商文化并打造以伊尹文化为核心的商丘特色中医药文化品牌。2016 年以来商丘市已连续四次成功举办以"伊尹文化学术传承研讨"为主题的全国性学术交流与研讨会,发起成立了中国中医药研究促进会伊尹文化传承发展分会,邀请包括孙光荣、张大宁等国内知名中医药专家参加,聘请他们成为商丘市中医药事业发展顾问,组织召开了商丘市中医传承创新发展恳谈会,倾听专家意见建议。2018 年以来柘城县已举办三届以"弘扬传统中医文化、促进中医事业发展、体验中医共享健康"为主题的中医药健康文化节。2020 年商丘市中医院、睢县中医院成功申报第三批河南省中医药文化宣传教育基地建设项目,组织开展了中医文化大讲堂、中医药文化进校园等活动,营造了良好的中医药文化氛围,让商丘市"中医药味"更加浓厚。

三、商丘市中医药发展存在的问题

(一)资金投入不足,部分县(市、区)或公立医疗机构对卫生健康工作方针理解不深,落实不到位

(1)乡镇卫生院、社区卫生服务中心以及村卫生室等基层医疗机构中医药服务能力薄弱、亟待提升。由于对基层中医药事业发展的资金投入有限、扶持力度不足,部分乡镇卫生院对中医药工作不重视,不能深入理解和贯彻落实"中西医并重"的方针政策,引进和培养中医药人才不积极,中医综合服务区(中医馆)建设滞后,长期缺乏中医类别医师,无中医科或者不能提供相应的中医药服务。基层中医药服务能力薄弱问题仍然比较突出,现有的部分中医馆中医药服务内容单一,村卫生室的中医药服务能力亟待加强。

(2)政府举办的综合医院、妇幼保健机构中医药服务能力薄弱。长期以来这类机构只重视能带来经济效益的西医临床科室和医技科室的发展,中医药科室发展建设滞后,中医药服务能力薄弱。部分医院缺少中医师,大部分医院尚未建立完善的中医参与院内会诊的体制机制,中医药科室业务开展较少。

（3）部分公立中医院发展艰难。由于中医简便验廉的特性，导致经济效益低，加上资金投入力度较弱，商丘市部分公立中医院处于负债发展、举步维艰的状态。发展较好的中医院也存在中医弱化的现象。

（二）当前医保政策不利于中医药事业的发展

（1）当前的医保政策同病不同价，致使中医简便验廉的优势得不到发挥且人才流失严重。

（2）现行的医保资金分配政策不利于公立中医院的发展。当前医保政策向中医院的倾斜力度偏低，部分县（区）反映公立中医医院每年所能使用的医保资金还不如同时期某些药店、药房等企业报销使用的医保资金多。

（三）中医药人才匮乏，科技创新能力缺乏，中医药传承能力不足

长期以来商丘市缺乏受过专业训练的有较高理论素养的中医类别医师，缺少学科带头人、领军人才等高端人才。截至 2021 年 12 月，医师电子注册系统显示全市共注册中医类别医师总数仅占医师注册总数的 14.08%。中医医疗机构存在重业务、轻科研的思想，缺乏科技创新的激励措施，科研能力不足，科研课题较少。无国家级重点学科、重点专科。此外，老中医药专家师带徒、中青年专家跟师学习的激励保障机制不健全，一些老中医学术思想和老药工传统技艺面临失传。

（四）中药材种植规模小、品种单一、交易市场不完善

商丘市中药材规范种植基地少，种植面积不大。多为单家独户种植，种植分散，有的一两亩甚至几分地，不能形成规模。种植技术低下，操作不规范。农民自主种植中药材的意愿不强烈，很多农户对中药材种植能否增收持怀疑观望态度。中药材加工企业少，产业生产能力弱。中药材交易市场不完善。

四、商丘市中医药高质量发展的建议

在十三届全国人大五次会议上，李克强总理在政府工作报告中强调："支持中医药振兴发展，推进中医药综合改革。"给中医药事业发展注入了一剂"强心针"。这既成为中医药振兴发展的重要抓手，也给商丘市中医药事业提供了方向性的指引。

（一）要进一步加大对中医药事业的支持和投入力度，加快完善覆盖城乡的中医医疗服务体系

推进中医医院标准化建设，加快推进睢阳区中医院建设，加快创建县级三级中医院，确保到2022年底每个县（区）建设一所二级及以上公立中医院，实现县（区）中医院服务能力明显提升。积极推进乡镇卫生院、社区卫生服务中心中医综合服务区（中医馆）全面建设，完善以公立中医医院为主导、基层中医药服务能力突出的中医医疗服务体系。健全医务人员，特别是基层全科医生和乡村医生中医药知识与技能培训机制，提升基层医生依法执业服务能力和水平，增强社区卫生服务站和村卫生室提供中医药服务的能力。

（二）要进一步建立和完善中医药优秀人才评价和奖励机制，积极打造吸引"凤凰"的"梧桐树"

实施杏林新苗人才、基层医师中医药知识与技能培训等项目，强化名老中医药专家经验传承和实用型人才培养，加大中青年人才培养支持力度，促进中医药优秀人才脱颖而出。将中医药学才能、医德医风作为中医药人才主要评价标准，将会看病、看好病作为中医医师的主要评价内容。引进、留住、用好中医药专业人才。

（三）要进一步发挥中医药特色优势，稳步推进重点专科（学科）建设再上新台阶

三级中医医院要充分利用中医药技术方法和现代科学技术，不断提高急危重症和疑难杂症的中医诊疗服务能力以及中医优势病种的中医门诊诊疗服务能力；二级及以上非中医医院认真落实中西并重方针，创新中西医结合医疗模式。强化临床科室中医医师配备，打造中西医结合团队，开展中西医联合诊疗，"宜中则中、宜西则西"，逐步建立中西医多学科诊疗体系。建设好石学敏院士工作站和省级区域中医肛肠专科、骨伤专科诊疗中心，充分发挥其在防治疾病中的示范作用。不断提升中医药服务能力和医疗康复服务能力，加强中医药特色诊疗区建设，推广中医药综合服务模式，充分发挥中医药在常见病、多发病防治中的作用。巩固河南省县级重点中医专科建设成果，用优势专科带动商丘市中医医院发展和中医药特色优势发挥。积极推进建设第五批省级重点中医专科，搞好系统规划，做大做强市中医院针灸推拿科，力求在国家级重点专科（学科）建设上再获新突破。

（四）要进一步创新中医药医保政策和服务价格综合改革，努力做到应保尽保

（1）健全中医药医保管理措施。借鉴南阳等先进地区经验，探索实施符合中医特点和中医发展规律的医保政策。调整医保政策对中医医疗机构的倾斜比例，发挥医保政策杠杆作用推动商丘市中医药事业融合发展。大力支持将疗效和成本有优势的中医医疗服务项目纳入基本医疗保险支付范围。探索符合中医药特点的医保支付方式，鼓励实行中西医同病同效同价。加强纳入基本医疗保险支付范围的中医药服务和费用监管。

（2）完善中医药服务价格政策。建立以临床价值和技术劳务价值为主要依据的中医医疗服务卫生技术评估体系，优化中医医疗服务价格政策。落实医疗服务价格动态调整机制，每年开展调价评估，符合启动条件的及时调整价格，重点将功能疗效明显、患者广泛接受、特色优势突出、体现劳务价值、应用历史悠久的中医医疗服务项目纳入调价范围。医疗机构炮制使用的中药饮片、中药制剂实行自主定价，符合条件的按规定纳入医保支付范围。

（五）要进一步激励中药材种植的积极性，培育壮大中药材市场

政府和相关部门要制定出台激励扶持政策，积极推进中药材种植基地建设，进一步优化中药材种植品种，巩固传统品牌，与省内外建立长期供需合作关系，形成包含种植、加工、销售、研发、应用等在内的完整产业链。规划发展中药材批发集散交易市场，学习借鉴河南省南阳市、安徽亳州市、山东曹县等地先进经验做法，鼓励支持中药材贸易，全方位打造商丘市"中药材之都"。

（六）要进一步加强中医药文化传播，营造浓厚的中医药文化氛围

切实加强中医药文化宣传，使中医药成为群众促进健康的文化自觉。伊尹是汤药的鼻祖，大力打造伊尹医药名片，弘扬以伊尹文化为核心的商丘特色中医药文化品牌。深入挖掘伊尹中医药文化内涵，发挥省级中医药宣传教育基地的作用，实施中医药文化传播行动，持续推进中医药文化进校园、进社区、进家庭，宣传中医药文化核心价值和理念，营造良好的中医药文化环境，提升群众对中医药科学性的认知。

商丘"红色物业"的建设经验和启示

楚丰翼[①]　王伟刚[②]

摘　要：2021 年是商丘创建"红色物业"的启动之年，与党史学习教育活动有机结合，并作为"我为群众办实事"实践活动的重要抓手，持续提高党建引领城市基层治理水平，推动全市城市基层党建工作迈上了新台阶。在"一年夯实基础、两年补齐短板、三年健全规范"的整体目标下，商丘以健全党的组织体系为基础，以提升党群服务水平为突破口，以构建建立党组织领导下的联动服务机制为重点，着力拓展党建引领社区"共商共建共治共享"的治理创新，持续提升居民群众的获得感和幸福感。经过一年的探索与实践，商丘"红色物业"创建工作已经取得了初步战果，实施了一批解决老百姓难点、痛点问题的"红色物业"服务项目，同时发现的一些薄弱环节和问题也将成为下一步工作主攻的着力点。

关键词：社区党建　物业服务　小区治理　议事协商

商丘作为"全国城市基层党建示范市"，坚持牢固树立"大党建"工作理念，依托"四纵四横"网格化管理体系，积极探索"红色物业"新型治理模式，以深耕基层的"小支点"撬动社区治理的"大格局"，打造城市基层党建引领新引擎，筑牢社区党群服务新阵地，搭建多元长效共治新体系，凝聚基层社会治理新力量，持续增强居民群众的幸福感和满意

---

①　中共商丘市委党校副教授。
②　中共商丘市委组织部组织三科科长。

度。"红色物业"是以党建引领为鲜明主线，以街道社区党组织为核心，将基层党建同社区治理相结合的创新举措。2021 年，在疫情防控、突发事件和汛情应急的多重考验大形势下，商丘把打造"红色物业"作为学党史"我为群众办实事"实践活动的重要抓手，初步建成组织体系、服务网格、硬件建设和人员配备"四大体系"，实施一批解决居民生活难点痛点的"红色物业"服务项目，力争在物业管理领域彰显"红"的特色，在便民服务领域体现"治"的成效。"红色物业"正在成为商丘城市党建引领物业服务、破解基层治理难题的特色名片。

一、商丘创建"红色物业"的做法与成效

（一）组织先行，打造城市党建引领新引擎

（1）优化顶层设计。按照河南省统一部署和工作安排，商丘市周密筹划"红色物业"创建工作，前期对全市中心城区 820 个小区物业管理情况和职能部门进行调研摸底，排查无物业管理、无主管部门、无人防物防的"三无"小区（楼院），重点查找社区党建的薄弱环节，听取街道社区、物业企业和小区居民的意见建议。在此基础上，研究制定《在全市开展"红色物业"创建工作的实施意见》，印发《关于进一步加强和推进"红色物业"创建工作的通知》，确立"一年夯实基础、两年补齐短板、三年健全规范"的总体目标，对全市"红色物业"创建工作进行系统规划，推动构建社区党建引领基层治理新格局。

（2）实行专班推进。以多部门联动、多方人员参与的方式，组建"红色物业"创建工作专班，由市委组织部牵头抓总，联合"两新"工委、工委、住建、民政、城管等职能部门和梁园区、睢阳区和示范区的业务负责人共同参与。专班负责综合协调具体工作，制定专项文件，建立工作台账，分解项目化清单，督导落实进展情况。实行"一事一议""一事多议"等联席会议机制，集中研究重点问题，有针对性地加强和改进创建工作。定期召开专题座谈会、协调会，每月统计总结创建进展情况，对照台账查摆问题，确保工作落到实处。截至 12 月底，全市共召开 74 次"红色物业"推进会议，为扎实推进"红色物业"起到了良好的助推作用。

（3）延伸组织体系。将基层党建向物业服务行业延伸，成立商丘市物业管理服务行业党委，纳入全市基层党建工作体系，明确指导原则和组织职能，推进实现物业党组织和

业主委员会党组织"双覆盖",为全市物业行业领域发挥政治引领作用,提供组织保障。把"支部建在物业上",引导物业党组织应建尽建,由社区党支部主导,采取单独建、联合建、指导建"三结合"的方式,引导有3名以上正式党员的单独建立党组织,暂不具备成立条件的招聘党员员工、指派党建指导员或成立群团组织开展党建工作。2021年底,全市共有物业企业585个,选派党建指导员274名,其中已有141个物业企业建立了党组织,党组织覆盖率提高到20%。把"支部建在小区上",由街道党工委分包负责、下沉社区,协助建立"功能型"小区党支部。全市已有423个小区已经成立党支部或党小组,党组织覆盖率提高到50%,推动"有形覆盖"向"有效覆盖"转化,较好地扩大了基层党组织和党建工作的覆盖面,切实将党的领导赋能到物业服务,将党的工作着力点与群众的呼声有机融合,极大促进了基层社会治理。

(二)夯实根基,筑牢社区党群服务新阵地

(1)培育"红色试点"。为实现精准施策,先期分别在睢阳区、梁园区、示范区进行试点,选择有服务项目、有3名以上党员的物业管理小区进行分析研判,实行项目化推进台账,培育打造"红色物业"管理服务团队,将"红色标识"融入物业管理服务的全环节之中。做好试点经验总结,制定《商丘市"红色物业"试点观摩评比细则》,采取边建设、边总结的方式,召开创建工作推进会,定期检验推广成效,查找问题和不足,及时调整项目化推进要求。在试点先行的基础上,睢县、永城市、虞城县等地相继推行"红色物业"试点建设。截至12月底,全市已建成"红色物业"试点小区201个,较好实现"一点红"带动"一片红"的试点目标,为全市有序分类实施推进创建进行了有益探索。

(2)树立"红色标准"。制定《商丘市"红色物业"创建工作考核细则》,建立健全物业企业党建工作专项监督考核机制,将物业党建工作考核情况纳入考核内容,对照"治理体系顺美、环境整洁优美、服务优质馨美、安全稳定和美、居民生活甜美"的"五美"目标体系,细化创建标准,增强实践可操作性。制定《商丘市党建引领"红色物业示范小区"星级评定实施办法》,划分五星等级标准,采取平时抽查和年终评分相结合的方式,设置"组织体系健全、运行机制科学、党员作用彰显、党建阵地规范、管理服务高效、民主监督有力"的6项评分标准和17项量化指标。实行"能上能下"的动态管理,对达到升星标准分值的予以升级,达不到相应星级标准最低分值的予以降级;对五星级的"红色物业示范小区"两年复核一次,达不到标准的予以摘牌降级。截至2021年底,通过"红色物业示范小区"创建活动,开展现场观摩和星级评定打分,全市已建成"红色物业"示范小区38个,较好地发挥示范推广的指挥棒作用。

（3）打造"红色阵地"。推动"红色标识"进驻物业服务场所、小区公共区域和楼院场景布置,设立党建宣传栏、组织制度牌、红色文化角等形式多样的红色展示,既要在小区建设管理中多方位展示党建文化元素,又要提供符合小区实情且接地气的"红色物业"服务,将党建宣传教育工作融入群众的日常生活中。对于小区规模大、具备场地条件的,按照"六有"标准打造集党建活动室、红色议事厅、志愿服务站、物管服务站、四点半课堂、老年活动室为一体的党群服务驿站。对于小区规模有限、场地限制的,推动建立党员活动、志愿服务和物管服务融合的多功能活动室。目前,全市共有260个小区建立建强了"红色物业"宣传阵地,其中42个"红色物业驿站",积极营造"红色物业"党建宣传氛围,居民小区党建水平得到较大提高。

（三）联动协作,搭建多元长效共治新体系

（1）织好"物业党建+网格化"管理体系。商丘市发挥区位交通优势,保护历史文化古迹,加快推进"米字型"高铁枢纽建设和睢阳区古城建设,进行了多次的大规模棚户区改造,中心城区人口从90万激增到127万,居民小区也从378个猛增到1 368个,现有的城市社区治理体系机制面临新挑战,基层党建的整体把控也迎来新变化。商丘依托"四纵四横"网格化建设的坚实基础,以组织共建为基础的街道、社区、小区、楼院"四纵"组织体系、管理体制、信息化服务机制和配套建设,以党建工作为核心的街道联席会、社区联谊会、小区议事会、楼院联谊小组"四横"党建联席会议制度,梁园区、睢阳区和示范区三个城区划定社区网格165个、小区网格981个,楼院网格1 091个,将物业党建与综合治理网格、民生服务网格共治共建,构建党组织领导下的"红色物业"网格化体系。采取定网格、定人员、定职责的"三定"方式,每个小区网格配备1名物业服务企业党员,明确网格职责并挂牌公示,构建起街道党工委、社区党支部、网格党小组、物业党组织"四级组织网络"。对物业企业党员人数能达到条件的,按小区楼栋单元数量和规模再划分细化进行配备。全市141个建立党组织的物业管理服务企业,党员员工均已在小区网络管理中配备到位,物业党组织负起宣传教育发动、安全隐患排查、矛盾纠纷调解等服务内容,每周集中解决一个难题,每月开展一次规范化综合治理,每季度或重大节日开展一次文体活动,达到"红色物业"覆盖小区网格内家庭情况清、人员分类清、隐患矛盾清的"三清"目标。

(2)建立"1+3+X"协商议事模式。推行"1+3+X"协商议事模式,构建物业服务企业与社区党组织、居民委员会、业主委员会"四位一体"的社区治理格局。建立党群联席会议制度,以社区党组织为核心,联合居民委员会、业主委员会和物业服务企业的负责人,协调辖区驻地机关单位、企业商户、学校代表等治理力量共同参与,必要时邀请"两代表一委员"参与商议,制定工作流程,确立议事规则,会前征集议题,会后跟进解决。针对社区治理的难点堵点,全市以社区民情恳谈会、社区事务协调会、社区工作听证会和社区成效评议会等形式的会议398次,重点解决信访、消防、环保、卫生、物管服务等突出问题1 015个。建立"红色议事"制度,以物业党支部为核心,联合社区"两委"成员、小区党支部和"双报到"党员代表、业主委员会代表三类参与人员,共同商议解决居民反映强烈的问题,制定物业服务解决方案。全市以"有事好商量"议事亭、"红色议事厅"、社区议事会等召开会议579次,解决长期困扰居民的停车难、充电难以及环境卫生脏乱差等实际生活问题1 985件,形成在"红色物业"覆盖下高效通畅的小区服务管理运转模式。

(3)融合多元联动载体。融合多元载体的联动效应,以党史学习教育活动为契机,推动社区党建和"红色物业"建设同"我为群众办实事"实践活动相结合,利用"七一"前后,扩大小区红色宣传覆盖面,发挥小区党员志愿宣传队的作用,在居民当中开展讲好党史小故事、"永远跟党走"等文化活动。把社区党建和"红色物业"建设同"三·五"基层工作日相结合,发挥市、县两级科级干部下沉基层作用,协助社区党组织开展小区党支部、物业党支部创建活动和发展物业预备党员工作。把社区党建和"红色物业"建设同"12345"马上办便民服务热线体系、"党建+一中心四平台"机制平台相结合,加快了线索问题的处理和追踪效率。把社区党建和"红色物业"建设同文明城市城创建活动、老旧小区改造行动相结合,提升小区卫生环境、车辆管理、消防安全和文明宣传的综合治理能力,指导城乡结合处棚改安置小区的管理服务。商丘"12345 马上办"便民服务热线平台监测数据显示,2020 年,在受理的问题线索中物业管理相关问题高居榜首,达到3 611件。2021 年,在"红色物业"的创建和发展下,平台受理投诉的1 892 个物业管理相关问题进行了及时跟踪问效,反馈满意率达到100%。

(四)民心为本,凝聚基层社会治理新力量

(1)打造下沉社区的"红色队伍"。商丘市从深化"双报到"切入,促进机关、部门、行业等党建资源下沉中推进管理服务重心下移,整合物业企业党员、社区工作者、包片民警、网格员、"双报到"党员志愿者和退休党员干部等各行各业"红色力量",充实到社区现有的群防群治服务队伍,让更多力量加入到"红色物业"管理模式。建立健全"双向进入"工作制度,配合社区和物业做好疫情联防联控、安全隐患排查、社情民意征集、政务服务代办以及形势政策宣传等服务事项,解决居民的生活诉求,提高党群成事效率,打通服务居民"最后一米"。深化在职党员到单位驻地和居住地社区"双报到",定期参与社区管理志愿服务活动,推动全市3.5万余名在职党员积极融入社区治理和物业服务管理。建立社区志愿服务积分制,组建"红色物业"党员责任区、党员示范岗523个,党员志愿者服务队226个,融入单位驻地和居住地的街道社区党建网格治理范畴,主动联系落实小区业主党员参与共建共治,先后开展家政免费清洗、公益诊疗、入户维修、关爱老人等志愿公益活动644次,持续解决群众"急难愁盼"问题。在疫情防控、防汛救灾和文明城创建复核工作中,社区党组织带领党员队伍成立物资保障、环境消杀、体温检测、防汛救灾巡察、交通值勤等专门小组,落实落细常态化防控措施,严守防汛抗洪关键地段和节点,全力保障居民群众正常生活。

(2)推行社区物业交叉任职机制。建立社区"两委"党员、物业企业党员交叉任职机制,实行辖区内交叉式工作模式,社区党组织推荐熟悉物业管理的社区"两委"党员兼任物业企业的义务监督指导,物业企业(项目)党员负责人向社区报到并担任社区党组织兼职委员。以党课联上、活动联办、工作联抓的"三联"方式,推动社区党组织和物业党组织行使各自职责,更好地实现资源共享与优势互补,规范物业服务管理、完善小区配套设置,增强居民满意度。截至12月底,全市130余名社区党员担任物业企业的监督指导,督促423个物业企业(项目)党员负责人到所在社区报到,初步形成了同频共振、同向发力的社区治理形式。

(3)拓宽党建实务培训途径。注重"红色队伍"培训,采取市级重点培训、县级全员培训的培训模式,"请进来、走出去"的方式,举办社区党组织书记党建培训班,选派100名社区党组织书记到党校系统进行示范培训,设置"红色物业"创建、城市党建实务和党支

部工作条例等系统课程,引导社区党组织书记增强党建实务操作,提高党建工作水平和管理能力。加强对物业行业党务工作者队伍的培训,积极开展物业党支部"对标达标"党建培训与实践活动,组织员工分批次到红色教育基地参观学习、"红色物业示范小区"项目学习观摩,提高企业员工的政治站位和服务能力。社区党组织引导物业党组织严格落实"三会一课""主题党日"和组织生活会等组织生活制度,抓好员工党员的教育管理和监督职能。实施物业企业"红色骨干"培养计划,打造一批以党员为骨干的"红色管家"团队,融入小区治理队伍,协助参与疫情防控、文明城市创建等工作,提升物业服务精细化、规范化水平。

二、商丘创建"红色物业"存在的问题与短板

(一)物业党组织覆盖面不够广

从整体情况来看,受限于城市建设规划的发展布局,"红色物业"的推广覆盖面和创建水平不一,新建居住区明显好于老中心城区,主城区明显好于城乡结合部。在规模大、物业管理规范的社区,"红色物业"推广力度较大、覆盖面较广,得到业主的认可度和满意度也相对较高。但是在建设年代较早、物业管理不规范的社区,推广难度较大,条件欠缺,业主的理解度和意愿度也相对不高。从物业管理来看,受资质等级、管理水平和人员规模的影响,物业服务存在质量参差不齐和收费质价不符等问题,容易引发居民不满情绪、物业收费困难,导致发展物业党组织存在着一定的难度。目前商丘已经形成规模的物业服务企业主要集中在中高档社区或者新建社区,服务人员相对年轻化,通过招聘党员或者自身发展党员的方式。基本完成党组织的建立。然而大部分物业服务企业规模小、人员配备少,出于降低运营成本的考量,雇用主体多为下岗失业、年龄较大或是退休人员,其中党员比例偏低,甚至长期没有党员,难以达到人数标准,造成成立党组织存在较大困难,创建工作较为缓慢。从组织关系来看,即使具备党员的物业服务企业,由于受经营资质和雇用期限等因素影响,人员多为短期合同工,流动性较大,造成企业党员的党组织关系一般都在其居住地社区统一管理,将组织关系转入物业企业的意愿不高,理顺企业党员组织关系存在着一定的难度。

(二)老旧小区物业进驻相对困难

据调研统计,商丘市 2000 年底前建成且符合改造标准的老旧小区共计 654 个,涉及

居民群众 6.63 万户，到 2021 年底改造工程按计划已基本完成。原本老旧小区因建设年代早，基础设施差年久失修，维护管理成本高等诸多原因，物业管理服务方面一直存在欠缺。有的部分为单位家属院，原本单位对物业管理有补贴，现在转变为物业服务企业托管之后，物业费用有所增加，小区业主因此存在抵触情绪，甚至是不满情绪。有的部分为自主管理楼院，只具备门卫、保洁等基本管理，维护费用低，能满足生活基本需求，小区业主因为惯性思维，不认可费用较高的专业化物业管理。有的部分为无主楼院，村改小区住户一般比较少，楼院处于开放和分散状态，物业费收取总量很难维持物业服务运营的最低成本。在物业服务全覆盖的总体要求，虽然能够在政府前期资金补助下，老旧小区实现物业服务企业入驻，但是资金投入和服务费用的收支平衡情况难以长期维持，势必影响物业服务公司在经济收益驱动下，不愿进驻或是中途退出情况的出现。与新建小区、大型社区相比，老旧小区、无主楼院物业进驻困难，实施物业服务市场化、专业化管理难度大。

（三）业主委员会规范程度亟待解决

推行"红色物业"，业主委员会在多元化联动协商机制的主体作用不可或缺。但是在社区管理的具体实践中，业主委员会的组建比例不高，组建相对有难度；即使组建之后业主委员会的管理规范程度不一，作用发挥也差异较大。一是街道社区重视不够。对业主委员会的作用宣传不到位，不能引导业主了解在小区事务中的权力、责任和义务，容易造成业主和物业双方协调不畅、矛盾激化，徒增社区事务的治理成本。二是业主缺乏自治共建意识。许多小区出现业主参与小区事务的积极性不高，对物业服务的监督意识不强，不利于业主委员会的组建，业主大会召开难。三是业主委员会运作不规范。业主委员会的法律地位存在空白，法律义务权利随意性大，监管部门不明确，甚至在实际操作中出现不符合程序，选举比例不达标等违规情况。同时，业委会委员的素质参差不齐、党员占比少、管理难度较大，许多党员因工作关系或组织关系等原因，在居住地小区参与竞选的积极性不高，作用发挥也有限，组建业委会党支部也面临着一定的困难。四是物业管理流动性大。企业员工特别是小区经理、保安经理等工作人员被所属公司经常调动，在一定程度上影响以小区党支部为核心、物业服务企业与业主委员会紧密参与的"三位一体"组织结构的稳固性，这对物业管理党建联建工作的可持续发展也是十分不利。

（四）社区党组织的引领作用需加强

就目前来说，多元化联动协调机制的构建有助于社区党组织、业主委员会和物业服务企业"三方联动"处理小区事务。但是在协调处理问题的时候，作用发挥有大有小，出现一些机制不规范、制度不到位的情形，业主与物业服务企业之间矛盾问题还是时有发生。社区党组织普遍在基层治理中过多的承担着政府下放的行政事务和管理职责，导致社区党组织在烦琐的上传下达中疲于应付工作事务，与社区居民的生活诉求和意愿脱节，与物业服务管理沟通也只能停留在表面，难以让居民群众对社区党组织和社区本身树立认同感、归属感。因此，一旦遇到物业服务失效，尤其是历史遗留问题往往涉及到其他职能部门，居民迫切需要解决问题首先找的不是社区，而是越过社区找上级、找职能部门的情况比较普遍，再加上，业主委员会委员和物业服务人员很容易因政治站位不高、服务意识不够强等主观因素影响，在联合物业服务企业有效解决事务管理上表现能力不足，不能更好配合社区党组织监督协调物业企业服务广大居民群众。因此，有些社区党组织难以从根本上发挥在小区议事协商的引领作用，基层自治的联动协商议事机制化运作有待进一步加强。

三、商丘推进红色物业建设的对策与建议

（一）坚持党的组织在小区治理中应建尽建

在小区、物业和业主组织中充分发挥党的引领作用，是"红色物业"下一阶段建设工作的基本主线。在区域化网格化的党建管理体系中，着力推动党支部"建在小区、建在物业企业、建在业主委员会"实现"三个全覆盖"。一是织密物业党组织覆盖面。推进组织共建、人才共育、阵地共享、活动共联、服务共促的融合发展态势，切实将党的政治优势和组织优势转化为物业管理效能，落实上级党组织工作部署，加强对物业服务企业党的建设、行业监督、业务指导等工作。健全"红色物业"骨干力量培养机制，对企业党员人数符合的选优配强物业企业（项目）党组织书记，对企业党员流动较大的注重发展物业企业出资人、关键岗位负责人等后备力量入党，要把党员培养成企业骨干、把企业骨干培养成党员，保障物业党组织党员结构的稳定性和延续性。二是推进业主委员会党组织覆盖面。健全业主委员会选任联审机制，指导符合条件的小区尽快成立以党员业主为主体的业主

委员会，把牢小区自治的政治方向。建立业主委员会的指导监督制度，推动业主委员会依法依规履行职责，对物业管理活动中的重大履职事项，应先召开业主委员会党组织会议或党员委员会议讨论，达成共识后再提交业主委员会或业主大会决定。三是加快小区联合党支部建设。以小区为单位，积极吸纳业主委员会党员和物业企业党员，组建小区联合党组织。推动社区党组织、业主委员会、物业党组织"双向进入、交叉任职"，助推业主委员会和物业服务企业融入社区治理，形成党的组织在小区、业主委员会和物业服务企业的互联互通，及时传递党的声音，收集居民诉求，调解矛盾纠纷，促进和谐稳定，消弭繁杂事务管理过程中的隔阂和对立，实现党建引领治理难题在小区中破解见效。

（二）健全高效联动的协商治理机制

畅通以解决矛盾问题为初衷的协商治理渠道，健全多方议事多元参与的小区治理平台建设，进一步推动社会力量参与基层社会治理的协同作用得到充分发挥。一是完善社区治理重大事项联动机制。以社区党组织为核心，物业企业和居民委员会、业主委员会等共同参加的党群联席会议制度每半月不少于1次，辖区物业企业（项目）负责人每月定期向社区党组织报告1次物业服务情况，对物业项目接管、撤管和重大矛盾纠纷等重大事项及时报备。以物业党支部为核心，联合社区"两委"成员、小区党支部和"双报到"党员代表、业主委员会代表的"红色议事"制度每季度不少于1次，由物业党组织书记汇报本季度小区建设情况和业主反映强烈问题。二是健全完善"红色物业"考核机制。将"红色物业"推行工作纳入街道社区年度考评内容，纳入党组织书记抓基层党建述职评议内容，明确街道分管领导和责任单位，统筹协调辖区内物业服务管理工作。健全党组织对物业服务企业、业主委员会的监督考核机制，解决长期以来职责不明晰、协调不顺畅的问题，明确界定社区党组织、物业服务企业、业主委员会、驻区单位的职能作用与协作方式，社区党组织发挥指导、监督和协调作用，物业服务企业发挥基础服务工作的主体作用，业主委员会在物业管理中发挥协助作用。三是建立"红色物业"综合评议机制。定期组织居民开展物业服务质量评议和业主委员会履职评议。建立社区意见征集机制，定期召开居民意见恳谈会，及时反馈意见受理处置信息。必要时，在小区事务栏公布评议结果、意见征集，充分调动居民群众参与社区治理的意愿。

（三）推进物业服务的差异化发展

以物业管理难题为导向，契合居民群众对物业服务的差异化需求，转变以往粗放且缺乏有效管理的物业经营模式,加强物业服务企业扶持力度,依据资质等级和规模不同给予相应优惠政策,提升物业服务的整体质量和水平。一是健全物业管理相关配套机制。健全完善物业服务企业管理办法,引导物业服务企业加强制度建设,规范"红色物业"服务标准和细则。建立物业服务企业竞争淘汰机制,每年定期组织街道办事处、社区党组织、业主委员会等多方参与物业企业考评工作,对考评不达标的物业服务企业督促整改;对连续3次整改不到位的,经业主委员会同意进行招标更换。建立物业消费监督机制,强化对物业服务企业的监督,对物业收费不合理、过分追求收益的物业服务企业,及时提醒整改,严重者作出行政惩罚。二是加快推动老旧小区"红色物业"创建工作。对已经有门卫和保洁基础服务、距离较近的多个老旧小区进行整合,划分统一的物业管理区域,由社区牵头选聘物业服务企业(项目)打包管理,给予适当的政策支持,保证物业企业收益,在物业管理区内开展保安巡逻、保洁、维修、绿化等物业服务。重点突破无主管理混乱、楼院分布分散、不具备引进物业条件的老旧小区,采取国有物业公司进行托管的方式,注重从辖区居民中优选党员作为工作人员,从生活困难群体中聘用保安、保洁员等作为服务人员,实行以奖代补和物业收费相结合的方式进行政府兜底。三是探索转变固有的物业缴费模式。针对一些规模较大、容易产生矛盾纠纷的小区,推动物业缴费管理公开化透明化,建立物业服务企业和业主委员会共管账户,根据合同约定物业费比例为物业企业的服务所得,在业主委员会监督管理下从共管账户支出。剩余物业费用及小区广告等共同收益,经小区党支部和业主委员会商议可用于小区建设,或转为下一年度使用。防止物业企业对物业缴费管理的绝对使用权,维护业主对物业费用的知情权和监督权。

(四)激发党员扎根基层的内生活力

坚持把政治学习、业务培训与实践管理有机结合起来,把发挥党组织的资源优势、党员干部的兴趣专长作为回应群众期盼的关键抓手,有序推动"双向需求"精准对接,促进城市小区治理"量质齐升"。一是促进党群服务"供需"的精准对接。推动物业党员亮身份、物业党支部亮旗帜、物业服务亮成效,引导物业党组织紧贴小区居民需求的"靶心",将党的人民观根植于物业。物业党员引领服务岗位的同时,准确设置需求清单、项目清单、服务清单,为居民提供精准化的"一站式"服务。二是充分释放下沉社区党员的榜样力量。进一步引导物业党组织、小区联合党组织把沉在社区的党员骨干凝聚起来，提高政治素养，增强服务意识，汇聚建强一批"先锋管家"示范团队，突出培育专业化能力和做群众工作能力，最大程度发挥物业党员的先锋模范作用，把广大群众带动起来，把"红色物业"支托起来。三是加大"红色物业"专项培训计划。进一步推动社区党组织书记和物业党支部书记分级分类分期培训常态化，定期组织开展物业服务企业党员的教育培训，加强对物业党员的监督和评议，切实提高业务能力，培养造就一支具有政治定力、服务能力和勇于担当的"硬核"队伍。

2021年商丘残疾人事业发展状况与对策建议

商丘市残疾人联合会

摘　要:2021年商丘市紧扣推动残疾人事业高质量发展的主题,围绕"六稳"目标,落实"六保"任务,统筹疫情防控和重点工作,决战残疾人脱贫攻坚,持续提升残疾人保障服务能力水平,残疾人的获得感、幸福感、安全感不断增强。全市残疾人工作在大疫大灾、大战大考中,交出了一份优异答卷。但是仍然存在扶残助残氛围不浓,残疾人心理压力大;残疾人社会保障事业不健全且生活水平低;残疾人就业机会少且就业渠道单一;残疾人无障碍建设不完善等问题,应当从激发政府主导和社会组织的合力作用,发挥残联组织的专业化和担当作用,营造扶残助残良好氛围,鼓励残疾人自主创业等方面重点解决。

关键词:残疾人事业　两项补贴　精准康复

据第二次全国残疾人抽样调查结果推算,商丘市现有各类残疾人(包括视力残疾、听力残疾、言语残疾、肢体残疾、智力残疾、精神残疾及多重残疾)55.6万多人,占全市常住人口的7.2%,涉及近1/5的家庭。目前,全市共有持证残疾人约22.07万人,其中,男性残疾12.27万人、女性残疾9.8万人,未成年残疾人11 022人。包括:肢体残疾1.32万人、视力残疾1.97万人、听力残疾1.16万人、言语残疾0.46万人、智力残疾2.3万人、精神残疾2.11万人、多重残疾0.87万人。近年来,随着经济社会的快速发展,在市委市政府的高度重视和亲切关怀下,我市残疾人事业取得了长足进步,残疾人康复、教育、就业、文化体育、生活保障和权益维护等各项工作全面拓展,残疾人事业发展的环境不断优化,扶残助残的社会风气日益浓厚,残疾人生活水平显著提高,生活质量明显改善。

一、2021 年商丘残疾人事业工作情况

2021 年是极不寻常、极其不易的一年。全市各级残联紧扣推动残疾人事业高质量发展的主题,围绕"六稳"目标,落实"六保"任务,统筹疫情防控和重点工作,决战残疾人脱贫攻坚,持续提升残疾人保障服务能力水平,残疾人的获得感、幸福感、安全感不断增强。全市残疾人工作在大疫大灾、大战大考中,交出了一份优异答卷。各级残联组织在风险挑战中、困难压力前经受住了考验,"政治性、先进性、群众性"的底色擦得更亮。

(一)巩固拓展脱贫攻坚成果,主动融入乡村振兴大局

(1)按照"四个不摘"要求,认真落实主责,积极配合相关部门持续落实残疾人两项补贴、救助兜底保障、残疾人医保社保、残疾人家庭医生签约等政策。

(2)紧盯重点人群动态监测。主动与市乡村振兴局对接,建立贫困残疾人人口信息数据比对和协同共享机制,将易返贫致贫残疾人及时纳入防止返贫致贫监测范围,认真落实"早发现、早干预、早帮扶"要求,共确定:脱贫不稳定户 2 687 户、3 398 人,边缘易致贫户 2 674 户、2 992 人,突发严重困难户 2 192 户、2 572 人。将"三类户"纳入防止返贫致贫监测范围,做到了精准监测、应纳尽纳,确保这部分残疾人家庭不返贫、不致贫。

(3)建立健全跟踪访视机制。指导基层残联和村(社区)残协专职委员依靠村"两委"和结对帮扶人,密切联系驻村工作队、驻村第一书记,对脱贫残疾人家庭建立跟踪访视机制,及时了解掌握残疾人家庭的基本生活及受自然灾害、意外事件等突发变故发生返贫致贫等情况,精准分析返贫致贫风险,因人因户落实帮扶政策。

(4)积极发挥残联的桥梁纽带作用。主动与民政、卫健、扶贫等部门沟通对接,配合各职能部门共同研究、及时将残疾人纳入各项扶持政策,确保已脱贫建档立卡残疾人过渡期内"四个不摘"政策落实,保持帮扶政策总体稳定,逐步实现向全面推进乡村振兴的平稳过渡。

(5)完善残疾人"两项补贴"政策制度。确保两项补贴得到及时、足额救助,实现残疾人"两项补贴"动态意义上的全覆盖,目前全市已为 78 011 名残疾人发放了生活补贴,为

98 691 名残疾人发放了护理补贴。共发放困难残疾人生活补贴 6 632 万,重度残疾人护理补贴 8 037 万,累计发放补贴资金 1.47 亿元。

(6)积极配合财政、民政部门推进农村重度残疾人照护服务设施排查和建设。目前,已排查出建成的农村重度残疾人照护服务设施项目面积共计 97 479 平方米,为下一步推进农村重度残疾人照护服务打下了基础。

(二)多措并举,全面提高康复救助质量

(1)不断扩大残疾人康复服务覆盖面。投入资金 4 576.06 万元,实施残疾人精准康复服务,办好残疾儿童康复救助民生实事,为全市 18 562 名残疾人提供康复服务,其中,为 6 570 人提供辅具适配服务。通过举办全市康复机构管理人员培训班,进一步提高了我市残疾儿童康复机构康复训练技术人员执业水平,为残疾儿童康复训练打下了坚实的基础,为 2 996 名(省定任务数 2 088 名)0~6 岁残疾儿童提供康复救助服务,占年度任务数的 143.5%,基本康复服务覆盖率比去年增长 3.97%。

(2)依据残疾人基本康复服务状况和需求动态更新数据,持续加快推进残疾人精准康复服务行动各项工作落实,目前,全市有需求的残疾儿童和持证残疾人基本康复服务覆盖率达到 86.52%,辅助器具适配率达到 90.38%。

(3)持续推进残疾人家庭医生签约服务工作,加强对于签约医生的培训,积极为有康复需求的残疾人提供健康及康复评估、康复指导、家居护理、家庭康复制定、效果评估等健康护理服务。目前全市残疾人家庭医生签约人数 85 613 人,服务率达 80.21%。

(三)多渠道促进残疾人就业创业

(1)出台了《2021 商丘市残疾人就业培训工程实施方案》,重点实施了按摩技能提升培训、就业创业培训、电子商务培训、农村残疾人实用技术培训四项培训。全年共培训残疾人 3 810 人,完成年度任务(年度目标任务数 1 610 人)的 236.65%;新增就业 2 103 人,完成年度任务(年度目标任务数 1 600 人)的 131.43%。

(2)举办了 2 期盲人按摩技能提升培训班,共培训盲人 84 名,向省级按摩保健按摩培训班输送 8 名学员、参加盲人医疗按摩人员省级继续教育培训班 25 人、参加盲人保健按摩提升班 8 人、参加全国盲人医疗按摩考试 13 人、参加全国医疗按摩专业中初级职称评审 2 人、申请医疗按摩资格证 6 人,向省残联电子商务培训班输送 8 名残疾人学习电子商务。

（3）及时掌握残疾人大学生就业需求,及时开展就业服务,进行跟踪服务管理,鼓励和扶持自主就业创业。目前,商丘市应届高校毕业生的录入率达 100%、就业率达 93%。

（4）协调市税务局、市财政局联合签发了《关于按比例安排残疾人就业审核和残疾人就业保障金征收的公告》,目前,全市已审核 175 家用人单位,认定安置 480 名残疾人就业。

（四）加强残疾人基本公共服务,持续提升残疾人的获得感、幸福感和安全感

（1）毫不放松抓好常态化疫情防控。深入贯彻落实习近平总书记关于统筹疫情防控和经济社会发展的重要指示精神,严格落实中央、省、市各级工作安排,坚决克服麻痹思想,压实防控责任,落细防控措施,坚持不懈抓好全市残联系统和残疾人服务机构常态化疫情防控,认真做好困难残疾人生活保障工作。

（2）积极利用全国助残日、"爱耳日"等特殊时间节点,在给残疾人群众送去温暖的同时,宣传各项惠残助残政策,通过新闻媒体、网络平台的宣传使关爱和帮扶残疾人群众的意识深入人心。

（3）加强基层残疾人组织建设,市、县两级均出台了实施方案,并按时间节点要求,抓好工作落实,积极推动工作开展。目前,全市已完成村(社区)残疾人协会规范化建设4 815 个,完成率达 100%。争取中央预算内投资 2 604 万元,地方配套资金 1 386 万元,总投资 3 990 万元,建设市县残疾人康复托养设施项目 3 个。

（4）认真落实省残联、省卫健委《关于印发河南省实施〈中华人民共和国残疾人证管理办法〉细则的通知》精神,加强政策宣传,提高广大残疾人群众的办证积极性;重点做好到期换证、上门办证工作,目前,全市今年共核发第二代残疾人证 24 827 个。其中下乡上门办证 8 882 个。

（5）大力推进无障碍环境建设。推动将困难重度残疾人家庭无障碍改造项目纳入巩固脱贫攻坚成果同乡村振兴有效衔接工作大局统筹推进。投入资金 213.85 万元(含夏邑、永城),对 917 户低收入重度残疾人家庭进行无障碍改造。

（6）残疾人事业宣传工作成效突出。省、市媒体共刊发商丘市各类残疾人信息 38篇,累计完成上报省残联、市委、市政府 72 篇残疾人工作信息;在 2018—2019 年度河南省残疾人事业好新闻评选活动中,商丘市共 6 件作品获奖,一、二、三等奖各 2 件,市残联荣获优秀组织奖;组团参加第十届河南省残疾人艺术会演(中部片区),荣获 1 个一等奖、3 个三等奖、2 个优秀奖和 4 个辅导奖好成绩,商丘代表团获得组织奖。

(7)指导各县(市、区)残联切实做好残疾人证核发管理工作。坚持下乡集中办证和上门入户办证的方式,为农村残疾人提供就近办证服务,切实做到了让残疾人群众"少跑腿,办成事",方便了广大残疾人。配合巩固拓展脱贫攻坚成果同乡村振兴有效衔接工作,对享受低保待遇的残疾人免除相关办证费用,切实减轻了困难残疾人的负担。

(8)进一步畅通和规范残疾人网络诉求表达渠道,推动残疾人信访事项解决,及时发现、妥善解决残疾人群众反映的问题,并将问题解决在当地、消除在萌芽状态。2021 年办理 12345 热线工单 11 个,涉及残疾人对答复处理均表示满意,没有越级集体上访案件发生。

二、2021 年商丘残疾人事业工作存在的问题

残疾人是社会中的弱势群体,其劳动技能差、社会竞争力弱、经济压力、心理压力大,对各级政府的诉求多,虽然各级政府在残疾人基本生活保障方面做了大量扎实的工作,但是与残疾人康复和生活的需求还有一定的差距,全市残疾人事业发展不平衡不充分,残联组织基层基础薄弱,体制机制不够完善,队伍建设需要加强,经费投入不能满足发展需要,残疾人康复、教育、就业、照护服务、文体服务等基本公共服务供给与残疾人需求还有较大差距。

(一)扶残助残氛围不浓,残疾人心理压力大

(1)部分残疾人自身不愿融入社会。众多的残疾人由于身体和心理缺陷,在社会中处于弱势地位,自卑心理严重,不愿或不敢大胆地参加社会公共活动。

(2)社会歧视残疾人的现象仍有发生。残疾人群的呼声很难被社会公众知晓,众多残疾人的心理创伤难以得到正确的引导和抚慰。

(3)残疾人先进典型宣传不够。对残疾人群中涌现的先进典型人物、社会各界扶残助残的好人好事、充满大爱的残疾人家庭和残疾人事业中的优秀工作者宣传力度不够,示范辐射作用不明显,全社会扶残助残的良好氛围还没有真正形成。

(二)残疾人社会保障事业不健全且生活水平低

(1)残疾人社会保障发展不平衡、不协调。从城乡之间看,城市的社会保障水平明显高于农村,城市居民的参保率比农村居民高;从残疾类别看,多重和智力残疾人养老和医疗保险参保率要普遍低于其他类型的残疾人,尤其是智力残疾人参保率在各类残疾人中最低;从残疾等级上看,总体上残疾等级越高,领取社会保障金的比例就越大。

(2)财政投入不足、针对性差。当前,对残疾人社会保障项目的财政投入主要集中在社会福利保障事业中,即对残疾人就业、康复、教育和各种公共福利投入过多,而对社会保障项目中其他方面的投入有限。例如:在医疗保障方面,虽然近年来对残疾人的医疗保障有所提高,但是城乡之间的残疾人在享受医疗保障方面还是存在一定的差距。

(3)残疾人社会保障缴费能力欠缺、参保率低。残疾人由于受自身障碍的限制,收入渠道单一,缺乏稳定的可持续的经济收入,大部分残疾人的生活来源要靠亲属补贴。他们不仅承受着巨大的经济压力,而且还承受着极大的精神痛苦。面对这样的生活现状,大部分残疾人参加社会保险的能力和意愿都不强,他们中大部分人只能靠政府补贴和亲属接济,导致参保率低。

(三)残疾人就业机会少且就业渠道单一

目前,残疾人的就业状况不容乐观,残疾人就业率低、就业范围狭窄以及经济收入有限等,都是摆在商丘市面前的突出问题。其中,残疾人改变生产生活现状的重要途径就是生产自救或参加就业,而目前残疾人的就业率不是很高,有一半以上有部分劳动能力的残疾人处于失业或半失业状态。政府制定的关于残疾人就业保障的法律法规执行力度不够,也没有真正落到实处,多种渠道的就业方式并未向残疾人真正开放。同时,政府在扩大残疾人就业渠道、积极提供残疾人就业服务方面未能够很好地发挥作用。并未完全建立残疾人就业服务一体化的信息体系,加之残疾人获取信息的能力有限,导致残疾人不能及时获取就业信息。市场中专门针对残疾人的职业中介体系也没有完全建立起来,也会限制残疾人获取就业机会的途径。劳动部门与残联没有密切配合,没有真正地把劳动部门中所需要的适合残疾人就业的职位与残联形成有效的信息对接。残疾人就业大多在低端的服务和制造业,其就业渠道有限、就业结构单一。

(四)残疾人无障碍建设不完善

残疾人无障碍基础设施建设不完善。虽然在大部分城市化道路、超市等一些公共领域都设有残疾人通道、残疾人公共设施,但这些设施并没有真正便利每个残疾人,表现在利用率比较低,很多公共设施出现老化、无人管理、使用率低等状况;残疾人无障碍建设还存在一定差距以及对残疾人无障碍公共设施建设投入不足。残疾人无障碍信息平台建设不充分,不能够为每个残疾人提供平等的信息交流平台。手语、盲文等无障碍沟通不畅通。问题主要表现在手语、盲文等无障碍沟通的培训范围较小,针对不同类型的残疾人进行无障碍培训机制还没有形成。市场中无障碍沟通工具的缺乏,导致不能满足视力、听力、言语等不同类型的残疾人的社会需求。

三、加强商丘残疾人事业工作的对策建议

(一)激发政府主导和社会组织的合力作用

强化各级政府在残疾人奔小康进程中的主导作用,明确政府不可推卸的第一责任,明确残疾人发展"短板比补""一票否决"的底线标准,推动政府职能部门各尽其责,增强发展残疾人事业的主动作为,底线意识。对极重度残疾儿童少年,由地方政府委托残联开办康复教养学校,集教育、康复一体,改变送教上门的低效率状况。对没有生活自理能力的极重度成年残疾人,政府要兜底,开办安养庇护机构,减轻残疾人家庭的负担,为残疾人谋福祉。政府部门要推动残疾人事业的国际交流合作,围绕"一带一路"发展战略,积极走出去,请进来,加强促进残疾人事业的对外开放与交流合作,学习借鉴国际有益经验,助力商丘市残疾人事业发展。各级政府还应进一步解放观念,开放渠道,积极探索发挥社会组织、社会力量扶残助残的能量。尤其注重多方面支持残疾人自助组织的发展,特别是在资金上给予稳定的支持,推动残疾人在关乎自己的事务上积极参与,通过残疾人自主的倡导和伙伴间的关怀、经验分享和咨询交流,解决大家共同面对的问题。

(二)发挥残联组织的专业化和担当作用

残联组织的设立,本身就是中国特色社会主义制度下残疾人事业的鲜明亮点,是党和国家重视残疾人事业的彰显,是像重视少年儿童、青年、妇女等特别需要关怀的人群一样,给予残疾人群高度重视的生动例证。残疾人事业发展需要一支既有情怀又有专业素养的工作队伍,残联组织的干部职工应当顺应新时代要求,增强责任、使命和担当的"代表职责",不断加强学习,提高服务、保障残疾人发展的专业能力和科学管理能力。残联

组织应追求与时俱进,做到立足不同方位,将"看上(上级政策)"和"看下(残疾人实际)"相结合;立足不同时期,将"看远(发展)"和"看近(现实需要)"相结合;立足不同地区,将"看点(残疾人工作)"和"看面(社会发展趋势)"相结合,锻造一支高素质、懂专业、有爱心、勤奉献的队伍,为残疾人事业发展奠定最好的队伍保障,为残疾人营造一个个坚强、温暖的"残疾人之家"。

(三)广泛宣传,营造扶残助残良好氛围

要加大宣传力度,营造人人心怀慈善、人人参与慈善的良好风尚,鼓励引导社会各界投身慈善助残事业,为残疾人事业发展提供更多助力。要通过开展各类活动,利用电视、报纸、网络、新媒体等手段,向社会广泛宣传党和政府对残疾人的各项优惠政策、扶残助残的先进典型、残疾人群体中涌现出的创业典型和残疾人工作先进个人,把保障残疾人权益的法律法规和各项优惠政策汇编成册,发放到每个残疾人家庭和相关部门,提高广大群众、干部职工对残疾人事业的知晓度,在全社会营造扶残助残的良好氛围。弘扬残疾人工作者爱岗敬业、乐于奉献的精神,激励社会各界积极参与扶残助残献爱心活动。利用全国助残日、国际残疾人日等重要时间节点,创新形式开展普法宣传教育活动,提高残疾人群众法治意识和能力。

(四)加大培训力度,鼓励残疾人自主创业

积极做好市级残疾人职业培训机构购买服务,以更高质量的培训、全方位的服务,赋能于残疾人;大力开展残疾人就业和使用技术培训,政府要提供更多的公益性岗位,鼓励和引导残疾人实现充分就业。加强残联与国税局、财政局的联动机制,整合资源,通过残保金征收减免等具体政策,激发企事业单位对残疾人群众的聘用活力,实现残疾人就业创业。对有劳动能力又有创业愿望的残疾人,在政策、资金、项目上予以重点支持和扶持。探索建立残疾人创业融资贷款担保基金。

商丘人口结构现状分析

张景方[①]

摘　要:一个城市或地区的人口状况是社会、经济、文化发展和人类自身发展等因素交织融合的历史性产物,是最基本、最重要的市情,也是影响经济社会发展的重要因素。摸清人口家底,尤其是准确把握人口数量和结构的新状况、新特点、新趋势对于一个城市和地区进行人口预测、制定经济社会发展规划及相关政策都有着极其重要的意义。人口普查和人口统计是掌握人口状况的主要途径。现根据近十多年来商丘市的统计数据,尤其是 2010 年第六次全国人口普查数据和 2020 年第七次全国人口普查数据,梳理归纳商丘市人口结构现状,并进行简要分析。

关键词:商丘　人口结构　变化

一、商丘市常住人口情况

(一)常住人口

2020 年全国第七次人口普查数据显示,商丘市常住人口共 781.68 万人,占河南省常住人口的 7.87%。常住人口总量在全省 18 个省辖市中,仅次于郑州市、南阳市和周口市,排在第四位(表 1)。

---

① 商丘市情研究中心专职研究员。

表 1 河南省第七次人口普查各市常住人口数量排行榜

—	全省	9 936.55	534.2	100.00%
1	郑州市	1 260.06	397.41	12.68%
2	南阳市	971.31	−54.99	9.78%
3	周口市	902.6	7.28	9.08%
4	商丘市	781.68	45.44	7.87%
5	洛阳市	705.67	50.72	7.10%
6	驻马店市	700.84	−22.23	7.05%
7	新乡市	625.19	54.41	6.29%
8	信阳市	623.44	12.57	6.27%
9	安阳市	547.76	30.48	5.51%
10	平顶山市	498.71	8.28	5.02%
11	开封市	482.4	14.79	4.85%
12	许昌市	438	7.28	4.41%
13	濮阳市	377.21	17.36	3.80%
14	焦作市	352.11	−1.88	3.54%
15	漯河市	236.75	−17.66	2.38%
16	三门峡市	203.49	−19.9	2.05%
17	鹤壁市	156.6	−0.31	1.58%
18	济源示范区	72.73	5.16	0.73%

数据来源：河南省第七次全国人口普查公报。

与 2010 年第六次全国人口普查的 736.25 万人相比，2020 年第七次人口普查全市常住人口增加了 45.44 万人，增长率为 6.1%，年平均增长率达到 0.60%，增速高于全省 0.05 个百分点。其中，市辖区常住人口为 1 859 723 人，相比 2010 年增加了 323 331 人，增长率为 21.0%，年平均增长率 1.93%。从人口总量上来看，商丘市 2010—2020 年常住人口十年来持续平稳增长。

2021 年末，全市常住人口 772.3 万人，较上年略有减少（图 1），这与流出人口增多、外来人口流入缓慢、出生人口数量持续下降等原因有关。

单位:万人

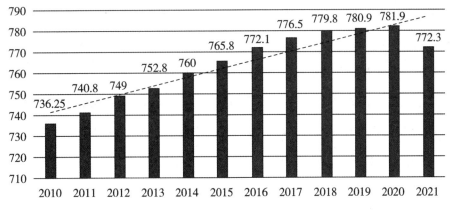

数据来源:商丘市统计年鉴2021、2021年商丘市国民经济和社会发展统计图。

图1　商丘市2010—2021年年末常住人口数量统计图

(二)户别人口

2020年第七次人口普查,全市共有家庭户274.46万户,集体户5.93万户。家庭户人口为725.29万人,集体户人口为56.39万人。平均每个家庭户的人口为2.64人,比2010年的3.28人减少了0.64人。其中,市辖区常住人口中,共有家庭户579 470户,集体户19 526户,家庭户人口为1 670 892人,集体户人口为188 831人(表2)。平均每个家庭户人口为2.88人,比2010年第六次全国人口普查3.64人减少了0.76人。

表2　市辖区户数及户别人口分布

	户数合计	家庭户	集体户	家庭户人口数	集体户人口数	平均家庭户规模
市辖区总计	598 996	579 470	19 526	1 670 892	188 831	2.88
梁园区	199 382	194 008	5 374	574 144	57 181	2.96
睢阳区	298 379	290 276	8 103	829 280	83 691	2.86
豫东综合物流产业聚集区	47 861	47 580	281	138 243	850	2.91
河南商丘经济开发区	53 374	47 606	5 768	129 225	47 109	2.71

数据来源:商丘市第七次全国人口普查公报。

家庭户规模呈现缩小趋势,主要原因有迁移流动人口更加频繁、住房条件改善幅度较大、年轻人更倾向婚后独立居住,等等。

（三）人口自然增长率

虽然近些年生育政策逐渐放宽，"二孩""三孩"政策陆续出台，但由于生育堆积效应逐渐消失、孕育妇女规模持续下降、新一代年轻人观念改变、抚养成本上升等因素叠加，十多年来全市整体人口出生率并没有实现持续上升，短暂上升后又出现下降趋势。人口死亡率与社会安定情况、生活条件和水平、医疗发展、老龄化程度等因素密切相关。十多年来，全市人口死亡率相对较为平稳。自然增长率取决于出生率和死亡率两者之间的相抵水平。全市人口自然增长率随出生率的增长也出现短暂增长，随后又呈现较大幅度的下降趋势，尤其是 2021 年，人口自然增长率更是跌破了 1‰，这与出生率下降以及适龄婚育人口外迁有关（图 2）。

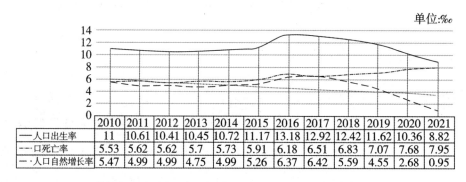

单位:‰

	2010	2011	2012	2013	2014	2015	2016	2017	2018	2019	2020	2021
人口出生率	11	10.61	10.41	10.45	10.72	11.17	13.18	12.92	12.42	11.62	10.36	8.82
人口死亡率	5.53	5.62	5.62	5.7	5.73	5.91	6.18	6.51	6.83	7.07	7.68	7.95
人口自然增长率	5.47	4.99	4.99	4.75	4.99	5.26	6.37	6.42	5.59	4.55	2.68	0.95

数据来源：商丘市国民经济和社会发展统计公报（2010—2021）。

图 2　商丘市 2010—2021 年人口自然增长率趋势图

二、商丘人口地区分布情况

第七次人口普查的数据显示，全市 9 个县（市、区）中，人口超过 100 万人的县（市、区）有 1 个，即永城市，常住人口为 125.64 万人，也是商丘市人口最多的区县；在 90 万人至 100 万人之间的县（市、区）有 2 个，分别是虞城县、睢阳区；在 80 万人至 90 万人之间的县（市、区）有 1 个，即夏邑县；在 70 万人至 80 万人之间的县（市、区）有 3 个，分别是柘城县、民权县、睢县；少于 70 万人的县（市、区）有 2 个，分别是梁园区、宁陵县。其中，常住人口数量排名前三位的县（市、区）合计人口占全市人口的比重为 40.19%。全市人口最少的区县（不含商丘经济开发区和豫东综合物流集聚区）是宁陵县，常住人口为 56.27

万人。

　　商丘市辖区梁园区、睢阳区、豫东综合物流集聚区、商丘经济开发区常住人口分别是912 971 人、631 325 人、176 334 人、139 093 人,其中城镇人口占比最高的为经济开发区(表3)。

表3　市辖区常住人口城乡分布
单位:人、%

	常住人口	城镇常住人口	城镇人口占比
市辖区总计	1 859 723	1 031 123	55.44
梁园区	631 325	354 888	56.21
睢阳区	912 971	481 514	52.74
豫东综合物流产业聚集区	139 093	64 713	46.52
商丘经济开发区	176 334	130 008	73.7

数据来源:商丘市第七次全国人口普查公报。

　　与2010 年第六次全国人口普查相比,9 个县(市、区)中,有7 个县(市、区)人口增加。人口增长较多的3 个县(市、区)依次为:睢阳区、民权县、宁陵县,分别增加164 563 人、42 961 人和39 254 人(图3)。

单位:人

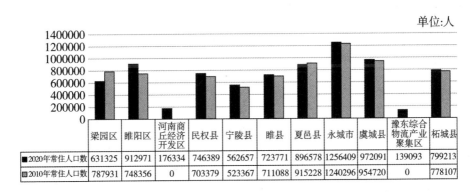

数据来源:商丘市第七次全国人口普查公报、商丘市第六次全国人口普查公报。

图3　商丘市各县(市、区)第七次人口普查和第六次人口普查常住人口数量对比图

三、商丘常住人口性别构成情况

(一)全市常住人口性别构成

2020年，全市常住人口中，男性人口共3 886 568人，占比49.72%；女性人口共3 930 263人，占比50.28%，常住人口性别比(以女性为100，男性对女性的比例)为98.89，比2010年第六次全国人口普查的100.13，下降了1.24，低于全省100.60的性别比，主要原因是商丘市外出人口中男性比例高于女性比例(图4)。

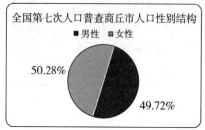

数据来源：商丘市第七次全国人口普查公报、河南省第七次全国人口普查公报。

图4 全国第七次人口普查商丘市与河南省人口性别结构对比图

(二)县(市、区)常住人口性别构成

9个县(市、区)中，常住人口性别比在97以下的县(市、区)有1个，即柘城县；在97至99之间的县(市、区)有3个，即民权县、宁陵县、夏邑县；在99至100之间的县(市、区)有3个，即睢县、虞城县、永城市；在100以上的县(市、区)有2个，即梁园区、睢阳区(表4)。

表4 各县(市、区)常住人口性别构成

单位：%

县(市、区)	占常住人口比重		性别比
	男	女	
全市	49.72	50.28	98.89
梁园区	50.22	49.78	100.9
睢阳区	50.08	49.92	100.3

续表4

县(市、区)	占常住人口比重		性别比
	男	女	
民权县	49.48	50.52	97.95
睢县	49.89	50.11	99.58
宁陵县	49.63	50.37	98.51
柘城县	49.14	50.86	96.63
虞城县	49.98	50.02	99.92
夏邑县	49.27	50.73	97.12
豫东综合物流产业聚集区	50.08	49.92	100.3
河南商丘经济开发区	48.86	51.14	95.54
永城市	49.86	50.14	99.46

数据来源:商丘市第七次全国人口普查公报。

(三)市辖区常住人口性别构成

2020年,市辖区常住人口中,男性人口共930 049人,占比50.01%;女性人口共929 674人,占比49.99%。性别比(以女性100,男性对女性的比例)由2010年第六次全国人口普查的102.45下降为100.04,性别结构更加合理(表5)。

表5　市辖区常住人口性别构成

单位:人

	男性	女性	性别比
市辖区总计	930 049	929 674	100.04
梁园区	317 069	314 256	100.9
睢阳区	457 171	455 800	100.3
豫东综合物流产业聚集区	69 651	69 442	100.3
商丘经济开发区	86 158	90 176	95.54

数据来源:商丘市第七次全国人口普查公报。

四、商丘常住人口年龄构成情况

(一)全市常住人口年龄构成

2020年,全市常住人口中,0~14岁人口共1 986 996人,占总人口的25.42%;

15~59 岁人口共 4 411 766 人,占比 56.44%;60 岁及以上人口共 1 418 069 人,占比 18.14%,其中 65 岁及以上人口共 1 095 845 人,占比 14.02%。与 2010 年第六次全国人口普查相比,商丘市人口年龄结构呈现出"两升一降"的态势,0~14 岁人口占比提升 4.08 个百分点;15~59 岁人口占比下降 9.05 个百分点;60 岁及以上人口占比提升 4.97 个百分点,其中 65 岁及以上人口占比提升 5.01 个百分点。商丘市少儿人口占比回升,反映出生育政策调整取得了积极成效。同时,商丘市人口老龄化程度加深,这与人民生活水平和医疗卫生保健水平的提高密切相关。

商丘市与全省的老龄化程度基本相当,但劳动年龄人口比重低于全省,这与商丘市外出务工人员多为青壮年有关(图5)。

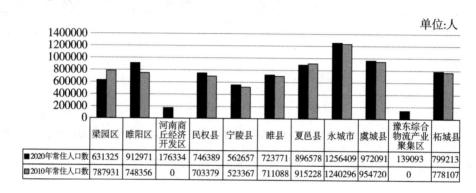

图5 全国第七次人口普查商丘市与河南省人口年龄结构对比图

2020 年,商丘市人口平均年龄 36.4 岁,比全省平均年龄 37.2 岁年轻 0.8 岁,比全国平均年龄 38.8 岁年轻 2.4 岁。年轻化程度在全省排在郑州市(34.7 岁)和濮阳市(36.3岁)之后,位居第三位(表6)。

表6 河南省第七次人口普查各市年龄结构比重

地区	平均年龄及排序		各年龄段占常住人口比重及排序					
			0~14 岁		15~59 岁		60 岁及以上	
	年龄	次序	比重	次序	比重	次序	比重	次序
全省	37.2		23.1		58.8		18.1	
郑州市	34.7	18	19.1	16	68.1	1	12.8	18
开封市	37.2	11	23.6	9	57.1	11	19.3	6
洛阳市	37.9	8	20.9	13	60.8	6	18.3	11

续表6

地区	平均年龄及排序		各年龄段占常住人口比重及排序					
			0~14岁		15~59岁		60岁及以上	
	年龄	次序	比重	次序	比重	次序	比重	次序
平顶山市	37.5	9	24.8	6	56.9	13	18.3	11
安阳市	37.1	112	24.4	7	57.3	10	18.3	11
鹤壁市	37.1	112	21.7	12	61.9	3	16.4	17
新乡市	37.1	12	23.2	10	59.2	7	17.7	15
焦作市	38.8	3	18.7	17	62.4	2	18.9	8
濮阳市	36.3	17	25.7	2	56.6	14	17.7	15
许昌市	38.6	4	22.3	11	58	9	19.7	5
漯河市	39.6	2	20.3	14	58.6	8	21	1
三门峡市	40.2	1	18.3	18	61.9	3	19.8	2
南阳市	37.3	10	26.2	1	55	18	18.8	9
商丘市	36.4	16	25.4	3	56.4	15	18.1	14
信阳市	38.4	5	23.7	8	57.1	11	19.3	7
周口市	37.1	12	24.9	5	55.3	16	19.8	2
驻马店市	38.2	7	25.1	4	55.1	17	19.8	2
济源市	38.3	6	19.5	15	61.9	3	18.7	10

数据来源:河南省第七次全国人口普查公报。

(二)县(市、区)常住人口年龄构成

9个县(市、区)中,15~59岁人口比重在60%以上的县(市、区)有2个,即梁园区、睢阳区,在55%~60%之间的县(市、区)有2个,即虞城县、城市,在55%以下的县(市、区)有5个,即民权县、睢县、宁陵县、柘城县、夏邑县。各县(市、区)劳动力人口普遍比较缺乏。

9个县(市、区)中,5个县(市、区)65岁及以上老年人口比重超过14%,其中,1个县(市、区)65岁及以上老年人口比重超过16%。各县(市、区)人口老龄化较为严重(表7)。

表 7　各县(市、区)常住人口年龄构成

单位:%

县(市、区)	占常住人口比重			
	0~14 岁	15~59 岁	60 岁及以上	其中:65 岁及以上
全市	25.42	56.44	18.14	14.02
梁园区	22.17	62.26	15.57	11.82
睢阳区	23.75	60.24	16.01	12.45
民权县	27.1	53.85	19.05	13.95
睢县	24.79	54.92	20.29	15.03
宁陵县	26.62	54.29	19.09	14.35
柘城县	25.07	54.77	20.16	16.18
虞城县	25.8	56.31	17.89	13.72
夏邑县	26.47	53.08	20.45	15.85
豫东综合物流产业聚集区	24.52	58.52	16.96	12.98
河南商丘经济开发区	19.45	69.81	10.74	8.16
永城市	27.19	55.58	17.23	14.07

数据来源:商丘市第七次全国人口普查公报。

(三)市辖区常住人口年龄构成

2020 年,商丘市辖区常住人口中,0~14 岁人口共 425 250 人,占比 22.87%;15~59 岁人口共 1 147 604 人,占比 61.71%;60 岁及以上人口共 286 869 人,占比 15.43%;其中 65 岁及以上人口共 220 709 人,占比 11.87%。与 2010 年第六次全国人口普查相比,0~14 岁人口的占比上升 9.53 个百分点,15~59 岁人口的占比下降 7.77 个百分点,60 岁及以上人口的占比上升 3.65 个百分点,65 岁及以上人口的占比上升 3.96 个百分点(表 8)。

表8 市辖区常住人口年龄构成

	0～14 岁	比重	15～59 岁	比重	60 岁以上	比重	其中：65 岁以上	比重
市辖区总计	425 250	22.87	1 147 604	61.71	286 869	15.43	220 709	11.87
梁园区	139 995	22.17	393 085	62.26	98 245	15.56	74 623	11.82
睢阳区	216 847	23.75	550 016	60.24	146 108	16	113 655	12.45
豫东综合物流产业聚集区	34 109	24.52	81 404	58.52	23 580	16.95	18 050	12.98
商丘经济开发区	34 299	19.45	123 099	69.81	18 936	10.74	14 381	8.16

数据来源:商丘市第七次全国人口普查公报。

五、商丘常住人口受教育情况

(一)受教育程度人口

2020 年,全市常住人口中,拥有大学(指大专及以上)文化程度的人口共 603 927 人;拥有高中(含中专)文化程度的人口共 139 133 人;拥有初中文化程度的人口共 3 013 939人;拥有小学文化程度的人口共 2 178 059 人(以上各种受教育程度的人包括各类学校的毕业生、肄业生和在校生)。与 2010 年第六次全国人口普查相比,每 10 万人中拥有大学文化程度的由 3 492 人增加为 7 726 人;拥有高中文化程度的由 9 966 人增加为 12 021人;拥有初中文化程度的由 43 288 人减少为 38 787 人;拥有小学文化程度的由 27 104 人增加为 27 864 人(表9)。

表9 各县(市、区)每10万人口中拥有的各类受教育程度人数

县(市、区)	大学(大专及以上)	高中(含中专)	初中	小学
全市	7 726	12 021	38 787	27 864
梁园区	12 118	16 182	38 876	21 220
睢阳区	12 820	13 984	34 927	25 058
民权县	5 716	13 073	39 139	28 094
睢县	5 834	9 577	40 468	29 691
宁陵县	11 339	16 003	36 150	25 617
柘城县	4 878	10 804	39 657	28 976

续表 9

县(市、区)	大学(大专及以上)	高中(含中专)	初中	小学
虞城县	4 221	10 625	40 387	30 280
夏邑县	3 799	10 229	37 932	31 899
豫东综合物流产业聚集区	5 228	8 812	55 896	20 948
河南商丘经济开发区	40 998	9 627	32 261	12 734
永城市	6 676	11 330	41 049	28 920

数据来源:商丘市第七次全国人口普查公报。

2020 年,商丘市辖区常住人口中,拥有大学(指大专及以上)文化程度的人口共 257 287 人;拥有高中(含中专)文化程度的人口共 389 152 人;拥有初中文化程度的人口共 1 130 519 人;拥有小学文化程度的人口共 759 479 人(以上各种受教育程度的人包括各类学校的毕业生、肄业生和在校生)(表 10)。与 2010 年第六次全国人口普查相比,每 10 万人中拥有大学文化程度的由 7 417 人上升为 13 835 人;拥有高中文化程度的由 12 111 人上升为 20 925 人;拥有初中文化程度的由 44 173 人上升为 60 790 人;拥有小学文化程度的由 23 513 人上升为 40 838 人。

表 10 市辖区常住人口受教育程度情况

单位:人

	大学(大专及以上)	高中(含中专)	初中	小学
市辖区总计	257 287	389 152	1 130 519	759 479
梁园区	76 505	102 160	245 432	133 969
睢阳区	117 044	127 668	318 874	228 776
豫东综合物流产业聚集区	5 490	16 976	50 465	33 383
河南商丘经济开发区	58 248	142 348	51 574	363 351

数据来源:商丘市第七次全国人口普查公报。

(二)平均受教育年限

与 2010 年第六次全国人口普查相比,2020 年全市常住人口中,15 岁及以上人口的平均受教育年限由 8.18 年提升到 9.07 年,16~59 岁劳动年龄人口平均受教育年限由 8.88 年提升到 9.88 年,其中,市辖区常住人口中,15 岁及以上人口的平均受教育年限由 9.33

年提升到 9.88 年(表 11)。

表 11　市辖区 15 岁及以上人口平均受教育年限及文盲率

单位:年、%

	平均受教育年限(15 岁及以上人口)	文盲率
市辖区总计	9.88	3.09
梁园区	9.94	2.41
睢阳区	9.68	3.67
豫东综合物流产业聚集区	8.51	4.35
河南商丘经济开发区	11.63	1.93

数据来源:商丘市第七次全国人口普查公报。

(三)文盲人口

2020 年,全市人口中,文盲人口(15 岁及以上不识字的人)共 267 862 人,与 2010 年第六次全国人口普查相比,文盲人口减少了 264 737 人,文盲率由 7.3% 下降到 3.4%,下降了 3.9 个百分点。

市辖区文盲人口(15 岁及以上不识字的人)为 13 242 人,文盲率由 5.01% 下降到 3.09%。

数据充分显示,商丘市常住人口各种受教育程度持续改善、受教育年限持续提高、文盲率不断下降,反映了商丘市大力发展教育事业、积极普及义务教育、致力扫除青壮年文盲等措施取得明显成效,十年来商丘市人口素质大幅提升。

六、商丘城乡人口和流动情况

(一)城乡常住人口

2020 年,全市常住人口中,居住在城镇的人口共 3 610 205 人,占比 46.19%;居住在乡村的人口共 4 206 626 人,占比 53.81%。与 2010 年第六次全国人口普查相比,城镇常住人口增加了 1 438 648 人,乡村常住人口减少了 984 792 人,城镇人口比重提高 16.7 个百分点。

2021 年末,城镇常住人口 364.6 万人,乡村常住人口 407.7 万人,常住人口城镇化率

47.21%,比上年末提高了 1.02 个百分点(图 6)。这得益于十年来商丘市新型城镇化建设稳步推进、城镇化水平快速提升、城市吸引力显著提高等发展成果的综合作用。

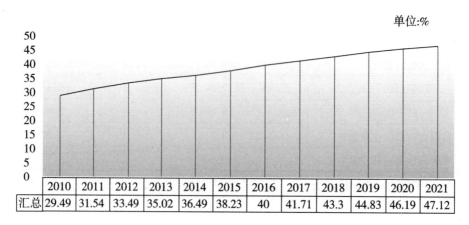

单位:%

	2010	2011	2012	2013	2014	2015	2016	2017	2018	2019	2020	2021
汇总	29.49	31.54	33.49	35.02	36.49	38.23	40	41.71	43.3	44.83	46.19	47.12

数据来源:商丘市国民经济和社会发展统计公报。

图 6　商丘市 2010—2021 年常住人口城镇化率变化趋势图

2020 年,商丘市辖区常住人口中,居住在城镇的人口共 1 031 123 人,占比 55.44%;居住在乡村的人口共 828 600 人,占比 44.56%。与 2010 年第六次全国人口普查相比,城镇人口增加了 412 574 人,乡村人口减少了 89 243 人,城镇人口比重增长了 15.18 个百分点(表 12)。

表 12　市辖区常住人口城乡分布

单位:人、%

	常住人口	城镇常住人口	城镇人口占比
市辖区总计	1 859 723	1 031 123	55.44
梁园区	631 325	354 888	56.21
睢阳区	912 971	481 514	52.74
豫东综合物流产业聚集区	139 093	64 713	46.52
河南商丘经济开发区	176 334	130 008	73.7

数据来源:商丘市第七次全国人口普查公报。

(二)流动人口

2020 年,全市人口中,人户分离人口有 144.7 万人,其中,市辖区内人户分离人口有

26.94 万人,流动人口有 117.75 万人。对比 2010 年数据,全市人户分离人口增加了 112.4万人,增长了 2.48 倍;市辖区内人户分离人口增加了 21.9 万人,增长了 3.34 倍;流动人口增加了 85.5 万人,增长了 1.65 倍。可以看出,商丘市人口流动更加活跃,人口流动趋势更加明显,流动人口规模进一步扩大,主要原因是商丘市经济社会持续发展,为人口的迁移流动创造了有利条件。

2021 年商丘民政事业发展形势与展望

商丘市民政局

摘　要:2021 年,商丘民政部门立足让基本民生保障更有力度、基层社会治理更有质量、基本社会服务更有温度,逐步推进社会救助制度改革,完善制度体系和工作网络,提升基层社会治理能力,推动商丘民政事业迈向高质量发展。2022 年,商丘市民政工作将持续提升基本社会服务水平,切实兜好基本民生底线,加快推进基层治理现代化,坚持统筹疫情防控和民政事业高质量发展。

关键词:商丘　民政事业　人口老龄化　智慧民政

党的十八大以来,习近平总书记就民政工作做出一系列重要指示批示,为新时代做好民政工作指明了方向,提供了基本遵循。习近平总书记指出,民政工作要按照兜底线、织密网、建机制的要求,全面建成覆盖全民、城乡统筹、权责清晰、保障适度、可持续的多层次社会保障体系。省委、省政府、市委市政府高度重视民政事业发展,对民生民政工作都做出安排部署,就如何更好发挥民政作用提出了新要求。商丘市民政部门准确把握民政事业的使命任务,认真落实中央、省、市决策部署和工作要求,统筹推进疫情防控和民政各项重点工作,主动担当,奋勇争先,推动民政工作全面落实。

一、2021 年商丘市民政事业发展状况

2021 年,商丘市民政局坚持以习近平新时代中国特色社会主义思想为指导,以人民

群众的需求作为出发点和落脚点,以党史学习教育为引领,以"我为群众办实事"为抓手,开拓创新、奋发进取,立足让基本民生保障更有力度、基层社会治理更有质量、基本社会服务更有温度,聚焦群众获得感、幸福感、安全感,倾情谱写了商丘民政为民爱民的绚丽篇章。

(一)推进养老服务高质量发展,积极应对人口老龄化

深入贯彻落实积极应对人口老龄化国家战略,聚焦老年人"急难愁盼"问题,持续推进养老服务体系建设。共建成社区养老服务设施229个,覆盖率100%,建成街道综合养老服务中心19个,县级供养服务设施5家,提升改造敬老院163家,睢阳区、示范区、虞城县、宁陵县、民权县社区居家养老服务改革试点建设基本完成。全市各类养老服务机构达到489家,床位达3.3万余张。开展以"实施应对人口老龄化国家战略,乐享智慧生活"为主题的敬老月活动,慰问老年人500余名,成功举办"第一届商丘市养老护理员技能大赛",培训养老护理员4871人次。评选表彰首届孝老、敬老、助老先进典型166名,发放老年人高龄津贴1.5亿元,惠及21.6万老年人。

(二)推进社会救助制度改革,脱贫攻坚成果巩固拓展

不断提高保障标准,城市最低生活保障标准提高到每人每月590元,较上年提高20元,农村最低生活保障标准提高到不低于每人每月377元,较上年提高22元。2021年,全市共发放城乡低保资金7.95亿元,特困人员基本生活保障资金2.85亿元,惠及困难群众38.3万人。建立了覆盖城乡低保、特困供养、边缘易致贫人口等22个部门45类困难群体信息的低收入人口数据库,收录困难群众信息67万条,完成动态监测108万人次,动态预警20.1万人次,将符合条件的13 558人纳入救助范围,实现精准及时救助。临时救助3.3万人次,发放临时救助资金3 430万元。以两办名义印发了《关于改革完善社会救助制度的意见》,把救助对象审核确认权限下放乡镇。

(三)完善制度体系和工作网络,特殊群体利益有效保障

健全了市县两级未成年人保护工作机制,建成并运转乡(镇、街道)未成年人保护工作站198家,儿童之家2 294所。167个儿童督导员、4 046名儿童福利主任培训全覆盖,为1 152名孤弃儿童和1 823名事实无人抚养儿童发放保障资金3 086万元。实施了"福彩圆梦·孤儿助学工程",为84名在校就读的孤儿按照每人每学年1万元标准发放助学资金。全年完成 2 844 名残疾儿童康复救助，超额完成省定目标 36.2%。发放困难残疾人生活补贴 6 639 万元、重度残疾人护理补贴 9 039 万元,建成精神障碍社区康复服务中心共 17 家。

（四）提升基层社会治理能力,社会稳定基础不断夯实

依法有序按时完成 4 560 个行政村、240 个社区"两委"换届,实现了村级事务"小微权力"清单制度全覆盖。建成 44 个"一有七中心"规范化社区,梁园区、夏邑县、民权县、永城市的 1 个乡镇 4 个行政村被中央部委表彰为全国乡村治理示范村镇。全市 2 102 家社会组织实现社会组织党建工作"两个全覆盖",完成市级 232 家社会组织年检工作,市级 71 家纳入脱钩范围行业商会协会全部完成脱钩。加强流浪乞讨人员救助,2021 年共救助 5 113 人次,帮助 771 名流浪乞讨人员寻亲成功。

（五）提高服务水平,基本社会服务供给不断加强

婚姻登记"跨省通办",2021 年,办理结婚登记 57 230 对,办理离婚登记 11 043 对,合格率均为 100%。建成乡镇示范性农村公益性公墓 27 处。加强区划地名管理,完成 2 个撤乡设镇、1 个分设街道行政区划调整,清理整治不规范地名 81 条。完成 2 条省界、1 条市界、13 条县级界线第四轮联合检查工作。慈善和社会工作快速发展,全市共投入资金 545 万元,建成县级社会工作服务指导中心 3 个,乡镇（街道）社会工作服务站 27 个。2021 年特大暴雨灾害中,向受灾地区捐赠款物 3 928 万元,"99 公益日"募捐总额 2 300 万元,被省慈善系统评为先进单位。福彩销售额 3.1 亿元,同比增长 38%,任务完成率全省第一,增长率全省第二,销售总量全省第四,荣获全省福利彩票发行销售等五项考核先进,筹集公益金 9 000 万元。

二、商丘市民政事业发展面临的形势

对商丘民政工作而言,2022 年是十分重要的一年。一是商丘民政工作面临更高的起点。在小康社会全面建成、脱贫攻坚战取得全面胜利后,商丘市虽然如期解决了绝对贫困问题,但相对贫困还将长期存在,巩固已有脱贫攻坚成果,构建解决相对贫困的长效机制,筑牢促进共同富裕的基石,民政工作的思考和谋划面临着更高的起点、更高的标准。二是商丘民政工作面临更重的任务。2022 年是深入实施"十四五"规划的关键之年,商丘十四五规划涉及民政工作的多项任务需要制定方案、完善配套措施；同时商丘2022年113项重点工作中有13项需民政部门落实实施，工作任务很重。三是商丘民政工作面临更严的要求。2022年要召开党的二十大，各行各业要以优异的成绩向党的二十大献礼，保持平稳健康的经济环境、国泰民安的社会环境、风清气正的政治环境，要求民政事业高质量发展大有可为，也必有所为。

然而面对当前的新形势新任务，全市民政工作还存在一些短板和不足，与广大人民群众的新期盼还有差距，主要表现在：民生保障任务艰巨，城乡民政事业发展不平衡；养老服务供给还不充分，低保仍然存在城乡差异，农村民政服务设施建设仍然滞后；基层社会治理水平不高、基层群众性自治组织建设还不规范；民政保障力量亟待加强、安全生产工作基础仍比较薄弱等，这些都需要民政部门在今后工作中逐步改进，不断提升为民服务能力，满足人民群众对美好生活的向往。

三、2022年商丘市民政工作的总体思路和政策建议

（一）2022年商丘市民政工作的总体思路

以习近平新时代中国特色社会主义思想为指导，全面贯彻党的十九大和十九届历次全会精神，弘扬伟大建党精神，坚持稳中求进工作总基调，完整、准确、全面贯彻新发展理念，服务加快构建新发展格局，以满足人民对美好生活的向往、促进全体人民共同富裕为方向，认真贯彻省委省政府、市委市政府决策部署和全国、全省民政工作会议安排，锚定"两个确保"，以"三基主责"为统揽，围绕突出"四高引领"、统筹"六域并进"、强化"四项建设"的"464"工作布局，坚持"项目为王"，深化改革创新，奋勇争先出彩，持续提升基本社会服务水平，切实兜好基本民生底线，加快推进基层治理现代化，坚持统筹疫情防控和民政事业高质量发展，在全面建设社会主义现代化商丘新征程中奋发商丘民政之为，以优异成绩迎接党的二十大召开。

（二）做好2022年商丘市民政工作的政策建议

围绕2022年商丘民政工作总体思路，全市民政工作的重点应突出"四高引领"，夯实民政保障基础，着眼商丘民政事业发展亟须解决的重点问题，主动担负起职责使命，把牢方向、守住底线、激活动力、以点带面，用奋斗和实绩做好民生答卷。

1.高品质提升普惠养老服务

紧紧抓住重要发展机遇,加快构建居家社区机构相协调、医养康养相结合的养老服务体系,实现全市养老服务水平不低于全省平均水平,在"豫佳养老"服务品牌中创造商丘自己的"品牌"。

(1)加强顶层设计。打造具有商丘特色的民政政策体系,强化宏观谋划和制度支撑,制定出台《支持社区居家养老服务高质量发展的意见》《关于建立健全养老服务综合监管制度促进养老服务高质量发展的实施意见》等政策文件,联合市发改委制定《商丘市"十四五"养老服务体系和康养产业发展规划》,推动以两办名义出台《关于加强养老服务体系建设的实施意见》,制定基本养老服务清单,从财政支持、补贴政策、人才激励和开发性金融支持等方面,细化配套政策措施。

(2)创建商丘居家社区养老品牌。深化社区居家养老服务全覆盖,持续培育商丘养老服务品牌,引导社会力量积极参与养老服务业,灵活借鉴德国"多代屋"、韩国"多元养老"、荷兰"生命公寓"、以色列"科技养老"等养老模式,探索适合商丘实际的健康养老新方式,培育不少于1个市级养老服务品牌。加快实施居家社区养老示范创建工程,争取成功创建省级居家社区养老示范市,推动更多居家社区养老服务项目纳入中央预算内投资支持项目库,努力创建1~2个省级居家社区养老示范县(市、区)。

(3)加快养老服务设施建设。实施养老服务设施"五个一"建设工程,每个县(市、区)至少要建有1所县级中心敬老院,每个街道建成1处综合养老服务设施,每个社区建成1处养老服务场所,提升养老服务供给水平,实现居家养老服务"全覆盖";实施经济困难的失能、半失能老年人家庭适老化改造,全年力争实现改造2500户,加大农村社区养老服务施建设,解决农村老年人养老问题;依托网络技术和大数据基础,建成商丘市和永城市智慧养老服务平台。

(4)强化项目建设。聚焦民政主责主业,对标对表商丘市项目、资金、产业等方面的政策,以"三个一批"活动为总牵引,牢固树立"项目为王"意识,加快推进"十四五"民政事业发展规划项目实施;积极争取中央预算内养老服务和社会福利兜底项目资金支持,切实将重大政策机遇落实到一个个具体的民政项目上,推动虞城县生态养老产业园、柘城县康养小镇、宁陵县福利园区、民权县民政事业园等重点项目早建设、早运营、早达效。

2. 高水平夯实民生兜底保障

保持过渡期内兜底保障政策总体稳定,落实好兜底保障的各项政策,坚决守住不发生规模性返贫的底线,努力塑造商丘民政新的品牌,争创全省兜底保障先进市。

(1)适度提高城乡低保、特困人员标准及补助水平。进一步完善低保标准动态调整机制,加大社会救助投入,及时发放救助补助资金,打通社会救助政策落实"最后一米";加快推进城乡低保统筹,加大农村社会救助投入,推进城镇困难群众解困脱困;进一步巩固拓展脱贫攻坚兜底保障成果,加强与乡村振兴有效衔接,缓解灾情疫情对困难群众基本生活的双重影响,切实兜牢基本民生保障底线。

(2)深入推进动态监测工作,做到应保尽保。不断完善低收入人口动态监测平台建设,加大困难群众动态监测力度,提升低保边缘人口和支出型困难人口预警能力,加大入户核查力度,做到早发现、早干预、早救助;尽快编制出台《商丘市低收入人口动态监测和常态化救助帮扶实施方案》,做好低收入人口常态化救助帮扶,健全完善分层分类的社会救助体系,确保"兜"住最困难群体,"保"住最基本生活。

(3)加强社会救助规范管理,提升救助服务水平。社会救助工作要稳中求进,强化各项社会救助制度有效衔接,加强救助对象信息公开力度,推动纪检、信访与部门监管联动;着力提升社会救助能力,调整社会救助标准,及时有效解决群众合理诉求;认真做好流浪救助管理,改造完善区县救助设施设备;加强社会救助资金监管,确保救助资金及时足额发放,管好用好困难群众"救命钱",实现"阳光低保"

3. 高质量深化社会治理

应发挥民政在社会治理中重要职能作用,既要注重创新突破,也要注重梳理、固化一些好的经验、做法,加快商丘的市域社会治理现代化的体系建设和能力提升。

(1)创建基层治理品牌。制定商丘市加强基层治理体系和治理能力现代化建设实施方案,组织开展"双治理"示范创建活动,培育1个示范区(市、县)、2个示范街道(乡镇)、3个示范社区(村);积极创建申报全国和谐社区、全国乡村治理示范村镇和全国民主法治示范村(社区);规范引导社会组织发展,扎实推进社会工作和志愿服务工作,推动民政服务重心下移;围绕实施"十四五"城乡社区服务体系建设规划,持续推进"一有七中心"规范化社区创建,发挥村级综合服务设施功能,在强化基层社会治理中持续打造民政部门的工作品牌。

(2)深化社会事务管理工作。着力提供更有温度的流浪乞讨救助管理服务,落实露宿街头人员"清零"行动,确保动态清零,努力实现全年无案件、无事故、无疫情;着力提高婚姻管理服务质量,持续开展结婚登记"跨省通办"全国试点工作,抓住婚俗改革全国试点机遇,紧贴老百姓的操心事、烦心事、忧心事,探索建立完善约束机制;着力抓好残疾人福利服务,调整提高残疾人"两项补贴"标准,探索康复辅助器具产业发展模式,启动对第一批精神障碍社区康复服务试点的组织验收和第二批试点的申报。

(3)持续深化儿童福利保障和未成年人保护。加快推进儿童福利工作由面向特定群体向适度普惠拓展,加强未成年人保护工作协调和联动响应机制建设及未成年人保护工作网络体系建设方面,力争50%以上的县有一所实体机构,30%以上的乡镇设立未成年人保护工作站。提高孤儿和事实无人抚养儿童最低养育标准,全面推行认定申请"跨省通办",持续实施"福彩圆梦·孤儿助学工程"和孤儿医疗康复"明天计划"项目,实现由保障基本生活向强调关爱保护、权益维护、助力发展延伸。

(4)持续推进殡改惠民服务。倡导惠民、生态、便民的殡葬服务理念,扎实推进殡葬改革,推进殡葬移风易俗,提高服务供给能力,为群众提供更加便捷透明的殡葬服务;加快新建殡仪馆建设进度,因地制宜优化殡仪服务站(中心)建设布局,加强公益性公墓建设,着力打造一批全国一流的示范性公益性公墓,力争实现公益性公墓市、县、乡全覆盖;稳步提高火化率,全市火化率达到并超过全省平均水平。

4. 高标准筑牢安全发展底线

民政领域的安全管理至关重要,是一条不可逾越的红线。要始终把安全发展理念贯穿到推动商丘民政事业高质量发展的全领域、全阶段、全过程,保证各类民政服务机构安全稳定和服务对象健康安全。

(1)守底线完善预案体系。坚持"预防为主、常备不懈",加强预案建设、食品安全制度建设,形成更加完善的安全管理和应急制度体系。制定关于自然灾害、公共卫生、食品安全、火灾等突发事件应急预案,加强预案内容教育,开展各项应急演练,提高应对突发事件能力。抓好养老、儿童福利、救助管理等民政服务机构常态化疫情防控,加强分类指导,持续开展监督检查。强化宣传教育,落实好河南省民政厅每年5月份的"河南民政安全教育宣传月"活动,依托"5·25"河南民政安全管理警示日,学习宣传贯彻习近平总书记关于安全生产重要论述;深化事故警示教育,推进以案说法、以案促改。

(2)明责任提高安全管理。坚持"守土有责、守土尽责",加强队伍建设,设立安全管理专门科(股)室,明确专人负责安全生产工作,把安全生产工作同民政事业结合起来,坚持安全生产和业务工作同谋划、同部署、同落实、同检查;完善责任体系,落细落实主体责任,传导压实责任,签订《安全生产、防灾减灾和消防工作责任书》,引导广大民政干部进一步增强防患意识、判断力和执行力;建立安全生产督导机制,加强对民政服务机构安全工作监督管理,联合有关部门开展联合执法检查,坚持上下联动,形成协同作战的强大合力;严管食品安全,推进消防标准化管理。

(3)抓统筹严格风险管控。坚持"突出重点、抓住关键",深化双重预防体系建设,科学准确辨识风险,对风险实行分级管理,对民政服务机构存在的安全隐患和风险点进行全方位、拉网式排查,完善安全隐患排查整改常态化机制,建立定期更新的全市民政服务机构安全隐患整改台账;严管重点时段,结合节假日、暑期、国庆节、党的二十大等重点时段,加强安全检查,抓好问题整改,消除安全隐患,确保服务机构安全运行;坚持以"零上访零事故零案件"目标为导向,以平安创建工作为切入点,从影响民政服务对象获得感、幸福感和安全感的突出问题抓起,系统推进安全隐患排查、信访化解、舆情监测等各项工作,保持"零风险",全力打造平安商丘民政。

5. 不断夯实民政保障基础

全市民政工作担负着最底线的民生保障、最基本的社会服务、最基础的社会治理和专项行政管理职责,要切实筑牢民政保障的基础,方能托起商丘人民群众"稳稳的幸福"。

(1)加强政治建设筑牢思想根基。根基不牢,地动山摇。要以党的政治建设为统领,深入践行"民政为民、民政爱民"工作理念,推动党建工作和民政业务工作同频共振。通过强化理论武装,筑牢政治信仰"压舱石";通过增强行动自觉,把牢政治方向"指南针";通过加强纪律建设,守牢政治规矩"生命线"。

(2)加快推进民政领域法治建设。加强民政领域重点立法,推动《地名管理条例》尽快出台,健全完善民政标准化制度、机制,推进养老、社区、儿童福利、区划地名等领域标准研制工作,加强标准宣贯实施。加大社会组织、养老服务、殡葬等重点领域执法力度。

认真落实普法责任,以习近平法治思想为指导,持续深入学习宣传宪法、民法典、未成年人保护法等法律法规。

(3)大力加强智慧民政建设。提升民政信息化水平,打造智慧便捷的服务平台,推动更多民政政务服务事项"一网通办""全省通办"。构建统一智慧养老服务体系,开展智慧养老和线下养老服务。实现商丘全市养老服务、社会救助、基层治理等数据互联互通和跨部门数据共享,积极融入"智慧城市"建设。

(4)切实强化民政能力建设。以"能力作风建设提升年"活动为载体,加强干部队伍建设,加大民政干部培训力度,不断提高民政干部职工的综合素养;加强基层民政力量配备,用好社会组织、社会工作者、社区工作者、志愿者等多种资源充实基层民政工作力量;提升民政服务机构服务能力和服务质量,全方位多举措推动民政服务"颜值""实力"同步提升。

后　记

　　本书由商丘市委党校组织编写。为了提高编纂质量，成立了由校党委书记、常务副校长周鹰翔任组长的编纂领导小组，负责全书的总体策划、框架设置和稿件审定；苗宏、杨诗耀等同志负责编纂工作计划制订、综合协调、统编修缮等工作；抽调骨干教研人员充实编纂力量，结合专业背景分工负责相应的研究课题，并把课题研究与专题教学有效衔接起来。因此，在编纂过程中，还"诞生"了阶段性成果——"十大主题教学案例集"，实现了科研与教学之间的有效转化。

　　本书在编纂过程中，市委市政府高度重视，有关部门给予了大力支持，相关党政部门、高等院校等实务工作者和专家学者提供了大量详尽的素材资料，提出了诸多建设性的意见和建议，为本书的顺利编写打下了坚实基础；郑州大学出版社在本书的出版过程中做出了具体指导，在此一并表示诚挚的感谢。

　　由于时间仓促、经验不足、水平有限，书中难免存在疏漏和不足之处，恳请各位读者不吝指正，提出宝贵意见，以便在以后的工作中加以吸收采纳，不断提高编写水平和编纂质量。